Johann Eekhoff

Beschäftigung und soziale Sicherung

Johann Eekhoff

Beschäftigung und soziale Sicherung

4., gründlich überarbeitete Auflage

Mohr Siebeck

Johann Eekhoff, geboren 1941; seit 1995 Lehrstuhlinhaber für Wirtschaftspolitik und Direktor des Instituts für Wirtschaftspolitik und seit 2002 geschäftsführender Direktor des Otto-Wolff-Instituts für Wirtschaftsordnung an der Universität zu Köln.

ISBN 978-3-16-149688-2

Die Deutsche Nationalbibliothek verzeichnet diese Publikation in der Deutschen Nationalbibliographie; detaillierte bibliographische Daten sind im Internet über *http://dnb.d-nb.de* abrufbar.

1. Auflage 1996
2. Auflage 1998
3. Auflage 2002 (überarbeitet)

© 2008 Mohr Siebeck Tübingen.

Das Werk einschließlich aller seiner Teile ist urheberrechtlich geschützt. Jede Verwertung außerhalb der engen Grenzen des Urheberrechtsgesetzes ist ohne Zustimmung des Verlags unzulässig und strafbar. Das gilt insbesondere für Vervielfältigungen, Übersetzungen, Mikroverfilmungen und die Einspeicherung und Verarbeitung in elektronischen Systemen.

Das Buch wurde von Gulde-Druck in Tübingen auf alterungsbeständiges Werkdruckpapier gedruckt und von der Buchbinderei Held in Rottenburg/N. gebunden.

Vorwort zur 4. Auflage

Mit dieser Auflage wird das Buch in gründlich überarbeiteter Form vorgelegt. Der Akzent der Überarbeitung liegt weniger in der Aktualisierung der gewählten Beispiele als in der Darstellung und Begründung der wirtschafts- und sozialpolitischen Konzepte. Leider können alternative Konzepte, die an anderer Stelle bereits diskutiert aber als theoretisch unzureichend beurteilt worden sind, nicht in voller Breite dargestellt werden. Obwohl an vielen Stellen auf alternative Vorschläge eingegangen wird, ist noch mehr Wert darauf gelegt worden, die theoretischen Grundlagen einzelner Elemente des Konzepts der Sozialen Marktwirtschaft darzulegen.

Seit dem Erscheinen der letzten Auflage hat es mit den Hartz-Reformen eine große Kraftanstrengung gegeben, die Arbeitslosigkeit zu verringern. Der Rückgang der Arbeitslosenzahlen ist nicht zuletzt auf diese Maßnahmen zurückzuführen, wenn auch stark begünstigt durch einen weltweiten Konjunkturaufschwung. Zwischenzeitlich haben sich einige Vorschläge aus dem Instrumentenkasten der Hartz-Kommission als untauglich erwiesen, so dass die entsprechenden Maßnahmen wieder eingestellt wurden. Das ist der Normalfall, wenn neue Wege beschritten werden. Problematisch ist dagegen das Zurückdrehen einiger Kernelemente der Reformen. Dieser Prozess ist offenbar noch nicht zu Ende. Das Problem der Arbeitslosigkeit ist aber keineswegs gelöst. Die nächste Rezession könnte die Arbeitslosenzahlen wieder kräftig steigen lassen.

Im sozialen Bereich wird die gesetzliche Krankenversicherung in den kommenden Jahren die größte Aufmerksamkeit erfordern. Hier zeichnen sich Fehlentwicklungen ab, auf die die Politik reagieren muss. Deshalb sind zu dieser Frage sehr weitgehende Vorschläge unterbreitet und begründet worden, mit denen auf den unzureichenden Wettbewerb, die Ineffizienz der Umverteilung und die Probleme der demografischen Entwicklung geantwortet werden kann. In diesem Teil des Buches wird der Versuch unternommen, Bedingungen zu konkretisieren, unter denen das Wirtschafts- und Sozialsystem unempfindlicher gegenüber der demografischen Entwicklung und unabhängiger von tagespolitischen Stimmungen und Entscheidungen wird.

Für die intensive Unterstützung bei der Überarbeitung des Buches danke ich den beiden Mitarbeiterinnen am Lehrstuhl, Frau Susanna Kochskämper und Frau Christine Wolfgramm, sowie Herrn Benedikt Langner aus dem Institut für Wirtschaftspolitik. Frau Ina Dinstühler hat sich vor allem um die Technik gekümmert. Meine Frau hat die Fäden im Bonner Büro in der Hand gehalten und mich wirkungsvoll unterstützt, den engen Zeitplan einzuhalten.

Auch nach der vierten Auflage habe ich immer noch nicht das Gefühl, ein abgeschlossenes Buch vorzulegen. Trotzdem hoffe ich auf eine konstruktive Diskussion, die nicht völlig ohne politische Folgen bleibt.

Bonn, im August 2008   Johann Eekhoff

Inhalt

A. *Einführung* 1

B. *Vollbeschäftigung als Herausforderung* 5
    I. Das Beschäftigungsziel. 5
    II. Umfang und Bedeutung der Arbeitslosigkeit 7
    III. Zyklische Selbstverstärkung der Arbeitslosigkeit? 10
    IV. Marktversagen oder Staatsversagen? 13

C. *Wachstum, Produktivität und Nachfrage* 19
    I. Zu geringes Wachstum als Beschäftigungsbremse? 19
    II. Das Lohn-Kaufkraft-Argument. 20
    III. Produktivitätsfortschritt: Fluch oder Segen?. 24

D. *Löhne, Arbeitszeit und Arbeitsbedingungen* 28
    I. Funktion und Bedeutung des Lohnes 28
    II. Das Knappheitsprinzip 39
    III. Produktivitätsorientierte Lohnpolitik 43
    IV. Größere Flexibilität der Löhne 53
    V. Keine Quoten. 59
    VI. Mehr Arbeitszeitsouveränität 62
    VII. Kündigungsschutz aus der Sicht der Beschäftigten
        und der Arbeitsuchenden 72
    VIII. Auslegung des Günstigkeitsprinzips 76

E. *Zur Rolle der Gewerkschaften und der Unternehmer* 78
    I. Interessen der Tarifparteien 78
    II. Flexible Arbeitsverträge 84
    III. Unternehmerverantwortung für Mitarbeiter 85

F. *Arbeitsmarktpolitik* 87
    I. Kosten der Arbeitslosigkeit 87
    II. Negative Einkommensteuer und Kombilöhne 89

VIII *Inhalt*

    III. Vorschläge der Hartz-Kommission 100
    IV. Produktive gemeinnützige Beschäftigung 104
    V. Investitionsprogramme 113

G. *Soziale Sicherung* 115

    I. Dringender Reformbedarf 115
    II. Grundsätze der Sozialpolitik 122
        1. Bedürftigkeitsprinzip 123
        2. Gleichbehandlungsprinzip 124
        3. Trennung von Wirtschafts- und Sozialpolitik 125
        4. Trennung von Versicherung und Sozialpolitik 126
        5. Keine Leistungen zu Lasten künftiger Generationen 128
        6. Selbständigkeit statt Abhängigkeit stärken 129
    III. Altersvorsorge 130
        1. Politische Versäumnisse bei bedrohlicher demographischer
           Entwicklung 130
        2. Unzureichende Rentenreformen 132
        3. Keine höheren Beiträge bei zunehmender Lebensdauer 137
        4. Keine höheren Beiträge bei verringerten Geburtenraten 139
        5. Keine Flexibilisierung des Renteneintritts ohne adäquaten
           Ausgleichsmechanismus 146
        6. Ergänzende Kapitalbildung 150
           Exkurs zur Doppelbesteuerung 153
           Zu den Einzelheiten der Riesterrente 154
        7. Betriebliche Altersversorgung 157
        8. Anpassung der Ostrenten mit Augenmaß 162
    IV. Absicherung der Pflege 166
        1. Falsche Entscheidung mit Langzeitfolgen 166
        2. Konflikt mit der Beschäftigung 171
        3. Anfällig gegen demographische Änderungen 174
        4. Verstoß gegen das Subsidiaritäts- und Bedürftigkeitsprinzip 175
        5. Vorschlag: Gleitender Übergang zur Eigenvorsorge 176
    V. Krankenversicherung 178
        1. Der Status quo im deutschen Gesundheitswesen 178
        2. Generelle Probleme auf dem Gesundheitsmarkt 179
        3. Reformansätze in den letzten Jahren 183
        4. Reformkonzept für mehr Eigenverantwortung und Wettbewerb 185
        5. Schwerpunkte der Reform 187
        6. Entgeltfortzahlung im Krankheitsfall 193
    VI. Arbeitslosenversicherung 196
    VII. Sozialhilfe und Arbeitslosengeld II 204
    VIII. Risikovorsorge durch privates Vermögen 208

Inhalt

H. Weitere Bedingungen für einen hohen Beschäftigungsstand 215
  I. Den Wettbewerb stärken 215
    1. Subventionen abbauen 215
    2. Deregulieren und privatisieren 223
    3. Den freien Handel ausbauen und den Strukturwandel erleichtern . . . 225
  II. Stabilität, solide Finanzen und schlanker Staat 239
    1. Geldwertstabilität 239
    2. Steuern senken, Staatsquote zurückführen 240
  III. Bildung und Ausbildung 256
  IV. Umwelt und Beschäftigung 261

I. *Schlussbemerkungen* 270

Literaturverzeichnis 273
Schlagwortverzeichnis 277

A. Einführung

1. Zwei Fragen werden uns noch lange begleiten: Wie lässt sich die Arbeitslosigkeit abbauen? Kann unser Wirtschafts- und Gesellschaftssystem eine verlässliche soziale Sicherung gewährleisten? Das Konzept der Sozialen Marktwirtschaft hat in Deutschland an Zustimmung verloren, und zwar umso stärker, je mehr der Staat in das Wirtschaftsgeschehen eingreift. So gibt es in Deutschland seit 1990 eine beispiellose Umverteilung über Transferzahlungen und Subventionen im Umfang von rund 70 Milliarden Euro jährlich zugunsten Ostdeutschlands. Es muss aber zu denken geben, dass nur noch jeder fünfte Ostdeutsche eine positive Einstellung zur Marktwirtschaft hat. Auch in Westdeutschland liegt dieser Anteil nur noch bei rund 40 Prozent. Das bedeutet, dass die weitaus meisten Bürger sich eher Vorteile von staatlichen Eingriffen in das Marktgeschehen versprechen. Es ist deshalb auch nicht erstaunlich, dass es kaum noch eine wirtschaftspolitische Diskussion, sondern fast nur noch einen Verteilungsstreit gibt, so als könne der Staat die Verteilung beliebig gestalten, ohne die Effizienz des wirtschaftlichen Handelns und damit das Verteilbare zu verringern.

Bei der Frage, wie unter anderem die Arbeitslosigkeit überwunden und die soziale Absicherung nachhaltig gewährleistet werden können, ist zunächst zu prüfen, wo Märkte in ihrer Funktionsfähigkeit beeinträchtigt oder außer Kraft gesetzt werden, wo also Effizienzverluste auftreten. Zu bedenken ist auch, ob das Sozialsystem sinnvoll auf das Marktsystem abgestimmt ist. Auch wenn man davon ausgeht, dass die sozialen Ziele in einem demokratischen Prozess zu bestimmen sind, bleibt es Aufgabe der Wissenschaft, die Effizienz der eingesetzten Mittel und die Vereinbarkeit mit allgemein anerkannten Normen der Gleichbehandlung, der Subsidiarität usw. zu untersuchen.

Die bestehenden Probleme auf dem Arbeitsmarkt und in den Sozialsystemen deuten auf gravierende Mängel in den Regelungen und in den staatlichen Interventionen hin. Einige Fehlentwicklungen liegen auf der Hand. Sie haben vielfältige Reformbemühungen ausgelöst. Aber am Beispiel der „Agenda 2010", also einiger Maßnahmen zur Flexibilisierung des Arbeitsmarktes, wird deutlich wie schwer es ist, Veränderungen durchzusetzen und durchzuhalten, selbst wenn sie offensichtlich erfolgreich sind. Die Bedenken kommen von einzelnen Gruppen, die nach ihrer Auffassung benachteiligt werden. Dann kommt es schnell zu einem Wettstreit der Parteien um die Gunst solcher Gruppen.

2. Im internationalen Vergleich wird deutlich, dass Deutschland sich entscheiden muss. Eine Option besteht darin, die negative Grundtendenz auf dem Arbeitsmarkt, die durch eine Aufschwungphase nicht aufgehoben wird, und die Überforderung der gesetzlichen Versicherungssysteme so lange treiben zu lassen, bis drastische Einschnitte unausweichlich werden. Die andere Option besteht darin, umfassende Reformen in Gang zu setzen, die auf den Weg zur Vollbeschäftigung und zu einer soliden Basis für die Sozialleistungen führen.

3. Schon bei einem weit geringeren Umfang der Arbeitslosigkeit sagte Lord Dahrendorf, „dass eine Gesellschaft, die bereit ist, fünf Prozent ihrer Bevölkerung zu vergessen, damit ihre eigenen Werte in einem solchen Maße verrät, dass sie sich nicht wundern sollte, wenn viele ihrer Mitglieder an diese Werte nicht mehr glauben. Es wird sozusagen die Rede von Grundwerten der Gesellschaft zur Heuchelei, wenn man diese fünf oder mehr Prozent im Stich lässt." (1993, S. 14/15).

Arbeitslosigkeit bedeutet für die betroffenen Menschen weit mehr als eine Einkommenseinbuße. Arbeitslosigkeit bedeutet den Verlust von sozialen und gesellschaftlichen Kontakten, das Gefühl, von der Gesellschaft nicht mehr gebraucht zu werden, das Verkümmern menschlicher und fachlicher Fähigkeiten und den Stempel eines Kostgänger der Sozialsysteme zu tragen.

Die Arbeitslosigkeit lässt Zweifel an der Sozialen Marktwirtschaft aufkommen, auch wenn die Ursachen offensichtlich in wohlgemeinten politischen Eingriffen liegen. Welche Schlüsse sollen Schul- und Hochschulabgänger ziehen, wenn sie auf zahllose Bewerbungen eine Absage nach der anderen bekommen? Wie sollen so genannte ältere Arbeitnehmer das verstehen, wenn sie im Alter von 55 Jahren mit Anreizen und sanftem oder auch massivem Druck in die Arbeitslosigkeit bzw. die Altersteilzeit und den vorzeitigen Ruhestand geschickt werden? Verhalten sie sich unsozial gegenüber jüngeren Arbeitsplatzsuchenden, wenn sie weiterarbeiten möchten? Warum werden ihre Erfahrungen und Arbeitsleistungen nicht mehr genutzt? Müssen die Menschen in Ostdeutschland sich damit abfinden, dass die Erwerbsquote auf Dauer erheblich niedriger ist als von ihnen gewünscht? Kann man erwarten, dass die jungen Menschen in der Europäischen Union sich für die bestehende Wirtschafts- und Gesellschaftsordnung einsetzen, wenn sich die Chancen, den gewünschten Beruf zu ergreifen und überhaupt arbeiten zu können, ständig verringern?

4. Der ungebrochene Trend steigender Beitragssätze in den gesetzlichen Versicherungssystemen – mit Ausnahme der Arbeitslosenversicherung – und eine gleichzeitig zunehmende Steuerfinanzierung der sozialen Sicherung kennzeichnen die hohen Ansprüche der gegenwärtigen Generation und das Verlagern von Soziallasten auf schwächer besetzte Generationen. Welche Perspektive haben junge Menschen, die heute ins Erwerbsleben eintreten? Werden sie ständig steigende Beiträge und Steuern zahlen müssen, weil in den Umlagesystemen keine Vorsorge betrieben wird? Müssen sie trotzdem damit rechnen, dass ihren Beitragszahlungen später keine angemessenen Renten sowie keine ausreichenden Gesundheits- und Pflegeleistungen gegenüberstehen werden?

5. In den fünfziger und sechziger Jahren bestand noch die Erwartung, dass die Sozialsysteme mit steigendem Wohlstand immer weniger in Anspruch genommen würden, weil die einzelnen Bürger mit zunehmendem Einkommen und Vermögen eigen-

verantwortlich größere Risiken übernehmen könnten. Das Gegenteil dieser Erwartung ist eingetreten. Die Versicherungsleistungen wurden überproportional zur allgemeinen Einkommensentwicklung ausgeweitet. Immer mehr Personengruppen und Einkommensbestandteile wurden zur Finanzierung herangezogen. Die Ausweitung verlief fast immer nach dem gleichen Muster: Den Interessen und Forderungen einzelner Gruppen wurde bereitwillig gefolgt. Die Entscheidungen zugunsten der höheren Leistungen wurden als (fast kostenlose) Wohltaten dargestellt. Wenn anschließend Defizite drohten oder entstanden, wurden die Beitragssätze erhöht. Hohe Sozialversicherungsbeiträge erschweren aber den Abbau der Arbeitslosigkeit. Und die hohe Arbeitslosigkeit verursacht hohe Sozialausgaben. Wie kann es gelingen aus dieser wechselseitigen Selbstverstärkung der Probleme herauszukommen?

6. Die Privatisierung und Umstellung der ostdeutschen Wirtschaft ist weit vorangekommen. In die Infrastruktur und in den Wohnungssektor ist kräftig investiert worden. Zum Teil sind erhebliche Überkapazitäten entstanden. Im Wohnungssektor werden erhebliche Mittel bereitgestellt, um Wohnungen abzureißen, also das Angebot mit staatlichen Subventionen zu verringern, das vorher mit staatlichen Subventionen aufgebaut wurde. Die soziale Absicherung hat das westdeutsche Niveau erreicht, zum Teil sogar überschritten. Von einer Umstellung auf die Soziale Marktwirtschaft kann allerdings nur bedingt gesprochen werden. Die Löhne werden nach wie vor auf vielen Wegen subventioniert. Die Einsicht, dass es zwischen den einzelnen Ländern in Ostdeutschland und Westdeutschland erhebliche Unterschiede geben kann, wie vorher auch schon zwischen den westdeutschen Ländern, wird nicht gerne akzeptiert. Das Denken in Durchschnitten und die Ideen der Angleichung und des Ausgleichs scheinen der Eigenverantwortung im Wege zu stehen. Die Arbeitslosigkeit hält sich auf einem sehr hohen Niveau. In manchen Arbeitsamtsbezirken sucht fast jede dritte Erwerbsperson einen Arbeitsplatz. Beschäftigungsgesellschaften, die eine Brücke zum normalen Arbeitsmarkt bilden sollten, sind zu Dauereinrichtungen geworden. Für einen Großteil der Maßnahmen gibt es keine stichhaltige soziale Rechtfertigung. Wie lässt sich unter diesen Bedingungen eine deutsche Einheit herstellen, in der staatliche Umverteilung klaren sozialen Merkmalen folgt und in der die Bürger in dem Sinne gleich behandelt werden, dass sie unter gleichen staatlichen Regelungen leben?

7. Auf diese sehr unterschiedlichen Fragen müssen Antworten gegeben werden. Die Kernthese dazu heißt: Es geht kein Weg daran vorbei, die hohe Effizienz des marktwirtschaftlichen Systems wieder stärker zu nutzen, selbstverständlich im Rahmen der Sozialen Marktwirtschaft. Hier sollte es kein Missverständnis geben. Die Marktwirtschaft braucht eine soziale Flankierung. Aber die soziale Seite besteht nicht vorrangig aus der Fürsorge, sondern in erster Linie in der Hilfe zur Selbsthilfe. Walter EUCKEN hat betont, dass Hilfebedürftige in unserer Gesellschaft einen Anspruch darauf haben, aktiv mitzuwirken, um möglichst aus der Abhängigkeit herauszukommen: „Die Arbeiter und alle, die sich in Abhängigkeit und Not befinden, können mehr verlangen als Mitleid, Mildtätigkeit und sozialpolitische Hilfe von Fall zu Fall. Sie haben Anspruch auf eine Ordnung, die sie bejahen können, weil sie ihnen und ihren Angehörigen ein menschenwürdiges Leben ermöglicht. Richtig verstandene Sozialpolitik ist universaler Art. Sie ist identisch mit der Politik der Ordnung der Wirtschaft oder der Wirtschaftsverfassungspolitik." (1959, S. 179).

8. Ein Großteil der wirtschaftlichen Probleme entsteht aus einem Geflecht von Verteilungsansprüchen einzelner Interessengruppen. Der Staat hat sich dieser Probleme und Besonderheiten gerne angenommen und eine entsprechende Umverteilung mit seiner Zwangsgewalt durchgesetzt. Aber selbst wenn der Anlass für die staatliche Hilfe längst entfallen ist, werden die Vergünstigungen als Besitzstand verteidigt. Der Umfang dieser nicht dem sozialen Ausgleich dienenden Umverteilung und der in ihren Wirkungen nicht mehr durchschaubaren Subventionen entspricht dem Mittelaufkommen aus der Lohn- und Einkommensteuer.

9. Dem marktwirtschaftlichen oder ordnungspolitischen Ansatz wird gerne entgegengehalten, die Märkte seien in hohem Maße unvollkommen und versagten angesichts einer Reihe von Problemen. Im Umkehrschluss wird daraus ein staatlicher Handlungsbedarf abgeleitet. Es ist zutreffend, dass es in der Realität keinen vollkommenen Markt gibt. Aber daraus abzuleiten, dass der Staat die Aufgaben und Probleme besser lösen könne, ist voreilig und in den meisten Fällen falsch. Dies hat sich in der Breite in allen zentralgelenkten Wirtschaftssystemen gezeigt. Trotzdem – und das ist die Herausforderung für die nachfolgenden Überlegungen – gibt es eine Vielzahl von Situationen, in denen abzuwägen ist, ob und wie der Staat tätig werden sollte. Die Wirtschaftswissenschaft ist sicher noch nicht in der Lage, auf alle Fragen dieser Art eine eindeutige Antwort zu geben. Aber sie ermöglicht in den meisten Fällen vergleichsweise klare Aussagen über die Wirkung einzelner Maßnahmen. Das ist der spannende Berührungspunkt zwischen Wissenschaft und praktischer Wirtschaftspolitik.

B. Vollbeschäftigung als Herausforderung

I. Das Beschäftigungsziel

10. Vor 45 Jahren wurden die Ziele der Wirtschaftspolitik zu einem „magischen Viereck" zusammengefasst. Im Gesetz über die Bildung eines Sachverständigenrates zur Begutachtung der gesamtwirtschaftlichen Entwicklung vom 14. August 1963 wurden die Ziele Stabilität des Preisniveaus, hoher Beschäftigungsstand, außenwirtschaftliches Gleichgewicht und stetiges, angemessenes Wachstum vorgegeben. Knapp vier Jahre später wurden diese Ziele im gleichen Wortlaut noch einmal im „Gesetz zur Förderung der Stabilität und des Wachstums der Wirtschaft" verankert.

Neben diesen wirtschaftspolitischen Zielen im engeren Sinne wurde von Anfang an das Ziel der sozialen Absicherung einbezogen. In Deutschland wurde immer von der Sozialen Marktwirtschaft gesprochen. Allerdings hat sich die Erwartung nicht erfüllt, dass eine stabile soziale Absicherung mit steigendem allgemeinen Wohlstand leichter zu erreichen sei. Im Gegenteil, die Gefährdung der umlagefinanzierten Sozialsysteme ist zu einer Bedrohung des Wirtschafts- und Gesellschaftssystems geworden.

Die größten Sorgen bereitet seit vielen Jahren das Beschäftigungsziel. Zwar hat es auch bei der Preisstabilität, dem Wachstum und dem außenwirtschaftlichen Gleichgewicht immer wieder Störungen gegeben und das Wirtschaftswachstum hat sich abgeflacht, aber über den Zeitraum von 45 Jahren betrachtet, hat sich die Arbeitslosigkeit in einem unerwarteten Ausmaß verfestigt. Zeitweise ging die Resignation so weit, dass es als unrealistisch angesehen wurde, das Vollbeschäftigungsziel zu erreichen.

An Bedeutung gewonnen hat das Umweltziel. Die Bewahrung der Lebensgrundlagen ist nicht nur ein zentrales Anliegen der Menschen in Deutschland, sondern in allen Industrienationen und zunehmend auch in den wirtschaftlich schwachen Regionen.

11. Wie kann das Beschäftigungsziel sinnvoll definiert werden? In den gesetzlichen Vorgaben für die Wirtschaftspolitik ist von einem „hohen Beschäftigungsstand" die Rede. Offenbar gibt es keinen Sinn, die Anzahl der beschäftigten Personen oder die Anzahl der Arbeitsstunden in einer Gesellschaft zu maximieren. Das widerspricht den Vorstellungen vieler Menschen, mehr Freizeit zu haben, um Sport zu treiben, die Gesundheit zu pflegen, zu lesen, Musik zu hören usw. Andererseits dient die Erwerbstätigkeit nicht nur dazu, den Lebensunterhalt zu verdienen und Mittel für die Gestaltung der freien Zeit zu erwirtschaften. Arbeit bietet Möglichkeiten, an der Entwicklung, Gestaltung und Herstellung von Produkten mitzuwirken, die eigenen Fähigkeiten unter Beweis zu stellen, zum Wohlstand und zur sozialen Sicherung anderer Menschen beizutragen, persönliche Beziehungen aufzubauen und zu pflegen. Der Arbeitsprozess gehört für viele Menschen zum wesentlichen Inhalt, zum Sinn des Lebens.

Was es bedeutet, vom Arbeitsleben ausgeschlossen zu sein, beschreiben die Evangelische und die Katholische Kirche in einem gemeinsamen Papier wie folgt: „Die hohe Arbeitslosigkeit markiert einen tiefen Riss in unserer Gesellschaft. Hunderttausende fühlen sich nicht mehr gefragt, vereinsamen, bekommen Selbstwertprobleme, erfahren gesellschaftliche Diskriminierungen, ziehen sich aus Scham zurück, empfinden Zorn und Wut, fragen nach Schuldigen." (Kirchenamt der evangelischen Kirche in Deutschland und Sekretariat der Bischofskonferenz 1994, S. 21/22).

12. Ziel der Wirtschaftspolitik muss es sein, allen Menschen, die zu realistischen Bedingungen arbeiten möchten, d.h. zu Bedingungen, die am Markt geboten werden, eine Beschäftigung zu ermöglichen. Vollbeschäftigung in diesem Sinne ist dann erreicht, wenn es praktisch keine unfreiwillige Arbeitslosigkeit mehr gibt.

In diesem Konzept wird nicht davon ausgegangen, dass der Staat auch nur in Teilbereichen subventionierte Arbeitsplätze zu „gewünschten", aber wirtschaftlich nicht rentablen Bedingungen anbietet. Vielmehr ist es Aufgabe der einzelnen Arbeitnehmer, die Arbeitsbedingungen auszuhandeln. Gerade mit Blick auf die Arbeitslosen muss das Recht des einzelnen Arbeitnehmers gestärkt werden, eigenverantwortlich einen Arbeitsvertrag abzuschließen. Wenn das aus eigener Kraft erzielte Einkommen keinen angemessenen Lebensunterhalt ermöglicht, muss dieses soziale Problem getrennt von den Arbeitsverträgen gelöst werden.

Mit diesem Konzept ist ein verbindlich vorgegebener Mindestlohn, mit dem Arbeitsverhältnisse verhindert werden, nicht vereinbar. Mit diesem Konzept sind auch eine für alle Arbeitnehmer oder für größere Gruppen von Arbeitnehmern verbindliche Wochenstundenzahl oder eine vorgegebene generelle Arbeitszeitverkürzung nicht vereinbar. Die Forderung heißt vielmehr, dass jeder Erwerbstätige frei sein muss, seine Arbeitszeit zu bestimmen. Also muss auch der einzelne Arbeitnehmer das Recht haben, die Arbeitszeit mit seinem Arbeitgeber frei zu vereinbaren. Das schließt Musterverträge und Standardisierungen nicht aus.

Eine Lösung oder Teillösung des Arbeitslosigkeitsproblems kann auch nicht darin bestehen, die Teilzeitarbeit zu forcieren und durch staatliche Förderung auszuweiten. Die Förderung von Teilzeitarbeit ist keine soziale Maßnahme, weil sie besonders reizvoll für Arbeitnehmer mit vergleichsweise hohen Löhnen oder mit sonstigen Einkünften ist. Der angemessene Weg besteht darin, nicht nur Teilzeitarbeit zu ermöglichen, sondern entsprechend den eigenen Erfordernissen und Vorstellungen von Mitarbeitern eine breite Spanne an Arbeitszeiten zuzulassen.

Letztlich kann nur jeder einzelne aus seiner besonderen Situation heraus bestimmen, wie viel er arbeiten möchte. Die Entscheidung für eine bestimmte Arbeitszeit kann sich verändern, wenn sich die Lebensumstände – Heirat, Kinder, Alter, Gesundheit, Erbschaft, Arbeitslosigkeit von Familienangehörigen usw. – ändern. Ob und in welchem Umfang die gewünschte Arbeit aufgenommen werden kann, hängt entscheidend davon ab, ob dies im Rahmen einer selbständigen Tätigkeit festgelegt werden kann oder ob ein Arbeitgeber gefunden werden muss. Im zweiten Fall müssen die Arbeitszeiten und sonstigen Bedingungen zwischen Arbeitnehmer und Arbeitgeber abgestimmt werden.

II. Umfang und Bedeutung der Arbeitslosigkeit

13. Die Anzahl der Arbeitslosen in Deutschland hat sich in den letzen vierzig Jahren vervielfacht. Erst in jüngster Zeit ist der Trend steigender Arbeitslosenzahlen gestoppt und wieder umgekehrt worden – hoffentlich dauerhaft und kräftig. Die offizielle Zahl der Arbeitslosen liegt noch deutlich über drei Millionen und weitere rund zwei Millionen Arbeitsuchende werden nicht gezählt, weil sie an Arbeitsmarktprogrammen teilnehmen oder keine Chance sehen, einen geeigneten Arbeitsplatz zu finden (stille Reserve).

In den sechziger Jahren befassten sich Wissenschaftler und Politiker mit der Frage, ob noch von Vollbeschäftigung gesprochen werden könne, wenn die Arbeitslosenquote auf ein Prozent steige. Seit dem Beginn der siebziger Jahre hat dann die Arbeitslosigkeit mit jedem Konjunkturzyklus kräftig zugenommen. In der Hochkonjunktur sank die Arbeitslosenquote nicht mehr auf den Wert aus dem vorherigen Wirtschaftsaufschwung. Diese als Sockelarbeitslosigkeit bezeichnete Quote stieg von 0,7 Prozent im Jahre 1970 über 3,8 Prozent in den Jahren 1979/80 auf 6,3 Prozent im Jahre 1991. Durch die Wiedervereinigung hat sich die Arbeitslosenquote in Deutschland um rund zwei Prozentpunkte erhöht. Im Jahre 2005 wurde mit 13 Prozent die höchste Arbeitslosenquote erreicht. Erst in der jüngsten Aufschwungphase hat sich die Arbeitslosenquote stärker zurückgebildet als sie im vorangegangenen Abschwung gestiegen war. Aktuell liegt die Quote im Jahresdurchschnitt bei etwa 7,8 Prozent (vgl. Abbildung 1).

Die Anzahl der Arbeitsplätze bzw. der Erwerbstätigen in Westdeutschland ist nicht zurückgegangen. Sie pendelte über viele Jahre um 26 Millionen und stieg seit Mitte der achtziger Jahre auf mehr als 31 Millionen an. Im gesamten Bundesgebiet ist seit 1997 ein Anstieg von 37 auf 40 Millionen zu verzeichnen. Diese Zunahme reicht nicht aus, die höhere Erwerbsbeteiligung und die Zuwanderungen der letzten Jahre auszugleichen. Das heißt aber nicht, dass die Wirtschaft grundsätzlich nicht in der Lage sei, eine steigende Zahl der Erwerbspersonen aufzunehmen. In den fünfziger Jahren wurde trotz eines weitaus größeren Ungleichgewichts in wenigen Jahren Vollbeschäftigung erreicht.

Mit dem Gesetzespaket Hartz I bis IV – benannt nach dem ehemaligen Arbeitsdirektor der Volkswagen AG – haben Bundesregierung und Bundestag im Jahre 2003 in einem Kraftakt eine Reihe durchgreifender Arbeitsmarktreformen ergriffen. Nicht zuletzt dadurch konnte der Trend zu immer höherer Arbeitslosigkeit gebrochen werden. Damit ist auch deutlich geworden, dass die hohe Arbeitslosigkeit kein Naturgesetz ist, beispielsweise weil die Produktivität zunimmt, sondern von den wirtschaftspolitischen Bedingungen und insbesondere den Bedingungen auf dem Arbeitsmarkt abhängt. Die irrige These, in einer entwickelten Volkswirtschaft könne es keine Vollbeschäftigung geben, ist erschüttert worden. Trotzdem scheint die Politik doch lieber auf Regulierung, Programme und Absicherung zu setzen, denn Teile des Reformprogramms wurden inzwischen schon wieder zurückgedreht, so beispielsweise durch die wieder verlängerte Bezugsdauer von Arbeitslosengeld I. Man darf gespannt sein, ob die positiven Erfahrungen mit Arbeitsmarktreformen und der Glaube an die Problemlösungsfähigkeit der Politik in der nächsten Rezession die Oberhand behalten werden.

Abbildung 1: Entwicklung der Arbeitslosigkeit in Deutschland

······· Früheres Bundesgebiet ········ Deutschland

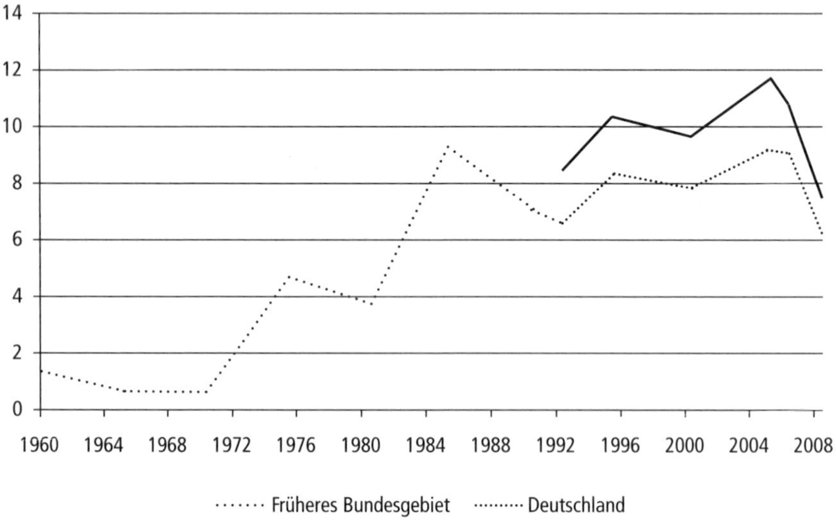

Quelle: SACHVERSTÄNDIGENRAT

14. Das tatsächliche Ausmaß der Arbeitslosigkeit ist erheblich größer als statistisch ausgewiesen. Der Sachverständigenrat hat die verdeckte Arbeitslosigkeit in Deutschland für das Jahr 2006 mit 1,3 Millionen beziffert. Verdeckt Arbeitslose sind Personen, die durch arbeitsmarktpolitische Maßnahmen wie z. B. Umschulung, Arbeitsbeschaffung, Frühverrentung aufgefangen werden. Außerdem gehen erwerbsfähige Personen in die sogenannte stille Reserve, wenn sie die Suche nach einem Arbeitsplatz für aussichtslos halten und keine Leistungen von der Agentur für Arbeit bekommen. Die Anzahl dieser Personen, die arbeiten möchten, sich aber nicht bei den Arbeitsagenturen melden, ist schwer zu schätzen. Die Schätzwerte schwanken erheblich, nämlich zwischen 25 Prozent und 70 Prozent der gemeldeten Arbeitslosen, das wären weitere 1,1 bis 3,1 Millionen Menschen. In diese Gruppe dürften immer noch viele ostdeutsche Frauen fallen. In Ostdeutschland ist die Anzahl der Erwerbstätigen von 9,6 Millionen im Jahre 1989 auf 7,2 Millionen im Jahre 2006 zurückgegangen. Ein kleiner Teil der Erwerbspersonen ist nach Westdeutschland abgewandert, ein weiterer Teil ist aus dem

Erwerbsleben ausgeschieden, aber ein Großteil dürfte in die stille Reserve gegangen sein, weil sie es angesichts der Arbeitsmarktsituation mit knapp 3,8 Millionen Arbeitslosen für aussichtslos halten, einen Arbeitsplatz zu finden.

Umgekehrt wird das Arbeitslosigkeitsproblem ein wenig überschätzt, weil einige als arbeitslos gemeldete Personen keinen Arbeitsplatz suchen (unechte Arbeitslosigkeit), z.B. weil sie eine vorzeitige Rente anstreben oder gerade den Arbeitsplatz aufgeben, aber schon wieder einen neuen in Aussicht haben (Friktionsarbeitslosigkeit). Der Anteil dieser Personen an den Arbeitslosen wird auf neun bis zwölf Prozent geschätzt. Das Arbeitslosigkeitsproblem wird für einen Teil der Arbeitslosen durch Tätigkeiten in der Schattenwirtschaft gemildert.

Berücksichtigt man die ergänzenden Schätzungen, dann sieht man, dass das Arbeitslosenproblem in der amtlichen Statistik nur unvollständig dargestellt wird. Die Anzahl der Arbeitslosen oder der Arbeitsplatzsuchenden war beispielsweise im Jahre 2006 (2007) mit 5,89 (4,98) Millionen Personen rund 30 Prozent höher als die statistische Arbeitslosenzahl (vgl. Tabelle 1). Auch wenn diese Schätzungen mit einigen Unsicherheiten behaftet sind, muss festgestellt werden, dass gut elf Prozent der Erwerbsfähigen keinen Arbeitsplatz gefunden haben.

Tabelle 1: Umfang der Arbeitslosigkeit im Jahre 2006 in Deutschland

	2006	2007 (geschätzt)
Statistisch ausgewiesene Anzahl der Arbeitslosen	4,49 Mio.	3,78 Mio.
+ verdeckte Arbeitslosigkeit: ABM, Umschulung, Kurzarbeit, Vorruhestand	1,3 Mio.	1,2 Mio.
+ stille Reserve: Arbeitsbereitschaft, aber nicht registriert	1,46 Mio.	1,36 Mio.
− Unechte Arbeitslosigkeit, Inanspruchnahme von Leistungen der Bundesanstalt ohne Arbeitsuche, z.B. Sozialplanarbeitslosigkeit, Übergang zum Vorruhestand ...	0,66 Mio.	0,66 Mio.
− Friktionsarbeitslosigkeit nach dem Aufgeben eines Arbeitsplatzes: Überbrückung bis neue Stelle angetreten, kurze Suchphase	0,7 Mio.	0,7 Mio.
Arbeitslose	5,89 Mio.	4,98 Mio.

Quelle: SACHVERSTÄNDIGENRAT (2007): Jahresgutachten 2007/2008

15. An Erklärungen für die hohe Arbeitslosigkeit mangelt es nicht. So wird auf die Schwierigkeiten hingewiesen, die sich aus dem schnellen Strukturwandel ergeben – ein Argument, das insbesondere für Ostdeutschland vorgebracht wird. Weiterhin wird auf die geburtenstarken Jahrgänge in den sechziger Jahren, auf die steigende Erwerbsbeteiligung der Frauen und auf die Zuwanderungen hingewiesen. Diese Hinweise helfen den Menschen nicht, die gerne arbeiten möchten, aber keine Arbeit bekommen. Sie sind auch nicht geeignet, konsequent nach den Hindernissen für mehr Beschäftigung zu fragen. Ja sie erwecken den Anschein, solche Probleme könne das marktwirtschaft-

liche System nicht lösen und es seien staatliche Eingriffe in den Arbeitsmarkt oder zumindest verstärkte soziale arbeitsmarktpolitische Maßnahmen erforderlich.

16. Arbeitslosigkeit ist ein bedrückender Zustand für die betroffenen Arbeitnehmer. Sie wird als Belastung der Sozialsysteme und damit der Beitrags- und Steuerzahler gesehen. Je mehr Arbeitslose es gibt, umso größer ist das Problem. Das ist die eine Seite – wenn auch die dominierende. Darüber wird die andere Seite fast vergessen, nämlich die freie Arbeitskapazität als wirtschaftliches Potenzial, als Chance für die Erstellung zusätzlicher Güter und Dienstleistungen. Aus der ökonomischen Sicht kommt es darauf an, die verfügbare Arbeitskraft zu nutzen und möglichst produktiv einzusetzen. Je mehr Arbeitskräfte arbeiten möchten, umso mehr Leistungen können erstellt werden. Die deutsche Wirtschaft bleibt erheblich hinter ihren Möglichkeiten zurück, weil ganz offensichtlich ein großer Teil der Arbeitskraft brach liegt. Diesen einfachen Zusammenhang sollte jeder vor Augen haben, der nach wirksamen Lösungen sucht.

III. Zyklische Selbstverstärkung der Arbeitslosigkeit?

17. Eine zunehmende, sich von Konjunkturzyklus zu Konjunkturzyklus hochschaukelnde Arbeitslosigkeit kann damit zusammenhängen, dass im Wirtschaftsablauf aufgrund der institutionellen Bedingungen selbstverstärkende Faktoren wirksam werden und dass die typischen Eingriffe der Politik eher destabilisierend als stabilisierend wirken. Diese These soll anhand eines typischen Konjunkturzyklus' erläutert werden.

Ausgelöst werden Rezessionen durch unterschiedliche Faktoren, z.B. durch zyklische Schwankungen von Re-Investitionen, durch eine Absatzkrise auf wichtigen Exportmärkten, durch schockartige Rohstoffpreissteigerungen, durch überzogene Lohnsteigerungen usw. Dadurch geraten Unternehmen in Rentabilitäts- und Liquiditätsprobleme, und es entstehen schnell Überkapazitäten. Die Unternehmen versuchen, die Aufwendungen zu verringern, indem sie weniger investieren, kurzarbeiten lassen, keine Mitarbeiter mehr einstellen oder über die normale Fluktuation hinaus Mitarbeiter entlassen.

Wegen der starren Löhne und Arbeitszeiten können Personalkosten praktisch nur durch einen Einstellungsstopp und Entlassungen gesenkt werden. Teile der Produktion werden eingestellt – auch durch Konkurse – oder in Länder mit niedrigeren Löhnen verlagert. Eine weitere Reaktion auf hohe und starre Personalkosten ist eine forcierte Rationalisierung und Automatisierung, um die Arbeitsabläufe zu verbessern und Personal einzusparen. Kurzarbeit einzuführen hilft nicht weiter, wenn die Rezession sich über eine längere Zeit hinzieht und wenn die Unternehmen erwarten, dass über einen Personalabbau dauerhaft eine günstigere Kostenstruktur erreicht werden kann. Der Personalabbau und die Rationalisierung werden auch deshalb sehr intensiv betrieben, weil gleichzeitig strukturelle Schwächen bereinigt werden, beispielsweise in der Produktpalette, und weil viele Unternehmen davon ausgehen, dass „scharfe Einschnitte" nur in der Rezession durchzusetzen sind.

III. Zyklische Selbstverstärkung der Arbeitslosigkeit?

Die Ausgaben der Versicherungs- und Sozialsysteme, insbesondere der Arbeitslosenversicherung und des Arbeitslosengelds II[1] steigen in der Rezession, weil sie von zusätzlichen Arbeitslosen in Anspruch genommen werden. Gleichzeitig gehen die Beitragseinnahmen zurück, so dass in den einzelnen Sicherungssystemen Defizite drohen oder sogar entstehen. Häufig wird dann versucht, die Beitragssätze anzuheben, um Defizite zu vermeiden. Steigende Beitragssätze erhöhen zumindest vorübergehend den Kostendruck in den Unternehmen.

Zum Teil fallen die höheren Sozialkosten beim Staat und bei den Kommunen an. Wenn gleichzeitig die Steuereinnahmen rezessionsbedingt zurückgehen, steigen die Defizite in den öffentlichen Haushalten. Die Haushaltsprobleme werden von der Ausgabenseite verschärft, weil der Staat weitere Betriebe mit Subventionen zu erhalten versucht, Arbeitsmarktprogramme auflegt und Beschäftigungsprogramme finanziert. Im Prinzip könnten Haushaltsdefizite der öffentlichen Hand als automatische Stabilisatoren wirken. Staatliche – wie z. B. kommunale – Ausgaben könnten antizyklisch eingesetzt werden. Tatsächlich werden die Ausgaben aber häufig zum falschen Zeitpunkt ausgeweitet oder eingeschränkt, so dass Konjunkturschwankungen verstärkt werden. Hinzu kommt, dass die Haushaltsdefizite zum Anlass genommen werden, Steuern und Abgaben zu erhöhen – in der Regel mit der Folge einer weiteren Erhöhung der dauerhaften Abgabenlast. Auch neue Erhaltungssubventionen und Arbeitsmarktinstrumente tragen dazu bei, die gesamtwirtschaftliche Effizienz zu verringern und die Staatsquote anzuheben. Die Abgabenlast für Unternehmen und Arbeitnehmer steigt unmittelbar durch höhere Steuern oder ihr Anstieg wird über eine höhere Staatsverschuldung vorprogrammiert.

In der Rezession werden also Maßnahmen und Prozesse eingeleitet, die nur schwer revidierbar sind. Die Wirtschaft stellt sich notgedrungen auf hochproduktive Verfahren mit verringertem Arbeitskräfteeinsatz um. Die neue Produktionsstruktur passt nicht zur Faktorausstattung, d.h. sie kommt mit erheblich weniger Arbeitskräften aus als verfügbar sind. Der Staat verstrickt sich in weiteren Interventionen.

Nach einer Rezession wird die Produktionsstruktur nur marginal wieder in Richtung einer höheren Arbeitsintensität umgestellt. Dafür gibt es mindestens zwei Gründe: Erstens wäre eine erneute Umstellung der Produktionsverfahren und Produktpaletten mit erheblichen Kosten verbunden. Deshalb wird dieser Prozess nur langsam und vornehmlich in Verbindung mit ohnehin anfallenden Re-Investitionen ablaufen. Zweitens zögern die Unternehmen, wieder mehr Personal einzustellen und erneut längerfristige Bindungen einzugehen. Sie rechnen mit erneut schneller steigenden Löhnen; und die hohen Kosten der Anpassung an eine verringerte Nachfrage, die durch den Kündigungsschutz, die Sozialpläne und die begrenzte Mobilitätsbereitschaft bei Betriebsverlagerungen und -umstellungen entstehen, sind noch in frischer Erinnerung.

---

[1] Unter den Begriff „Arbeitslosengeld II" wird im Folgenden zur Vereinfachung auch das Sozialgeld gefasst. Sozialgeld erhalten die Mitglieder einer Bedarfsgemeinschaft, die nicht arbeitsfähig sind.

Arbeitnehmer und Gewerkschaften versuchen, sich aufgrund der Erfahrungen in der Rezession noch stärker abzusichern, also die Mitspracherechte, den Kündigungsschutz und die Sozialplanregelungen auszuweiten, und Lohnausfälle – auch aufgrund gestiegener Steuern und Sozialabgaben – wieder auszugleichen. Dies erscheint in der Aufschwungphase auch möglich, weil die statistisch gemessene Produktivität und die Gewinne stark steigen.

Zahlenbeispiel für eine statistische Produktivitätssteigerung

Produktivität = Produktionsmenge / Arbeitsstunden

Ausgangssituation:
Produktivität = 100 Produktionseinheiten / 100 Arbeitsstunden = 1 PE / Std.

Zusammensetzung:
91,8 Produktionseinheiten in 90 Arbeitsstunden: Produktivität = 1,02
+ 8,2 Produktionseinheiten in 10 Arbeitsstunden: Produktivität = 0,82
= 100 Produktionseinheiten in 100 Arbeitsstunden: Produktivität = 1,00

Werden die 10 Arbeitsstunden mit der geringen Produktivität abgebaut, steigt die Produktivität von 1,00 auf 1,02, also um 2 Prozent

---

Die statistische Produktivitätssteigerung zur Grundlage von Lohnforderungen zu machen, bedeutet allerdings eine Zementierung der rezessionsbedingt gestiegenen Arbeitslosigkeit! Der Grund liegt darin, dass von einem Abbau der Beschäftigung vorwiegend Arbeitnehmer mit unterdurchschnittlicher Produktivität betroffen sind. Misst man anschließend die Produktivität der noch Beschäftigten, so stellt man eine Zunahme der durchschnittlichen Produktivität fest, ohne dass die verbliebenen Arbeitnehmer produktiver geworden sind. Wird dieser statistische Produktivitätsanstieg zum Anlass genommen, die Löhne zu erhöhen, dann gibt es kaum Chancen, die Arbeitslosen wieder in eine Beschäftigung zu bringen. Ein weiterer tendenziell produktivitätssteigernder Effekt kann sich daraus ergeben, dass die Kapitalausstattung pro Arbeitnehmer durch Entlassungen zumindest vorübergehend erhöht wird. Auch dieser Teil des Produktivitätsanstiegs darf nicht für Lohnerhöhungen genutzt werden – wiederum weil die Wiedereinstellung der Arbeitslosen verhindert würde, aber auch weil möglicherweise Kapital abgezogen würde.

Weil ein temporäres Ungleichgewicht auf dem Arbeitsmarkt in die Zukunft projiziert und weil der erforderliche Strukturwandel in der Rezessionsphase überschätzt und überzogen wird – vielleicht auch weil ein Strukturwandel in anderen Konjunkturphasen so schwer durchsetzbar ist –, werden zu viele Arbeitnehmer aus der Beschäftigung heraus gedrängt und zu viele Qualifikationen entwertet. In der Phase der Arbeitslosigkeit setzt ein weiterer Dequalifizierungs- und Demotivierungsprozess ein. Der Kontakt zum Betrieb wird unterbrochen. Die Arbeitnehmer sind von organisatorischen und technischen Weiterentwicklungen abgekappt, und selbst wenn sie eigene Initiativen entwickeln wollen, wissen sie nicht, wo sie ihre Fähigkeiten ergänzen und verbessern sollen, weil dies normalerweise nur mit Blick auf einen bestimmten Arbeitsplatz und eine bestimmte Aufgabe sinnvoll betrieben werden kann. Ohne klare berufliche Perspektive setzt vor allem bei längerer Arbeitslosigkeit Resignation ein. Die Menschen verlieren an Selbstbewusstsein und Selbstachtung und sie leiden schneller unter gesundheitlichen Beeinträchtigungen.

Nach einer Rezession werden Steuererhöhungen des Staates und der Kommunen in aller Regel nicht rückgängig gemacht. Die Unternehmer zögern lange bis sie wieder neue Mitarbeiter einstellen. In den Sozialversicherungen werden Beitragssatzerhöhungen in der Regel nicht wiederzurückgenommen. Ebenso werden Überschüsse, die durch die wieder steigende Anzahl der Beitragszahler und die geringere Empfängerzahl auf der Ausgabenseite entstehen, nicht angespart, um für eine zukünftige Rezessionsphase vorzusorgen. Vielmehr sind die politischen Akteure versucht, die Leistungen in den Sozialversicherungen auszuweiten. Es bleibt demnach bei den höheren Sozialabgaben. Die Arbeitnehmer und Gewerkschaften werden in der nächsten Aufschwungphase versuchen, die gestiegenen Beitragssätze und Steuern sowie die aus ihrer Sicht zu geringen Lohnsteigerungen in der Rezessionsphase durch entsprechend hohe Lohnsteigerungen zu kompensieren, was den Arbeitslosen die Rückkehr in eine Beschäftigung erschwert. So entsteht ein Selbstverstärkungsprozess mit zyklisch steigender Arbeitslosigkeit.

IV. Marktversagen oder Staatsversagen?

18. Unter den Bedingungen einer marktwirtschaftlichen Ordnung kommt es in der Regel auf den einzelnen Märkten über Preisänderungen zu einem Ausgleich von Angebot und Nachfrage. Gravierende Ungleichgewichte, wie sie auf dem Arbeitsmarkt entstanden sind, können auf eine zyklische Instabilität des Marktes, auf ein allgemeines Marktversagen oder auf Reglementierungen und Interventionen des Staates hindeuten.

Die Nachfrage nach Arbeit und die Arbeitslosigkeit schwanken mit dem Konjunkturverlauf, wobei das Ausmaß der Ausschläge von den institutionellen Regelungen sowie von der Lohn- und Arbeitszeitflexibilität abhängt. Schwerwiegender als die konjunkturellen Schwankungen der Beschäftigung ist der seit dem Ende der sechziger Jahre zu beobachtende Anstieg der Sockelarbeitslosigkeit über mehrere Konjunkturzyklen hinweg. Es ist ein strukturelles und dauerhaftes Marktungleichgewicht entstanden. Die üblichen Anpassungsreaktionen, die wieder zu einem Marktausgleich – also zur Vollbeschäftigung - führen, sind offenbar außer Kraft gesetzt oder zumindest in ihrer Wirksamkeit stark beeinträchtigt worden. Denn es bleibt die Frage, warum der Marktausgleich bis zum Ende der sechziger Jahre funktionierte und jeweils wieder zu einem hohen Beschäftigungsstand führte, und warum sich der Arbeitsmarkt danach weit von der Vollbeschäftigung entfernte.

19. Die meisten Märkte brauchen Zeit, um nach einer eingetretenen Störung oder einer unerwarteten Änderung wieder zu einem neuen Gleichgewicht zu finden. Einen erheblichen Einfluss auf den deutschen Arbeitsmarkt hat mit Sicherheit die schnell fortschreitende Globalisierung der Märkte, die sich gerade in den letzten Jahren schubartig bewegt hat. Mit der Öffnung der innerdeutschen Grenze im November 1989 hat sich das Verhältnis der Faktoren Arbeit und Kapital in Deutschland erheblich verschoben. Die Anzahl der Arbeitskräfte ist stark gestiegen. Der Kapitalstock hat dagegen nur wenig zugenommen. Die meisten Industrieanlagen in Ostdeutschland hatten kaum noch einen wirtschaftlichen Wert. Die gesamte Infrastruktur war stark reparatur- und ausbaubedürftig. Die Qualität des Gebäudebestandes lag im Durchschnitt weit unter dem westdeutschen Standard.

Die normale Marktreaktion auf eine solche Verschiebung der Faktorrelationen hätte einen Anstieg des Preises für die Kapitalnutzung, also der Zinsen, und ein Sinken des Preises für die Arbeit, also der Löhne, sein müssen. Tatsächlich wurde aber politisch entschieden, die Löhne in Ostdeutschland kräftig anzuheben. Und auch in Westdeutschland wurden die Löhne in den Jahren 1990 bis 1993 stärker angehoben als es aufgrund der Produktivitätsentwicklung kostenneutral gewesen wäre. Damit wurde genau das Gegenteil von dem getan, was nötig gewesen wäre, um einen Marktausgleich zu erreichen.

Die Öffnung der sogenannten zweiten Welt ging in Mittel- und Osteuropa unvermindert weiter und gipfelte in der Auflösung der Sowjetunion. Dadurch setzten sich die Verschiebung der Faktorrelationen und der Druck auf den deutschen Arbeitsmarkt in der gleichen Richtung fort. Denn in allen ehemaligen Ostblockstaaten betrug die Kapitalausstattung je Arbeitskraft bzw. je Haushalt nur einen Bruchteil der entsprechenden Kapitalausstattung in Deutschland und in anderen westlichen Ländern. Der wirtschaftliche Druck auf die Löhne in Deutschland wurde durch Betriebsverlagerungen, den Zukauf von Produktteilen und Produktionseinschränkungen erhöht.

20. Verstärkend zu diesen Sonderentwicklungen läuft die Globalisierung nicht nur des Austausches von Gütern und Dienstleistungen, sondern auch der Standortwahl der Betriebe weiter. Immer mehr Unternehmen auch des Mittelstandes wählen beim Bau neuer Betriebsstätten völlig selbstverständlich zwischen Standorten in Deutschland, in Mittel- und Osteuropa, in Asien und Südamerika. Die Arbeitnehmer in den westlichen Industrieländern können nicht mehr davon ausgehen, dass die industriellen Investitionen vorrangig in den traditionellen Industrieländern vorgenommen werden. Und auch Investitionen in Verwaltungs- und Forschungseinrichtungen bleiben keineswegs den hochentwickelten Ländern vorbehalten. Außerdem haben die asiatischen Staaten wie Singapur, Hongkong, Taiwan, Südkorea, Malaysia, Thailand und Indonesien Sparquoten, die mehr als doppelt so hoch sind wie die in den westlichen Industrieländern. Das bedeutet, dass sich das Schwergewicht der Kapitalbildung in den asiatischen Raum verlagert und dass zunehmend in diesen Ländern über Investitionsstandorte entschieden wird. Auch wenn dieser Prozess mit Störungen und Turbulenzen verbunden ist, wird der Einfluss von Regierungen und Gewerkschaften in den traditionellen Industrieländern auf die Investitionsentscheidungen der Unternehmen und Investoren schwächer, weil ein zunehmender Anteil der Investoren in anderen Staaten lebt.

21. Diese Entwicklungen machen deutlich, dass das wirtschaftliche Gefüge nicht nur in Europa, sondern weltweit in Bewegung geraten ist. Aber sie können nicht hinreichend erklären, warum der Arbeitsmarkt nicht wieder zu einem Gleichgewicht tendiert. Die schnellen Änderungen der Weltwirtschaft betreffen vor allem die neunziger Jahre. Die Zunahme der Sockelarbeitslosigkeit hält aber schon seit 30 bis 35 Jahren an. Politiker neigen schnell dazu, ein Marktversagen zu diagnostizieren und daraus einen politischen Handlungsbedarf abzuleiten. Das ist nicht nur auf dem Arbeitsmarkt der Fall, sondern beispielsweise auch auf dem Agrarmarkt und auf dem Wohnungsmarkt. Erstaunlicherweise wird die Frage nach dem Marktversagen immer dort gestellt, wo der Staat in hohem Maße reglementiert und interveniert und die Probleme nicht behoben werden, sondern eher zunehmen und sich auf Dauer verfestigen.

Bei einer Staatsquote von 45 Prozent sind die Marktkräfte in vielen Sektoren lahmgelegt oder stark beeinträchtigt (unmittelbare staatliche Verwaltung, nachgeordnete Einrichtungen, die mit Steuergeldern finanziert werden, hochsubventionierte Bereiche wie Kohle, Eigenheime, Landwirtschaft).[2] Ein großer Teil der Beschäftigten ist vor Arbeitsmarktreaktionen weitgehend geschützt. Dies wird häufig als politischer Erfolg gewertet. Die Kosten staatlicher Schutzregelungen und Privilegien zugunsten eines Teils der Arbeitnehmer und Konsumenten werden aber immer wieder verkannt oder bewusst verdrängt. Selbstverständlich können einzelne Gruppen ihre Position verbessern, wenn die Kosten mit Hilfe der staatlichen Zwangsgewalt anderen Gruppen oder den Steuerzahlern insgesamt aufgebürdet werden. Solche Eingriffe sind aber weder sozialpolitisch zu begründen noch ordnungspolitisch zu rechtfertigen, weil in willkürlicher Weise in die Rechte und das Eigentum von Bürgern eingegriffen wird – auch wenn verharmlosend von Schutzrechten gesprochen wird.

22. Kann die Zunahme der Sockelarbeitslosigkeit damit zusammenhängen, dass es immer mehr Gruppen gelingt, ihre Interessen zu Lasten Dritter durchzusetzen, wobei sie zum Teil wechselseitig die Kosten tragen, aber die Arbeitslosen systematisch zu den Verlierern gehören? Auf dem Wohnungsmarkt gibt es das Phänomen, dass der Staat versucht, die Mieter vor einer Kündigung und einer starken Mieterhöhung zu schützen. Die Schutzrechte kommen aber nur denen zugute, die bereits eine Wohnung haben. Sie verschlechtern dagegen die Chancen der Wohnungssuchenden und damit längerfristig aller Mieter, weil jeder irgendwann eine Wohnung sucht. Auf dem Arbeitsmarkt ist eine ähnliche Entwicklung eingetreten. Die Rechte der beschäftigten Personen sind zu Lasten der Arbeitsuchenden gestärkt worden. Hinzu kommt, dass

---

[2] Die Staatsquote wird zu niedrig ausgewiesen, weil ein erheblicher Teil der staatlichen Aufwendungen unmittelbar von den Steuereinnahmen abgezogen wird – z.B. die Investitionszulagen und das Kindergeld – und somit weder auf der Einnahmen- noch auf der Ausgabenseite erfasst wird. Das gilt auch für die Subvention der erneuerbaren Energie durch Einspeisevergütungen, die weit oberhalb des Marktpreises liegen und von den Verbrauchern getragen werden müssen.

kollektive Entscheidungen auf Mehrheiten basieren und die Arbeitsuchenden in der Minderheit sind. Das gilt auch in den Gewerkschaften, die vorrangig die Interessen der Beschäftigten, also der Insider vertreten.

Eine weitere Analogie zum Wohnungsmarkt dürfte für den Arbeitsmarkt von Bedeutung sein. In politischen Auseinandersetzungen spielt der vermeintliche Interessengegensatz zwischen Mietern und Vermietern eine große Rolle, und Politiker fühlen sich immer wieder berufen, zugunsten der vermeintlich schwächeren Mieter und zu Lasten der Vermieter einzugreifen. Dies hat nichts mit Sozialpolitik zu tun. Das Merkmal „Mieter" oder „Wohnungssuchender" darf nicht einfach mit wirtschaftlicher Schwäche gleichgesetzt werden; und bei den Vermietern kann nicht allgemein unterstellt werden, dass sie wohlhabender sind als die Mieter. Entscheidend für die Mieter und Wohnungssuchenden ist, dass es überhaupt Vermieter gibt, dass Investoren in den Wohnungsbau gehen und dass Wettbewerb zwischen den Anbietern um Mieter und Wohnungsnutzer besteht.

Auf dem Arbeitsmarkt stellt sich zunehmend die Frage, ob das alljährliche Kampfritual zwischen Arbeitnehmern und Arbeitgebern jenseits der verbalen Beteuerungen noch Rücksicht auf die Arbeitslosen nimmt. Die Arbeitslosen haben ein großes Interesse daran, dass es mehr Arbeitgeber und mehr Arbeitsplätze gibt. Alle Arbeitnehmer haben Vorteile davon, wenn sie umworben werden und wenn Unternehmen in Deutschland investieren. Müssten nicht die Arbeitnehmer, die Gewerkschaften und der Staat überlegen, inwieweit die Belastung von mobilen Unternehmen und mobilem Kapital in einer offenen Wirtschaft verringert werden kann, und zwar im Interesse der Arbeitnehmer? Oder zählt die kurzfristige Lohnerhöhung der Arbeitsplatzbesitzenden mehr – auch wenn sich die mittelfristigen Chancen verringern?

23. Ein Feld, auf dem Arbeitgeber und Arbeitnehmer einzelner Branchen gemeinsam staatlichen Schutz verlangen, ist die Importkonkurrenz. Hier wird mit der Sicherung von heimischen Arbeitsplätzen argumentiert und Politiker haben es schwer, der Versuchung zu widerstehen, den vom internationalen Wettbewerb bedrohten Unternehmen und Arbeitnehmern zu helfen. Die Schlagworte „Lohndumping" und „Sozialdumping" werden selbst innerhalb der Europäischen Union benutzt. Aber wie bei den Subventionen stellt sich auch hier die Frage, mit welcher Berechtigung der Staat den Strukturwandel und das Entstehen neuer Arbeitsplätze behindert, indem er den nicht geschützten Sektoren und den Steuerzahlern höhere Kosten aufbürdet.

Zugespitzt gefragt: Schützt der Staat eine Tarifpolitik zu Lasten der Arbeitslosen? Ist die hohe Sockelarbeitslosigkeit eine Folge gut gemeinter Eingriffe des Staates, vor allem zum Schutz von Unternehmen und deren Beschäftigten? Wenden sich staatliche Korrekturen vermeintlicher Marktstörungen und behaupteter Funktionsdefizite letztlich gegen die Arbeitslosen? Ist der immer häufiger zu hörende Ruf nach politischen Lösungen, weil der Markt die Probleme nicht lösen könne, ein Weg, den Staat für Einzelinteressen einzuspannen? Warum werden die Begriffe „Marktwirtschaft" und „Ordnungspolitik" zunehmend als weltfremde, unsoziale und für die zu lösenden Probleme irreale Denkmuster abgetan? Könnte das etwas mit einem kalkulierten Egoismus von

IV. Marktversagen oder Staatsversagen?

Interessengruppen zu tun haben? Wird bewusst verdrängt und geleugnet, dass die Leistungen des Einzelnen am Markt in der Regel unbestechlich danach bewertet werden, welchen Wert sie für die Gemeinschaft haben?

Man mag einwenden, dass die Erwerbsbeteiligung zugenommen hat, dass mehrere Millionen Menschen zugewandert sind und dass durch die Öffnung der Grenzen ein zusätzlicher Strukturwandel bewältigt werden muss. Das sind Faktoren, die vor allem in den letzten Jahren wirksam geworden sind und deren Bewältigung unbefriedigend bleibt. Aber der Anstieg der Sockelarbeitslosigkeit in Westdeutschland hat bereits viel früher eingesetzt, und die Zunahme der Arbeitsplätze in den Jahren der hohen Zuwanderung von 1985 bis 1992 ist zwischenzeitlich wieder umgeschlagen in einen Arbeitsplatzabbau.

24. Diese Abläufe der wirtschaftlichen und sozialen Prozesse sind unbefriedigend. Und das nicht nur in Deutschland zu beobachtende Phänomen der hohen Sockelarbeitslosigkeit deutet darauf hin, dass die ausgleichenden Marktkräfte nicht hinreichend zum Zuge kommen und dass sich das Arbeitslosigkeitsproblem nicht von selbst lösen wird. Deshalb soll hier der Frage nachgegangen werden, wie die marktwirtschaftlichen Regelkreise wieder gestärkt und funktionstüchtig gemacht werden können. Wie können die Lernprozesse verbessert werden? Was kann der Staat, was können Gewerkschaften und Unternehmer, was kann der Einzelne dazu beitragen, die Arbeitslosigkeit zu beseitigen?

Das BUNDESMINISTERIUM FÜR WIRTSCHAFT hat bereits im Jahre 1993 einen Bericht zur Zukunftssicherung des Standortes Deutschland erarbeitet. Als zentrale Herausforderung wird in diesem Standortbericht das Fehlen von mindestens fünf Millionen wettbewerbsfähigen Arbeitsplätzen genannt (BUNDESMINISTERIUM FÜR WIRTSCHAFT, 1993, S. 41). In dem Bericht werden systematisch alle wirtschaftspolitischen Handlungsbereiche auf Defizite untersucht und eine Vielzahl von Änderungsvorschlägen gemacht. Einige Vorschläge wurden aufgenommen, insbesondere mit den Hartz-Reformen 2003, aber dann doch wieder verwässert. Trotzdem ist der gewählte Ansatz ein erfolgversprechender Weg.

25. Die KOMMISSION DER EUROPÄISCHEN GEMEINSCHAFTEN legte ebenfalls im Jahre 1993 das Weißbuch „Wachstum, Wettbewerbsfähigkeit, Beschäftigung" vor. Auch hier stand die Sorge um die Beschäftigungsentwicklung eindeutig im Vordergrund, wie die einleitenden Sätze zeigen: „Warum dieses Weißbuch? Die Antwort lautet: wegen der Arbeitslosigkeit. Wir alle wissen, wie hoch die Arbeitslosigkeit ist, und wir kennen ihre Folgen." (S. 9). In der Diskussion über das Weißbuch hat die Kommission ihre wirtschaftspolitischen Bemühungen leider nicht auf den Abbau von Regelungen und Interventionen konzentriert, sondern auf verteilungspolitisch orientierte regionale Subventionen. Der Ausbau von transeuropäischen Verkehrs-, Energie- und Telekommunikationsnetzen folgte im Wesentlichen den bestehenden Planungen der Mitgliedstaaten. Die neuen Lissaboner Beschlüsse von 2000 haben wieder vor allem deklamatorischen Charakter.

26. Muss die Europäische Kommission nach Vollendung des Binnenmarktes mehr wirtschaftspolitische Verantwortung übernehmen? Kann die deutsche Regierung noch eine erfolgreiche Beschäftigungspolitik betreiben, oder werden nationale Maßnahmen durch innereuropäische Wanderungen, durch die Entsendung von Arbeitnehmern und die Verlagerung von Betrieben weitgehend zunichte gemacht? Wird die Osterweiterung der Europäischen Union nicht nur die Zuwanderung von Arbeitnehmern, sondern auch die Verlagerung von Investitionen verstärken?

Es besteht kein Zweifel, dass mehr gemeinsames Handeln erforderlich ist – beispielsweise bei den Zuwanderungen aus Drittstaaten in die Mitgliedstaaten der Europäischen Union. Und es gibt auch viele Felder, in denen eine enge Koordinierung zweckmäßig ist, wie etwa beim Ausbau der überregionalen Infrastruktur. Trotzdem bleibt – wie die weiteren Überlegungen zeigen werden – die Hauptverantwortung für die Beschäftigung eindeutig bei den nationalen Regierungen und Institutionen. Dies ergibt sich nicht nur aus der nationalen Zuständigkeit für die Haushalts- und Sozialpolitik, aus der Eigenständigkeit der nationalen Steuersysteme, Sozialsysteme, Ausbildungssysteme, Gewerkschaften usw., sondern auch aus den Vorteilen eines Wettbewerbs der Regionen bzw. Nationen in der Europäischen Union. Niveau und Struktur der Arbeitslosigkeit sind in den einzelnen Ländern unterschiedlich, und es gibt viele spezifische Bedingungen. Die Mitgliedstaaten der Europäischen Union bleiben gefordert, im Wettbewerb die jeweiligen nationalen Beschäftigungsprobleme zu lösen. Dabei können die Erfahrungen der Partnerstaaten genutzt und erfolgreiche Konzepte übernommen werden.

C. Wachstum, Produktivität und Nachfrage

I. Zu geringes Wachstum als Beschäftigungsbremse?

27. Um die Arbeitslosigkeit zu verringern, wird in der Politik immer wieder versucht, das Wirtschaftswachstum zu stimulieren. In dem Zusammenhang werden Produktivitätssteigerungen beklagt, weil dadurch ein höheres Wachstum erforderlich oder Arbeitkräfte freigesetzt werden. Ein Ausweg wird vielfach in der Umverteilung der Arbeitszeit zugunsten der Arbeitslosen gesehen.

Gleichzeitig zu Überlegungen, das Wachstum zu stimulieren, gibt es die Besorgnis über einen zu starken Ressourcenverbrauch und zu hohe Umweltbelastungen. Die Erhaltung der Lebensgrundlagen ist eine wichtige Bedingung für das weitere Wachstum. Inzwischen werden große Anstrengungen unternommen, das Wachstum umweltverträglicher zu gestalten, aber diese weltweite Aufgabe ist aus vielen Gründen nur schwer zu bewältigen. Eine generelle Verständigung im Umweltbereich sollte darin bestehen, die Verursacher von Umweltbeeinträchtigungen möglichst mit den vollen Kosten zu belasten. Unter dieser Bedingung wird sich die Art des Wachstums verändern, weil Millionen von Menschen angeregt werden, Umweltbelastungen zu vermeiden, natürliche Kreisläufe zu nutzen, umweltschonenden technischen Fortschritt voranzutreiben sowie stärker auf Leistungen wie Pflege, Bildung, Ausbildung, Information usw. umzusteigen, also auf Güter, deren Erstellung und Nutzung mit relativ geringen Umweltbelastungen verbunden sind.

Mit dieser Modifikation oder Nebenbedingung ist Wachstum nicht nur erwünscht, sondern es entspricht den Vorstellungen der meisten Menschen, ihren Wohlstand, ihre Lebensbedingungen zu verbessern. Nullwachstum ist keine sinnvolle Zielsetzung; denn dies würde bedeuten, dass vielen Menschen keine Perspektive gegeben würde und Verbesserungen für einzelne Personen, Gruppen, Regionen oder Länder immer zu Lasten anderer gehen müssten.

28. Nicht nachvollziehbar ist die Position, die jährliche Wachstumsrate bzw. das Wachstumspotenzial sei auf einen geringen Prozentsatz, beispielsweise 2,5 Prozent, begrenzt und deshalb könne die Arbeitslosigkeit nur in kleinen Schritten abgebaut werden. Dies widerspricht schon der einfachen Logik. Wachstumspotenzial besteht vor allem dann, wenn ein Teil der Produktionsfaktoren nicht ausgelastet ist. 17 Millionen Arbeitslose in Europa – plus verdeckte Arbeitslosigkeit und stille Reserve – sind ein gewaltiges Wachstumspotenzial. Das Wachstum ist nicht vorgegeben, sondern das Ergebnis einer Vielzahl privater und staatlicher Entscheidungen. Je schneller es gelingt, die Arbeitslosen wieder in den Wirtschaftsprozess einzugliedern, umso höher wird die Wachstumsrate sein. Jede zusätzliche Tätigkeit erhöht das Wachstum.

Zusätzliche Arbeitskräfte können vergleichsweise schnell eingesetzt werden. Schwieriger ist es, zusätzliche Arbeitnehmer zu den bestehenden Löhnen zu beschäftigen, u. a. weil die Arbeitsplätze mit entsprechend hoher Produktivität erst geschaffen werden müssen. Das heißt: Der volle Wachstumsbeitrag durch eine Vollbeschäftigung aller Arbeitslosen wird erst nach einigen Jahren erreicht, wenn die Produktionsstruktur und die Verfahren auf den höheren Arbeitseinsatz umgestellt sind. Die Schwierigkeit, Arbeitskräfte schnell wieder einzusetzen, liegt nicht in einer Begrenzung der Wachstumsrate, sondern in vielen institutionellen, organisatorischen und tarifrechtlichen Regelungen.

II. Das Lohn-Kaufkraft-Argument

29. Um das Wachstumspotenzial zu nutzen und die Beschäftigung auszuweiten, wird häufig empfohlen, die Nachfrage zu erhöhen, insbesondere durch Lohnsteigerungen: „Wer in der Tarifpolitik nur ein Instrument der Kostenbeeinflussung bzw. -reduzierung sieht, verkennt die volkswirtschaftliche Bedeutung der Tarifpolitik für eine hinreichende gesamtwirtschaftliche Nachfrage." (DEUTSCHE ANGESTELLTEN-GEWERKSCHAFT, 1994, S. 60). Dabei wird hervorgehoben, dass Löhne in Nachfrage umgesetzt und somit die Absatzchancen erhöhen würden. Es wird suggeriert, man könne Lohnsteigerungen – losgelöst von ihrer Wirkung auf die Kosten – als eigenständiges Instrument zur Lösung von Wachstums- und Beschäftigungsproblemen einsetzen, man solle also Kaufkraft auf die Arbeitnehmer übertragen, um mehr Beschäftigung zu erreichen.

Bei dem Lohn-Kaufkraft-Argument stellt sich schon die einfache Frage, warum diejenigen, die die höheren Löhne zahlen sollen, die Mittel nicht selbst unmittelbar für eine höhere Nachfrage verwenden; denn höhere Löhne im Sinne der genannten These bedeuten zunächst nur eine Umverteilung von Kaufkraft. In der Gesamtwirtschaft entsteht keine zusätzliche Kaufkraft. Es wird lediglich Kaufkraft von Arbeitgebern auf Arbeitnehmer umverteilt. Vielfach wird behauptet, nach einer solchen Umverteilung würde mehr konsumiert, weil die Arbeitnehmer eine hohe Konsumquote hätten. Auf Unterschiede in der marginalen Konsumneigung zwischen diesen Gruppen abzustellen, setzt eine ganz spezielle Konstellation von Bedingungen voraus. Erstens muss sichergestellt sein, dass die von der Umverteilung Begünstigten tatsächlich eine höhere Konsumneigung haben. Zweitens muss die Investitionsneigung gering sein, denn sonst würden die Ersparnisse für Investitionen genutzt. Die Konsumnachfrage zu stärken kann allenfalls eine kurzfristige Konjunkturstützung sein; denn mittelfristig und dauerhaft werden Arbeitsplätze genau umgekehrt durch höhere Investitionen geschaffen. Drittens dürfen die Verlierer aufgrund der Lohnerhöhungen nicht mit Einschränkungen der Investitionen und der Produktion sowie mit Personalabbau reagieren. Das erscheint aber unrealistisch.

II. Das Lohn-Kaufkraft-Argument

30. Manchmal ist es hilfreich, die Zusammenhänge in leicht überschaubaren wirtschaftlichen Einheiten zu betrachten, z.B. in einem autarken Familienbetrieb. Realwirtschaftlich bedeutet eine reine Lohnerhöhung ohne Erhöhung der Produktion im autarken Familienbetrieb, dass einige Familienangehörige einen höheren Anteil an den insgesamt erstellten Produkten bekommen, zu Lasten der übrigen Familienmitglieder. Hat beispielsweise ein Familienmitglied sich auf die Herstellung von Holzprodukten spezialisiert und im Monat fünf Stühle hergestellt, so könnte ihm ein Anteil an der Gesamtproduktion der Familie im Wert der fünf Stühle eingeräumt werden oder diese Person könnte unmittelbar Stühle gegen andere Produkte eintauschen. Eine Lohnerhöhung würde bedeuten, dass diese Person künftig einen Anteil an der Gesamtproduktion im Wert von beispielsweise sechs Stühlen, also 20 Prozent mehr Lohn erhielte, obwohl sie nur fünf Stühle produziert hat. Wollte man mit allen Erwerbstätigen in dem Familienbetrieb so verfahren („allgemeine Lohnerhöhung zur Kaufkraftsteigerung"), so würde das Scheitern einer solchen Aktion unmittelbar sichtbar. Den höheren Ansprüchen ständen keine Güter gegenüber. Lohnerhöhungen haben nur dann eine solide Basis, wenn die Produktion entsprechend steigt, wenn also tatsächlich sechs statt fünf Stühle monatlich hergestellt werden.

Man könnte sich auch vorstellen, dass der Besitzer eines Kaufhauses, dessen Geschäfte schlecht gehen, auf die Idee käme, jedem Bediensteten monatlich 500 Euro mehr Lohn zu zahlen, mit der Auflage, das zusätzliche Geld ausschließlich für Einkäufe im eigenen Kaufhaus auszugeben. Selbstverständlich hätten die Mitarbeiter eine höhere Kaufkraft. Auch der Umsatz des Kaufhauses würde steigen, und zwar um 500 Euro pro Bediensteten. Die für die Lohnerhöhung aufgewandten Mittel würden in vollem Umfang an das Kaufhaus zurückfließen, aber das Kaufhaus hätte Waren im Wert der zusätzlichen Löhne an die Mitarbeiter abgegeben. Da sich die Zahlungsströme aus der Lohnsteigerung und der Umsatzsteigerung saldieren, könnten den Mitarbeitern von vornherein monatlich Waren im Wert von 500 Euro geschenkt werden. Ein Vorteil für das Kaufhaus ist darin nicht zu sehen, ein Weg zu mehr Beschäftigung schon gar nicht.

31. Der Sachverständigenrat zur Begutachtung der gesamtwirtschaftlichen Entwicklung bezeichnet die Forderung, mit der Lohnpolitik eine Stärkung der Kaufkraft erreichen zu wollen, als „bedenklich, wenn nicht sogar abwegig" (SACHVERSTÄNDIGENRAT 1994/95, Ziffer 421). Auch in rezessiven Konjunkturphasen ist eine Lohnerhöhung zuerst eine Kostenerhöhung. Auch hier gilt: Selbst wenn die Arbeitnehmer den zusätzlichen Lohn vollständig zum Erwerb von Produkten des Arbeitgebers verwenden, hat der Arbeitgeber den Lohnzuschlag zwar wieder in der Kasse. Aber er verschenkt seine Produkte an die Arbeitnehmer. Werden die Lohnsteigerungen in den Preisen weitergegeben, so wird die Zusatznachfrage voll durch Preissteigerungen absorbiert. Der Lohnerhöhungsvorteil der Arbeitnehmer verpufft vollständig in höheren Preisen.

Der Versuch, die gestiegenen Lohnkosten auf die Preise aufzuschlagen und damit auf die Verbraucher und Arbeitnehmer abzuwälzen, würde mit der Stabilitätspolitik in Konflikt geraten und Gegenmaßnahmen der Europäischen Zentralbank auslösen. Aber selbst wenn die Lohnerhöhung voll in Preiserhöhungen weitergegeben werden könnte, bliebe im günstigsten Fall die reale Situation der Produktion und der Beschäftigung unverändert. Beschäftigungseinbußen infolge der enttäuschten Erwartungen und der Kosten der Inflationsabsicherung wären mittelfristig aber der wahrscheinliche Ausgang.

32. Politiker neigen dazu, von einem Mittelweg oder einer Gratwanderung zwischen einer Lohnkostenorientierung und einer Kaufkraftorientierung der Lohnpolitik zu sprechen. Der Grund liegt darin, dass sie sich ihrer Sache mit der Kaufkraftwirkung nicht sicher sind, dass sie Konflikte aufgrund einer klaren Aussage scheuen und dass sie zu Formelkompromissen neigen, um es allen recht zu machen. Der Sachverständigenrat hat sich schon in seinem Jahresgutachten von 1977 mit der Kompromissformel befasst und kommt zu dem Ergebnis: „Deshalb führt auch das Argument, es gelte in der Lohnpolitik einen Mittelweg zwischen Kosteneffekt und Kaufkrafteffekt zu finden, in die Irre." (SACHVERSTÄNDIGENRAT 1977/78, Ziffer 295).

Mittelweg oder Gratwanderung heißt ja nur, man solle es nicht übertreiben, aber der Richtung nach sei es schon richtig, aus Gründen der Kaufkraftsteigerung die Löhne stärker anzuheben als dies aus Kostengründen zu rechtfertigen sei, also ein wenig stärker als durch die Produktivitätserhöhung abgedeckt sei.

Dabei ist völlig klar, dass eine zusätzliche Lohnerhöhung in Zeiten der Unterbeschäftigung in die falsche Richtung geht. Lohnsteigerungen, die über die Produktivitätssteigerung hinausgehen, erhöhen die Kosten, verschärfen die Rentabilitätsprobleme und machen weitere Arbeitsplätze unrentabel. Damit richtet sich das Lohn-Kaufkraft-Argument gegen die Arbeitslosen. Weil die Gewerkschaften die Interessen der Mehrheit ihrer Mitglieder, also der Beschäftigten, vertreten und weil die Politiker sich nicht deutlich gegen eine solche Lohnpolitik aussprechen, leisten sie einer Lohnpolitik gegen die Arbeitslosen Vorschub. Hat dies auch in der Politik damit zu tun, dass mehr Wähler beschäftigt als arbeitslos sind? Aber wer vertritt dann die Arbeitslosen, die darauf angewiesen sind, dass der Kostenaspekt beachtet wird und die Lohnsteigerung hinter der Produktivitätssteigerung zurückbleibt, damit sie eine Chance bekommen, wieder beschäftigt zu werden?

Die einfache Erkenntnis von anderen Märkten heißt, dass weniger nachgefragt wird, wenn der Preis steigt. Es gibt keinen plausiblen Grund, dass es auf dem Arbeitsmarkt anders sein sollte. Wie will man einen Obstbauern davon überzeugen, dass es vorteilhaft für ihn sei, die Löhne zu erhöhen und mehr Arbeitnehmer einzustellen, wenn beispielsweise folgende Situation gegeben ist: Der Obstbauer zahlt seinen Arbeitnehmern zwölf Euro pro Stunde. Die einzelnen Arbeitnehmer schaffen es, zwischen 13 und 15 Kilogramm pro Stunde zu pflücken. Der Erlös für ein Kilogramm Äpfel beträgt einen Euro. Wird in dieser Situation der Lohn von zwölf Euro auf 14 Euro pro Stunde erhöht, so wird der Obstbauer alle Arbeitnehmer entlassen, die nur 13 Kilogramm Äpfel pro Stunde pflücken.

33. Die Diskussion um die Kaufkraft der Löhne krankt im Übrigen auch daran, dass – wie oben erläutert – nur auf die Stunden- oder Monatslöhne und nicht auf das Beschäftigungsvolumen, also auf die Anzahl der Beschäftigten und die Anzahl der Arbeitsstunden je Beschäftigten geschaut wird. In Zeiten, in denen die Anzahl der Beschäftigten zunimmt, kann der Beitrag der Arbeitnehmer zum Wirtschaftswachstum gemessen am realen Bruttoeinkommen erheblich höher sein als die Lohnsteigerung. Noch höher könnte der Wachstumsbeitrag sein, wenn auch die Arbeitsstunden je Beschäftigten zunähmen (Arbeitszeitverlängerung) und sich aus diesem Grund die realen Bruttoeinkommen pro Arbeitnehmer erhöhten. Tatsächlich wurde aber die durchschnittliche Arbeitszeit in der Vergangenheit kontinuierlich verringert, so dass das Wachstum von dieser Seite gebremst wurde. Will man die gesamtwirtschaftliche Kaufkraft und das Wachstum erhöhen, dann sollte sich das Lohnniveau daran orientieren, die Anzahl der Beschäftigten zu steigern. Gleichzeitig sollte die Anzahl der Arbeitsstunden pro Arbeitnehmer nicht durch den Staat oder die Tarifparteien verringert werden. Dieser Zusammenhang zwischen Arbeitszeit und Einkommen lässt sich an einem Vergleich der OECD zwischen Deutschland und der Schweiz für das Jahr 2004 erläutern.

Zusammenhang zwischen Produktivität und Einkommen		
	Deutschland	Schweiz
– Bruttoinlandsprodukt (BIP) je Kopf der Bevölkerung	28.750 $	33.668 $
– Produktivität: BIP je Arbeitsstunde	42,1 $	36,7 $
– Arbeitsvolumen (jährliche Arbeitsstunden je Kopf der Bevölkerung)	678,3	916,1

Die erste Aussage, wonach die Schweizer ein höheres Bruttoinlandsprodukt und damit ein höheres Einkommen pro Kopf haben, entspricht den Erwartungen (vgl. Kasten). Erstaunlich ist dagegen die geringere Produktivität und damit der geringere Lohn je Arbeitsstunde. Der vermeintliche Widerspruch löst sich auf, wenn man beachtet, dass die Arbeitsstunden pro Kopf der Bevölkerung in der Schweiz um etwa 35 Prozent höher liegen als in Deutschland. Dies ist im Kasten in der letzten Zeile abgetragen. Dabei ist es gleichgültig, ob die Frauenerwerbsquote höher ist, weniger Urlaub genommen wird, mehr Stunden pro Woche geleistet werden oder ob der Übergang in die Rente später liegt. Entscheidend ist der insgesamt höhere Einsatz von Arbeitszeit.

Müssten nicht die Arbeitslosen in Deutschland das Recht haben, länger zu arbeiten? Oder ist es gerechtfertigt, dass die Tarifpartner faktisch über das Recht auf Arbeit und über die Arbeitszeiten beschließen können?

Zurück zum Lohn-Kaufkraft-Argument. Es muss wie folgt formuliert werden: In einer Unterbeschäftigungssituation sollten die Löhne um weniger als um den Produktivitätszuwachs erhöht werden, damit mehr Arbeit rentabel wird und mehr Arbeitskräfte beschäftigt sowie die Anzahl der Arbeitsstunden pro Beschäftigten erhöht werden können. Die Mehrbeschäftigung in Verbindung mit nur mäßig steigenden oder auch stagnierenden Löhnen sorgt für eine reale Erhöhung der Einkommen und der Kaufkraft.

III. Produktivitätsfortschritt: Fluch oder Segen?

34. Im Zusammenhang mit der VW-Krise im Jahre 1994 sagte der damalige niedersächsische Ministerpräsident Gerhard SCHRÖDER, dass bei einem Produktivitätsfortschritt von zehn Prozent etwa zehn Prozent weniger Arbeitnehmer benötigt würden, um die gleiche Anzahl Autos zu produzieren. Auch die Kirchen sehen in den „mit dem technischen Fortschritt einhergehenden Rationalisierungseffekten" eine wichtige Ursache der Arbeitslosigkeit (KIRCHENRAT DER EVANGELISCHEN KIRCHE IN DEUTSCHLAND UND SEKRETARIAT DER BISCHOFSKONFERENZ, 1994, S. 22). Die Deutsche Angestellten-Gewerkschaft (heute: ver.di) erwartete ebenfalls einen Rückgang des Beschäftigungsvolumens aufgrund von Produktivitätssteigerungen: „Die gesamtwirtschaftliche und auch die einzelbetriebliche Produktionsentwicklung führt zu Lösungen, die stärker auf eine generelle Verkürzung der tatsächlich gearbeiteten Stunden hinführen. Demzufolge zeichnet sich ab, dass auch Beschäftigte, die bis jetzt über einen Vollzeitarbeitsplatz verfügen, in Zukunft Einbußen an zu leistender Arbeitszeit und damit an Einkommen hinnehmen müssen." (DEUTSCHE ANGESTELLTEN-GEWERKSCHAFT, 1994, S. 59). Unverständlich an dieser Aussage bleibt, warum die Beschäftigung sogar stärker eingeschränkt werden sollte als zum Ausgleich der gestiegenen Produktivität „erforderlich" wäre. Nur dann sinkt nämlich das Einkommen.

35. Technischer Fortschritt wird vielfach als Bedrohung, als „job killer" gesehen. Es wird befürchtet, die arbeitenden Menschen könnten weitgehend von Maschinen und Robotern aus dem Arbeitsleben verdrängt und Einkommenschancen könnten vernichtet werden. Die hohe und in manchen Ländern weiter steigende Sockelarbeitslosigkeit hat die Vorstellung ausgelöst, wir könnten uns auf eine duale Wirtschaft und eine duale Gesellschaft zubewegen, in der eine allmählich abnehmende Anzahl gut ausgebildeter Menschen in einem hochproduktiven Sektor die Güter und Dienstleistungen erstellt und eine größer werdende Anzahl von Menschen arbeitslos ist oder in staatlichen Beschäftigungsprogrammen untergebracht wird (OECD, 1994, S. 27).

Die Furcht vor einer Arbeitsplatzvernichtung durch technischen Fortschritt ist so alt wie der technische Fortschritt selbst. Bemerkenswert ist, dass die Vorteile des technischen Fortschritts kaum wahrgenommen werden. Technischer Fortschritt bedeutet ökonomisch, dass Güter mit geringerem Aufwand produziert werden können bzw. dass mit gleichem Arbeits- und Materialeinsatz mehr produziert werden kann. Technischer Fortschritt ist die Grundlage des Wirtschaftswachstums und des Wohlstands. Niemand kann ernsthaft daran denken, den technischen Fortschritt zurückzudrehen, um Arbeitsplätze zu schaffen, also beispielsweise auf Bagger und Lastkraftwagen zu verzichten und dafür Arbeitskräfte mit Spaten und Schubkarren einzusetzen oder gar diese einfachen Arbeitsgeräte auch noch abzuschaffen.

Die durch technischen Fortschritt freigesetzten Arbeitsstunden können dazu genutzt werden, zusätzliche Güter und Leistungen zu erstellen oder mehr Freizeit in Anspruch zu nehmen. In den Lohnverhandlungen ist die Produktivitätssteigerung eine Orientierungsgröße für das zusätzlich Verteilbare, sei es in Form von Reallohnsteigerungen, sei es in Form von Arbeitszeitverkürzungen. Hier wird unmittelbar sichtbar, dass der Produktivitätsfortschritt die Grundlage für Wohlstandssteigerungen ist. Das gilt auch, wenn der Staat seine Leistungen ausweitet und die Bürger mit zusätzlichen Steuern und Abgaben belastet, die in einer Welt ohne Produktivitätsfortschritt unmittelbar das reale verfügbare Einkommen verringern würden. Allerdings: Was der Staat über Steuern an sich zieht oder den Arbeitnehmern an Freizeit gewährt wird, schmälert den Spielraum für Lohnsteigerungen.

36. Warum gibt es die Vorbehalte gegen den technischen Fortschritt? Der Hauptgrund liegt in dem durch technischen Fortschritt ausgelösten Strukturwandel und den damit verbundenen Verteilungseffekten. Obwohl die Gesamtwirkung des technischen Fortschritts für die Gesellschaft eindeutig positiv ist, können einzelne Arbeitnehmer, Betriebe oder ganze Sektoren zumindest vorübergehend Einbußen erleiden. Wenn beispielsweise die Automobilfertigung automatisiert wird, reichen die Kostensenkungs- und Nachfrageeffekte häufig nicht aus, die Produktion so auszuweiten, dass die volle Anzahl der Beschäftigten in der Automobilproduktion gehalten werden kann. In einzelnen Fällen können durch technischen Fortschritt zwar die Kosten so stark gesenkt und das Produkt so sehr verbessert werden, dass wegen der zusätzlichen Nachfrage mehr Arbeitskräfte benötigt werden. Konflikte treten dagegen auf, wenn die arbeitssparende Wirkung stärker ist als die ausgelöste Nachfragesteigerung. Außerdem werden durch technischen Fortschritt manuelle Fähigkeiten oder ganze Produktionsverfahren entwertet. Die Arbeitnehmer in diesen Bereichen können zwar zum Teil nach einer Umschulung innerhalb eines Unternehmens weiterbeschäftigt werden. Ein Teil der Arbeitnehmer muss sich aber neu orientieren und eine neue Beschäftigung suchen.

Negativ betroffen sein können auch die Unternehmer und Kapitaleigner, wenn Produktionseinrichtungen und Produktionsverfahren durch technischen Fortschritt wirtschaftlich entwertet werden. Gesamtwirtschaftlich tritt selbst dadurch kein Verlust ein, weil bestehende Anlagen so lange wettbewerbsfähig bleiben und genutzt werden, solange die variablen Kosten erwirtschaftet werden können. Statt eine Anlage zu verschrotten, ist es sinnvoller, sie auch dann noch zu nutzen, wenn die Kapitalrendite sehr gering wird oder gar vollständig entfällt. Das ist der „natürliche Schutz" bestehender Anlagen gegen einen überzogenen Strukturwandel bzw. allgemein gegen einen Verdrängungswettbewerb. Wer neu investiert, muss grundsätzlich eine angemessene Rendite für die gesamte Investition erzielen, d.h. er muss die vollen Kosten – einschließlich der Investitionskosten – berücksichtigen. Nur dann ist eine Investition einzelwirtschaftlich und gesamtwirtschaftlich sinnvoll. Da die Betreiber vorhandener Anlagen dagegen im Grenzfall keine Kapitalkosten ansetzen müssen (sunk costs), können sie mit Preisen in den Wettbewerb gehen, bei denen lediglich die variablen Kosten – dazu gehören auch die Kosten von Ersatzinvestitionen – gedeckt werden.

37. Technischer Fortschritt beschleunigt den Strukturwandel und erfordert, dass Arbeitnehmer und Unternehmer sich auf andere Tätigkeiten umstellen. In der Regel ist dieser Prozess mit steigenden Einkommen verbunden, weil höherwertige Tätigkeiten übernommen werden. Zu Arbeitslosigkeit kann es kommen, wenn Arbeitnehmer schlecht ausgebildet, wenig flexibel und für neue Tätigkeiten zu teuer sind. Bestehen Mindestansprüche auf Löhne und Einkommen, kann der Fall eintreten, dass die Produktivität eines Arbeitsuchenden in einer anderen Tätigkeit geringer ist als der geforderte Lohn, d. h. ein Arbeitgeber kann die Lohnkosten mit dem Erlös aus der zusätzlichen Tätigkeit nicht decken.

In Einzelfällen kann die Lösung in diesen Fällen nur darin bestehen, sich mit einem geringeren, am Markt erzielbaren Lohn zufriedenzugeben. Erfahrungsgemäß sind aber sinkende Reallöhne nur schwer zu verkraften. Deshalb kommt es darauf an, die Produktivität der Arbeitnehmer zu verbessern, individuell durch eine gute Ausbildung, durch Weiterbildung und Umschulung, allgemein durch den Ausbau der Infrastruktur und eine beschleunigte Nutzung des technischen Fortschritts in der Breite.

38. Als Ergebnis bleibt festzuhalten: Eine ressourcenschonende Produktion, ein höherer Wohlstand durch mehr oder bessere Güter und Leistungen sowie durch mehr Freizeit sind nur möglich, wenn es technischen Fortschritt gibt. Aber der technische Fortschritt verändert die Produktionsverfahren und die Wirtschaftsstruktur. Bestehende Arbeitsplätze werden produktiver, hochwertige neue Arbeitsplätze entstehen. Allerdings: Ein Teil der vorhandenen Arbeitsplätze wird wirtschaftlich entwertet und überflüssig. Nicht alle strukturellen Änderungen sind im Zuge der natürlichen Fluktuation der Arbeitskräfte aufzufangen. Zum Teil ist es sinnvoll und notwendig, auf einen anderen Arbeitsplatz zu wechseln. Aber es ist weder ökonomisch zwingend noch gesamtwirtschaftlich vorteilhaft, durch technischen Fortschritt freigewordene Arbeitszeit nicht zu nutzen, also unfreiwillige Arbeitslosigkeit zu akzeptieren. Die Erhaltung und Steigerung des Wohlstands ist ein Anreiz für den einzelnen Menschen, sich selbst um eine Ausbildung zu kümmern, mit der ein gutes Einkommen zu erzielen ist und mit der die Ausgangsbasis für sich ändernde Anforderungen geschaffen wird. Der Strukturwandel lässt sich am besten bewältigen, wenn keine Besitzstände alteingesessener Unternehmen, Sektoren und Berufsgruppen akzeptiert werden, d. h. wenn die neuen Unternehmen nicht mit den Kosten von Erhaltungssubventionen belastet werden.

Vorsicht ist bei der Empfehlung geboten, die Produktivitätssteigerung durch Lohnsteigerungen zu beschleunigen, also die Löhne als „Produktivitätspeitsche" einzusetzen. Die Unternehmer werden darauf nicht nur mit einer verstärkten Rationalisierung, sondern auch mit Produktionseinstellung und Produktionsverlagerung und letztlich mit einem Personalabbau reagieren. Insgesamt würde zu wenig investiert und es entstünden zu wenige Arbeitsplätze. Es käme zu vermehrter Arbeitslosigkeit.

Im Ergebnis passt sich die Produktivität letztlich zwar einem erhöhten Lohnniveau an und sei es durch die Entlassung von Arbeitnehmern mit geringer Produktivität (statistische Produktivitätssteigerung). Damit würde aber das Ziel verfehlt, die Produktivität der Beschäftigten zu erhöhen, und die Arbeitslosigkeit würde verschärft.

39. Insgesamt bringt der technische Fortschritt Vorteile für die Gesellschaft – nicht bei jeder Maßnahme und Veränderung und nicht zwingend für jedes einzelne Mitglied der Gesellschaft. Aber je mehr positive Veränderungen zugelassen oder durchgeführt werden, umso größer ist die Wahrscheinlichkeit für den einzelnen Bürger, zu den Gewinnern zu gehören. Bei einem Würfel mit vier Gewinnfeldern und zwei Verlustfeldern wird die Wahrscheinlichkeit dafür, dass die Gewinne überwiegen, schon nach wenigen Spielen sehr hoch. Deshalb sollte der technische Fortschritt auf keinen Fall behindert werden.

Für einige Personen oder Gruppen, die erhebliche Nachteile erleiden, steht auf jeden Fall die soziale Mindestabsicherung zur Verfügung. Die Frage, ob sie Anspruch auf eine weitergehende Unterstützung erhalten sollten, möglicherweise bis zu einer Besitzstandswahrung, muss sehr vorsichtig beantwortet werden. Als generelle Regel muss eine Besitzstandswahrung ausscheiden, weil ein effizienter Einsatz der Arbeitskräfte behindert und weil jeder Anreiz beseitigt würde, sich vor Verlusten zu schützen und die Veränderungen selbst mitzugestalten.

D. Löhne, Arbeitszeit und Arbeitsbedingungen

I. Funktion und Bedeutung des Lohnes

40. Das Lohnthema ist stark emotional besetzt. Tarifvertragliche Lohnänderungen werden unmittelbar in Millionen von Haushalten spürbar. Die jährlichen Lohnrunden der Tarifparteien finden deshalb eine hohe Aufmerksamkeit. Um den Lohnforderungen Nachdruck zu verleihen, demonstrieren die Gewerkschaften Streikbereitschaft oder organisieren den „Arbeitskampf". Dafür ist es notwendig, die Mitglieder gegen die vermeintlichen Gegner in der Tarifauseinandersetzung, die Arbeitgeber, einzustimmen und davon zu überzeugen, dass ihre Forderungen berechtigt und nur durch harte Verhandlungen und Kampfmaßnahmen durchzusetzen sind. Auf der anderen Seite versuchen die Arbeitgeber, ihre Reihen zu schließen und eigene Kampfmaßnahmen zu organisieren.

Um solche Verteilungskämpfe und deren Wirkungen auf die Beschäftigung, d. h. insbesondere auf die Chancen der Arbeitslosen, besser beurteilen zu können, ist eine nüchterne Betrachtung der Facetten der Lohnpolitik, der Funktionsweise des Arbeitsmarktes und der internationalen Einbindung hilfreich.

41. Eine wichtige Klarstellung ist zum Lohnbegriff erforderlich. Im täglichen Sprachgebrauch wird der Lohn häufig gleichgesetzt mit dem Einkommen, also beispielsweise dem Monatseinkommen. In den Tarifverhandlungen und in der Ökonomie bezieht sich der Begriff üblicherweise auf das Entgelt pro Arbeitsstunde. Dies zu unterscheiden ist deshalb so wichtig, weil beispielsweise eine Erhöhung des Monats- oder Jahreseinkommens nicht nur durch eine Lohnsteigerung pro Arbeitsstunde, sondern auch durch längere Arbeitszeiten oder durch die Steigerung anderer Einkünfte erreicht werden kann.

Dass die Arbeitnehmer vor allem an hohen Nettolöhnen, also den Löhnen nach Abzug von Steuern und sonstigen Abgaben, interessiert sind und die Arbeitgeber auf den Preis pro Arbeitsstunde schauen, also auf die Bruttolöhne einschließlich der Personalzusatzkosten, bedarf keiner besonderen Erwähnung. Hier soll als Lohn das Bruttoentgelt für eine Arbeitsstunde verstanden werden. Auf die Personalzusatzkosten wird hier nicht weiter eingegangen. Sie sind Teil der Personalkosten, beziehen sich aber nicht unmittelbar auf die Arbeitsstunden, müssen also auf die Arbeitsstunden umgerechnet werden. Änderungen der Personalzusatzkosten wie z. B. die Arbeitgeberanteile zu den Sozialversicherungen verändern selbstverständlich den Bruttolohn bzw. die Bruttoarbeitskosten pro Stunde. Die Tariflöhne sind vereinbarte Löhne vor Abzug von Steuern und Sozialabgaben, aber ausschließlich der sonstigen Personalzusatzkosten. Wenn von Löhnen gesprochen wird, meint man in der Regel Bruttoentgelte in diesem Sinne.

42. Aufgrund von Irrtümern über die weitere wirtschaftliche Entwicklung und aufgrund der Verhandlungen und Machtkonstellationen der Tarifparteien können Löhne zu hoch oder zu niedrig – gemessen am Vollbeschäftigungslohn – festgesetzt werden. Die Folgen für den Arbeitsmarkt sind sehr unterschiedlich. Bei Löhnen, die niedriger sind als der Marktlohn, können die Betriebe in einen härteren Preiswettbewerb gehen, also Preise senken oder weniger anheben. Dieser Preissenkungswettbewerb kommt allen Arbeitnehmern zugute, weil mit den unveränderten Löhnen mehr gekauft werden kann (Reallohnsteigerung). Eine zweite Wirkungskette läuft unmittelbar über den Arbeitsmarkt. Bei zu niedrigen Löhnen erwirtschaften die Unternehmen Gewinne und sind bereit, mehr Arbeitnehmer einzustellen. Es entsteht ein verstärkter Wettbewerb um Arbeitnehmer. Arbeitslose erhalten mehr Chancen, wieder beschäftigt zu werden. Für besonders gesuchte Arbeitskräfte werden im Wettbewerb höhere als die tariflich vereinbarten Löhne gezahlt (Lohndrift). Dieser Prozess setzt sich fort, bis die zu niedrig festgesetzten Löhne die höheren Marktlöhne erreichen.

Werden also Tariflöhne vereinbart, die unter den Marktlöhnen liegen, können die Arbeitnehmer zwar kurzfristig einen Verteilungsnachteil haben; aber im marktwirtschaftlichen System wird ein solcher Fehler schnell korrigiert. Über Preisnachlässe wird der Absatz ausgeweitet, und im Wettbewerb um gute und preiswerte Arbeitskräfte für die zunehmende Produktion entsteht eine Tendenz, die Effektivlöhne anzuheben, sobald Arbeitskräfte knapp werden. Den größten Vorteil aus zu niedrig festgesetzten Löhnen haben die Arbeitslosen, weil mehr Arbeit nachgefragt wird und die Beschäftigungschancen besser werden.

Ganz anders sind die Folgen bei zu hoch festgelegten Löhnen. Die Unternehmen werden versuchen, die Lohnsteigerung zumindest teilweise über höhere Preise weiterzugeben. Soweit dies gelingt, steigt die Inflationsrate, so dass die Nominallöhne durch Preissteigerungen entwertet werden, d.h. die Arbeitnehmer können mit den gestiegenen Löhnen kaum mehr kaufen als vorher. Jede Lohnsteigerung erhöht auch den vom Staat beanspruchten Steueranteil; denn wegen des progressiven Einkommensteuertarifs und des Überschreitens von Steuerfreigrenzen steigt die Steuerlast, auch wenn das Realeinkommen nicht zunimmt. Zusätzlich kommt es zu einem Konflikt mit einer auf Geldwertstabilität ausgerichteten Geldpolitik. Die Europäische Zentralbank wird versuchen, die Überwälzung von Lohnerhöhungen auf die Preise zu vereiteln, indem sie das Geldangebot verknappt.

Durch zu hoch festgesetzte Löhne können Unternehmen bei unveränderten Preisen in Rentabilitäts- und Liquiditätsschwierigkeiten geraten und zur Kostensenkung durch Personalabbau gezwungen sein. Die Produktion einzelner Güter wird unrentabel, und die Produktion wird eingeschränkt. Bei hohen Löhnen werden außerdem kapitalintensive Produktionsverfahren vorteilhafter, wobei sowohl im Konsum- als auch im Investitionsgütersektor sparsamer mit dem teuren Produktionsfaktor Arbeit umgegangen wird. Es wird stärker rationalisiert, um die relativ teurer gewordenen Arbeitskräfte einzusparen. Generell wird Arbeit durch Kapital substituiert. Die Unternehmen passen die Produktivität der Arbeit den höheren Löhnen an, indem sie Arbeitnehmer mit geringer Produktivität entlassen und indem sie nur noch Produkte herstellen, bei denen die höheren Löhne erwirtschaftet werden können. Schließlich wird ein Teil der Produktion ins Ausland verlagert. Insgesamt geht die Nachfrage nach Arbeitskräften zurück. Die Chancen der Arbeitslosen werden schlechter.

Wie stark diese Wirkungen ausfallen, hängt nicht nur vom Ausmaß der Lohnerhöhungen, sondern auch von der Erwartung ab, ob Lohnausschläge nach unten oder oben wieder korrigiert werden oder sich verfestigen.

43. Die scharfe Reaktion der deutschen Wirtschaft auf die hohen Lohnsteigerungen Anfang der neunziger Jahre deuten darauf hin, dass die Nachfrage nach Arbeit im Zuge der Globalisierung sehr elastisch geworden ist. In einer breit angelegten Anstrengung der Rationalisierung, Verschlankung, Betriebsverlagerung und Stilllegung wurde Mitte der neunziger Jahre die Beschäftigung verringert. Umgekehrt zeigte sich die positive Wirkung der Globalisierung auf eine zurückhaltende Lohnentwicklung in den Jahren 2006 bis 2008. Schon geringe Lohnvorteile führten bei der weltweiten Abwägung zwischen Produktionsstandorten zu einem überraschend schnellen und kräftigen Anstieg der Beschäftigung in Deutschland.

Die Sorge, bei überhöhten Arbeitskosten im globalen Wettbewerb Arbeitsplätze zu verlieren, birgt also gleichzeitig eine Hoffnung und einen Lösungsansatz in sich. Die mittelfristig sehr elastische Reaktion der Arbeitsnachfrage gilt auch im Fall eines Lohnanstiegs, der hinter dem Produktivitätszuwachs zurückbleibt. Wegen der großen Flexibilität der Investoren muss nicht mit drastisch sinkenden Löhnen gerechnet werden, wenn über die Lohnseite die Weichen in Richtung Vollbeschäftigung gestellt werden. Hier liegt die große Chance der Globalisierung. Sie verbessert die Erfolgsaussichten einer verlässlichen zurückhaltenden Lohnpolitik.

44. Die elastische Reaktion der Nachfrage nach Arbeit setzt allerdings einen engen Rahmen für eine strategische Lohnpolitik. Eine Strategie, durch Angebotszurückhaltung oder durch hohe Löhne die Lohnsumme zu erhöhen, auch wenn dadurch ein Teil der Arbeitnehmer keinen Arbeitsplatz erhält und mit Transferzahlungen entschädigt werden muss, kann nur bei einer sehr unelastischen Nachfrage nach Arbeit erwogen werden. Die Verheißung, dass alle Arbeitnehmer von einer Strategie der monopolistischen Angebotszurückhaltung profitieren könnten, hat in der Vergangenheit eher als Rechtfertigung für eine Umverteilung zwischen Insidern und Outsidern geführt. An Kompensationszahlungen für die Arbeitnehmer, die aufgrund der Lohnerhöhungsstrategie ihren Arbeitsplatz verlieren, wurde nicht tatsächlich gedacht. Angesichts der Globalisierung und der dadurch bedingten elastischen Arbeitsnachfrage, wie sie in Abbildung 2 schematisch dargestellt ist, scheitert die Angebotszurückhaltungs- und Lohnerhöhungsstrategie daran, dass eine Kompensation der Verlierer gar nicht möglich ist. Die Zunahme der Lohnsumme aufgrund des höheren Lohns (Fläche A in Abbildung 2) reicht nicht aus, den Verlust der Lohnzahlungen aufgrund der verringerten Beschäftigung (Fläche B in Abbildung 2) auszugleichen oder gar zu übertreffen. Schon aus diesem Grund sollten die Arbeitslosen einen größeren Einfluss auf die Entwicklung der Löhne haben, gegebenenfalls über erleichterte individuelle Vertragsabschlüsse.

Abbildung 2: Verringertes Lohnvolumen bei überhöhtem Lohn

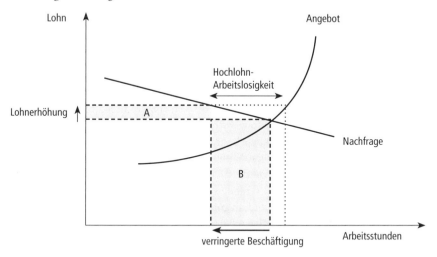

45. Die Meinungen über die Bedeutung des Lohnniveaus für die Beschäftigung gehen nach wie vor weit auseinander. Richtig ist wohl, dass mit einer veränderten Tarifpolitik nicht kurzfristig, also etwa innerhalb eines Jahres, Vollbeschäftigung erreicht werden kann. Richtig ist auch, dass weitere Veränderungen zu einer zurückhaltenden Lohnpolitik hinzukommen müssen, wenn das Vollbeschäftigungsziel innerhalb von wenigen Jahren erreicht werden soll. Trotzdem bleibt es dabei, dass das Lohnniveau und die Lohnstruktur die zentralen Steuerungsgrößen auf dem Arbeitsmarkt und die wichtigsten Bestimmungsgrößen für den Umfang der Beschäftigung sind. Alle Hinweise darauf, dass es noch andere Faktoren gibt, die Arbeitslosigkeit verursachen oder verschärfen können, sollten nicht darüber hinwegtäuschen, dass es nur dann Vollbeschäftigung geben kann, wenn der Lohn nicht höher ist als der Wert der Arbeitsleistung, also der Betrag, den der Arbeitgeber für die Arbeitsleistung am Markt über den Verkauf von Waren und Dienstleistungen erwirtschaften kann.

Dass die Tarifpolitik einen großen, wenn nicht den entscheidenden Einfluss auf das Beschäftigungsniveau hat, zeigen die Erfahrungen in Deutschland. So war die Zeit der Vollbeschäftigung von einem vergleichsweise niedrigen Tariflohnniveau und einer kräftigen Lohndrift, also einem Voraneilen der gezahlten Löhne vor den Tariflöhnen, gekennzeichnet. Die starke Zunahme der Beschäftigung in der zweiten Hälfte der achtziger Jahre und zu Beginn des neuen Jahrhunderts geht – wie erwähnt – im Wesentlichen auf die Lohnzurückhaltung in diesen Jahren zurück. Als die Löhne zu Beginn der neunziger Jahre erheblich stärker stiegen als die Produktivität, stieg die Arbeitslosigkeit kräftig an.

Die Tatsache, dass es gleichzeitig in vielen Ländern zu einem starken Anstieg der Sockelarbeitslosigkeit gekommen ist, beweist nicht, dass es über die Tarifpolitik nicht möglich wäre, wieder Vollbeschäftigung zu erreichen. Die internationale Entwicklung auf dem Arbeitsmarkt deutet auf ein paralleles Verhalten der betroffenen Länder in der Arbeitsmarkt- und Lohnpolitik hin, das analog zum Wohnungsmarkt oder zum Agrarmarkt zu einer dauerhaften Abweichung vom Marktausgleich, also von der Vollbeschäftigung führt. Der Einfluss der Tarifpolitik auf die Beschäftigung ist dominierend, er ging leider überwiegend in die falsche Richtung.

46. Als Argument gegen Lohnzurückhaltung wird manchmal vorgebracht, die internationale Wettbewerbsfähigkeit der Unternehmen eines Landes werde durch allgemeine Lohnsenkungen nicht verbessert, wenn sich die Wechselkurse frei anpassen können. Im Kern ist diese Auffassung zutreffend, wenn es sich um Länder handelt, zwischen denen flexible Wechselkurse bestehen. Insoweit, aber auch nur insoweit, haben Lohnkostenvergleiche zwischen Nationen keine große Aussagefähigkeit für die Stellung der Unternehmen eines Landes im internationalen Wettbewerb, sondern eher für Wohlstandsunterschiede und -veränderungen.

Könnten beispielsweise aufgrund stagnierender oder nur sehr gering steigender Löhne in Deutschland die Preise allgemein gesenkt werden, so würden deutsche Güter und Leistungen im Vergleich zu entsprechenden ausländischen Erzeugnissen – also etwa in den USA – billiger. Die Folge wäre nicht nur eine stärkere Nachfrage des Auslandes nach deutschen Exportgütern, sondern auch eine Importsubstitution, d.h. in Deutschland würden Importgüter aus den USA durch billiger gewordene heimische Produkte ersetzt. Das wäre die erste Runde auf den Gütermärkten. Und alles sieht nach einer Verbesserung der Wettbewerbsposition der heimischen Produzenten aus.

Aber zu einem nachhaltigen Ergebnis in dieser Richtung käme es nur im Falle fester Wechselkurse. Sind die Wechselkurse dagegen flexibel, führt die zunehmende Nachfrage nach preisgünstigen Exportgütern zu einer steigenden Nachfrage des Auslandes nach Euro und damit zu einer Aufwertung. Die gleiche Wirkung ginge von der Importsubstitution aus. Deutsche Importeure würden weniger Auslandswährung nachfragen (weniger Euro anbieten). Das verstärkt den Aufwertungseffekt des Euro.

Dieser Anpassungsprozess auf den Güter- und Devisenmärkten würde sich so lange fortsetzen, bis die deutschen Güter in ausländischer Währung (in US-Dollar) wieder so teuer wären wie vorher und bis die Importgüter in Euro genauso stark im Preis gesunken wären wie die deutschen Produkte, so dass sich eine Substitution nicht mehr lohnte. Abgesehen von einigen kurzfristigen Anpassungseffekten hat also eine allgemeine Lohnzurückhaltung keinen nachhaltigen Einfluss auf die internationale Wettbewerbssituation der Unternehmen eines Landes. Von daher gibt es auch keine nachhaltigen Beschäftigungswirkungen, vorausgesetzt, die Marktanpassungen und die Wechselkursanpassung funktionieren reibungslos.

Wenn aber feste Wechselkurse oder eine gemeinsame Währung mit den wichtigsten Handelspartnern bestehen, wie zwischen Deutschland und den Mitgliedstaaten der Europäischen Union, fällt die Anpassung über den Wechselkurs aus. Es bleibt bei den verbesserten Wettbewerbschancen der Unternehmen, die nur geringe Lohnsteigerungen zu verkraften haben.

47. Selbst wenn eine allgemeine Lohnsenkung gegenüber Ländern mit flexiblen Wechselkursen zu einem erheblichen Teil neutralisiert würde, könnten sich einzelne Betriebe und Wirtschaftszweige, die unmittelbar im internationalen Wettbewerb stehen, nicht auf diesen Prozess verlassen. Denn in der Regel sind sie von sektoralen oder betrieblichen Kostenänderungen betroffen, die sich kaum auf das gesamte Lohn- und Kostenniveau eines Landes und auf den Wechselkurs auswirken. Dieser Fall des unmittelbaren internationalen Wettbewerbs ist wichtiger als der hypothetische Fall, bei dem alle nationalen Löhne sich prozentual genau gleich stark ändern und auch die Löhne im gesamten Ausland die gleiche Struktur behalten.

In den meisten Fällen verschiebt sich die Lohnstruktur. Das bedeutet, dass beispielsweise ein zu hoher Lohnabschluss in einem Wirtschaftszweig oder eine Preissenkung für einzelne Produkte und Dienstleistungen in einem anderen Staat oder eine systematische Verbesserung der Ausbildung ohne entsprechende Lohnsteigerung in einem Schwellenland usw. unmittelbar durch den internationalen Wettbewerb in den entsprechenden Sektoren des Inlandes wirksam werden. Die kompensierende Wirkung von Wechselkursanpassungen ist bei Lohnänderungen in einem Sektor gering, so dass die einzelnen Arbeitsmärkte in Deutschland auch durch flexible Wechselkurse nicht aus dem internationalen Wettbewerb herausgelöst sind, sondern sich diesem stellen müssen. Außerdem bleiben selbstverständlich die positiven Wirkungen einer Lohnsenkung auf die Kosten und die Beschäftigung innerhalb Deutschlands und innerhalb der Europäischen Union voll wirksam. Der mit Abstand größte Teil der Güter und Dienstleistungen wird im nationalen und europäischen Raum gehandelt.

48. Eine andere Frage wird mit dem Thema „Standort Deutschland" angesprochen. Hier geht es um die Verbesserung der Investitionsbedingungen für international mobile Investoren und der Ansiedlungsbedingungen für die Produktion hochwertiger Güter, für Forschungseinrichtungen, für internationale Organisationen, Kultureinrichtungen usw. Ziel ist es, die Einkommens- und Lebensbedingungen in Deutschland zu verbessern, also insgesamt ein hohes Einkommensniveau zu sichern und die Voraussetzungen für einen hohen Beschäftigungsstand sowie für Lohnsteigerungen zu schaffen.

Hochwertige produktive Arbeitsplätze sind nicht nur die Grundlage für ein hohes Lohnniveau qualifizierter Arbeitnehmer. Wegen der Komplementarität mit einfacher Arbeit tragen sie auch entscheidend dazu bei, die Löhne für weniger qualifizierte Arbeitskräfte auf einem im internationalen Vergleich hohen Niveau zu halten. DONGES u.a. weisen am Beispiel einer Verkürzung der Arbeitszeiten für qualifizierte Arbeitskräfte auf die komplementäre Nachfrage nach gering qualifizierten Arbeitskräften hin. Durch einen verringerten Arbeitseinsatz qualifizierter Arbeitskräfte werde nicht die Möglichkeit geschaffen, Arbeit zugunsten von Arbeitslosen umzuverteilen, sondern deren Arbeitsplatz- und Einkommenschancen würden verringert. Aus diesen Gründen müsse ein großes Interesse an längeren Arbeitszeiten für qualifizierte Arbeitskräfte bestehen (1995, S. 13). Bei der Standortfrage geht es um einen weitgefassten Ansatz zur Verbesserung der Lebensbedingungen u. a. auch der Lohnzahlungsfähigkeit. Bei der Beurteilung des Lohnniveaus geht es um den unmittelbaren Zusammenhang von Löhnen und Beschäftigung.

49. Zwischen den Ländern der Europäischen Union gibt es erhebliche Lohnunterschiede. Beispielsweise lagen die Arbeitskosten je Stunde im Jahr 2007 in Deutschland bei 29,10 Euro und in Bulgarien bei 2,10 Euro. Im Vergleich mit einigen asiatischen Ländern ist der Unterschied noch krasser. Angesichts der niedrigen Löhne in anderen Ländern wird vielfach die Befürchtung geäußert, dass die deutschen Unternehmen bei einem freien Handel mit diesen Ländern nicht wettbewerbsfähig seien und dass die deutschen Löhne auf das Niveau der Löhne in den Schwellenländern sinken könnten oder sogar müssten, wenn unter den Bedingungen des freien Handels noch deutsche Erzeugnisse verkauft werden sollen. Hier wird wieder die Frage nach der Wettbewerbsfähigkeit der Unternehmen in Deutschland mit der Vermutung gestellt, die Löhne in Deutschland seien insgesamt zu hoch. Tatsächlich gilt: Das allgemeine Lohnniveau eines Landes spiegelt grundsätzlich die Produktivität der Arbeitnehmer wider, sagt aber wenig über die Wettbewerbsfähigkeit der Unternehmen aus. Solange die Arbeitskräfte in einem Land einen Produktivitätsvorsprung haben, kann auch das Lohnniveau höher sein als in anderen Ländern. Bei freiem internationalen Handel gleichen sich zwar die Löhne für Arbeitnehmer mit gleicher Produktivität an. Aber auch wenn die Produktivität in einem Land generell höher ist als in den übrigen Ländern, kommt es zu einem Güteraustausch und nicht zu einer einseitigen Verlagerung der Produktion in ein Land.

50. Was würde geschehen, wenn alle Nachfrager – aus welchen Gründen auch immer – verstärkt Güter aus dem Land mit den geringeren Löhnen kaufen möchten, wenn also deutsche Importeure in großem Umfang zusätzliche indische Güter kaufen wollten und indische Konsumenten die Importe aus Deutschland durch heimische Erzeugnisse substituierten? Auf dem Devisenmarkt würden die deutschen Importeure verstärkt Rupien nachfragen, d. h. die Rupie würde aufgewertet. Gleichzeitig würden die indischen Importeure weniger Rupien anbieten bzw. weniger Euro nachfragen. Von beiden Seiten entstünde also ein Aufwertungsdruck auf die Rupie. Die Preise indischer Produkte in Euro würden steigen und die Preise deutscher Produkte in Rupien würden sinken, bis wieder ein Ausgleich auf dem Devisenmarkt erreicht würde. Im Ergebnis würden wieder so viele Euro von indischen Importeuren nachgefragt wie deutsche Importeure zum Kauf von Rupien nachfragen. Eine Aufwertung der Rupie könnte nur dann von Dauer sein, wenn sich beispielsweise die Präferenzen zugunsten von indischen Produkten verschoben hätten (Verbesserung der „terms of trade" für Indien, d. h. für eine bestimmte Menge indischer Exportgüter können mehr Güter importiert werden). Das reale Lohnniveau kann sich bei offenen Grenzen durch Änderungen der „terms of trade" leicht verschieben. Dieser Effekt war in der Vergangenheit für Deutschland meist positiv – trotz der vergleichsweise hohen Löhne.

51. Der internationale Wettbewerb senkt nicht das Lohnniveau in den Hochlohnländern, sondern ermöglicht aufgrund der internationalen Arbeitsteilung in der Regel reale Lohnsteigerungen in allen am Handel beteiligten Ländern. Verändern kann sich allerdings die Lohnstruktur, z. B. zugunsten der Personen, die Güter produzieren, die verstärkt exportiert werden, und zu Lasten von Personen in Betrieben, die einem größeren Wettbewerb mit Importgütern ausgesetzt sind.

Von der internationalen Entwicklung können sich auch bei flexiblen Wechselkursen Einflüsse auf die Lohnstruktur ergeben. Die Lohnstruktur hat sich in den letzten Jahren im Zuge der Globalisierung der Produktion und der Öffnung der Ostblockstaaten verändert. Beide Entwicklungen haben die Nutzung der Arbeitsleistung gering qualifizierter Arbeitnehmer in der gesamten Welt erleichtert. Produkte, die von diesen Arbeitnehmern hergestellt werden können, werden vermehrt weltweit gehandelt. Das heißt für Hochlohnländer, dass die Löhne in den unteren Lohngruppen unter Druck kommen, auch wenn das allgemeine Lohnniveau weiter steigt. Die wirtschaftliche Entwicklung läuft den Bemühungen entgegen, die Lohndifferenzierung zu verringern. So wie einzelne nationale Produkte international stärker nachgefragt und andere weniger stark nachgefragt werden, gibt es auf dem Arbeitsmarkt Nachfrageverschiebungen bei den Qualifikationen. Seit Jahren verlagert sich die Nachfrage nach einfacher Arbeit von den Industrieländern in die Schwellenländer. Eine weitere Ursache für eine verringerte Nachfrage nach einfacher Arbeit sieht BHAGWATI (1994, S. 10) darin, dass im Zuge des technischen Fortschritts vor allem die einfachen Routinearbeiten von Maschinen übernommen werden können. Aufgrund dieser beiden Faktoren ergibt sich aus der Marktentwicklung ein Zurückbleiben der Löhne für Arbeitnehmer mit geringer Qualifikation und somit eine stärkere Lohndifferenzierung.

52. Eine solche zunehmende Lohndifferenzierung ist auf dem Arbeitsmarkt der USA zu beobachten. In Deutschland wurde dieser Entwicklung bewusst gegengesteuert, indem die Löhne in den unteren Lohngruppen mindestens genauso angehoben wurden wie in den anderen Gruppen. Durch pauschale Ausgleichszahlungen und feste Zuschläge (Sockelung) wurde zeitweise sogar versucht, die Lohndifferenzierung zu verringern.

In den USA stagnieren die Reallöhne in den unteren Lohngruppen seit 30 Jahren. Dieser Weg der stärkeren Lohndifferenzierung, bei dem ein Teil der Arbeitnehmer nicht genug zum Leben hat, obwohl sie arbeiten („working poor"), wird von Politikern und Gewerkschaften in Europa abgelehnt. Die Bundesarbeitsminister betonen immer wieder, dass Leistung sich lohnen müsse und selbst der niedrigste Lohn höher sein müsse als das Arbeitslosengeld II. Die stärkere Lohnspreizung in den USA im Vergleich zu Deutschland besagt nicht, dass die Arbeitnehmer dort schlechter bezahlt werden, denn in Deutschland werden viele Geringqualifizierte erst gar nicht beschäftigt, sondern sie beziehen Arbeitslosengeld II. Das hat eine stärkere Lohnspreizung der (noch) Beschäftigten verhindert. Diese Form der Differenzierung hat stärkere Negativwirkungen als die reine Lohndifferenzierung. So wünschenswert es ist, dass ein Arbeitnehmer seinen Lebensunterhalt und den seiner Familie mit seinem Arbeitseinkommen bestreiten kann, so schädlich ist es für seine Chancen, überhaupt einen Arbeitsplatz zu finden, wenn der Lohn anhand des Bedarfs der Familie oder nach anderen sozialen Kriterien festgelegt wird.

Die negative Beurteilung der sich am Markt ergebenden niedrigen Löhne für Geringqualifizierte – und damit des so genannten amerikanischen Modells –, muss auch deshalb revidiert werden, weil die Anzahl der Arbeitsplätze in der amerikanischen Wirtschaft in beeindruckender Weise gesteigert wurde. Von 1960 bis 2006, also in der Zeit, in der in Europa die Sockelarbeitslosigkeit sprunghaft zugenommen hat, stieg die Anzahl der Erwerbstätigen in den USA um 119,6 Prozent (vgl. Tabelle 2). Auch die Charakterisierung der Situation von Arbeitnehmern mit sehr geringen Löhnen als „Armutsfalle" ist irreführend, weil die Alternative meist nicht ein Arbeitsplatz mit höherem Lohn, sondern Arbeitslosigkeit ist und weil die Chancen auf einen besseren Arbeitsplatz mit zunehmender Dauer der Arbeitslosigkeit sinken. In Deutschland wie in den USA sind Alternativen notwendig, die es erlauben, die Arbeitsfähigkeit zu nutzen und so den Bedarf an sozialen Leistungen zu verringern.

Tabelle 2: Erwerbstätige in ausgewählten Industrieländern in Tausend

Jahr	West-D[1]	USA	Japan	F	I	UK	ESP
1960	26.247	65.778	44.360	19.667	20.385	24.823	11.536
1980	27.495	99.303	55.360	22.007	20.732	25.224	12.082
2000	31.038	136.891	64.460	24.332	22.498	27.336	16.399
2006	31.006	144.430	63.820	25.278	24.568	28.799	19.962
Veränderung in Prozent (2006/1960)	+ 18,1	+ 119,6	+ 43,9	+ 28,5	+ 20,5	+ 16,0	+ 73,0

[1]Früheres Bundesgebiet, 2000 inkl. Berlin
Quelle: Sachverständigenrat (2007): Jahresgutachten 2007/2008, S. 527.

53. Die erfolgreiche Ausweitung des Arbeitsplatzangebotes in den USA wird zwar anerkannt, aber es wird eingewandt, dabei handele es sich vorwiegend um Arbeitsplätze für schlecht bezahlte gering qualifizierte Arbeitskräfte, insbesondere um einfachste Dienstleistungen („Hamburger-flipping jobs"). Auch mit dieser Beurteilung machen es sich die Kritiker zu leicht. Erstens wurden in den USA vorrangig rentable Arbeitsplätze im privaten Sektor geschaffen; in Europa – mit Ausnahme von Großbritannien – erstreckte sich der geringere Zuwachs an Arbeitsplätzen weitgehend auf den öffentlichen Sektor und erhöhte die Abgabenlast.

Zweitens ist die Struktur der Arbeitsplätze viel ausgeglichener als behauptet. In den USA nahm die Anzahl der hochwertigen Arbeitsplätze erheblich schneller zu als in Europa. Daneben wurden viele Arbeitsplätze mit niedrigen Qualifikationsanforderungen geschaffen. Ein Teil der Arbeitnehmer mit geringer Qualifikation ist auf solche Arbeitsplätze angewiesen, zumal die soziale Absicherung nicht das europäische Niveau erreicht. In der OECD-Studie wird zwar bedauert, dass sich ein Teil der Arbeitnehmer mit Niedriglöhnen zufrieden geben muss, aber es wird auch festgestellt: „Andererseits hätten viele dieser Arbeitnehmer vielleicht mit noch gravierenderen sozialen Problemen zu kämpfen gehabt, wenn ihnen unflexible Arbeitsmärkte den Zugang selbst zu derartigen Tätigkeiten verwehrt hätten." (OECD 1994, S. 30).

54. Möglicherweise müssen einige Europäer ihr abschätziges Urteil über den amerikanischen Arbeitsmarkt bald gründlich revidieren; denn die europäischen Staaten haben es mit den gleichen Problemen zu tun: Es gibt eine erhebliche Anzahl von Erwerbspersonen, deren Fähigkeiten aus verschiedenen Gründen nur für einfache Tätigkeiten reichen, und es kann auf den entsprechenden Arbeitsplätzen unter Marktbedingungen nur wenig verdient werden. In Europa wurde der Markt für diese Arbeitnehmer weitgehend außer Kraft gesetzt, und die Arbeitnehmer wurden in die Sozialsysteme hineingenommen. Das sieht zunächst nach sozialer Wohltat aus, aber es mehren sich die Zweifel: Ist den Menschen wirklich geholfen, wenn sie keine Arbeit finden, wenn sie auf den Staat oder die Allgemeinheit angewiesen sind? Was bedeutet es für das Selbstwertgefühl der Menschen, wenn sie zwar eine soziale Absicherung erhalten, aber nicht selbst dazu beitragen können, den eigenen Lebensunterhalt und den der Familie erarbeiten zu können?

Der weltweite Wettbewerb zwischen Arbeitnehmern mit geringer Qualifikation wird sich in absehbarer Zeit verschärfen. In den europäischen Staaten wird schon heute erkennbar, dass die Sozialsysteme unter den geltenden Bedingungen nicht mehr lange mit den zunehmenden Belastungen fertig werden. Gefragt sind in den nächsten Jahren Lösungen, die es den arbeitsfähigen Menschen ermöglichen, entsprechend ihren Fähigkeiten und den Marktbedingungen zumindest einen Teil ihres Lebensunterhaltes selbst zu erwirtschaften. Darüber hinaus ist es nach den gesellschaftlichen Vorstellungen in Deutschland erforderlich, entsprechend der individuellen Bedürftigkeit eine dauerhafte und verlässliche soziale Unterstützung zu gewähren.

55. Damit Arbeitslose mit geringer Qualifikation beschäftigt und die Marktchancen voll genutzt werden können, ist es unerlässlich, die Lohnbildung von sozialen Vorgaben freizuhalten, also eine strikte Trennung zwischen Marktsystem und Sozialsystem auf dem Arbeitsmarkt zu praktizieren. Forderungen, dass der Arbeitslohn höher sein müsse als das Arbeitslosengeld II oder dass der Arbeitslohn ausreichen müsse, eine Familie zu ernähren, sind zwar menschlich verständlich. Sie dürfen aber nicht zu Vorgaben für die Lohnfindung gemacht werden, wenn nicht von vorneherein ausgeschlossen werden soll, dass besonders gering qualifizierte Kräfte arbeiten können.

Die einfache wirtschaftliche Regel heißt zunächst einmal: Das Lohnniveau und die Lohnstruktur müssen es zulassen, dass jeder, der arbeiten möchte, auch arbeiten und damit einen wichtigen Beitrag zu den insgesamt verfügbaren Gütern und Leistungen erbringen kann. Dadurch wird die Fähigkeit der Gesellschaft gestärkt, eine solide soziale Absicherung zu bieten. Die soziale Regel heißt: Es sollen die Menschen unterstützt werden, die es nicht schaffen, aus eigener Kraft ein angemessenes Einkommen zu erzielen.

56. Aus diesen beiden Regeln ergeben sich wichtige Folgerungen für den Lohn und den Arbeitsmarkt. Selbst aus sozialpolitischen Gründen kann ein niedriger Lohn für einzelne Tätigkeiten nicht in jedem Fall als Problem gesehen werden, weil es Menschen gibt, die noch andere Einkommensquellen haben, oder weil beispielsweise ein Familienmitglied lediglich etwas dazuverdienen möchte, häufig nur für eine begrenzte Zeit, oder weil die Beschäftigung mit geringer Bezahlung als Einstiegs- bzw. Übergangsphase dienen kann usw. Vom amerikanischen Arbeitsmarkt ist bekannt, dass die Fluktuation im niedrig bezahlten Bereich aus diesen Gründen groß ist und dass auch Menschen, die gut bezahlte Arbeitsplätze hatten, bereit sind, vorübergehend oder als Nebenjob eine einfache Tätigkeit anzunehmen. Um viele dieser „Geringverdiener" muss der Staat sich nicht kümmern, und es wäre falsch, sie pauschal als bedürftig oder als Sozialfall anzusehen. Bedürftigkeit ist nicht an der Entlohnung zu erkennen, sondern kann nur anhand der Gesamtsituation eines Bürgers festgestellt werden.

Besonders wichtig ist die Feststellung, dass über den Eingriff in die Marktlöhne keine sinnvolle Sozialpolitik gemacht werden kann. Selbst wenn es gelänge, marktwidrig erhöhte Löhne durchzusetzen, handelte es sich nicht um eine sozialpolitische Maßnahme, sondern um eine willkürliche Begünstigung von Personen, deren individuelle Einkommens- und Vermögensposition nicht bekannt ist – zu Lasten der Menschen, die mehr für die entsprechenden Produkte zahlen müssen. Echte soziale Maßnahmen setzen voraus, dass die Bedürftigkeit geprüft wird.

Eingriffe in den Lohnfindungsprozess am Markt haben darüber hinaus für einige der vermeintlich Begünstigten keine positiven Wirkungen, sondern verschlechtern die Situation der schwächsten Mitglieder dieser Gruppe. Durch Mindestlöhne und andere in Tarifvereinbarungen festgelegte Mindestbedingungen wird den Arbeitslosen häufig von vornherein der Zugang zum Arbeitsmarkt versperrt. Es ist zwar erfreulich, einen Anspruch auf eine ordentliche Entlohnung zu haben, wenn man einen Arbeitsplatz erhält. Aber es mag besser sein, etwas weniger Lohn zu erhalten als mit einem hohen Lohnanspruch erst gar nicht an eine Arbeit heranzukommen.

57. Festzuhalten bleibt, dass die Löhne einen entscheidenden Einfluss auf die Beschäftigung haben. Die Löhne haben auf den Arbeitsmärkten die gleiche Funktion wie Preise auf den Gütermärkten. In Zeiten einer hohen Arbeitslosigkeit müssen deshalb die Lohnpolitik der Tarifparteien und die allgemeinen Regelungen für die Lohnfindung als wichtigste Ansatzpunkte für die Wiedergewinnung der Vollbeschäftigung gesehen werden.

Trotz dieses eindeutigen Zusammenhangs werden immer wieder Versuche unternommen, von der Bedeutung der Löhne für die Beschäftigung abzulenken oder die Ursache für die unzureichende Beschäftigung ausschließlich anderen Faktoren zuzurechnen. So wird beispielsweise argumentiert, hohe Exporte und Handelsbilanzüberschüsse zeigten, dass die deutsche Wirtschaft international besonders wettbewerbsfähig sei und die Arbeitslosigkeit nicht auf zu hohe Löhne zurückgeführt werden könne, sondern auf eine unzureichende Binnennachfrage. Somit könne die Arbeitslosigkeit nicht durch Lohnzurückhaltung überwunden werden, sondern es müsse umgekehrt die Massenkaufkraft gestärkt werden.

Dieser Argumentation kann aus zwei Gründen nicht gefolgt werden. Erstens kommt es nicht nur auf den Warenverkehr an, sondern auf die gesamte Leistungsbilanz. Ein Teil des deutschen Exportüberschusses dient beispielsweise dazu, die Dienstleistungen zu bezahlen, die deutsche Touristen im Ausland in Anspruch nehmen, d.h. wir tauschen Waren gegen Dienstleistungen. Zweitens kann ein Grund für einen Handels- und Leistungsbilanzüberschuss sogar darin liegen, dass die Standortbedingungen in Deutschland – darunter auch die Kosten der Arbeit – negativ beurteilt werden, so dass Investoren sich auf andere Länder konzentrieren. Der Abfluss von Realkapital kann also genau das Gegenteil von Wettbewerbsfähigkeit anzeigen, nämlich erhebliche Nachteile im Standortwettbewerb. Wird beispielsweise der Standort Deutschland für teuer, überreglementiert, bürokratisch und wirtschaftspolitisch unsicher gehalten, geht der Kapitalzustrom zurück und inländische Investoren verlagern Investitionen ins Ausland. Die Folge ist ein verstärkter Realkapitalexport in Form verstärkter Exporte von Gütern und Dienstleistungen. Deshalb sollten keine voreiligen Schlüsse aus Salden in der Handels- oder Leistungsbilanz gezogen werden. Ein dauerhafter Exportüberschuss bedeutet einen dauerhaften Verzicht auf inländischen Konsum und damit auf Wohlstand.

Richtig ist allerdings, dass es eine Vielzahl von Faktoren neben den Löhnen gibt, die Einfluss auf die Beschäftigung haben. Und es spricht nichts dagegen, diese Faktoren und Bedingungen so zu verändern, dass der Abbau der Arbeitslosigkeit erleichtert wird.

II. Das Knappheitsprinzip

58. In der Diskussion über Löhne ist immer wieder die sozial engagierte Forderung zu hören, vor allem die Menschen in den unteren Lohngruppen sollten mehr Lohn bekommen, sollten besser abgesichert sein und sollten ohne Existenzsorgen leben können. Dies sei ein Gebot der Solidarität. Verbunden wird diese Forderung meist mit Vorwürfen an die Unternehmer, die unter Marktwirtschaft nur das eigene Gewinnstreben verstünden, auf die sozialen Bedürfnisse der Arbeitnehmer aber nicht eingingen und ihnen keine angemessenen Löhne zahlten.

Diese Forderungen und Vorstellungen stoßen auf eine breite Zustimmung, weil viele Menschen den sozialen Gedanken unterstützen und die Argumentation aufgrund der Erfahrungen in der Familie plausibel finden. Innerhalb einer Familie mit einem oder mehreren Einkommensbeziehern und auch innerhalb eines Familienbetriebes erscheint es selbstverständlich, einem Familienmitglied, das über keine oder nur sehr geringe eigene Einkünfte und Ersparnisse verfügt, etwas aus dem Gesamteinkommen abzugeben. Innerhalb der Familie wird nicht – wie oben gefordert – streng zwischen Leistungserstellung und sozialer Absicherung getrennt. Die Familie sieht sich als Solidargemeinschaft und bemisst den Anteil eines einzelnen Familienmitglieds am Familieneinkommen nicht ausschließlich an dem Marktwert der Arbeitsleistung.

Zur Versorgungs- und Absicherungssolidarität innerhalb der Familie gehört aber die Leistungssolidarität. Jedes Familienmitglied ist gehalten, nach Kräften zum Gesamtwohl beizutragen, und zwar nicht nur durch Erwerbseinkommen, sondern auch durch unmittelbare Leistungen im Haushalt. Dabei zählen auch die kleinen Beiträge. So wird beispielsweise von den Kindern verlangt, sich mit zunehmendem Alter stärker an den einfachen Tätigkeiten zu beteiligen, wie beispielsweise Aufräumen, Einkaufen, Kehren, Rasen mähen, Abwaschen, Abtrocknen usw. Die soziale Kontrolle, dass niemand sich den Pflichten entzieht, spielt dabei eine wichtige Rolle, auch wenn aus gegenseitiger Liebe und Achtung innerhalb der Familie nicht genau aufgerechnet wird. Löhne oder Formen der Entlohnung gibt es innerhalb der Familie kaum, allenfalls in sehr einfachen Anreizformen beim Taschengeld. Wer welche Aufgaben zu übernehmen hat, wird im Konsens festgelegt, wobei im Zweifel die Lasten von den Müttern und Vätern getragen werden oder die Eltern die Aufgaben der Kinder festlegen.

59. Viele Gedanken des Zusammenlebens aus der Solidargemeinschaft Familie hat der Sozialismus in seiner Idealform aufgenommen. Es wird von jedem Bürger erwartet, dass er nach besten Kräften zum Gemeinwohl beiträgt: „Jeder nach seinen Fähigkeiten". Und es wird eine fürsorgliche Verteilung angestrebt: „Jedem nach seinen Bedürfnissen". Löhne haben in diesem System keine Steuerungs- und Koordinierungsfunktion, sondern vor allem eine Verteilungsfunktion; sie müssen nicht der Leistung entsprechen. Jedem Bürger soll auf diese Weise ein angemessener Anteil an den Konsummöglichkeiten gewährt werden. Dass dabei der Familienstand als Bedürftigkeitsindikator eine wichtige Rolle spielt, ist selbstverständlich. Daneben übernimmt die sozialistische Gesellschaft die Versorgung von Kranken, von älteren Menschen usw., d. h. sie übernimmt weitgehend die Rolle der Großfamilie. Die verteilbaren Einkommen werden um die dafür erforderlichen Mittel gekürzt.

In einer großen Gesellschaft scheitert schon die Verteilung nach den Bedürfnissen an den menschlichen Schwächen der Beteiligten. In sozialistischen Systemen hat sich nicht nur gezeigt, dass einige „gleicher" sind als andere, sondern auch, dass die vermeintliche Solidarität eine bittere Kehrseite in der totalen Abhängigkeit hat. Erscheinungsformen dieser Zwangssolidarität sind Ausreise- und Auswanderungsverbote, Mauerbau und Schießbefehl, also eine radikale Einschränkung persönlicher Freiheiten und eine Missachtung von Menschenrechten.

Das größte ökonomische Problem der sozialistischen Systeme ist die Ineffizienz in der Steuerung des Wirtschaftsprozesses. Die Entscheidungen über die Erstellung von Gütern und Dienstleistungen werden zentral getroffen. Da die Löhne und Preise die wirtschaftlichen Knappheiten nicht anzeigen, können sie die Steuerungsfunktion auch gar nicht übernehmen. Aber auch die Arbeitsanreize des Familienmodells stehen nicht zur Verfügung, weil sie nicht auf die gesamte Gesellschaft übertragbar sind, weil die Prinzipien der gegenseitigen Aufopferung, der Fürsorge und der Liebe nicht auf alle Menschen in einer Gesellschaft ausgeweitet werden können, weil Menschen ihren eigenen Vorteil suchen, kurz: weil das vergleichsweise einfache und überschaubare System der sozialen Kontrolle in der Familie nicht für ein ganzes Volk funktioniert.

60. Über diese Zusammenhänge und die einzelnen Ursachen für das Scheitern sozialistischer Systeme gibt es eine breite Literatur. Für die Beurteilung der Löhne und Lohnfindungsprozesse ist hier nur festzuhalten, dass Löhne in sozialistischen Systemen allenfalls am Rande und häufig eine ungewollte Steuerungsfunktion haben. Sie zeigen nicht hinreichend an, wo Arbeit insgesamt oder wo bestimmte Fähigkeiten besonders knapp sind. Sie bieten wenig Anreiz, die Arbeitsleistung zu verbessern und die eigenen Fähigkeiten z. B. durch Weiterbildung zu entwickeln. Weil die Löhne hauptsächlich nach Verteilungsaspekten und politischen Erwägungen festgesetzt werden und somit kaum eine Anreizfunktion haben, braucht der Staat grundsätzlich die totale Einsicht und Einwirkungsmöglichkeit in die Privatsphäre, d. h. der Staat muss die Freiheit des Einzelnen drastisch beschneiden, um die Arbeitsleistung der Bürger einzufordern und letztlich mit Sanktionen zu erzwingen.

Alle Experimente mit sozialistischen Systemen haben zu einem wirtschaftlichen Desaster geführt. Trotz dieser Erfahrungen werden immer wieder Vorschläge gemacht, sozialistische Elemente in das System der Sozialen Marktwirtschaft zu übernehmen. Statt die Ursachen von Fehlentwicklungen klar zu analysieren und die Mängel an der Wurzel zu bekämpfen, werden der Sozialen Marktwirtschaft ineffiziente und letztlich unsoziale oder willkürliche Bestandteile eingepflanzt. Besonders gefährlich ist die nostalgische Verklärung einzelner Erfahrungen im Sozialismus, wie eine geringere Verantwortung und ein geringerer Druck, sich selbst um alles kümmern zu müssen, eine geringere Arbeitslosigkeit, eine geringere Differenzierung der Einkommen usw., ohne sich an den Preis für jeden einzelnen Bürger zu erinnern.

61. Im Gegensatz zu sozialistischen Systemen ist die Soziale Marktwirtschaft von der wirtschaftlichen Steuerung durch Preise und einer ergänzenden sozialen Sicherung gekennzeichnet. Löhne und Preise können sich nur nach einem Prinzip bilden, und können nur eine Aufgabe erfüllen. In der Sozialen Marktwirtschaft haben sie keine soziale Funktion, sondern sie steuern den wirtschaftlichen Ablauf über viele verschiedene Märkte. Das Geniale an diesem System besteht darin, dass die Entlohnung der Menschen sich nach der Nützlichkeit der Tätigkeiten für andere Menschen, also nach dem Beitrag zum Gemeinwohl richtet. Die Löhne zeigen an, welche Leistungen besonders knapp sind und von der Gesellschaft gewünscht werden. Sie setzen für den einzelnen Arbeitnehmer nicht nur einen Anreiz, seine Fähigkeiten dort einzusetzen, wo eine besondere Knappheit an Leistungen besteht, sondern sich auch zusätzliche Fähigkeiten anzueignen, die stark nachgefragt werden.

Das Soziale am rein marktwirtschaftlichen System besteht darin, dass es extrem leistungsfähig ist und es den meisten Menschen ermöglicht, aus eigener Kraft einen befriedigenden Lebensstandard zu erarbeiten. Dabei kommt das System weitgehend ohne soziale Kontrollen aus, weil das Eigeninteresse, ein möglichst hohes Einkommen zu erzielen, in der Regel mit dem gesellschaftlichen Interesse, zusätzliche Leistungen zu erhalten, zusammenfällt. Erst wenn einzelne Personen oder Familien keinen Weg finden, aus eigener Kraft innerhalb des marktwirtschaftlichen Systems ein angemessenes Einkommen zu erzielen, sollten soziale Maßnahmen einsetzen. Die Sozialpolitik kann den Marktprozess besonders gut ergänzen, wenn sie die Leistungsfähigkeit des Systems möglichst wenig beeinträchtigt und sich auf die wirklichen Sozialfälle, auf die Bedürftigen konzentriert. Anders gewendet: Sozialpolitik sollte nicht bei der Erstellung, sondern bei der Verteilung des Volkseinkommens bzw. des Einkommens der Bürger ansetzen und eine Korrektur zugunsten der Schwächsten vorsehen.

62. Aus sozialen Gründen verringerte oder erhöhte Preise und Löhne sind keine Knappheitspreise. Sie verleiten zu falschen wirtschaftlichen Entscheidungen wie beispielsweise zu einer Überschussproduktion und Verschwendung in der Landwirtschaft oder zu einer unnötigen Angebotszurückhaltung im Wohnungsbau (geringe Neubau- und Modernisierungstätigkeit, Leerstand). Hinzu kommt, dass sozial gemeinte Preise und Löhne in der Regel nicht sozial sind, sondern von Bedürftigen und Nichtbedürftigen in Anspruch genommen werden. Den größten Vorteil aus einer Mietverbilligung haben die Haushalte mit den größten Mietwohnungen, also die Reichen. Genau genommen muss in jedem Einzelfall die Gesamtsituation einer Person geprüft werden, um festzustellen, ob eine Bedürftigkeit gegeben ist, denn nur in diesen Fällen ist eine Umverteilung zu Lasten anderer Bürger zu rechtfertigen.

Besonders schwer wiegt der Einwand, dass marktwidrige Sozialpolitik sich unmittelbar gegen die vermeintlich Begünstigten richten kann. Mindestlöhne aus sozialpolitischen Gründen festzusetzen, bedeutet in der Regel, dass Arbeitsplätze für einfache Tätigkeiten nicht mehr angeboten werden und Arbeitnehmer mit geringer Qualifikation nicht den höheren Mindestlohn erhalten, sondern keine Chance mehr haben, überhaupt zu arbeiten.

Leider werden soziale Argumente als Vorwand für eine Interessenpolitik benutzt. Arbeitnehmer mit geringer Qualifikation, Arbeitslose mit vergleichsweise geringen Lohnansprüchen werden mit sozialpolitischen Argumenten vom Wettbewerb um Arbeitsplätze ausgeschlossen. Wer den geringverdienenden oder arbeitslosen Menschen wirklich helfen will, sollte ihnen erlauben, in den Wettbewerb einzutreten.

Der Ausschluss Geringqualifizierter aus dem Arbeitsmarkt wird bei der Entsenderichtlinie auf europäischer Ebene und beim nationalen Entsendegesetz nicht nur in Kauf genommen, sondern mit Hinweis auf den angeblich unfairen Wettbewerb mit deutschen Arbeitnehmern offen angestrebt. Dann wird aber die angeblich soziale Harmonisierung zu einem Diskriminierungs- und Marktausschlussinstrument. Wenn beispielsweise behauptet wird, portugiesische Arbeitnehmer dürften auf deutschen Baustellen nicht ausgebeutet und deshalb nicht schlechter bezahlt werden als deutsche Bauarbeiter und wenn gefordert wird, der Staat müsse aus Gründen der sozialen Gleichbehandlung sicherstellen, dass ausländische Arbeitnehmer den gleichen Lohn erhalten wie die deutschen, bedeutet dies, dass den Portugiesen die Chance genommen wird, für einige Wochen oder Monate in Deutschland zu arbeiten.

Aus Gründen der wirtschaftlichen Effizienz und letztlich auch aus Gründen einer wirkungsvollen Sozialpolitik müssen die Löhne die Knappheitssituation am Markt widerspiegeln können. Deshalb sollte nicht der Versuch gemacht werden, mit staatlichen Eingriffen in den Lohnbildungsprozess Sozialpolitik zu betreiben.

63. Marktlöhne oder Knappheitslöhne ergeben sich durch Angebot und Nachfrage. Sie können sich deshalb erheblich nach Regionen, Nationen, Branchen und Fähigkeiten unterscheiden. Regional unterschiedliche Löhne für vergleichbare Tätigkeiten besagen nicht automatisch, dass es den Menschen in Regionen mit höheren Löhnen besser geht. Die höheren Löhne können sich beispielsweise daraus ergeben, dass die Lebenshaltungskosten in einer Region aufgrund der Ballung wirtschaftlicher Tätigkeiten besonders hoch sind oder dass die Region ein sehr unwirtliches Klima hat. Wenn Unternehmen in solchen Regionen Arbeitskräfte haben wollen, müssen sie in der Regel die spezifischen Nachteile für die Arbeitnehmer durch entsprechend höhere Löhne ausgleichen. Im Idealfall nähert sich die räumliche Lohnstruktur einem Zustand, in dem kein zusätzlicher Arbeitnehmer in eine Hochlohnregion ziehen möchte, weil er den Lohnvorteil durch Nachteile anderer Art aufgewogen sieht, z.B. durch höhere Wohnkosten oder ungünstige Verkehrsbedingungen.

Mit dem Knappheitsprinzip sind auch am gleichen Ort unterschiedliche Löhne nach Wirtschaftszweigen vereinbar, beispielsweise zwischen schrumpfenden und wachsenden Sektoren, weil der Wechsel des Arbeitsplatzes mit Kosten verbunden ist. Die Beobachtung, dass im schrumpfenden Steinkohlebergbau sehr hohe Löhne gezahlt werden, weist nicht in die umgekehrte Richtung, sondern auf marktwidrige, subventionierte Löhne hin.

III. Produktivitätsorientierte Lohnpolitik

64. Aktuelle Knappheitslöhne sind als Orientierung für kollektive Verhandlungen über Lohnerhöhungen nur bedingt geeignet, weil Knappheitslöhne das nachträgliche Ergebnis von Marktprozessen sind. In Lohnverhandlungen braucht man dagegen Anhaltspunkte für künftige Lohnerhöhungsspielräume. Als vergleichsweise guter Indikator für angemessene Lohnsteigerungen hat sich die gesamtwirtschaftliche Entwicklung der Produktivität erwiesen, also die Zunahme der Produktion bzw. Leistung pro Beschäftigtenstunde.

Das Konzept der produktivitätsorientierten Lohnpolitik wurde in vielen Facetten vom Sachverständigenrat zur Begutachtung der gesamtwirtschaftlichen Entwicklung ausformuliert. Der Vorzug dieses Konzepts liegt in der einfachen Grundidee, die nachvollziehbar ist und deshalb große Akzeptanz fand: Es kann nur soviel zusätzlich verteilt werden wie zusätzlich produziert wird. Der Sachverständigenrat spricht üblicherweise etwas präziser von einer kostenniveauneutralen Lohnpolitik. Kostenniveauneutral sind solche Lohnsteigerungen, die von den Arbeitgebern gezahlt werden können, ohne die Preise im Durchschnitt anheben zu müssen. Präziser ist damit gemeint, dass sie die Preise nicht stärker anheben müssen als dies schon in Verträgen usw. festgelegt ist (siehe Kasten). Lohnsteigerungen sind gesamtwirtschaftlich möglich, wenn die Produktivität steigt, wenn sich die „terms of trade" verbessern und wenn die Kapitalkosten sinken.

Hypothetisches Beispiel für eine „produktivitätsorientierte Lohnpolitik"	
– Produktivitätssteigerung	1,5 %
– Verbesserung der „terms of trade"	+ 0,2 %
– unvermeidbare Preissteigerung	+ 1,3 %
produktivitätsorientierte Lohnerhöhung	3,0 %
– Erhöhung des Beitrags zur Renten-, Kranken-, Pflege- und Arbeitslosenversicherung (Arbeitgeberanteil)	– 0,6 %
kostenniveauneutrale Lohnerhöhung	2,4 %
– Abschlag zur Senkung der Arbeitslosigkeit	– 1,0 %
beschäftigungsorientierte Lohnerhöhung	1,4 %

Obwohl das Konzept verfeinert und weiter ausdifferenziert worden ist, spricht man weiterhin von der produktivitätsorientierten Lohnpolitik. Es gehört zu den großen sozialen Erfindungen. Es beschreibt einen Rahmen, der sowohl von der Arbeitnehmer- als auch von der Arbeitgeberseite weitgehend akzeptiert wird. Die Arbeitnehmer wissen, dass erhebliche und vor allem dauerhafte Abweichungen der Löhne nach oben über Preissteigerungen korrigiert werden oder die Arbeitslosigkeit erhöhen. Die Arbeitgeber wissen, dass deutliche Abweichungen der Lohnvereinbarung nach unten den Wettbewerb um Arbeitnehmer verschärfen und sie letztlich doch dazu zwingen, die Löhne entsprechend anzuheben, wenn sie gute Arbeitskräfte halten oder anwerben wollen.

Das Ausweichen in Preissteigerungen soll mit der produktivitätsorientierten bzw. kostenniveauneutralen Lohnpolitik von vorneherein vermieden werden. Das hat den großen Vorteil, dass ein Konflikt zwischen Lohnpolitik und Geldpolitik grundsätzlich vermieden werden kann. Wegen der Unsicherheiten bezüglich der Produktivitätsentwicklung und der bereits angelegten Preissteigerungen lassen sich aber Abweichungen vom Pfad der kostenniveauneutralen Lohnentwicklung nicht völlig vermeiden. Trotzdem sind die erwartete Produktivitätsentwicklung und die bereits programmierten Änderungen der Steuern und Abgaben ein guter Orientierungspunkt für die Praxis der Lohnfindung.

65. Das einfache Grundmuster der produktivitätsorientierten Lohnsteigerung ist zu korrigieren, wenn sich das zusätzlich verteilbare Sozialprodukt durch eine Verbesserung der „terms of trade" erhöht. Das ist dann der Fall, wenn sich das Austauschverhältnis im Außenhandel zugunsten des Inlandes verbessert, wenn also für eine bestimmte Menge an Exportgütern eine größere Menge an Importgütern eingetauscht werden kann. Selbstverständlich ist auch der umgekehrte Fall möglich, so dass weniger als der Produktivitätszuwachs für Lohnsteigerungen verfügbar ist. Ein eindrucksvolles Beispiel für eine Verschlechterung der „terms of trade" ist eine kräftige Erhöhung der Rohölpreise, so dass für den Import einer Tonne Erdöl eine erheblich größere Menge an Exportgütern geliefert werden muss.

Für den Arbeitnehmer nicht leicht einzusehen ist die Wirkung von Steuererhöhungen und steigenden Beitragssätzen auf das Nettoeinkommen. Ein zusätzlich erstelltes Sozialprodukt kann nur einmal verteilt werden. Wenn der Staat die Steuern oder die Beiträge zu den Sozialversicherungen erhöht, verbleibt dem Arbeitnehmer entsprechend weniger Lohn. Würden die Arbeitnehmer und Gewerkschaften versuchen, die höheren Abgaben durch höhere Löhne zu kompensieren, wären die Gesamtansprüche von Staat und Arbeitnehmern größer als das zusätzlich verfügbare Sozialprodukt. Die Wirkungen einer solchen Politik sind vergleichbar mit einer Situation, in der zwar die Steuern und Sozialabgaben nicht erhöht werden, die Lohnforderungen aber über den Produktivitätszuwachs hinausgehen. Grundsätzlich zahlt der Bürger mit Steuern und Sozialbeiträgen für Leistungen, die der Staat bzw. die Sozialsysteme für ihn erbringen. Für den Arbeitgeber ist es gleichgültig, wofür die Arbeitnehmer das Arbeitsentgelt verwenden oder verwenden müssen. Für sie kommt es auf die Gesamtkosten einer Arbeitsstunde an, unabhängig davon, ob die Beträge als Lohn oder in der Form von Steuern und Sozialabgaben zu zahlen sind, d.h. der Bruttolohn einschließlich der Steuern und Abgaben muss sich an der Produktivitätsentwicklung orientieren, nicht der Nettolohn.

66. Im Konzept der produktivitätsorientierten Lohnpolitik wird vom Durchschnitt der Produktivitätssteigerungen in der Gesamtwirtschaft ausgegangen. Die Industriegewerkschaft Metall begründet aber ihre Lohnforderungen immer wieder mit der weit überdurchschnittlichen branchenspezifischen Produktivitätssteigerung.

Eine Orientierung der Lohnentwicklung an der branchenspezifischen Produktivitätsentwicklung ist nicht gerechtfertigt. Das würde bedeuten, dass Branchen ohne oder mit geringem Produktivitätszuwachs (Friseure, Verwaltungen …) die Reallöhne praktisch nicht anheben könnten, während in Branchen mit hohem Produktivitätszuwachs kräftige Lohnerhöhungen möglich wären. Dann würden aber die Branchen mit geringer Produktivitätssteigerung schon nach wenigen Jahren keine Arbeitskräfte mehr bekommen, weil alle Arbeitnehmer in Branchen mit schnell steigender Produktivität und entsprechend steigenden Löhnen drängten. Das wäre kein stabiles Marktergebnis. Der Abwanderungsprozess aus Branchen mit geringer Produktivitätssteigerung wird aber dadurch gestoppt, dass sich das Güterangebot verknappt und die Preise steigen. Aufgrund der gestiegenen Preise können die Unternehmen trotz geringer Produktivitätssteigerung Marktlöhne zahlen. Umgekehrt kommt es in den Branchen mit hoher Produktivitätssteigerung zu einem Überangebot an Arbeit und damit nur zu einer Lohnsteigerung, die geringer ausfällt als die branchenspezifische Produktivitätssteigerung – eben zu einer durchschnittlichen Lohnsteigerung. Auch hier wird die Differenz zur Produktivitätssteigerung durch Preisänderungen ausgeglichen, nämlich durch eine Preissenkung. Im Ergebnis pendeln sich die Lohnsteigerungen über alle Branchen in Höhe der durchschnittlichen Produktivitätssteigerung ein, wenn dieser Prozess nicht durch abweichende Tariflöhne gestört wird.

Produktivitätsmaße

Produktivität
= pro Arbeitsstunde erstellte Gütereinheiten oder Dienstleistungen

Grenzproduktivität
= in einer zusätzlichen Arbeitsstunde erstellte Gütereinheiten

Produktivitätssteigerung
= Erhöhung der pro Arbeitsstunde erstellten Gütereinheiten bei unveränderter Arbeitszeit bzw. Beschäftigung

Produktivitätsorientierte Lohnsteigerung
= Löhne und Produktivität steigen mit der gleichen Rate
= preisniveauneutrale Lohnsteigerung

Selbstverständlich gibt es auch innerhalb der Branchen einzelne Betriebe mit hoher und geringer Produktivität – zumindest vorübergehend. Da es sich um gleiche Güter handelt, kann hier unmittelbar das Produktivitätsniveau verglichen werden. Betriebe mit hoher Produktivität könnten prinzipiell höhere Löhne zahlen. Sie werden aber grundsätzlich nicht mehr zahlen als den marktüblichen Lohn. Dafür können sie in einen Preiswettbewerb eintreten und die Wettbewerber dazu zwingen, ihre Produktivität zu erhöhen, auf Gewinne zu verzichten oder letztlich aus dem Markt auszuscheiden.

Auf einem einheitlichen Arbeitsmarkt werden sich somit für gleiche Qualifikationen gleiche Löhne einpendeln. Die Unterschiede in der Produktivitätssteigerung spiegeln sich im Wesentlichen in der Preisentwicklung wider, d. h. die Preise in Branchen mit überdurchschnittlicher Produktivitätsentwicklung werden tendenziell sinken, die Preise in Branchen mit unterdurchschnittlicher Produktivitätsentwicklung werden dagegen tendenziell steigen. Eine gesamtwirtschaftlich kostenniveauneutrale Lohnentwicklung muss für die einzelnen Branchen keineswegs kostenniveauneutral bzw. preisniveauneutral sein.

Tatsächlich kann die Entwicklung der Lohnstruktur sogar umgekehrt zur Produktivitätsentwicklung laufen. Kann beispielsweise der Absatz trotz sinkender Preise nicht so stark erhöht werden wie die Produktivität steigt, sind weniger Arbeitskräfte erforderlich. Die Knappheitsbedingungen auf dem Arbeitsmarkt lassen in dieser Branche so lange geringere Lohnsteigerungen als im gesamtwirtschaftlichen Durchschnitt erwarten, bis der Arbeitskräfteüberhang abgebaut ist.

Während Unterschiede in der Produktivitätsentwicklung grundsätzlich keinen Anlass bieten, von der gesamtwirtschaftlichen Produktivitätsentwicklung abweichende Lohnsteigerungen vorzusehen, muss Raum bleiben für besondere Marktentwicklungen, so dass sich wegen der Kosten des Arbeitsplatzwechsels zumindest vorübergehend eine Differenzierung nach Branchen und Regionen ergeben kann. Vom Strukturwandel besonders hart getroffene Branchen und Regionen werden beispielsweise geringere Löhne bieten als schnell expandierende Branchen und Regionen mit hohem zusätzlichem Personalbedarf. Deshalb muss eine produktivitätsorientierte (kostenniveauneutrale) Lohnpolitik Spielraum nach unten für sich verändernde relative Knappheiten auf einzelnen Märkten, d. h. für Änderungen der Lohnstruktur, lassen.

Da die künftigen Knappheitsbedingungen auf Teilmärkten für Produkte, Regionen und Qualifikationen nicht genau vorhersehbar sind und weil es schwierig ist, solche marktbedingten Veränderungen der Lohnstruktur in Tarifverträgen angemessen festzulegen, erscheint es sinnvoll, im Durchschnitt bei den Lohnabschlüssen eher etwas hinter der erwarteten allgemeinen Produktivitätsentwicklung zurückzubleiben, um damit Raum für die Lohndrift zu lassen. Dann wird der Wettbewerb dafür sorgen, dass die Löhne in Engpassbereichen stärker erhöht werden und dass sich die Lohnstruktur den veränderten Knappheitsbedingungen anpasst. Da nie alle Feinheiten der Marktprozesse in Kollektivverträgen abgebildet werden können, liegt eine Lohnpolitik, die Raum für Differenzierungen lässt, vor allem im Interesse der Arbeitslosen und der Arbeitnehmer in Beschäftigungsverhältnissen, in denen die Arbeitnehmer schon bei geringen Fehlern der Lohnpolitik von Arbeitslosigkeit bedroht werden.

67. Bei einer produktivitätsorientierten bzw. kostenniveauneutralen Lohnpolitik wird davon ausgegangen, dass in der Basisperiode keine größeren Ungleichgewichte bestanden, dass also die Löhne auf den einzelnen Teilmärkten etwa marktgerecht waren und die jeweiligen Knappheiten richtig widerspiegelten, d. h. dass Vollbeschäftigung bestand. Ist in erheblichem Umfang Arbeitslosigkeit entstanden, darf die Lohnentwicklung nicht an der Produktivitätsentwicklung orientiert werden, wenn wieder Vollbeschäftigung erreicht werden soll. Man kann davon ausgehen, dass vor allem die weniger produktiven Arbeitskräfte arbeitslos sind, denn in einer Situation mit Arbeitslosigkeit besteht eine Lücke zwischen dem Lohn und der Produktivität. Die Löhne für die Arbeitslosen sind zu hoch, bzw. die Produktivität der Arbeitslosen ist zu gering. Das Ungleichgewicht kann grundsätzlich beseitigt werden, indem die Produktivität der Arbeitslosen gesteigert wird, ohne den Lohn anzuheben. Wenn diese Bemühungen aber nicht ausreichen, müssen die Löhne der geringen Produktivität angeglichen werden.

Dabei kommt es nicht auf die Produktivität in einzelnen Betrieben, sondern in der Arbeitsmarktregion an. So wurden in Ostdeutschland nach der Wiedervereinigung Löhne vereinbart, die mit Marktbedingungen nichts zu tun hatten. Trotz der weit über einem marktgerechten Niveau liegenden Löhne war die Forderung zu hören: „Die Unternehmen, die schon die gleiche Produktivität haben wie Unternehmen in Westdeutschland, sollten auch gleich hohe Löhne zahlen." Dies ist ökonomischer Unfug. Selbstverständlich kann jeder Unternehmer nach eigenem Ermessen höhere als die üblichen Löhne zahlen. Und er wird dies auch tun, wenn er gute Arbeitskräfte gewinnen möchte, die in der Region knapp sind. Aber die Arbeitskräfte waren nicht knapp, sondern in großer Zahl verfügbar.

Bei hoher Arbeitslosigkeit in einem Land oder einer Region brauchen die Unternehmen die Erwartung, mit ihren Investitionen Gewinne erwirtschaften zu können. Fallen die Gewinne aufgrund günstiger Löhne überdurchschnittlich hoch aus (Pionierrenten), besteht auch für andere Unternehmen ein großer Anreiz, dort zu investieren. Das ist der erwünschte und notwendige Steuerungseffekt der Löhne. Die List des marktwirtschaftlichen Systems besteht gerade darin, dass hohe Gewinnerwartungen Kapital anziehen und die Mehrnachfrage nach Arbeit zu knappheitsbedingten Lohnsteigerungen führt. Der umgekehrte Weg, zuerst die Löhne zu erhöhen, verhindert dagegen den Investitionswettbewerb und ein befriedigendes Beschäftigungsniveau.

68. Die Notwendigkeit, das Konzept der produktivitätsorientierten bzw. kostenniveauneutralen Lohnpolitik zu modifizieren, zeigt sich besonders deutlich im Falle wachsender Arbeitslosigkeit. In Phasen, in denen die Arbeitslosigkeit spürbar zunimmt, ergeben sich starke Produktivitätssteigerungen. Diese sind aber nicht nur auf höhere Leistungen pro Arbeitsstunde zurückzuführen. Ein erheblicher Teil beruht auf dem in Kapitel B erwähnten statistischen Effekt: Wenn die weniger produktiven Arbeitskräfte ausscheiden, ist die durchschnittliche Produktivität der verbleibenden Arbeitnehmer auch dann höher als die durchschnittliche Produktivität aller vorher Beschäftigten, selbst wenn die einzelnen verbleibenden Arbeitnehmer pro Stunde nicht mehr leisten. Würde die so ermittelte Produktivitätssteigerung zur Grundlage von Lohnerhöhungen gemacht, gäbe es kaum noch eine Chance, die etwas weniger produktiven Arbeitslosen wieder in den Arbeitsprozess einzugliedern. Sie blieben dauerhaft arbeitslos. Ex post würde man zwar feststellen, dass die Löhne nicht stärker gestiegen sind als die Produktivität. Aber das Produktivitätsniveau wird nur noch von einer geringeren Anzahl von Arbeitnehmern erreicht. Die Lohnsteigerung bewirkt insoweit keine Produktivitätssteigerung der einzelnen Arbeitnehmer, sondern sie macht zusätzliche Arbeitsplätze unwirtschaftlich.

Eine Ursache für eine trendmäßig zunehmende Arbeitslosigkeit kann also darin liegen, dass Lohnsteigerungen auch dann an der Produktivitätssteigerung orientiert werden, wenn diese zumindest teilweise auf statistischen Effekten ohne reale Basis beruhen. Genau genommen darf die Produktivität nur bei dem jeweils gleichen Personenkreis gemessen werden, also entweder bei allen Personen aus der Vorperiode (einschließlich der zusätzlichen Arbeitslosen) – das ergäbe wegen des vollständigen Arbeitsausfalls bei den zusätzlichen Arbeitslosen möglicherweise einen schwer interpretierbaren Rückgang der Produktivität – oder bei den in der laufenden Periode noch Beschäftigten. Dann würde zumindest für den jeweiligen Personenkreis der korrekte reale Produktivitätsfortschritt ausgewiesen.

Da beide Wege, die Produktivitätsentwicklung mit einer einheitlichen Bezugsbasis zu ermitteln, statistisch nicht gangbar sind, muss das Konzept der produktivitätsorientierten Lohnpolitik in Zeiten der Arbeitslosigkeit korrigiert werden. Der Sachverständigenrat zur Begutachtung der gesamtwirtschaftlichen Entwicklung berechnet eine bereinigte Entwicklung der Arbeitsproduktivität, d.h. die Produktivitätsentwicklung wird um den Einfluss der veränderten Beschäftigung bereinigt (SACHVERSTÄNDIGENRAT 2004).

Das ist ein umständliches Verfahren, und es erscheint zweckmäßiger, das Gesamtniveau der Arbeitslosigkeit zu betrachten und entsprechende Abschläge von der gemessenen Produktivitätsentwicklung vorzusehen; denn letztlich geht es weniger um eine beschäftigungsneutrale als um eine beschäftigungsstimulierende Lohnpolitik. Sich auf eine solche Korrektur zu verständigen, hat sich als sehr viel schwieriger erwiesen, als das Grundprinzip der produktivitätsorientierten Lohnpolitik zu akzeptieren. Schwierigkeiten bereitet nicht nur die Einigung auf einen Anpassungspfad bis wieder Vollbeschäftigung erreicht ist. Ein großes Problem sind schon die Interessengegensätze zwischen den Tarifparteien einerseits sowie zwischen Arbeitnehmern, die einen Arbeitsplatz haben, und Arbeitnehmern, die arbeitslos sind und einen Arbeitsplatz brauchen, andererseits. Beschäftigte drängen auf Lohnsteigerungen, Arbeitslose sind eher für Lohnzurückhaltung, damit die Chancen verbessert werden, einen Arbeitsplatz zu bekommen.

69. Bisher wurde die Tarifautonomie vor allem unter dem Aspekt gesehen und gerechtfertigt, dass sich zwei etwa gleich starke Parteien gegenüberstehen, die gegenläufige Interessen vertreten. Vereinfacht: Die Gewerkschaften wollen hohe Löhne, die Arbeitgeberverbände wollen niedrige Löhne. Dabei besteht die Erwartung, dass die Arbeitgeberverbände die Lohnforderungen der Gewerkschaften nur soweit erfüllen werden, dass die Unternehmen die Löhne noch tragen und die Beschäftigten halten können. Noch weitergehend wird erwartet, dass die Arbeitgeberverbände für vollbeschäftigungskonforme Löhne sorgen und notfalls kämpfen werden. Anders gewendet: Den Arbeitgeberverbänden kommt im Rahmen der Tarifautonomie die Rolle zu, parallel zu dem Eigeninteresse an niedrigen Löhnen die Vollbeschäftigung zu sichern oder wiederherzustellen. Diese Erwartungen werden immer weniger erfüllt, und es stellt sich die Frage, ob die Arbeitgeberseite ein hinreichendes Interesse an der Vollbeschäftigung hat und bereit ist, die ihr zugedachte Rolle tatsächlich zu übernehmen. Bisher wurde eine wesentliche Aufgabe der Gewerkschaften darin gesehen, die Arbeitnehmer vor Lohndrückerei zu schützen, aber wer schützt die Arbeitslosen vor zu hohen Löhnen, die sich für sie als Marktzutrittsbarriere erweisen?

So wie davon ausgegangen werden muss, dass die Gewerkschaften vorrangig die Lohninteressen der Beschäftigten vertreten, muss unterstellt werden, dass die Arbeitgeberverbände sich vor allem dafür einsetzen, dass die bestehenden Betriebe rentabel weiterarbeiten können. Daraus folgt, dass die Arbeitgeberseite im Wesentlichen dafür streitet, die Löhne nicht über ein Niveau hinausgehen zu lassen, bei dem die beschäftigten Arbeitnehmer von den Betrieben noch bezahlt und gehalten werden können, bei dem also die Rentabilität nicht gefährdet wird.

Das Eintreten der Arbeitgeber für die beschäftigten Arbeitnehmer ist allenfalls insoweit gesichert, als es um die Aufrechterhaltung der Produktion und den Erhalt bestehender Betriebe geht. Aber selbst dieses mittelbare Eintreten für die Beschäftigten und der damit verbundene Widerstand gegen zu hohe Lohnsteigerungen scheint in den letzten Jahren nachgelassen zu haben.

Ein Grund für den geringen Widerstand der Arbeitgeber gegen kräftige Lohnsteigerungen und für eine geringere Bereitschaft, sich auf teure Streiks einzulassen, könnte auch darin bestehen, dass die Ausweichmöglichkeiten erheblich größer geworden sind (vgl. Ziffer 43.). Falls die Lohnkostenbelastung zu groß wird, können inzwischen viele größere Unternehmen und auch schon eine ganze Reihe mittlerer Unternehmen sich diesem Kostendruck entziehen, indem sie die Produktion ganz oder teilweise auf schon bestehende Betriebe in anderen Ländern verlagern und indem sie Produktionskapazitäten nicht in Deutschland erneuern und ausbauen, sondern in Ländern mit vergleichsweise günstigen Produktionsbedingungen. Die zunehmende Flexibilität der Unternehmen und die internationale Mobilität des Kapitals sind Elemente der Globalisierung. Die nationalen Gewerkschaften verlieren nicht nur ihre Gegner in der Tarifauseinandersetzung, was es ihnen vordergründig leichter macht, ihre Forderungen durchzusetzen, sie verlieren auch einen Teil der Betriebe und der Kapitalausstattung, auf die ihre Mitglieder angewiesen sind. Richtet man den Blick noch einmal auf die Arbeitslosen, so wird unmittelbar klar, dass sich ihre Lage durch diese Entwicklung erheblich verschärft.

Wenn die hier angestellten Überlegungen in der Tendenz richtig sind, wenn also die Unternehmen immer weniger ihre Rolle wahrnehmen, die Arbeitsplätze in Deutschland zu sichern, und wenn die Interessen der Arbeitslosen weder von den Gewerkschaften noch von den Arbeitgebern hinreichend wahrgenommen werden, obwohl letztlich beide Seiten ein Interesse an einem Abbau der Arbeitslosigkeit haben – allein schon um die Abgabenlast zu verringern und die Steuern und Sozialbeiträge auf mehr Schultern zu verteilen –, dann muss über eine Verbesserung der institutionellen Regelungen nachgedacht werden, mit denen die Fehlentwicklung auf dem Arbeitsmarkt eingedämmt und rückgängig gemacht werden kann.

70. Man darf unterstellen, dass den Beschäftigten das Los der Arbeitslosen nicht gleichgültig ist, zumal es sich in vielen Fällen um Familienangehörige, Nachbarn und Bekannte handelt. Trotzdem fällt es selbst den Gewerkschaften schwer, sie für eine nachhaltige Lohnmäßigung zu gewinnen. Zu groß ist die Versuchung, durch Lohnerhöhungen einen Verteilungsvorteil anzustreben.

Für die Arbeitnehmer ist eine Dilemmasituation entstanden. Es wird immer schwieriger, sich einen Vorteil durch Lohnsteigerungen zu verschaffen. Denn sobald die Arbeitslosigkeit zunimmt, steigen die sozialen Kosten und verringert sich die Basis für Steuern und Sozialabgaben, so dass die Beitragssätze angehoben werden und die Lohnerhöhung wieder aufzehren. Während eine Lohnerhöhung aus der Sicht einzelner Gruppen vorteilhaft erscheint, wäre es gesamtwirtschaftlich – und letztlich auch für die einzelnen Gruppen – sinnvoller, durch moderate Lohnerhöhungen für mehr Beschäftigung zu sorgen und damit sowohl den Umverteilungsbedarf und die Abgabenlast zu verringern als auch die Leistungsfähigkeit der Sozialsysteme zu stabilisieren. Letztlich liegen die Interessen der Beschäftigten, der Arbeitslosen und der Unternehmen in der Frage der Lohnentwicklung gar nicht so weit auseinander. Das ist kein Zufall, denn bei dem Einsatz der großen Anzahl verfügbarer Arbeitnehmer, d. h. durch einen produktiven Einsatz sonst „brachliegender" Ressourcen, kann nicht nur die Beschäftigung, sondern auch das Sozialprodukt und damit das Verteilbare ausgeweitet werden. Nur wenn die Tarif- und Sozialpartner einen dieser Interessenkonvergenz entsprechenden Grundkonsens finden, besteht die Möglichkeit, durch eine angemessene Gestaltung der kollektiven Lohnverhandlungen die Beschäftigung zu erhöhen. Eine

Alternative wäre es, die individuellen Rechte der Arbeitnehmer zu stärken und den unmittelbaren Wettbewerb für Arbeitslose zu erleichtern.

71. Auch wenn man sich in der Lohnpolitik auf den Vorrang der Beschäftigung verständigte, lässt sich nicht leicht eine Regel für eine beschäftigungsstimulierende Lohnentwicklung formulieren. Mit Sicherheit würde eine Regel, nach der die Löhne erst wieder angehoben werden, wenn Vollbeschäftigung herrscht, sehr schnell wirtschaftliche Umstrukturierungs- und Expansionsprozesse in Gang setzen, die nach einigen Jahren zur Vollbeschäftigung führen.

Der Sachverständigenrat zur Begutachtung der gesamtwirtschaftlichen Entwicklung plädiert für einen Abschlag von der bereinigten Produktivitätsentwicklung „für mehrere Jahre" (SACHVERSTÄNDIGENRAT 1997/98, Ziffer 368) und für eine moderate Lohnpolitik, die „einen langen Atem" braucht. „Lohnzurückhaltung nur in einem Jahr oder auch in zwei Jahren [...] können die erforderliche Verlässlichkeit nicht herstellen." (SACHVERSTÄNDIGENRAT 2001/02, Ziffer 404) „Nur wenn der Abschlag nennenswert ist, können signifikante Beschäftigungseffekte erwartet werden." (SACHVERSTÄNDIGENRAT 2001/02, 400) Der Sachverständigenrat sagt aber nicht, um wie viel die Lohnentwicklung hinter der Produktivitätsentwicklung zurückbleiben sollte.

Über die Richtung der Lohnentwicklung im Vergleich zur Produktivitätsentwicklung gibt es einen breiten Konsens. Um die Unsicherheiten über die Höhe des Abschlags und die Bedingungen, unter denen ein Abschlag vorzusehen ist, zu verringern, wird hier vorgeschlagen, sich auf folgende Orientierungsregel für eine beschäftigungsstimulierende Lohnpolitik zu verständigen:

Die Löhne können entsprechend der Produktivitätssteigerung[1] abzüglich eines halben Prozentpunktes für jeweils zwei volle Prozentpunkte der Arbeitslosigkeit steigen. Untergrenze sind die bestehenden Löhne.

Mit diesem Vorschlag wird die beschäftigungsorientierte Lohnpolitik präzisiert. Der variable Abschlag von der kostenniveauneutralen Lohnsteigerung berücksichtigt die jeweilige Arbeitsmarktsituation. Die Höhe des Abschlags lässt sich nicht wissenschaftlich begründen. Das Abstellen auf zwei volle Punkte Arbeitslosigkeit hat zur Folge, dass kein Abschlag mehr erfolgt, wenn die Arbeitslosenquote unter zwei Prozent sinkt. Wenn von einer Orientierungsregel gesprochen wird, soll damit ausgedrückt werden, dass wie bisher in der konkreten Lohnverhandlung nach oben und unten von diesem Weg abgewichen werden kann, dass also Besonderheiten der Branchen, Regionen und Berufsgruppen beachtet werden können.

In der vorgeschlagenen Formel wird der bestehende Nominallohn als Untergrenze angesetzt. Das entspricht fast einer Reallohnsicherung, wenn die Preise in etwa stabil bleiben. Deshalb müssen alle Anstrengungen darauf gerichtet werden, Preisniveaustabilität als integralen Bestandteil der Sozialen Marktwirtschaft zu sichern. Hier wird

---

[1] Gemeint ist die um Änderungen der Arbeitgeberbeiträge zu den Sozialversicherungen bereinigte Produktivitätssteigerung (kostenniveauneutrale Produktivitätssteigerung).

deutlich, wie wichtig und notwendig eine nachhaltige Konsolidierung der Staatsfinanzen und eine realwirtschaftliche Konvergenz der Volkswirtschaften in der Europäischen Union sind. Sollte die Inflationsrate dennoch deutlich über zwei Prozent hinausgehen, wäre es angebracht, die Untergrenze zu modifizieren, um keine zu harten inflationsbedingten Reallohnminderungen entstehen zu lassen. Umgekehrt mag es in einzelnen Betrieben nicht möglich sein, das bestehende Lohnniveau zu halten. Um die Beschäftigung zu sichern, kann es dann sinnvoll sein, die Stundenlöhne zu verringern, z. B. durch unentgeltliche Mehrarbeit.

72. Entscheidend für die angestrebte positive Beschäftigungsentwicklung sind verlässliche langfristige Vereinbarungen über eine solche Regel. Das wird nicht leicht zu erreichen und durchzuhalten sein; denn wegen des langen Vorlaufs von Investitionen und strukturellen Umstellungen gibt es keine schnellen Beschäftigungserfolge. Es ist ein steiniger Weg, aber einer der wenigen erfolgversprechenden.

Der Hauptvorteil dieser Lohnformel liegt in der Erwartungsstabilisierung, in der Vorhersehbarkeit der Lohnanpassung über mehrere Jahre und zwar sowohl für die Arbeitgeber als auch für die Arbeitnehmer. Die Arbeitnehmer dürfen erwarten, dass mehr investiert wird und dass bestehende Arbeitsplätze gesichert sowie neue Arbeitsplätze geschaffen werden, wenn die Löhne entsprechend der Formel hinter der Produktivitätsentwicklung zurückbleiben. Die Erfahrung aus den achtziger Jahren und den ersten Jahren dieses Jahrzehnts zeigen, dass die Lohnzurückhaltung die Arbeitsplätze sicherer macht, dass die Arbeitnehmer Angebote und Wahlmöglichkeiten erhalten. In den erwähnten Perioden sind drei bzw. 1,5 Millionen zusätzliche Arbeitsplätze entstanden.

Die Unternehmen erhielten eine wesentlich größere Planungssicherheit, wenn es gelänge, sich auf eine Anpassungsformel zu verständigen. In einer Phase der Lohnzurückhaltung müssen die Unternehmen nach den bisherigen Erfahrungen damit rechnen, dass diese Zurückhaltung schon bald wieder aufgegeben wird. Sie brauchen aber für ihre Investitionen die Sicherheit, dass der Lohnabschlag bzw. Lohnkostenvorteil für längere Zeit erhalten bleibt und nicht schon nach ein bis zwei Jahren – also möglicherweise noch bevor die Investitionen abgeschlossen sind – wieder entfällt oder sogar noch für zurückliegende Jahre kompensiert werden muss. Wegen der bestehenden Unsicherheit unterbleiben Entscheidungen zugunsten von Investitionen und Arbeitsplätzen.

Das Abbauen dieses Risikos durch eine verlässliche Neuorientierung im Sinne der vorgeschlagenen Orientierungsregel ist kein Nullsummenspiel, bei dem eine Seite nur auf Kosten der anderen gewinnen kann, sondern würde beiden Seiten helfen. Die Investitionen würden schneller auf eine moderate Lohnpolitik reagieren.

Der mit der neuen Formel verbundene Vorteil dürfte allerdings auch deshalb nur allmählich zum Tragen kommen, weil erst nach einiger Zeit erkennbar wird, ob die neue Regel akzeptiert und eingehalten wird.

73. Das Ausmaß der Lohnanpassung, bis ein mit Vollbeschäftigung zu vereinbarendes Beschäftigungsniveau erreicht wird, ist nur schwer zu schätzen. Es sind Schre-

ckensvisionen entstanden, wonach die Löhne unter Marktbedingungen ins Bodenlose fallen und die Arbeitnehmer verarmen könnten, wenn die Löhne freigegeben würden. Diese Furcht ist überzogen, hat aber einen ernstzunehmenden Kern.

Trotz aller überzeugenden Argumente dafür, dass in Deutschland ein hohes Lohnniveau gehalten werden kann, muss eingeräumt werden, dass kurzfristig übertriebene und unnötige Lohnausschläge nach unten eintreten können, wenn abrupt auf am Markt erzielbare Löhne übergegangen würde. Der Ausschlag der Löhne würde zu groß ausfallen, wenn durch freie Lohnfindung versucht würde, kurzfristig markträumende Löhne zu erreichen. Zumindest in bestimmten Branchen und Regionen bestehen derart starke Ungleichgewichte am Arbeitsmarkt, dass die auf kurze Sicht von einem Teil der Arbeitnehmer erzielbaren Marktlöhne bei dem sehr engen Angebot von Arbeitsplätzen stark nach unten tendieren und weit unter die mittelfristigen Gleichgewichtslöhne sinken würden. Während die Schaffung neuer Arbeitsplätze durch Investitionen in Niedriglohngebieten ebenso wie die Abwanderung von Arbeitslosen aus diesen Regionen erst mit einer gewissen zeitlichen Verzögerung stattfinden würden, könnten Arbeitslose in einzelnen Regionen einen überzogenen Lohnsenkungswettbewerb auslösen. Die „Kosten" einer solchen radikalen Vollbeschäftigungspolitik erschienen zu hoch.

Mit der vorgeschlagenen Lohnformel werden dagegen Lohneinschnitte vermieden. Die notwendige Lohnanpassung wird auf mehrere Jahre verteilt. Parallel dazu verringert der zu erwartende Produktivitätsfortschritt den Anpassungsbedarf von Jahr zu Jahr. Die vorgeschlagene Orientierungsregel für eine beschäftigungsstimulierende Lohnfindung würde Arbeitnehmern die Gewissheit geben, dass, abgesehen von Sonderfällen (etwa Öffnungsklauseln für gefährdete Unternehmen), der aktuelle Nominallohn auch in schwierigen Zeiten nicht unterschritten werden muss.

74. Die hier vorgeschlagene Lohnformel könnte die Grundlage für einen allgemeinen Konsens sein, generell Marktlöhne anzustreben und die Beschäftigungschancen nachhaltig zu verbessern. Wenn dies nicht gelingt, entsteht ein ernster gesellschaftlicher Konflikt zwischen Arbeitslosen und Arbeitsplatzbesitzern sowie zwischen verschiedenen gesellschaftlichen Gruppen, deren Ansprüche nicht mehr erfüllt werden können, wenn ein erheblicher Teil des Arbeitskräftepotenzials nicht genutzt wird.

IV. Größere Flexibilität der Löhne

75. Neben dem Bedarf an Lohndifferenzierung nach Regionen, nach Sektoren, nach Qualifikationen und nach besonderen Bedingungen in einzelnen Unternehmen gibt es einen Bedarf an Lohnflexibilität. Bei der Lohndifferenzierung geht es vorrangig um eine Feinabstimmung der Lohnstruktur. Bei der Lohnflexibilität steht das Reagieren auf unerwartete Änderungen und auf unterschiedliche Ansprüche an die zeitliche Struktur im Vordergrund. In beiden Fällen muss im Rahmen von Tarifverträgen ein ausreichender Spielraum vorhanden sein, sei es durch niedrig angesetzte Mindestlöhne, die Raum lassen für eine Lohndrift, sei es durch Tariföffnungsklauseln. Mit flexiblen Löhnen können Beschäftigungsschwankungen leichter vermieden oder zumindest verringert und Vergütungen vom Betriebsergebnis abhängig gemacht werden. Fällt beispielsweise die tatsächliche Zunahme der Produktivität größer oder geringer aus als zum Zeitpunkt der Lohnverhandlungen erwartet, kann darauf bei flexiblen Löhnen reagiert werden. Der Schwerpunkt dürfte aber im Reagieren auf unvorhergesehene betriebsspezifische Entwicklungen und auf besondere Umstände und Wünsche der einzelnen Arbeitnehmer liegen.

76. Im Zuge des Strukturwandels und der konjunkturellen Schwankungen gibt es immer Unternehmen, die schrumpfen und in Schwierigkeiten geraten. In der rezessiven Phase eines Konjunkturzyklus können sich in der Breite Überkapazitäts- und Rentabilitätsprobleme in Unternehmen ergeben. In der Regel sind solche strukturellen und konjunkturellen Entwicklungen mit der Entlassung von Arbeitnehmern verbunden. Eine Ursache für Entlassungen sind häufig nach unten starre Löhne. Wenn in solchen Fällen der Abbau von freiwilligen Leistungen der Unternehmen nicht ausreicht, die Kosten spürbar zu senken, müssen Mitarbeiter entlassen werden.

Die Frage ist, ob nicht eine größere Kontinuität der Beschäftigung erreicht werden könnte, wenn die Löhne flexibler wären. So könnte der Lohn in einen festen und in einen variablen ertragsabhängigen Teil aufgeteilt werden, z.B. 80 Prozent fest und 20 Prozent variabel. Der variable Teil würde in einem normalen Geschäftsjahr (Basisjahr) 20 Prozent des Gesamtlohns ausmachen; er würde in ertragsschwächeren Jahren verringert werden, in Verlustjahren wegfallen und in ertragsstarken Jahren bis zu einem Drittel des Gesamtlohns steigen. Statt eines festen Lohns von 100 ergäbe sich eine Spanne zwischen 80 und 120. Weil die Arbeitnehmer an den Risiken und Chancen beteiligt werden, das unternehmerische Risiko also stärker verteilt wird, dürften die Unternehmen tendenziell bereit sein, den variablen Lohn etwas günstiger zu gestalten als es dem rechnerischen Äquivalent zum Festlohn entspräche.

Der variable Lohnbestandteil könnte ganz oder teilweise genutzt werden, eine Altersversorgung aufzubauen. Damit bliebe der für den laufenden Konsum verfügbare Teil des Lohnes weitgehend konstant, während die Beiträge zur Altersversorgung zwar über den Konjunkturzyklus schwankten, aber keineswegs geringer als sonst sein müssten. Leider ist dies mit der im Jahre 2002 eingeführten, staatlich geförderten kapitalgedeckten Altersvorsorge nicht vereinbar, weil die Förderung grundsätzlich auf gleichbleibende jährliche Einzahlungen bezogen wird.

Ertragsabhängige Lohnbestandteile setzen voraus, dass die Arbeitnehmer Informationen über die Ertragsentwicklung erhalten und dass ein Vertrauensverhältnis zwischen der Unternehmensführung und den Arbeitnehmern besteht. Da die Unternehmen mit ihren Gesamtleistungen zugunsten der Arbeitnehmer im Wettbewerb mit anderen Unternehmen stehen und die Arbeitnehmer ihre Gesamtvergütung mit der Entlohnung auf anderen Arbeitsplätzen vergleichen können, bietet der Markt eine gute Hilfestellung, um für Arbeitgeber und Arbeitnehmer eines Unternehmens befriedigende Lösungen zu finden.

IV. Größere Flexibilität der Löhne

77. Für die Bewältigung des Strukturwandels wären flexiblere Löhne eine große Hilfe. Da es kaum möglich sein dürfte, Lohnspannen für strukturelle Änderungen in flächendeckenden Tarifverträgen ausreichend zu bemessen, muss durch Öffnungsklauseln, variable Lohnkomponenten usw. mehr Spielraum für flexible Lösungen geschaffen werden. Im Falle des Strukturwandels würden einige Unternehmen an die Untergrenze des Lohnspielraums gehen, während andere Unternehmen erheblich höhere Löhne zahlen. Im Gegensatz zur Konjunkturschwankung mit weitgehend parallelen Lohnschwankungen ist für einen Strukturwandel eine stärkere Differenzierung der Löhne zwischen schrumpfenden und wachsenden Unternehmen erforderlich.

Wenn es möglich wäre, die Entwicklungsunterschiede zwischen Unternehmen stärker in den Löhnen auszudrücken, hätte dies eine Reihe von Vorteilen für den Arbeitsmarkt. Bei starren Löhnen werden stagnierende und schrumpfende Unternehmen häufig gezwungen, über die normale Fluktuation hinaus Personal zu entlassen: „Unter Anpassungsdruck geratene Unternehmen müssen infolge der gegen die Marktveränderungen hochgehaltenen und wachsenden Lohnkosten mehr Arbeitnehmer entlassen, als dies bei flexiblen Lohnkosten der Fall wäre." (KNAPPE/FUNKE 1993, S. 32). Dabei werden sie versuchen, vorrangig ältere und wenig produktive Arbeitnehmer zu entlassen, also Arbeitnehmer, die es besonders schwer haben, wieder einen Arbeitsplatz zu finden.

Wären die Löhne flexibler, würden diese Unternehmen ihre Arbeitskosten zuerst dadurch verringern, dass sie geringere Löhne zahlten. Dadurch entsteht vor allem für junge mobile Arbeitnehmer ein Anreiz, sich um einen Arbeitsplatz in besser florierenden Betrieben zu bemühen. Solche freiwilligen Arbeitsplatzwechsel sind im Gegensatz zu Entlassungen kaum mit sozialen und psychischen Problemen verbunden. Die Arbeitsplatzwechsler sorgen auch dafür, dass die Lohndifferenzen nicht zu groß werden. Für schrumpfende Unternehmen gibt es mehr Chancen, sich mit einem verringerten Stamm älterer Arbeitnehmer bei verringerten Löhnen noch eine Zeit lang am Markt zu halten. Bei flexiblen Löhnen ist die durch den Strukturwandel ausgelöste Arbeitslosigkeit eher kurz und friktioneller Art, während in einer Situation mit nach unten starren Löhnen ein erheblicher Teil der ausscheidenden Arbeitnehmer in die Langzeitarbeitslosigkeit geht (vgl. KNAPPE/FUNKE 1993, S. 33).

78. Mehr Flexibilität, mehr Freiheit für den einzelnen Arbeitnehmer und bessere Chancen für Arbeitslose, in den Wettbewerb um einen Arbeitsplatz einzutreten, sind vor allem beim Eintritt in ein Unternehmen und in Einarbeitungsphasen erforderlich. Obwohl es etwas Bewegung in den tariflichen Vereinbarungen gibt, bleiben die Chancen der Arbeitsuchenden zu stark eingeengt. Das Verwehren weitgehend frei zu vereinbarender Einstiegsbedingungen verhindert das Entstehen von Beschäftigungsverhältnissen. Es ist nicht Aufgabe der Bundesagentur für Arbeit, Eingliederungshilfen zu gewähren.

Es gibt viele Gründe, weshalb ein Arbeitnehmer nicht vom ersten Tag an voll eingesetzt werden kann oder weshalb der Arbeitgeber feststellen möchte, wie und wo ein neuer Mitarbeiter in einem Betrieb einsetzbar ist. Männer oder Frauen, die nach einer längeren Familienphase wieder eine Berufstätigkeit ausüben möchten, ältere Arbeitnehmer, die den Arbeitsplatz wechseln, Arbeitslose, die in einen anderen Beruf gehen möchten oder längere Zeit in ihrem erlernten Beruf nicht gearbeitet haben, Ausländer, die sich auf neue Bedingungen einstellen müssen usw., mögen es vorziehen, sich innerhalb eines Betriebes auf neue Aufgaben vorzubereiten und sich in ungewohnte Tätigkeiten einzuarbeiten, statt verschiedene Vorbereitungs- und Umschulungsmaßnahmen zu durchlaufen, ohne zu wissen, ob sie überhaupt einen Arbeitsplatz bekommen und welche spezifischen Anforderungen dort an sie gestellt werden. Eine etwas geringere Bezahlung in der Einarbeitungsphase ist auch eine wichtige psychologische Hilfe, solange die Einweisung und Unterstützung durch andere Mitarbeiter stark in Anspruch genommen werden muss.

Es ist keine soziale Wohltat, besondere, frei ausgehandelte Einstiegsbedingungen zu verwehren. Gutgemeinte Schutzregelungen und Mindestlöhne führen dazu, dass weniger Arbeitsplätze angeboten werden, so dass die Alternative nicht heißt: Arbeitsplatz mit schlechteren Einstiegsbedingungen, sondern überhaupt kein Arbeitsplatz. Außerdem ist keineswegs davon auszugehen, dass jeder, der sich um einen Einstieg bemüht, als sozial schwach anzusehen ist, so dass auch staatliche Sozialmaßnahmen nicht pauschal an den Einstiegsbedingungen anknüpfen sollten.

79. Neben den Barlohn kann ein Investivlohn treten, der sowohl fest vereinbart als auch variabel gestaltet werden kann. Gerade um die Flexibilität der Unternehmen zu vergrößern, um beispielsweise jungen Unternehmen den Kapitalaufbau zu erleichtern und die Mitarbeiter am Erfolg zu beteiligen, sollte Raum geschaffen werden für eine variable Investivlohnkomponente. Dafür müsste der Tariflohn entsprechend verringert und ergänzt werden können. In der variablen Version würde der Investivlohn zur Sicherheit der Beschäftigung beitragen können.

Für den Arbeitnehmer liegen die Vorteile variabler und fester Investivlöhne außerdem darin, dass er Vermögen bildet, an den Gewinnen des Unternehmens oder – bei einer Streuung der Beteiligungen – mehrerer Unternehmen beteiligt ist und nach Maßgabe der Beteiligung Mitspracherechte im Unternehmen erhält. Für die Unternehmen besteht der Anreiz darin, dass weniger Liquidität aus dem Unternehmen herausgeht und eine engere Beziehung der Mitarbeiter zum Unternehmen entsteht.

Der Einwand, dass zu dem Arbeitsplatzrisiko ein Vermögensrisiko hinzukomme, ist ernst zu nehmen. Jeder, der Vermögen erwirbt, wird sich mit der Frage befassen müssen, in welcher Form das Vermögen gehalten werden soll, um einerseits hohe Erträge zu erzielen, andererseits aber die Risiken des Vermögensverlustes zu begrenzen. Je nach der Höhe und Streuung der sonstigen Vermögensanlagen wird ein Arbeitnehmer, der einen Teil seines Lohnes als Beteiligungskapital erhält, sich ausschließlich am Unternehmen beteiligen, in dem er beschäftigt ist, oder auf eine breitere Streuung Wert legen. Wenn enge Grenzen für die Art der Vermögensanlage gezogen werden, beispielsweise auf das beschäftigende Unternehmen und einige Fonds begrenzt, besteht die Gefahr, dass die Mittel zu stark konzentriert und dadurch zu einer riskanten Anlage werden.

80. Was ist von der staatlichen Förderung des Beteiligungssparens zu halten? Investivlöhne können ein sinnvolles und wichtiges Element der Lohngestaltung sein. Es gibt aber keinen Grund, das Beteiligungssparen zu fördern. Im Gegenteil: Eine Förderung ist aus Gründen der Gleichbehandlung der Bürger abzulehnen.

Sobald der investive Teil des Lohnes staatlich gefördert wird, entsteht ein Anreiz, den Investivlohn auf jeden Fall zu zahlen, damit die Förderung nicht verloren geht. Die Förderung bewirkt eine Vereinbarung, den Investivlohn in Höhe des förderfähigen Höchstbetrags festzulegen, und unterläuft damit das Anliegen, eine flexible Lohnkomponente zu schaffen. Die Förderung beeinträchtigt eine sinnvolle Gestaltung der Entgelte.

In der Begründung des Entwurfs des Fünften Vermögensbeteiligungsgesetzes vom 3. März 1998 (BT-Drucksache 13/10012) heißt es: „Individuelles Eigentum ist eine wesentliche Grundlage persönlicher Freiheit und Vorsorge und damit eine tragende Säule unserer Sozialen Marktwirtschaft". Eine Förderung der privaten Eigentumsbildung läuft aber darauf hinaus, einen Teil der Bürger über Zwangsabgaben zu enteignen, damit andere, nämlich die Geförderten, Eigentum bilden können.

Eigentumsbildung durch Enteignung lässt sich auch nicht mit sozialen Gründen rechtfertigen. Für die Förderung werden zwar Einkommensgrenzen gezogen (vgl. Kasten), aber sie ist nicht klar auf wirtschaftlich schwache Personen ausgerichtet. Arbeitslose sind von vornherein ausgeschlossen, geringverdienende Selbständige ebenfalls. Außerdem wird nicht geprüft, wie viel Vermögen die Geförderten bereits haben. Verteilungs- und anreizpolitisch ärgerlich sind außerdem die abrupten Kappungsgrenzen. Die Gewerkschaften haben sich nicht zuletzt deshalb vorsichtig geäußert, weil sie wissen, dass ein Teil der Arbeitnehmer die Förderung nicht in Anspruch nehmen kann, nämlich Arbeitnehmer, die das gesamte Einkommen für andere Zwecke brauchen, z. B. wenn sie eine Familie gegründet, ein Haus gebaut oder ein Auto gekauft haben. Dennoch tragen auch diese Haushalte über Steuerzahlungen zur Finanzierung bei.

Wegen der geringen Höchstgrenzen für die förderungsfähigen Beträge hat die Förderung kaum Sparanreize. Wer ohnehin spart, nimmt die Förderung gerne mit. Wer bisher eine andere Sparform nutzte, wird vielleicht umschichten, wenn der Renditenachteil durch die Förderung kompensiert wird. Durch das eigenartige Nebeneinander von geförderten und nicht geförderten Sparformen wird der Sparprozess weniger effizient und der Bürger, dem man mehr Freiheit geben wollte, gegängelt und bevormundet.

Die beschäftigungspolitischen Wirkungen der Förderung dürften eher negativ sein. Um die Mittel aufzubringen, muss die Abgabenlast erhöht werden. Da auch die Selbständigen zur Finanzierung herangezogen werden, steht die Maßnahme im Widerspruch zur Existenzgründungs- und Mittelstandspolitik. Hier wird die Eigenkapitalbildung erschwert. Der Mangel an Unternehmen wird tendenziell vergrößert.

Um die Förderung des Beteiligungssparens mehrheitsfähig zu machen, musste eine Insolvenzsicherung für Mitarbeiterbeteiligungen akzeptiert werden. Das verzerrt die Anlageentscheidung zugunsten des eigenen Unternehmens noch stärker. Aber der Versuch, das Risiko auf die Unternehmen abzuwälzen, wird diese veranlassen, die Kosten durch geringere Lohnzahlungen zu kompensieren oder sich auf Beteiligungen nicht einzulassen. Betroffen von der Lohnsenkung sind auch Arbeitnehmer, die keine Anteile erwerben. Die Insolvenzsicherung konterkariert die Förderidee und zerstört möglicherweise eine für die Bindung an das Unternehmen und für die Motivation der Arbeitnehmer vorteilhafte Beteiligung am eigenen Unternehmen. Es ist eine Illusion zu glauben, die Unternehmen würden mit den Kosten des Risikos belastet werden können. Allerdings werden auf diesem Umweg nicht nur die geförderten, sondern auch nicht geförderte Arbeitnehmer an den Kosten beteiligt.

Eckpunkte des Fünften Vermögensbildungsgesetzes

– Einkommensgrenzen für die Förderung: zu versteuerndes Einkommen von 17.900 Euro p. a. für Alleinstehende und 35.800 Euro p. a. für Verheiratete
– Für Beteiligungen bis zu 408 Euro wird eine Sparzulage von 18 Prozent gezahlt.
– Die Förderzuwendungen sind weder steuer- noch sozialabgabenpflichtig.
– Mitarbeiterbeteiligungen sind für den Fall der Zahlungsunfähigkeit des Arbeitgebers abzusichern.

Inzwischen plant die Große Koalition wieder einige Änderungen (Stand 8/2008).

---

81. Die Vorstellung, der Staat müsse die Vermögensbildung über Investivlohnmodelle fördern, zielt in die falsche Richtung. Es geht vielmehr darum, die gegenseitigen Vorteile dieser besonderen Form der Entlohnung zu nutzen. Um das zu erreichen, müssen die Unternehmen und Arbeitnehmer eine größere Freiheit erhalten, geeignete, für das jeweilige Unternehmen passende und auf die Wünsche der Arbeitnehmer zugeschnittene Modelle zu verwirklichen. Aufgabe der Tarifparteien ist es, sowohl ertragsabhängige Lohnbestandteile als auch Investivlöhne tarifrechtlich zuzulassen. Es ist weder erforderlich, dass der Gesetzgeber neue Regelungen trifft, noch dass der Steuerzahler bestimmte Formen der Entlohnung subventioniert.

Selbstverständlich hat der einzelne Arbeitnehmer schon heute die Möglichkeit, mit Teilen des Lohnes Anteile an dem Unternehmen zu erwerben, in dem er arbeitet, oder auf andere Weise Vermögen zu bilden. Auch die Unternehmen können das „Schüttaus-hol-zurück-Verfahren" nutzen, indem sie ihre Arbeitnehmer überzeugen, einen Teil des Lohnes für den Erwerb von Beteiligungen an diesem Unternehmen zu nutzen. Das ist ein effizientes Verfahren, bei dem die Arbeitnehmer frei bleiben, die aus ihrer Sicht beste Vermögensanlage zu wählen. Worum es geht, ist eine weitere Option für Arbeitnehmer und Arbeitgeber, mit der auf Wunsch Lohnbestandteile von vornherein gebunden, Liquiditätsabflüsse verringert und die Ertragslage berücksichtigt werden können. Dazu bedarf es keiner staatlichen Förderung.

V. Keine Quoten

82. Grundsätzlich sollten sich die Löhne am Markt bilden und so einpendeln können, dass sie die unterschiedlichen Fähigkeiten – genauer: die unterschiedlichen Werte des Grenzprodukts der Arbeit – widerspiegeln. Unter dieser Bedingung wird die Arbeitskraft effizient genutzt, d.h. die einzelnen Arbeitnehmer leisten den größten Beitrag zum Gesamtwohlstand. Aufgrund der tariflichen Bedingungen und staatlichen Regelungen haben sich für zwei Gruppen besondere Probleme ergeben: Die Behinderten haben es sehr schwer, einen Arbeitsplatz zu finden, und die Schulabgänger stehen in jedem Jahr erneut vor großen Schwierigkeiten, einen Ausbildungsplatz zu finden.

83. Körperliche und gesundheitliche Einschränkungen beeinträchtigen einzelne Menschen sehr unterschiedlich in ihrer Arbeitsleistung. Da das Tarifsystem nicht genug Spielraum vorsieht, um die Fähigkeit und die staatlichen Schutzrechte der Behinderten im Lohn zu berücksichtigen, sind die Beschäftigungschancen gering. Die für diese Gruppe zu hoch festgesetzten Tariflöhne haben in einem Marktsystem eine Unterbeschäftigung, einen Mangel an Arbeitsplätzen, zur Folge. Um die Beschäftigungsmöglichkeiten der Behinderten zu verbessern, hat der Staat im Jahre 1974 die Unternehmen mit mehr als 15 Beschäftigten verpflichtet, mindestens sechs Prozent der Arbeitsplätze mit Behinderten zu besetzen oder für jeden aus dieser Quote nicht besetzten Arbeitsplatz eine Abgabe zu zahlen. Seit dem Jahr 2004 gilt, dass Unternehmen mit mehr als 20 Beschäftigten mindestens fünf Prozent der Arbeitsplätze mit behinderten Arbeitnehmern besetzen müssen.

Eine Quotenregelung ist ein gravierender Eingriff in den Arbeitsmarkt. Deshalb ist nach den Wirkungen und nach Alternativen zu fragen, mit denen das Ziel besserer Beschäftigungschancen für Behinderte erreicht werden könnte.

84. Der härteste Eingriff ist eine Beschäftigungsquote ohne die Möglichkeit, sich durch eine Abgabe von der Beschäftigungspflicht zu befreien. Unternehmen, die weniger Behinderte beschäftigen, müssten mit Geldstrafen und Gefängnisstrafen rechnen, die so weit gehen könnten, dass das Unternehmen gefährdet würde. Die vom Gesetzgeber gewählte Lösung einer Quote mit einer ersatzweise zu zahlenden Abgabe unterscheidet sich von der reinen Quote nur graduell, denn die Abgabe als Sanktion für Unternehmen, die ihre Vorgabe nicht erfüllen, kann im Prinzip so hoch angesetzt werden, dass sie einer drakonischen Strafe gleichkommt.

Sinnvoll kann die Abgabe wenigstens teilweise als Steuerungsinstrument eingesetzt werden. Wird die Quote etwas höher angesetzt als im Fall der reinen Quote, weil man damit rechnet, dass einige Unternehmen die Quote nicht voll oder gar nicht erfüllen, sondern lieber die Abgabe zahlen, kann das gleiche Ergebnis – die gleiche Anzahl der Beschäftigten – mit geringeren Kosten erreicht werden. Der Grund liegt darin, dass Unternehmen, für die es besonders teuer ist, die Quote zu erfüllen, von der Abgabe Gebrauch machen, während andere Unternehmen, bei denen keine so hohen Kosten anfallen, die (etwas höhere) Quote erfüllen. Die starre Aufteilung der Behinderten nach Quoten wird durch die Kombination mit einer Abgabe zumindest teilweise unter wirtschaftlichen Aspekten korrigiert. Praktisch umsetzbar, so dass die gleiche Anzahl von Behinderten beschäftigt wird, ist diese Regelung hingegen nur schwer. Es leuchtet aber ein, dass nicht alle Betriebe in gleicher Weise geeignet sind, Behinderte zu beschäftigen.

Es gibt sowohl staatliche Einrichtungen wie den Bundesgrenzschutz, die Feuerwehr oder die Bereitschaftspolizei, als auch private Unternehmen, z. B. Baufirmen, Transportfirmen, Stahlwerke, Schiffswerften usw., in denen es besonders schwer ist, behinderte Arbeitnehmer zu beschäftigen. Bei einem der Produktivität angemessenen Lohn für Behinderte würde sich die Verteilung auf geeignete Unternehmen und staatliche Einrichtungen über den Markt ergeben. Der Anteil der Behinderten in den einzelnen Betrieben und Behörden wäre sehr unterschiedlich, weil sie dort eingesetzt würden, wo ihre Fähigkeiten am besten genutzt werden können.

Das Ergebnis der geltenden Regelung – Quote plus Abgabe für nicht besetzte Plätze – weicht von der wirtschaftlich und sozial sinnvollen Verteilung auf die Betriebe um so stärker ab, je höher die Abgabe festgesetzt wird. Warum die Quoten-plus-Abgabe-Regelung suboptimal ist, wird in Abbildung 3 dargestellt. In dem dort beispielhaft gewählten Fall entscheidet sich das Unternehmen dafür, zwar mehr Behinderte zu beschäftigen als bei Abwesenheit von staatlichen Regelungen, aber auch weniger als der Quote entsprechen würde.

Ohne Quoten- und Abgaberegelung würde bei dem gegebenen Tariflohn die Anzahl H an Behinderten nachgefragt. Müsste die Quote erfüllt und die Anzahl der Beschäftigten auf K erhöht werden, entstände ein wirtschaftlicher Verlust im Umfang des Dreiecks FCA, da mit jedem Beschäftigten über die Anzahl H hinaus ein Verlust entsteht. Für das Unternehmen stellt sich die Frage, ob der Verlust FCA verringert werden kann, wenn die Quote nicht voll erfüllt und dafür eine Abgabe gezahlt würde. Für den letzten Beschäftigten im Punkt K entsteht ein Verlust in Höhe von AC. Würde dieser Arbeitnehmer nicht beschäftigt, müsste die Abgabe AB gezahlt werden, d. h. der Verlust verringerte sich um BC. Für alle Beschäftigten zwischen K und I ist der Verlust im Falle der Beschäftigung größer als der Verlust durch die Abgabe. In diesem Bereich wird das Unternehmen es vorziehen, die Abgabe zu zahlen. Dadurch verringert sich der Verlust um das Dreieck ECB. Würde das Unternehmen die Beschäftigung weiter reduzieren, also auf weniger als I Behinderte, wäre der Verlust durch die Abgabe höher als der Verlust, der daraus resultiert, dass die Produktivität der Behinderten geringer ist als der zu zahlende Lohn.

Unter den hier beispielhaft gewählten Bedingungen ist es wirtschaftlich sinnvoll, die Anzahl der beschäftigten Behinderten gegenüber der Situation ohne staatliche Regelung zu erhöhen, nämlich von H auf I, um den Verlust zu minimieren. Die Quote von fünf Prozent wird aber nicht erreicht. In anderen Unternehmen mögen die Beschäftigungsmöglichkeiten für Behinderte günstiger sein. In diesen Unternehmen würde die Quote erfüllt.

Abbildung 3: Einfluss einer Quote mit Abgabenregelung auf die Beschäftigung von Behinderten

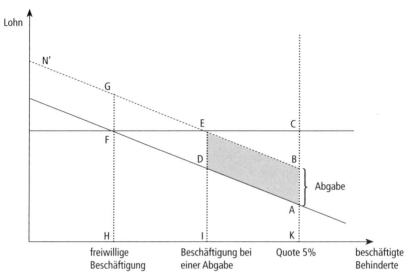

N: Nachfrage nach Behinderten
N': Nachfrage nach Behinderten bei einer Kombination von Quoten und Abgaben
 gezahlte Abgaben

Gegenüber der reinen Quotenregelung könnten die gesamtwirtschaftlichen Verluste durch die Abgabenregelung zwar verringert werden, aber es ist noch nicht gesichert, dass sich die Behinderten so auf die Unternehmen verteilen, dass die Wertschöpfung maximiert oder die Kosten minimiert werden. Der Grund liegt darin, dass die Unternehmen sich an unterschiedlichen Löhnen bzw. Arbeitskosten orientieren. Für einen Teil der Unternehmen wird die Regelung gar nicht wirksam, weil sie die Quote auch ohne einen staatlichen Eingriff erfüllen würden. Die Anzahl der freiwillig Beschäftigten H liegt in solchen Unternehmen höher als die sich aus der Quote ergebende Anzahl K. Es bleibt bei dem bisherigen Lohn und den bisherigen Arbeitskosten. Andere Unternehmen – wie in Abbildung 3 – sehen sich steigenden Lohnkosten gegenüber, bevor die Quote erreicht ist, nämlich ab dem Punkt H. Sie müssen nicht nur den üblichen Lohn zahlen, sondern zusätzliche Verluste bis zur Höhe der festgesetzten Abgabe hinnehmen.

Das wirtschaftliche Ergebnis ließe sich verbessern, wenn die Quoten handelbar gestaltet würden. Nachdem aber schon die Abgabenregelung als unsolidarisches „Freikaufen" gebrandmarkt wird, dürfte der Handel mit Quoten politisch keine Chance haben.

85. Jede wirksame Quotenregelung erhöht zwar die Anzahl der Beschäftigten, für die eine Quote festgesetzt wird, sie bürdet aber den Unternehmen zusätzliche Kosten auf. Darauf reagieren die Unternehmen in unterschiedlicher Weise. Eine unerwartete Reaktion auf die Regelung zugunsten der Behinderten im Jahre 1974 bestand in einem kräftigen Anstieg der Anzahl der als schwerbehindert eingestuften Arbeitnehmer in Deutschland. Die Frage, ob nicht bei einzelnen Mitarbeitern eine Schwerbehinderung vorliege und bescheinigt werden könne, hatte an Bedeutung gewonnen.

Der Versuch, die Kosten für soziale Aufgaben auf die Unternehmen abzuwälzen, verringert insgesamt die Beschäftigung, denn die Quote ist an die Gesamtzahl der Beschäftigten geknüpft und wirkt sich als generelle Steigerung der Lohnkosten aus. Die Unternehmen werden darauf wie auf anderen Formen steigender Lohnkosten antworten, indem sie sich nach anderen Standorten umsehen, an denen keine entsprechenden Auflagen (Kosten) bestehen, indem sie Arbeit durch Kapital substituieren, die Produktion einschränken oder andere Umgehungsmöglichkeiten suchen.

Die wirtschaftlich und letztlich auch menschlich günstigste Lösung wäre es, vom Tariflohn abzugehen. Dann könnten die Behinderten entsprechend ihren Fähigkeiten in den für sie am besten geeigneten Betrieben arbeiten. Ein Teil der Behinderten wird eine solche Beschäftigung nicht aufnehmen. Das kann diesen Menschen überlassen bleiben, wenn sie hinreichende andere Einkünfte haben und die Gesellschaft nicht in Anspruch nehmen. Schwieriger zu beantworten ist die Frage, was in den Fällen getan werden soll, in denen der am Markt erzielbare Lohn niedriger ist als das soziale Mindestsicherungsniveau. Man könnte an eine Lohnsubvention denken, aber das Einkommensproblem stellt sich für die einzelnen Behinderten in sehr unterschiedlicher Weise. Letztlich kann die erforderliche staatliche Hilfe nur in einem dafür vorgesehenen Verfahren, wie es die Sozialhilfe und das Arbeitslosengeld II darstellen, angemessen festgesetzt werden. Das bedeutet, arbeitsfähige Behinderte sollten wie andere arbeitsfähige Personen das für sie mögliche Einkommen erwirtschaften und ergänzendes Arbeitslosengeld II erhalten, wenn das Einkommen für den Lebensunterhalt nicht ausreicht. Die allgemeinen Regeln wären in gleicher Weise auf arbeitsfähige Behinderte anzuwenden, die keine Erwerbstätigkeit aufnehmen.

VI. Mehr Arbeitszeitsouveränität

86. Eine Möglichkeit, das eigene Einkommen aufzubessern, besteht darin, länger zu arbeiten. Das Einkommen wird ganz wesentlich von der Anzahl der gearbeiteten Stunden bestimmt. Ein Teil der Arbeitnehmer könnte es vorziehen, beispielsweise 44 Stunden in der Woche statt 39 Stunden zu arbeiten. Diese Option besteht für den Arbeitnehmer aber nur, wenn er nicht von vornherein aufgrund tarifvertraglich vorgegebener Wochenarbeitszeiten daran gehindert wird, einen entsprechenden Arbeitsvertrag einzugehen.

Ein indirekter Effekt wird häufig vergessen: Je mehr Menschen – auch zu niedrigen Löhnen – in normalen Beschäftigungsverhältnissen arbeiten, umso breiter ist die Basis für Steuern und Sozialabgaben und umso geringer sind die Sozialaufwendungen. Dadurch kann der Anstieg der Beitragssätze und Steuersätze verringert oder sogar die gesamte Abgabenlast gesenkt werden. Den Arbeitnehmern verbleibt ein größerer Teil ihres Einkommens.

87. Auseinandersetzungen um die 35-Stunden-Woche, um Teilzeitbeschäftigung, um Ausgleichsregelungen für Überstunden und um Steuervergünstigungen für Sonn-, Feiertags- und Nachtarbeit sind aus der Sicht der freiberuflich und selbständig Tätigen nur schwer zu verstehen. Warum dürfen erwachsene Menschen ihre Arbeitszeit nicht völlig frei mit ihren Arbeitgebern vereinbaren? Warum darf ein junger leistungsfähiger Arbeitnehmer nicht 50 oder 60 Stunden arbeiten, wenn er eine Familie gegründet, ein Haus gebaut hat oder Ersparnisse für die Ausbildung der Kinder aufbauen will? Warum muss die tarifliche Jahresarbeitszeit in Deutschland auf gut 1.600 Stunden begrenzt werden, während in Japan gut 2.000 und in den USA 1.920 Stunden pro Jahr gearbeitet wird? Warum kann der Übergang ins Pensionsalter nicht flexibel individuell bestimmt werden? Warum wird Teilzeitarbeit in der Regel nur als Aufteilung einer Vollzeitstelle in zwei Teilzeitstellen praktiziert? Warum wird die steuerliche Belastung nach Tageszeiten und Wochentagen differenziert?

88. Die Arbeitszeitdiskussion ist unter dem Eindruck der Arbeitslosigkeit von der Vorstellung bestimmt worden, Arbeit sei knapp und müsse umverteilt werden. Die Gewerkschaften haben – zum Teil ohne Rücksicht auf große Teile der Mitgliedschaft – die Wochenarbeitszeiten verkürzt und das Arbeitsangebot verknappt. Sie haben – unterstützt von der Politik – die unzutreffende Vorstellung genährt, dadurch könnten Arbeitsmarktprobleme gelöst werden. Mit der Behauptung, durch Arbeitszeitverkürzung würden Arbeitsplätze geschaffen, haben die Gewerkschaften zwar dazu beigetragen, Arbeit umzuverteilen, aber dem Anliegen nicht Rechnung getragen, dass viele Menschen mehr arbeiten und höhere Einkommen erzielen wollen. Durch Umverteilung von Arbeit wird aber nicht mehr produziert und werden keine höheren Einkommen erwirtschaftet. In der Regel wird bei dieser Gelegenheit die Arbeit verteuert, und es gehen per Saldo Arbeitsplätze verloren.

Auch die Politiker haben in der Verknappung des Arbeitsangebots einen Weg gesehen, die Arbeitslosigkeit zu verringern.

89. Mehr Arbeitszeitsouveränität heißt aus der Sicht des einzelnen Arbeitnehmers mehr Möglichkeiten, die Dauer der Tages- Wochen-, Jahres- und Lebensarbeitszeit selbst zu bestimmen. Viele Arbeitnehmer möchten aber nicht nur die Anzahl der Arbeitsstunden, sondern auch deren Verteilung über den Tag, die Woche und über längere Zeiträume bestimmen. Es besteht ein zunehmender Bedarf, die eigene Arbeitszeit mit der Familiensituation, mit anderen Tätigkeiten und mit Anschaffungswünschen abzustimmen, Freizeitblöcke zu bilden, Ausbildungs- und Fortbildungsphasen einzuschieben, im Rentenalter noch zeitweise zu arbeiten oder einfach einige Stunden länger zu arbeiten, um nicht auf öffentliche Hilfen angewiesen zu sein. In diese privaten Entscheidungen hat der Staat sich nicht einzumischen, auch nicht wenn, einzelne Arbeitnehmer wie viele Selbständige zeitweise 50 oder 60 Stunden pro Woche arbeiten wollen.

Die vielfältigen und unterschiedlichen Wünsche der Arbeitnehmer müssen mit den betrieblichen Bedingungen in Einklang gebracht werden, also mit der Auftragssituation, mit Schichtzeiten, mit den von Kunden und Geschäftspartnern gewünschten Ansprechzeiten usw. Aus Effizienzgründen mag deshalb eine gewisse Standardisierung von Arbeitszeiten zweckmäßig sein.

90. Für die Unternehmen besteht der Vorteil flexibel gestaltbarer Arbeitszeiten darin, Kosten zu senken, Aufträge zügig zu bearbeiten, Dienstleistungen zu verbessern sowie die Arbeitszeiten und Betriebszeiten zu entkoppeln. Sie können flexibel auf Kundenwünsche reagieren, eine Rund-um-die-Uhr-Betreuung sicherstellen, die Arbeitskräfte dann einsetzen, wenn es viel zu tun gibt, und die Gebäude und Anlagen besser auslasten.

Die Arbeitszeitwünsche der Arbeitgeber und Arbeitnehmer werden nicht immer deckungsgleich sein, obwohl Erfahrungen mit differenzierten Arbeitszeitmodellen erkennen lassen, dass bereits die Arbeitszeitwünsche der Arbeitnehmer einen breiten Zeitraum abdecken und große Indifferenzspannen haben. Der Abstimmungsprozess zwischen Arbeitnehmern und Arbeitgebern kann schließlich durch Zuschläge und Abschläge vom Standardlohn erleichtert werden, z. B. für Arbeitszeiten auf Abruf, für bestimmte Tages-, Wochen- und Jahreszeiten, für Ferienzeiten und bestimmte Feiertage. In dieser Welt der freiwilligen und marktmäßigen Abstimmung haben starre Überstundenregelungen, feste Differenzierungen nach Nacht- oder Feiertagsschichten und auf Arbeitszeitverkürzung zielende gesetzliche Wochenarbeitszeiten keinen Platz mehr. Aus der Abstimmung von Angebot und Nachfrage können sich durchaus differenzierte Löhne für verschiedene Arbeitszeiten ergeben.

91. Gesamtwirtschaftlich ist die Flexibilisierung der Arbeitszeiten im Sinne der Selbstbestimmung von Arbeitnehmern und Arbeitgebern positiv zu beurteilen. Zusätzliche Optionen für die Wahl der Dauer und der zeitlichen Verteilung der Arbeitszeit erhöhen die Wohlfahrt der Arbeitnehmer, weil sie die Arbeitszeit besser mit ihren übrigen Aktivitäten vereinbaren können. Die Unternehmen können die Arbeit produktiver nutzen und dadurch Kosten senken. Das verbessert die Möglichkeiten, zusätzliche Arbeitskräfte einzustellen und vergleichsweise hohe Löhne zu zahlen.

Das Ergebnis bezüglich der durchschnittlichen Arbeitszeiten der Arbeitnehmer ist offen. Es wird Arbeitnehmer geben, die eine größere Arbeitszeitflexibilität dazu nutzen werden, weniger zu arbeiten – sei es in bestimmten Lebensphasen, sei es auf Dauer. Sie müssten sich mit einer entsprechend geringeren Entlohnung zufrieden geben, soweit ihre Produktivität in der verbleibenden Zeit nicht erheblich gesteigert werden kann. Aber das ist eine freiwillige Entscheidung und kein Anlass für die Gesellschaft, einen Teil des Einkommensausfalls auszugleichen.

Ein Teil der Arbeitnehmer würde flexiblere, selbst zu bestimmende Arbeitszeiten dazu nutzen, mehr zu arbeiten, um ein höheres Einkommen für den laufenden Konsum zu erzielen, um nicht auf soziale Hilfen angewiesen zu sein, um die ergänzende Altersvorsorge zu verbessern usw. Vor allem Arbeitnehmer, die viel in ihre Ausbildung investiert haben, handeln völlig rational, wenn sie dieses Kapital nutzen und überdurchschnittlich lange arbeiten. Diese Verhaltensweise, nämlich mehr zu arbeiten, wird von vielen Seiten als unsolidarisch angesehen. Es wird befürchtet, dadurch würde anderen Menschen Arbeit weggenommen und der Eintritt in den Arbeitsmarkt für junge Menschen und Arbeitslose würde erschwert. Dahinter steht die Sorge, es gäbe nicht genug Arbeit, genauer: nicht genug Möglichkeiten, ein Einkommen zu erarbeiten. Diese Sorge ist unbegründet, denn gesamtwirtschaftlich gilt der einfache Zusammenhang: Wenn mehr gearbeitet wird und mehr Güter hergestellt werden, muss es der Gesellschaft insgesamt besser gehen. Je mehr Arbeitskräfte zusätzlich eingesetzt werden können, umso größer ist das Produktionspotenzial und umso stärker kann die Wohlfahrt der Menschen verbessert werden. Denn wenn zunächst einmal von der Entlohnung abgesehen wird, kann jeder Arbeitslose zusätzliche Güter und Dienstleistungen erstellen. Es entsteht zusätzliches Einkommen, das auf die Arbeitslosen und andere Mitglieder der Gesellschaft verteilt werden kann.

Die Wirkungen einer verlängerten (zulässigen) Arbeitszeit können anhand der vereinfachten Darstellung in Abbildung 4 veranschaulicht werden. Vor der Ausweitung der Arbeitszeit konnte ein Bruttolohn in Höhe von maximal F erzielt werden. Der entsprechende Nettolohn ist an dieser Grenze auf der dünn ausgezogenen Nettolohnkurve abzulesen. Wird die (zulässige) Arbeitszeit ausgeweitet, steigt der maximal erzielbare Bruttolohn von F auf G. Der Nettolohn steigt entsprechend dem gestrichelten Abschnitt der Nettolohnkurve. Das ist aber nur die erste Runde.

Aufgrund der gestiegenen Bruttolöhne verteilen sich die Steuern und Abgaben auf eine größere Bemessungsgrundlage, so dass die Steuer- und Beitragssätze gesenkt werden können. Wegen der verringerten Abgabensätze verbleibt ein höherer Nettolohn, d. h. die Nettolohnkurve dreht sich nach oben (stark durchgezogene Kurve in Abbildung 4). Dadurch wird auch das Arbeitslosengeld II entlastet, denn es wird möglich, bereits mit einem Bruttoeinkommen in Höhe von A statt bisher von B ohne öffentliche Hilfe auszukommen. Eine Verkürzung der gesetzlichen oder tariflichen Arbeitszeiten hat die umgekehrten Wirkungen.

92. Der Ansatzpunkt, Arbeitslosigkeit durch Arbeitszeitverkürzung und Umverteilung von Arbeit verringern zu wollen, ist falsch. Die Überlegung in einem Privathaushalt oder in einem Familienbetrieb, dass man mehr arbeiten muss, wenn zusätzliche Ansprüche gestellt werden, also wenn man eine bessere Wohnung wünscht, wenn man gerne Mittel für eine bessere Ausbildung oder eine Reise hätte usw., gilt auch in der Gesamtwirtschaft. Deshalb bleibt es im Zusammenhang mit der Arbeitszeitverkürzung bei der Regel, dass dies nur sinnvoll ist, wenn die betreffende Person sowohl die Arbeitszeitverkürzung freiwillig anstrebt, als auch die Folgen in Form eines geringeren Einkommens voll trägt, also nicht die Gesellschaft stärker in Anspruch nimmt.

Es ist schon eine hervorragende Situation in unserer Gesellschaft, dass die meisten Menschen mit einer Jahresarbeitszeit von etwa 1.350 Stunden, das sind 15,4 Prozent der jährlich verfügbaren Stunden (vgl. Institut für Arbeitsmarkt und Berufsforschung 06/2008), einen Lebensstandard erreichen, von dem Menschen in vielen anderen Ländern nur träumen können.

Abbildung 4: Wirkung einer Verlängerung der zulässigen Arbeitszeit

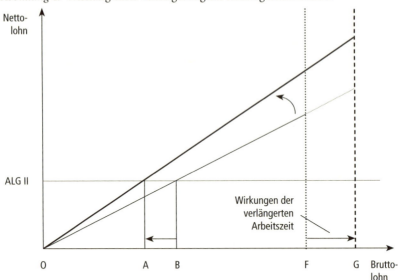

Ausgehend von dem erreichten Wohlstand und der hohen Produktivität kann es dem einzelnen Menschen überlassen werden, ob er weniger oder mehr arbeiten möchte. Wichtig ist, dass ein Umdenken stattfindet. Wer mehr arbeitet, gibt über das Steuersystem, mit oder ohne Progression, mehr an die Gesellschaft ab. In der Regel zahlt er auch höhere Beiträge in die Sozialversicherungen ein, ohne dafür in vollem Umfang zusätzliche Leistungen zu erhalten. Die Mehrarbeit des einzelnen Arbeitnehmers kommt zu einem erheblichen Teil der Gesellschaft zugute, also auch den übrigen Arbeitnehmern. Die Beschäftigungschancen werden dadurch nicht verringert, sondern verbessert, weil Steuer- und Beitragssätze gesenkt werden können. Deshalb muss die Politik sich konsequenter am Abbau von Hindernissen für mehr Arbeit orientieren.

93. Tatsächlich versucht der Staat dagegen immer wieder Arbeitnehmer dazu zu bewegen, weniger zu arbeiten, mit massiven Anreizen und mit gesetzlichen Eingriffen. Besonders intensiv genutzt wurde bis zum Jahre 1996 die Vorruhestandsregelung, nach der Langzeitarbeitslose in den vorzeitigen Ruhestand gehen konnten, ohne einen Abschlag von der Rente hinnehmen zu müssen. In einer Antwort der Bundesregierung auf eine große Anfrage zur „Arbeitslosigkeit und Lage der Erwerbslosen in der Bundesrepublik Deutschland" heißt es: „Die Vorruhestandsregelung ist eine wichtige arbeitsmarktpolitische Maßnahme im Rahmen der Gesamtpolitik der Bundesregierung zur Vermeidung und Verringerung der Arbeitslosigkeit." (BT-Drucksache 10/6441 vom 12.11.1986)

Die Arbeitnehmer machten – zum Teil auf Druck und mit finanzieller Aufbesserung durch die Arbeitgeber – regen Gebrauch von dieser Regelung. Zuletzt nutzten mehr als

100.000 Arbeitnehmer pro Jahr den Übergang in den Vorruhestand. Die Belastungen der Arbeitslosenversicherung und der Rentenversicherung stiegen sprunghaft an. Der Rentenversicherung drohte eine Finanzierungskrise. Der Bundesarbeitsminister beklagte sich, dass die Unternehmen ihre Personalprobleme auf Kosten der Sozialkassen lösten, dass sie also das von ihm angebotene Instrumentarium ausgiebig nutzten.

Die Belastungen für die Gesellschaft nahmen zu, insbesondere der Beitragssatz der gesetzlichen Rentenversicherung musste kräftig angehoben werden. Eine Entlastung auf dem Arbeitsmarkt wurde nicht sichtbar. Das war aufgrund der Überwälzung eines Großteils der Kosten auf Dritte auch nicht zu erwarten. Die Regelung wurde im Jahre 1996 aber nicht aus Einsicht in die Erfolglosigkeit bzw. Negativwirkung eingestellt, sondern weil ein Desaster in der Rentenversicherung drohte.

94. Leider haben die Politiker und die Gewerkschaften die falschen Lehren aus dem Vorruhestandsfiasko gezogen. Sie blieben dabei, dass der Staat die Lebensarbeitszeit mit finanziellen Anreizen verkürzen und dass ein Ersatzinstrument gefunden werden müsse, ohne die Rentenversicherung mit den Kosten der Förderung zu belasten.

Mit dem „Gesetz zur Förderung eines gleitenden Übergangs in den Ruhestand" (vgl. Kasten) unternahm der Gesetzgeber im Jahr 1996 einen neuen Versuch, Arbeitnehmer aus dem Markt heraus zu kaufen, um die Anzahl der registrierten Arbeitslosen zu verringern. In diesem Fall wird formal die Bundesagentur für Arbeit belastet. Wegen der Defizithaftung des Bundes bei der Bundesagentur für Arbeit landen die Kosten unmittelbar beim Finanzminister und damit beim Steuerzahler.

An dem Altersteilzeit-Modell wird ein Grundproblem aller Arbeitsumverteilungsmodelle besonders klar erkennbar: Das Problem liegt nicht in der Umverteilung von Arbeit, sondern von Einkommen. Arbeit würden die meisten Arbeitnehmer gerne großzügig abgeben, wenn sie das Einkommen behalten könnten. Mit der Förderung wird genau dieser Weg beschritten, nämlich die Arbeitszeit ohne nennenswerte Einkommenseinbußen zu reduzieren.

In den Tarifverträgen sind die Leistungen zugunsten der älteren Arbeitnehmer weiter aufgestockt worden: Der Arbeitgeber muss das Entgelt von 70 auf mindestens 85 Prozent des Vollzeitnettoentgelts und die Beiträge zur Rentenversicherung auf bis zu 100 Prozent erhöhen. Dafür werden allerdings die Sonderzahlungen in der Arbeitsphase halbiert und für die Freistellungsphase gestrichen. Soweit zu den konkreten Regelungen eines Arbeitszeitverkürzungsmodells, das gerade ausläuft. Die Gewerkschaften streiten zurzeit für eine Fortsetzung.

Das Hauptziel, die Arbeitslosigkeit zu verringern, kann über eine solche geförderte Arbeitszeitverkürzung mit Sicherheit nicht erreicht werden. Die Steuerzahler werden durch Zuschüsse an die Teilnehmer erheblich belastet. Die Finanzierung der Renten-, Kranken- und Pflegeversicherung wird erschwert. Es gehen weitere Arbeitsplätze verloren, so dass es nicht dabei bleibt, Arbeit umzuverteilen. Vielmehr werden Arbeits- und Einkommenschancen vernichtet. Selbst die unmittelbare Umverteilung ist nicht gesichert, weil nie zweifelsfrei festgestellt werden kann, ob die eingestellten Arbeitnehmer nicht auch ohne Förderung eingestellt worden wären (Mitnahmeeffekte).

> **Altersteilzeit**
> *Gesetz zur Förderung eines gleitenden Übergangs in den Ruhestand vom 23.07.96*
> *(Aufhebung geplant zum 31. 12. 2009)*
>
> Die Arbeitnehmer können nach Vollendung des 55. Lebensjahres auf Teilzeit übergehen. Sie erhalten dafür:
> – 50 Prozent des bisherigen Vollzeitnettoarbeitsentgelts vom Arbeitgeber zuzüglich
> – 20 Prozent des bisherigen Vollzeitnettoarbeitsentgelts als Lohnzuschuss von der Bundesagentur für Arbeit
> – eine Aufstockung der Rentenbeiträge auf 90 Prozent des ursprünglichen Vollzeitbruttoentgelts durch die Bundesagentur für Arbeit.
> – Leistungsansprüche gegenüber der gesetzlichen Kranken- und Pflege- sowie der Arbeitslosenversicherung bleiben unabhängig von der tatsächlichen Beitragszahlung unverändert.
> – Der Zeitraum für die Altersteilzeit beträgt maximal sechs Jahre.
> – Die Zuschüsse der Bundesagentur für Arbeit werden nur gezahlt, wenn ein Arbeitsloser oder ein Auszubildender für die frei gewordene Arbeitszeit eingestellt wird. Die verbleibende Alterszeit des älteren Arbeitnehmers muss auf die Hälfte der bisherigen Arbeitszeit vermindert werden.
> – Voraussetzung für eine Förderung ist eine tarifvertragliche Regelung; nicht tarifgebundene Unternehmen und Arbeitnehmer sind von der Bezuschussung ausgeschlossen.
>
> Zwei Modelle zur Ausgestaltung der Altersteilzeit stehen zur Auswahl:
> – Verminderte Arbeitszeiten (Stunden pro Tag, Wochentage)
> – Blockmodell: drei Jahre Vollzeitarbeit und dann 3 Jahre Freistellung

Die Förderung der Altersteilzeit ist ein Musterbeispiel für arbeitsmarktpolitischen Interventionismus, bei dem zweifelhafte Ziele angestrebt und die Kosten der Rück- und Nebenwirkungen vernachlässigt werden – eine typische Subvention.

95. Das im Arbeitsförderungsgesetz vorhandene Instrument der Kurzarbeit ist dafür gedacht, vorübergehende Beschäftigungsprobleme zu überbrücken, ohne dass Arbeitnehmer entlassen werden. Hier geht es um eine Stabilisierung von Beschäftigungsverhältnissen. Es ist aber keine hinreichende Lösung im Sinne eigenverantwortlicher Flexibilisierung der Arbeitszeiten entsprechend der Auftragslage. Erstens wird dabei an der starren Entlohnung pro Stunde festgehalten. Zweitens wird die Kurzarbeit von Dritten – nämlich über die Bundesagentur für Arbeit – subventioniert. Drittens wird es gerade im Zusammenhang mit flexiblen Arbeitszeiten immer schwieriger, Kurzarbeit zu definieren, weil es keine eindeutig bestimmte Normalarbeitszeit mehr gibt. Von dem Instrument der Kurzarbeit wird seit dem Jahre 1993 nur noch wenig Gebrauch gemacht, da die Unternehmen seit dieser Zeit die Beiträge zu den Sozialsystemen in vollem Umfang weiterzahlen müssen. Die geförderte Kurzarbeit ist von rund einer Million Arbeitnehmer im Jahre 1993 auf nur noch 40.646 im Jahre 2007 zurückgegangen.

96. Der Staat sollte alle Maßnahmen einstellen, mit denen eine Verkürzung der Arbeitszeiten gefördert wird. Es gibt keinen Grund, in die Entscheidung der Arbeitneh-

mer über ihre Arbeitszeiten einzugreifen. Das vermeintliche gesellschaftliche Interesse an einer Umverteilung von Arbeit ist nicht begründbar, weil damit nicht an die Ursachen der Arbeitslosigkeit herangegangen wird und weil die jeweiligen Maßnahmen aufgrund des Förderaufwands, der Verzerrungen durch Interventionen und der subventionierten Vergeudung der wertvollen Arbeitsleistung älterer Arbeitnehmer ein gesamtwirtschaftlich kontraproduktiver Ansatz verfolgt wird. Für den einzelnen Arbeitnehmer werden zwar Optionen geboten, die er freiwillig oder unter moralischem Druck nutzen kann, aber sie gehen alle in Richtung einer geförderten Arbeitszeitverkürzung – sprich Arbeitszeitverschwendung – und belasten die übrigen Arbeitnehmer. Die hier aufgestellte Forderung, mehr Arbeitszeitflexibilität zu ermöglichen und unverzerrte freie Entscheidungen über kürzere oder längere Arbeitszeiten treffen zu können, wird mit den erwähnten staatlichen Maßnahmen eher unterlaufen als unterstützt.

97. In den Tarifverträgen ist der Spielraum für flexible Arbeitszeiten in den letzten Jahren spürbar ausgeweitet worden. Von der Idee einer zwischen Arbeitnehmer und Arbeitgeber frei zu vereinbarenden Arbeitszeit sind aber die Tarifverträge noch weit entfernt. Auch bei den Gewerkschaften dominiert noch die Vorstellung, grundsätzlich müssten die Arbeitszeiten weiter verkürzt werden.

Wie auch immer die Tarifparteien die tariflichen Arbeitszeitregelungen weiterentwickeln möchten, sie können sich ebenso wie die nicht tarifgebundenen Arbeitnehmer und Arbeitgeber nur in dem gegebenen rechtlichen und institutionellen Rahmen bewegen. Dieser Rahmen lässt aber keine wirkliche Arbeitszeitsouveränität der Arbeitnehmer und Arbeitgeber zu. Deshalb ist genauer nachzufragen, ob es achtbare Gründe der Gesellschaft gibt, die freie Entscheidung über Arbeitszeiten einzuschränken und welche Folgen es hätte, wenn Arbeitszeitreglementierungen aufgehoben würden.

98. Mit dem Arbeitszeitgesetz wird die Arbeitszeit von Arbeitnehmern grundsätzlich auf acht Stunden pro Werktag begrenzt (vgl. Kasten). Abweichungen von dieser Regel sind eng begrenzt und innerhalb vorgegebener Zeiträume auszugleichen. Sicher gibt es Bedarf, Mindestbedingungen für den Kinder- und Jugendschutz, für den Gesundheitsschutz und für die Arbeitssicherheit festzulegen. Tatsächlich wird aber der Gesundheitsschutz offensichtlich als Vorwand genutzt, die Arbeitszeitentscheidung erheblich einzuengen – wieder mit der Vorstellung, der Staat müsse die Arbeitszeit einschränken. Der Missbrauch des Begriffs „Gesundheitsschutz" ergibt sich schon daraus, dass einzelne Gruppen von Arbeitnehmern im Gesetz von diesem „Schutz" ausgenommen werden und dass es eine entsprechende Regelung für die Selbständigen nicht gibt. Im Interesse der Arbeitnehmer wäre es dringend notwendig, das Arbeitszeitgesetz tatsächlich auf unverzichtbare Mindestanforderungen des Jugend-, Gesundheits- und Sicherheitsschutzes zu begrenzen. Die Arbeitnehmer sind ebenso wie die Selbständigen in der Lage, ihre Freizeitpräferenzen gegen den Wunsch nach höheren Einkommen abzuwägen. Sie brauchen keine Bevormundung durch den Staat.

> **Das Arbeitszeitgesetz (ArbZG) vom 6. Juni 1994 (BGBl. I 1994, 11790, 1171)**
>
> Zweck des Gesetzes:
> - Gesundheitsschutz und Sicherheit der Arbeitnehmer
> - Verbesserung der Rahmenbedingungen für die flexible Arbeitszeitgestaltung
> - Schutz der Sonn- und gesetzlichen Feiertage als Tage der Arbeitsruhe und der seelischen Erhebung der Arbeitnehmer
>
> Wichtigste Bestimmungen:
> - Die werktägliche Arbeitszeit der Arbeitnehmer darf acht Stunden nicht überschreiten. Sie kann auf bis zu zehn Stunden verlängert werden, wenn innerhalb von sechs Kalendermonaten oder innerhalb von 24 Wochen im Durchschnitt acht Stunden werktäglich nicht überschritten werden.
> - Länger als sechs Stunden hintereinander dürfen Arbeitnehmer nicht ohne Ruhepausen beschäftigt werden.
> - Nach Beendigung der täglichen Arbeitszeit muss eine ununterbrochene Ruhezeit von mindestens elf Stunden eingeräumt werden.
> - Arbeitnehmer dürfen an Sonn- und Feiertagen von 0 bis 24 Uhr nicht beschäftigt werden. Ausnahmen werden u. a für Not- und Rettungsdienste, Krankenhäuser, Verkehrsbetriebe und Gaststätten sowie Kulturbetriebe eingeräumt. Aber auch hier müssen mindestens 15 Sonntage im Jahr beschäftigungsfrei bleiben. Werden Arbeitnehmer an einem Sonntag beschäftigt, müssen sie einen Ersatzruhetag haben, der innerhalb von zwei Wochen zu gewähren ist.
> - Ordnungswidrigkeiten im Sinne des ArbZG werden nach Straf- und Bußgeldbestimmungen geahndet.
>
> Eine flexible Handhabung der Arbeitszeiten ist erlaubt, wenn
> - dies aufgrund eines Tarifvertrages oder einer Betriebsvereinbarung zugelassen wird. Erlaubt ist eine Verlängerung auf 10 Stunden täglicher Arbeitszeit, wenn diese auf maximal 60 Tage beschränkt wird,
> - aufgrund eines Tarifvertrages die Anzahl beschäftigungsfreier Sonntage reduziert wird,
> - in Schichtbetrieben die Stundenzahl auf bis zu 12 Stunden an Sonn- und Feiertagen verlängert wird, aber gleichzeitig zusätzliche freie Schichten an Sonn- und Feiertagen eingeräumt werden,
> - dem Arbeitgeber andere Vorkehrungen bei Forschung und Lehre, bei unaufschiebbaren Vor- und Abschlussarbeiten sowie bei unaufschiebbaren Arbeiten zur Behandlung, Pflege und Betreuung von Personen oder Tieren nicht zugemutet werden können.

99. Gefordert ist der Staat dagegen beim Abbau der vielfältigen institutionellen Hemmnisse, die einer flexibleren Gestaltung der Arbeitszeit entgegenstehen. Im Arbeits- und Sozialrecht gibt es eine Vielzahl von Schwellenwerten für die Anzahl der Beschäftigten, deren Überschreiten den Unternehmen zusätzliche Pflichten auferlegt bzw. den Arbeitnehmern zusätzliche Rechte einräumt. So kann ab fünf Beschäftigten ein Betriebsrat gebildet werden. Ab 21 Beschäftigten steigt die Anzahl der Betriebsratsmitglieder auf drei, ab 51 Beschäftigten auf fünf und ab 101 Beschäftigten auf sieben Personen. Weitere Schwellenwerte gibt es für die Einrichtung getrennter Toilettenräume für Männer und Frauen (ab sechs Personen), eines Pausenraumes (ab elf Personen) und eines Sanitätsraumes bei besonderen Unfallgefahren (ab 101 Personen). Ab

21 Personen muss ein Sicherheitsbeauftragter eingesetzt werden, und bei Betriebsänderungen ist ein Sozialplan aufzustellen. Die Schwellenwerte werden ohne Rücksicht auf die individuelle Arbeitszeit festgelegt, d. h. sie begünstigen Betriebe, deren Arbeitnehmer besonders lange arbeiten, und sie erschweren das Einstellen von Arbeitskräften mit geringen Stundenzahlen. Sie können auch einer stärkeren Flexibilisierung der Arbeitszeiten im Wege stehen, z. B. wenn die Jahresarbeitszeit auf neun oder zehn Monate konzentriert wird, wenn ein Arbeitnehmer ein halbes Jahr aussetzt usw. Deshalb ist es notwendig, die schematischen Regelungen mit größeren Toleranzen zu versehen oder es dem Unternehmen und dem Betriebsrat zu überlassen, betriebsspezifische Lösungen zu finden.

100. Widerstände gegen eine Flexibilisierung der Arbeitszeiten kommt von den Verfechtern der Versorgungs- und Versicherungssysteme, die nicht auf einem klaren Äquivalenzprinzip, sondern auf Solidarprinzipien beruhen, die an der Arbeitszeit anknüpfen. Aus Gründen der Erhaltung der Solidarsysteme treten sie für mehr beitragspflichtige Arbeitszeiten ein. Im öffentlichen Dienst war die vorwiegend für die Kindererziehung eingeräumte Teilzeitarbeit bis zum Jahre 1994 auf 15 Jahre begrenzt. Ältere Beamte können erst ab dem 50. Lebensjahr in eine Teilzeitbeschäftigung gehen. Diese Starrheiten ergeben sich nicht nur aus dem Denken in Vollzeitarbeitsplätzen, sondern haben einen realen Hintergrund in den Leistungen, die der Staat bzw. die Kommune für den einzelnen Bediensteten unabhängig von der Arbeitszeit erbringt. So wird die Beihilfe im Krankheitsfall in unverändertem Umfang geleistet, wenn Beamte ihre Arbeitszeit verkürzen. Außerdem werden bei der Beamtenpension Jahre mit verkürzter Arbeitszeit voll angerechnet. Unter diesen Bedingungen kann der Staat den Beamten keine große Arbeitszeitflexibilität einräumen.

101. Die gleichen Probleme treten in massiver Form in den Sozialversicherungen auf. Die gesetzliche Krankenversicherung und die Pflegeversicherung sind in der bestehenden Form nicht mit flexiblen Arbeitszeiten vereinbar. Unabhängig von den tatsächlich gezahlten Beiträgen bleibt der Umfang der Versicherungsleistungen innerhalb der Beitragsbemessungsgrenzen, also zwischen der Geringfügigkeitsgrenze von z. Zt. 400 Euro monatlich bis zur oberen Beitragsbemessungsgrenze von z. Zt. 3.600 Euro monatlich unverändert. Diese Regelung übt einen Anreiz aus, die Arbeitszeiten so zu gestalten, dass möglichst geringe Beiträge gezahlt werden. Wer freiwillig weniger arbeitet, zahlt weniger Beiträge, ohne Leistungseinschränkungen für sich und seine Familie hinnehmen zu müssen. Das gilt auch, wenn ein Teil der Arbeitszeit von einer abhängigen auf eine selbständige und damit beitragsfreie Tätigkeit verlagert wird.

In der gesetzlichen Rentenversicherung bewirkt eine Veränderung der Arbeitszeit zwar eine gleichgerichtete Veränderung des Beitrags und der zu erwartenden Rente. Da aber vielfach davon auszugehen ist, dass für die zu zahlenden Beiträge keine angemessene Rente gezahlt wird, besteht auch hier ein Anreiz, sich ganz oder teilweise der Beitragspflicht zu entziehen (vgl. Kapitel G III).

Um wirklich eine freie, unbeeinflusste Bestimmung der Arbeitszeiten zu ermöglichen, muss in den Sozialversicherungen die Annahme aufgegeben werden, jeder Arbeitnehmer habe nur Einkünfte aus abhängiger Erwerbstätigkeit und arbeite ganztags bzw. habe eine Vollzeitarbeitsstelle. Es kommt zwangsläufig zu starken Verzerrungen von Leistungen und Gegenleistungen in den Sozialsystemen, wenn die volle Leistung aus der Krankenversicherung und aus der Pflegeversicherung in Anspruch genommen werden kann für eine geringe Anzahl an beitragspflichtigen Arbeitsstunden und ohne Rücksicht darauf, welche anderen Einkünfte eine Person hat. Schon aus diesen Gründen ist eine Äquivalenz zwischen Beitragszahlung und Versicherungsleistung anzustreben. Dann wird die Entscheidung über die Arbeitszeit nicht verzerrt. Dann ist es nicht möglich, Kosten für Versicherungsleistungen auf Dritte abzuwälzen. Der soziale Aspekt in den Umlagesystemen darf nicht zu einer zufälligen und willkürlichen Umverteilung zwischen den Versicherten führen. Der grundlegenden Frage, ob der soziale Aspekt im Krankenversicherungssystem sinnvollerweise zu berücksichtigen ist, wird im Kapitel G V nachgegangen.

102. Bei einer Beschränkung der Arbeitszeit ergeben sich Schwierigkeiten an der Schwelle zum Sozialsystem, wenn das bei der maximal erlaubten Arbeitszeit zu erzielende Nettoeinkommen nicht höher oder sogar geringer ist als das Arbeitslosengeld II. Nach dem sogenannten Abstandsgebot soll das Arbeitslosengeld II einen angemessenen Abstand zum Arbeitseinkommen nach Abzug von Steuern halten. Nicht nur aufgrund der vergleichsweise hohen Gesamtleistung beim Arbeitslosengeld II, sondern auch wegen der über viele Jahre verkürzten Arbeitszeiten ergibt sich zunehmend das Problem, dass das Arbeitslosengeld II das Nettoeinkommen in unteren Lohngruppen erreicht. Deshalb muss die Frage gestellt werden, warum Arbeitnehmer in unteren Lohngruppen nicht das Recht haben sollen, ihre Arbeitszeit auszuweiten und ihre Arbeitsmöglichkeiten voll auszuschöpfen, um nicht vom Arbeitslosengeld II abhängig zu werden.

Institutionelle Regelungen sollten einer längeren Erwerbstätigkeit nicht im Wege stehen oder sie auch nur erschweren. Es kommt vielmehr darauf an, das Arbeitsvolumen entsprechend den Wünschen der einzelnen Menschen auszuweiten und unfreiwillige Arbeitslosigkeit zu vermeiden.

VII. Kündigungsschutz aus der Sicht der Beschäftigten und der Arbeitsuchenden

103. Beim gesetzlichen Kündigungsschutz gibt es Parallelen zwischen dem Arbeitsmarkt und dem Wohnungsmarkt. Die Kündigungsschutzregeln begünstigen nicht die schwächsten Glieder der Gesellschaft, nämlich die Arbeitsuchenden und die Wohnungssuchenden, sondern sie erschweren deren Arbeits- und Wohnungssuche.

Die gängige Vorstellung, durch längere Kündigungsfristen oder den faktischen Ausschluss der Kündigung von Arbeitnehmern würde die Rechtsposition des vermeintlich schwächeren Vertragspartners zu Lasten des Arbeitgebers gestärkt, trifft nur in einem sehr eingeschränkten Sinne zu. Nur für Arbeitnehmer, die zum Zeitpunkt der Verschärfung von Kündigungsschutzrechten einen Arbeitsvertrag haben und diesen Arbeitsplatz behalten möchten, verbessert sich die Situation. Anders gewendet: Eine Begünstigung des Arbeitnehmers tritt nur ein, wenn der Arbeitgeber auf die Rechtsänderung nicht mehr reagieren kann, wenn es ihm nicht mehr möglich ist, die vertraglichen Bedingungen auf die veränderte Rechtslage einzustellen. Es handelt sich um einen nachträglichen Eingriff des Staates in bestehende Arbeitsverträge. Für alle übrigen Arbeitnehmer, also insbesondere für Arbeitsuchende, verschlechtert sich die Lage.

104. Ein gesetzlicher Kündigungsschutz erhöht die Risiken der Arbeitgeber.[2] Ein Teil des Beschäftigungsrisikos geht auf sie über. Sie müssen damit rechnen, dass sie einen Arbeitnehmer trotz fehlender Aufträge nicht entlassen können. Sie müssen den Lohn weiter zahlen, auch wenn sie keine Arbeit haben. Hinzu kommt ein Produktionsrisiko: Erweist sich ein Arbeitnehmer als wenig produktiv, unzuverlässig oder nicht teamfähig, ist es kaum möglich, sich von dem Arbeitnehmer zu trennen.

Die Arbeitgeber werden versuchen, die erwarteten Kosten aufgrund der höheren Risiken durch den gesetzlichen Kündigungsschutz auf die Arbeitnehmer abzuwälzen, indem sie einen Risikoabschlag vom Lohn vorsehen, also einen geringeren Lohn zahlen als im Fall ohne den gesetzlichen Kündigungsschutz. Die Nachfrage der Unternehmer nach Arbeitskräften verringert sich. Die Einstellungschancen der Arbeitslosen nehmen ab.

Nur in dem Grenzfall, in dem die Arbeitnehmer den Kündigungsschutz für so wertvoll hielten, dass sie bereit wären, die Risikoprämie voll zu tragen, bliebe die Beschäftigung unverändert. Die Lohnforderungen würden im gleichen Ausmaß sinken wie die gebotenen Löhne der Arbeitgeber. Damit ist aber nicht zu rechnen, denn dann hätten sich Arbeitgeber und Arbeitnehmer bereits freiwillig auf den höheren Kündigungsschutz verständigen können. Auf freiwilliger Basis würde es aufgrund der unterschiedlichen Präferenzen auf jeden Fall differenzierte Kündigungsfristen geben. Ein gesetzlicher Kündigungsschutz wird deshalb für viele Arbeitnehmer zu umfassend und damit zu teuer sein, weil der Arbeitgeber den vollen Risikoabschlag vornimmt. Letztlich wird eine große Anzahl von Arbeitnehmern durch einen gesetzlichen Kündigungsschutz schlechter gestellt, ohne die übrigen besser zu stellen; denn letztere würden den vorgegebenen Kündigungsschutz freiwillig vereinbaren. Insgesamt wird somit die Zahlungsbereitschaft der Arbeitnehmer – der akzeptierte Lohnabschlag – geringer sein als der von den Arbeitgebern festgesetzte Abschlag.

105. Die Wirkungen eines gesetzlichen Kündigungsschutzes lassen sich anhand einer Grafik veranschaulichen. In Abbildung 5 kennzeichnen die durchgezogenen Linien die Situation ohne gesetzlichen Kündigungsschutz mit dem Arbeitsangebot A_0, der Arbeitsnachfrage N_0 sowie der Beschäftigung B_0 und dem Lohn L_0. Mit der Einführung des gesetzlichen Kündigungsschutzes verringern die Arbeitgeber den gebotenen Lohn um die Risikoprämie, so dass sich die Nachfragekurve N_1 ergibt. Die Arbeitnehmer

---
[2] Vgl. zu den folgenden Ausführungen: DONGES, EEKHOFF, FRANZ, MÖSCHEL u. NEUMANN 2004, S. 26 ff.

sind zwar bereit, einen Lohnabschlag hinzunehmen und somit für den Kündigungsschutz zu zahlen, aber deutlich weniger als die Arbeitgeber fordern. Die Arbeitsangebotskurve verschiebt sich weniger als die Nachfragekurve, nämlich nur auf A_1. Da die Kosten des Zwangs-Kündigungsschutzes höher sind als die Zahlungsbereitschaft der Arbeitnehmer verringern sich langfristig die Beschäftigung von B_0 auf B_1 und der Lohn von L_0 auf L_1. Die Arbeitskosten der Arbeitnehmer sind aber um die Risikoprämie höher als der neue Lohn L_1 und auch noch höher als der vorherige Lohn L_0.

Abbildung 5: Wirkungen eines gesetzlichen Kündigungsschutzes

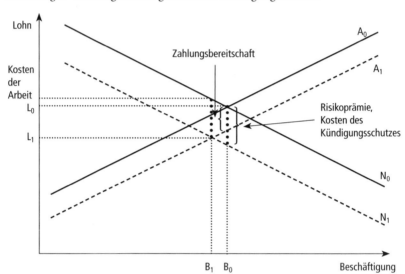

106. Die Arbeitgeber werden unmittelbar nach der Einführung eines gesetzlichen Kündigungsschutzes versuchen, die ungünstigere Rechtsposition zu kompensieren. Sie werden das erhöhte Risiko einer unfreiwilligen Weiterbeschäftigung von Arbeitnehmern dadurch ausgleichen, dass sie bei der Einstellung stärker selektieren, um Risiken zu vermeiden, d.h. sie werden zurückhaltender bei der Einstellung von Arbeitnehmern, bei denen sie Leistungsrisiken vermuten. Außerdem werden sie so lange weniger Arbeitsplätze anbieten, bis ein günstigeres Verhältnis zwischen Produktivität und Lohn erreicht wird, so dass ein Ausgleich für erhöhte Risiken aus einer unerwünschten Weiterbeschäftigung entsteht.

Die Arbeitgeber reagieren auf höhere Ausstiegshürden mit höheren Einstiegshürden. Dadurch wird die Verschiebung der Rechtspositionen zwischen Arbeitgebern und Arbeitnehmern zu einer Verschiebung der wirtschaftlichen Chancen zwischen Beschäftigten und Arbeitsuchenden. Die vermeintliche Stärkung der Rechte der Arbeitnehmer richtet sich gegen die schwächsten Arbeitnehmer, nämlich die Arbeitsuchenden und darunter insbesondere gegen diejenigen mit Risikofaktoren wie lange Arbeitslosigkeit, Wiedereinstieg nach einer Familienphase, letztes Drittel der Erwerbsphase usw.

Die Verbesserung des Kündigungsschutzes für Arbeitnehmer muss letztlich von den Arbeitnehmern voll bezahlt werden, entweder unmittelbar durch Lohnsenkungen bzw. verringerte Lohnsteigerungen oder durch ein verringertes Arbeitsplatzangebot und mehr Arbeitslosigkeit oder eine Mischung aus beidem. Auf mittlere Sicht, wenn jeder Arbeitnehmer durch einen Arbeitsplatzwechsel oder Berufseinstieg mit dieser Situation konfrontiert wurde, kann sich niemand der Belastung entziehen.

107. Da es wirtschaftlich nicht um eine stärkere Belastung der Arbeitgeber, sondern um eine Wahlmöglichkeit für Arbeitnehmer geht, sollten diese auch mehr Möglichkeiten haben, über Optionen zu entscheiden. Das würde bedeuten, dass ein Arbeitsloser das Recht haben sollte, einen Arbeitsvertrag mit kurzen Kündigungsfristen abzuschließen, um überhaupt einen Arbeitsplatz zu erhalten. Er verzichtet dadurch auf einen umfassenden Kündigungsschutz zugunsten eines Arbeitsplatzes. Außerdem müsste eine Option zwischen einem besseren Kündigungsschutz und einer besseren Bezahlung bestehen.

Der Konflikt zwischen Kündigungsschutz und Entlohnung entspannt sich in der Regel, nachdem ein Mitarbeiter einige Zeit in einem Betrieb ist. Man muss sich in Erinnerung rufen, dass Arbeitgeber auch aus wirtschaftlichen Gründen an guten Arbeitnehmern und an einer vertrauensvollen Zusammenarbeit interessiert sind. Dazu gehören freiwillige Verabredungen über einen Kündigungsschutz, über Abfindungen und Übergangshilfen für den Fall, dass das Beschäftigungsverhältnis nicht aufrechterhalten werden kann. Wenn der Arbeitgeber seine Mitarbeiter kennt und schätzt, wird er bereit sein, ihren Wünschen entgegenzukommen. Diese Abwägungen sollte der Gesetzgeber den Arbeitnehmern und Arbeitgebern überlassen.

Klaus ADOMEIT hat das Anliegen, die Chancen der Arbeitsuchenden nicht zu beeinträchtigen und möglichst zu verbessern, mit Blick auf die Rechtsprechung aufgenommen und vorgeschlagen, § 1 Kündigungsschutzgesetz um folgenden Satz zu erweitern: „Bei Abwägungen im Kündigungsschutzrechtsstreit ist der Gedanke der Beschäftigungsförderung zu berücksichtigen." (1994, S. 29). Statt des leicht missverstehenden Ausdrucks „Beschäftigungsförderung" sollte einfach von „Beschäftigung" oder „Beschäftigungschancen" gesprochen werden. Entscheidend ist die Möglichkeit, Abstriche beim Kündigungsschutz hinzunehmen, um überhaupt einen Arbeitsplatz zu bekommen.

Der Kronberger Kreis hat vorgeschlagen, den gesetzlichen Kündigungsschutz für laufende Arbeitsverträge bestehen zu lassen. Bei neu abzuschließenden Arbeitsverträgen soll den Arbeitnehmern und Arbeitgebern das Recht eingeräumt werden, in beiderseitigem Einvernehmen vom gesetzlichen Kündigungsschutz abzuweichen (DONGES, EEKHOFF, FRANZ, MÖSCHEL, NEUMANN 2004).

VIII. Auslegung des Günstigkeitsprinzips

108. Das Günstigkeitsprinzip im Tarifvertragsgesetz (TVG) besagt, dass von den tarifvertraglichen Bedingungen nur zugunsten des Arbeitnehmers abgewichen werden kann (§ 4 Abs. 3 TVG). Als Abweichung zugunsten des Arbeitnehmers werden üblicherweise ein höherer Lohn, eine längere Kündigungsfrist, mehr Urlaubsgeld, eine zusätzliche Altersvorsorge usw. verstanden. Auf dieses Recht, wonach tarifvertragliche Regelungen als Mindestbedingungen gelten, kann der Arbeitnehmer nicht verzichten (Unabdingbarkeit), d.h. selbst wenn er mit dem Arbeitgeber einen Lohn vereinbart, der unter dem Tariflohn liegt, behält er den Anspruch auf den Tariflohn.

Das Günstigkeitsprinzip ist vergleichbar mit einem Mindestlohn, aber die Mindestbedingungen gelten für eine Vielzahl von tariflichen Regelungen neben dem Lohn. Das Prinzip hat die gleichen Wirkungen wie ein Mindestlohn: Wenn eine Mindestbedingung vom Arbeitgeber als zu hoch angesehen wird, kommt es nicht zu einem Arbeitsvertrag, oder es wird versucht, einen bestehenden Arbeitsvertrag zu lösen. Mindestbedingungen sind beschäftigungsfeindlich. Das Besondere am Günstigkeitsprinzip liegt darin, dass die Mindestbedingungen für jedes einzelne Element und nicht nur für das Gesamtpaket an Leistungen eingehalten werden müssen. Das hat unter anderem technische Gründe, denn wenn prinzipiell ein Unterschreiten einer Mindestbedingung durch ein Aufstocken der Leistung bei einer anderen Bedingung kompensiert werden könnte, müssten die Austauschverhältnisse festgesetzt werden. Andernfalls ließe sich kein Mindestniveau für das Gesamtpaket sichern. Ein Arbeitsloser könnte sich beispielsweise im Gegenzug zu einer zusätzlichen betrieblichen Fortbildung von einer Woche pro Jahr mit einem Lohnabschlag von 20 Prozent einverstanden erklären, nicht weil er ein paar Tage Fortbildung für so wertvoll hält, sondern weil er den Arbeitsplatz haben möchte.

Der Gesetzgeber ist offenbar von der Normalsituation eines Arbeitnehmers ausgegangen, der einen Arbeitsplatz hat und dessen Arbeitsplatz nicht gefährdet ist. Nach herrschender Meinung werden Abweichungen mit dieser Situation verglichen, nicht dagegen mit einer bestehenden Arbeitslosigkeit oder einem drohenden Arbeitsplatzverlust (Monopolkommission, 1994 S. 799). Angesichts der hohen Arbeitslosigkeit ist zu fragen, ob die geltende Interpretation des Günstigkeitsprinzips noch zeitgemäß ist. Es ist sinnlos, das Prinzip auf Arbeitslose anzuwenden, die weder einen Tariflohn erhalten, noch von einer Lohnfortzahlung im Krankheitsfall oder vom Urlaubsgeld profitieren.

109. Selbst in Betrieben, die dem Arbeitgeberverband angehören und in denen gewerkschaftlich organisierte Arbeitnehmer tätig sind, werden Löhne vereinbart, die unterhalb der Tariflöhne liegen. Dies geschieht mit stillschweigender Kenntnis der Arbeitgeberverbände und der Gewerkschaften, weil diese wissen, dass solche Vereinbarungen manchmal die einzige Möglichkeit sind, eine Betriebsschließung zu verhindern. Das heißt aber nichts anderes, als dass ein geringerer Lohn als der Tariflohn für den Arbeitnehmer günstiger sein kann, weil die Alternative den Verlust des Arbeitsplatzes bedeutet. Obwohl diese Begründung in der Rechtssprechung nicht akzeptiert wird, handeln Arbeitgeber und Arbeitnehmer danach, weil es vernünftig ist und weil ein Einschreiten der Verbände und Gewerkschaften nur zu weiteren Austritten von Mitgliedern führen würde.

110. Was in einzelnen Betrieben vernünftig und für die Arbeitnehmer günstig ist, würde auch die Arbeitslosen insgesamt begünstigen. Deshalb wäre es am besten, das Günstigkeitsprinzip generell aus dem Tarifvertragsgesetz zu streichen und „vom einzelnen Arbeitnehmer auslegen zu lassen". Die bestehende Praxis, Abweichungen nach unten zu tolerieren, wenn sonst der Betrieb in seiner Existenz gefährdet würde oder eine größere Anzahl von Arbeitsplätzen wegfiele, ist unbefriedigend, weil die Arbeitgeber nicht sicher sein können, dass die Arbeitnehmer die tarifvertraglichen Rechte nicht einklagen werden, und weil Arbeitslose überhaupt nicht beteiligt werden. Eine gewisse Hilfe sind tarifvertragliche Öffnungsklauseln, die an bestimmte Bedingungen geknüpft werden können und abweichende Vereinbarungen zwischen Unternehmen und Betriebsrat zulassen. Viel besser wäre es, die Tarifvereinbarungen nicht verbindlich vorzugeben, sondern als Orientierung zu nutzen.

Auf jeden Fall müssen neben einer drohenden Betriebsschließung und einem drohenden Arbeitsplatzverlust weitere Merkmale aufgenommen werden, die eine Abweichung nach unten rechtfertigen. Vor allem müssen die Rechte der Arbeitslosen gestärkt werden. Die MONOPOLKOMMISSION hat vorgeschlagen, zusätzliche Abweichungen von tarifvertraglichen Regelungen zuzulassen, z.B. für bestimmte Branchen, bei überdurchschnittlicher regionaler Arbeitslosigkeit, bei zeitlicher Befristung wie Einstiegstarifen und Probezeiten (MONOPOLKOMMISSION, 1994, S. 800). Das Günstigkeitsprinzip darf nicht in Verbindung mit hohen Tarifabschlüssen dazu missbraucht werden, einen zunehmenden Teil der Erwerbspersonen vom Wettbewerb um Arbeitsplätze auszuschließen. Im Zweifel muss der einzelne Arbeitslose selbst beurteilen können, welche der ihm verfügbaren Optionen die günstigere ist.

Auch für bestehende Arbeitsverhältnisse ist das Günstigkeitsprinzip in Frage zu stellen, weil es eine Kombination von Bedingungen vorgibt, die nicht den Vorlieben der einzelnen Arbeitnehmer entsprechen muss. Beispielsweise kann ein Arbeitnehmer es vorteilhaft finden, Arbeitszeitguthaben anzusammeln und zu bestimmten Jahreszeiten im Nebenerwerbsbetrieb oder am eigenen Haus zu arbeiten. Als Gegenleistung könnte er auf Teile des 13. Monatsgehalts oder des Urlaubsgeldes verzichten. Mit zunehmender Flexibilisierung der Arbeitszeiten und Differenzierung der Anforderungen und Wünsche muss für individuelle Verträge Raum gelassen werden.

E. Zur Rolle der Gewerkschaften und der Unternehmer

I. Interessen der Tarifparteien

111. Die MONOPOLKOMMISSION hat sich in ihrem zehnten Hauptgutachten von 1994 erstmals mit dem Wettbewerb auf dem Arbeitsmarkt befasst. Unter dem Eindruck der hohen Arbeitslosigkeit tritt die Monopolkommission dafür ein, allen potentiellen Ursachen des Beschäftigungsproblems ohne Tabus nachzugehen und deshalb auch die institutionellen Regelungen auf dem Arbeitsmarkt kritisch zu überprüfen. Sie weist darauf hin, dass es auf diesem Markt eine „ordnungspolitische Anomalie" gibt: „Ein bilaterales Monopol von Tarifvertragsparteien mit einem gesetzlich gewährleisteten Schutz dieser Monopole vor Außenseiterkonkurrenz (MONOPOLKOMMISSION, 1994, S. 61).

112. Diese Regelung passt vom Prinzip her nicht in eine auf Wettbewerb beruhende Soziale Marktwirtschaft. In Ostdeutschland ist sichtbar geworden, welche Gefahren dieses Modell in sich birgt. In den Jahren seit 1991 haben Unternehmerverbände und Gewerkschaften Verträge zu Lasten Dritter geschlossen. Das heißt: Sie haben Lohnvereinbarungen getroffen, die sich völlig von der Produktivität und den Marktbedingungen lösten. Die Gewerkschaften stießen bei den Unternehmen trotz der bereits marktwidrig überhöhten Löhne mit zusätzlichen Lohnforderungen kaum auf Widerstand. Das hing auch damit zusammen, dass die Unternehmerverbände Westdeutschlands zu Anfang eine dominierende Rolle spielten und die westdeutschen Unternehmen kein Interesse an Wettbewerbern mit wesentlich geringeren Lohnkosten in Ostdeutschland hatten. Hier hat also die übliche Bremse versagt, dass die Unternehmen durch zu hohe Lohnabschlüsse ihr Vermögen aufs Spiel setzen. Das Vermögen gehörte zu Anfang fast ausschließlich der Treuhandanstalt, also dem Staat.

Die Verantwortung für die Beschäftigung haben die Tarifparteien in Ostdeutschland auf den Staat und damit auf die Steuerzahler abgewälzt. Der Staat hat hohe Zuschüsse zur Arbeitslosenversicherung geleistet, Arbeitsbeschaffungsprogramme finanziert sowie mit Milliardenbeträgen Arbeitsplätze in veräußerten Betrieben und in von der Treuhandanstalt gehaltenen Betrieben subventioniert.

Das Ungleichgewicht auf dem ostdeutschen Arbeitsmarkt ist noch keineswegs gelöst. Auch nachdem die Privatisierung abgeschlossen ist, wird versucht, die Folgen überhöhter Löhne weiterhin auf den Staat abzuwälzen. Die Forderungen nach fortgesetzten Subventionen, nach Liquiditäts- und Existenzsicherungshilfen lassen keine schnelle Normalisierung erwarten.

Die Erfahrungen in Ostdeutschland und die seit 35 Jahren aufgebaute Sockelarbeitslosigkeit in Westdeutschland müssen Anlass für eine nüchterne Überprüfung der bestehenden Regelungen sein. Maßstab für die Beurteilung der institutionellen Regelungen muss die Chance des einzelnen Arbeitnehmers sein, sich am Erwerbsleben zu beteiligen und nach eigenem Ermessen in den Wettbewerb um Arbeitsplätze einzutreten. Arbeitslose dürfen nicht faktisch daran gehindert werden, Arbeitsverträge abzuschließen.

113. Die Bestrebungen der Gewerkschaften sind darauf gerichtet, möglichst hohe Löhne für ihre Mitglieder zu erstreiten und eine Umverteilung zu deren Gunsten zu erreichen. Sie unterliegen einem starken Druck, sich für ein Lohnniveau einzusetzen, das nicht von selbst zustande kommt, sondern oberhalb der Gleichgewichtslöhne liegt. Selbst die Phasen, die durch Lohnzurückhaltung gekennzeichnet sind, enden längst bevor ein Lohnniveau erreicht wird, das mit einer Vollbeschäftigung vereinbar ist. Das Organisationsinteresse wird maßgeblich von der Mehrheit der Mitglieder bestimmt, die einen Arbeitsplatz haben und mehr Lohn erhalten möchten. Das Ziel, lediglich Mindestbedingungen zu sichern und die Rechte des einzelnen Arbeitnehmers zu schützen, ist immer stärker in den Hintergrund getreten.

Die Gewerkschaften haben die Aufgabe wahrgenommen, die Arbeitsbedingungen zu verbessern, für die Gleichbehandlung von Frauen einzutreten und vor allem an der Lohnfindung und den Arbeitszeitregelungen mitzuwirken. Sie tun sich aber schwer, die individuellen Interessen der Arbeitnehmer hinreichend zu berücksichtigen. Die Organisationsform zwingt dazu, Interessen von Minderheiten, insbesondere der Arbeitsuchenden, zu vernachlässigen. Das Beschäftigungsproblem wird fast nur unter dem Aspekt der Beschäftigungssicherung aufgegriffen, wenn in Rezessionen Arbeitsplätze in großem Umfang unsicher werden. Die Schaffung zusätzlicher Arbeitsplätze für Arbeitslose wird als Aufgabe der Unternehmen und des Staates angesehen. Ein Zusammenhang zwischen dem Lohnniveau und der Beschäftigung wird nicht gerne hergestellt oder mit dem Lohn-Kaufkraft-Argument sogar umgekehrt. Die Gewerkschaftsorganisation ist mit einem Insider-Outsider-Konflikt behaftet, d.h. sie nimmt es in Kauf, gegen die Interessen eines Teils der Arbeitnehmer zu verstoßen (Outsider), um der Mehrzahl der Mitglieder (Insider) zu demonstrieren, dass es sich lohne, Mitgliedsbeiträge zu zahlen.

114. Mit der Insider-Outsider-Theorie lässt sich erklären, warum die Tarifparteien die Löhne in einem bestimmten Spielraum verändern können, ohne dass die Unternehmen darauf mit Entlassungen oder Neueinstellungen reagieren. Der Grund liegt in einer gewissen Machtposition der Beschäftigten, der Insider. Die starke Stellung beruht auf einem Kostenvorteil gegenüber den nicht in dem Betrieb Beschäftigten, den Outsidern: Die in einem Unternehmen Beschäftigten haben betriebsspezifische Kenntnisse erworben, sie haben bei ihrer Einstellung Kosten verursacht und wenn man sie durch Outsider ersetzen wollte, würden Entlassungskosten entstehen, die je nach gesetzlicher Regelung beträchtlich sein können. Aus diesem Grund wird ein Unternehmen seine Beschäftigten nicht sofort entlassen, wenn die Lohnforderungen etwas über den Lohn hinausgehen, zu dem es neue Mitarbeiter einstellen könnte (Lohn L_{Ein} in Abbildung 6).

Erst wenn der Lohnaufschlag auf den Einstellungslohn die eingesparten Kosten im Vergleich zu einer Neueinstellung übersteigt, würde es zur Entlassung von Insidern (ab dem Lohn L_{Max} in Abbildung 6) und zur Einstellung von Outsidern kommen.

Abbildung 6: Verhandlungsspielraum der Insider

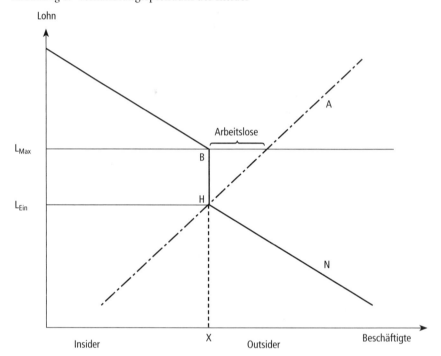

Sobald Arbeitnehmer eingestellt und eingearbeitet sind, haben sie einen Vorteil im Vergleich zu Arbeitnehmern, die nicht in dem Betrieb beschäftigt sind, und sie können einen Lohn fordern, der über den Einstellungslohn hinausgeht. Es besteht ein Verhandlungsspielraum bis zum Lohn L_{Max} in Abbildung 6. Die Opportunitätskosten für die Insider liegen zwar beim Einstellungslohn, aber da dem Unternehmen zusätzliche Kosten durch die Einstellung von Outsidern entstehen, können die bereits Beschäftigten höhere Löhne durchsetzen. Sie werden versuchen, auf das Lohnniveau L_{Max} zu kommen.

Bei der in Abbildung 6 dargestellten Angebots- und Nachfragekonstellation ist der Beschäftigungsstand X aber nur gesichert, wenn eine Lohndifferenzierung zwischen Insidern mit hohen Löhnen und später eingestellten Insidern mit geringen Löhnen möglich ist. Der Lohnerhöhungsspielraum über den Einstellungslohn hinaus beruht darauf, dass es sich bei den Einstellungs- und Einarbeitungskosten um „sunk costs" handelt, also um Kosten und Verpflichtungen, die in der Vergangenheit für die aktuell Beschäftigten eingegangen worden sind. Wenn die Beschäftigten einen Lohn fordern, der über den Einstellungslohn hinausgeht, nutzen sie die Tatsache, dass das Unternehmen diese Kosten noch einmal aufwenden müsste, wenn es Insider gegen Outsider austauscht.

Wenn aber das Unternehmen damit rechnet, dass auch neu eingestellte Arbeitnehmer unmittelbar nach der Einarbeitungsphase den Lohn L_{Max} in Abbildung 6 verlangen, käme es nicht zu Neueinstellungen, sondern zu einem Rückgang der Beschäftigung unter das Niveau von X. Das Problem ließe sich letztlich nur auf dem Wege lösen, dass die Arbeitnehmer alle mit der Einstellung, Einarbeitung und Entlassung verbundenen Kosten zu tragen haben und die Unternehmen allenfalls in Vorlage treten dürften. Wenn es keine Einschränkungen der Vertragsfreiheit gibt, spricht viel dafür, dass es zu solchen Lösungen kommt. Denn bei jedem Lohn, der über den Einstellungslohn hinausgeht, besteht unfreiwillige Arbeitslosigkeit, wie beim Lohn L_{Max} in Abbildung 6 dargestellt. Das bedeutet nichts anderes als dass es Arbeitnehmer gibt, die bereit sind, dauerhaft zum Einstellungslohn zu arbeiten und vertraglich auf die Ausschöpfung des Lohnerhöhungsspielraums zu verzichten oder diesen erst gar nicht entstehen zu lassen.

115. Wird der Lohn zwischen Tarifparteien vereinbart, besteht eine starke Tendenz, einen Mindestlohn in der Nähe von L_{Max} festzusetzen. In bestimmten Fällen würde auch dann noch an dem Lohn L_{Max} festgehalten, wenn die Nachfrage nach Arbeitskräften insgesamt zurückgeht. Das soll anhand der Abbildung 7 diskutiert werden. Kommt es beispielsweise aufgrund eines exogenen Schocks zu einem Nachfragerückgang von N_0 (punktierte Kurve) auf N_1 (gestrichelte Kurve), kann die Gruppe der Insider entscheiden, ob sie Lohnsenkungen (Bewegung (1) von B nach D) oder Entlassungen (Bewegung (2) von B nach C) in Kauf nimmt. Abhängig ist diese Wahl von der Einschätzung der Mehrheit der Insider: Ist beispielsweise nur eine kleine Gruppe von Insidern durch eine Entlassung gefährdet, wird die Mehrheit der Insider bzw. die sie vertretende Gewerkschaft für die Beibehaltung des Lohnniveaus stimmen, auch wenn die kleine Gruppe aufgrund dieser Entscheidung entlassen wird. In Abbildung 7 wird angenommen, dass sich die Insider für die Beibehaltung des Tariflohns L_{Max} entscheiden und dadurch die Beschäftigung von X auf Y zurückgeht, die Entlassung einer Minderheit von Insidern also in Kauf genommen wird. Vormalige Insider werden jetzt zu Outsidern.

Was geschieht nun, wenn es in einem neuen Aufschwung wieder zu einer deutlich höheren Nachfrage kommt, sei es auf das alte Niveau oder wie in Abbildung 7 angenommen auf ein leicht höheres Niveau (durchgezogene Nachfragekurve N_2). Würde der Lohn L_{Max} beibehalten, änderte sich an der auf Y zurückgegangenen Beschäftigung nichts. Obwohl die Nachfrage gegenüber der ursprüngliche Nachfrage N_0 sogar gestiegen ist, steigt die Beschäftigung nicht wieder auf wieder auf das alte Niveau X bzw. darüber hinaus, sondern es bleibt bei der reduzierten Beschäftigung auf dem Niveau Y. Auch die unfreiwillige Arbeitslosigkeit, die von GB auf GC gestiegen ist, bleibt bestehen. Es besteht jetzt sogar ein Anreiz, den Lohn weiter zu erhöhen – bis zum Punkt E. Dann steigt die Mindestlohn-Arbeitslosigkeit sogar auf EF.

Abbildung 7: Beschäftigungswirkung von Nachfrageschwankungen

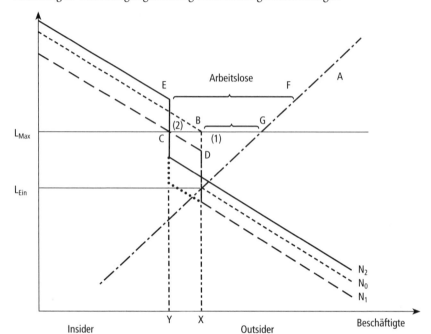

Wäre die Lohnanpassungsvariante als Antwort auf den Nachfragerückgang von N_0 auf N_1 gewählt worden, käme es in Zuge des Aufschwungs und Nachfragesteigerung auch nicht zu einer höheren Beschäftigung, aber das Beschäftigungs-Niveau ist durch den vorhergegangenen Abschwung auch nicht abgesunken. Die geringfügig höhere Nachfrage gegenüber dem Ausgangszustand würde nur beschäftigungswirksam, wenn Einstellungslöhne vereinbart werden könnten. Diese liegen etwas höher als im Ausgangszustand, nämlich im Schnittpunkt der Nachfragekurve N_2 und der Angebotskurve.

116. Die vorübergehende Lohnzurückhaltung der letzten Jahre steht nicht im Widerspruch zu der Insider-Outsider-These. In konjunkturellen Schwächephasen, in denen Arbeitskräfte entlassen und Arbeitsplätze unsicher wurden, haben die Gewerkschaften immer wieder eine zurückhaltende Lohnpolitik zugunsten der Beschäftigten betrieben. Leider haben sie die Lohnzurückhaltung schnell wieder aufgegeben und überhöhte Löhne durchgesetzt.

In die Tarifauseinandersetzungen und Arbeitskämpfe fließt zum Teil der Unmut über höhere Steuern und Abgaben ein. Wenn die Reallöhne nur wenig steigen oder sogar sinken, weil der Staat oder die Sozialversicherungen mehr Mittel beanspruchen, wird dies nicht immer dem Staat zugerechnet, sondern häufig in Forderungen an die Unternehmen nach spürbaren Reallohnsteigerungen umgesetzt. Dieses Verfahren verstärkt die Tendenz, nicht an den Knappheiten orientierte, sondern die Arbeitslosigkeit verschärfende Lohnsteigerungen durchzusetzen.

I. Interessen der Tarifparteien 83

117. Die Unternehmen haben abgesehen von Sondersituationen grundsätzlich das entgegengesetzte Interesse, nämlich die Löhne niedrig zu halten (vgl. Ziffer). Sie werden aber mit einer Situation konfrontiert, in der es zu kostspieligen Arbeitskämpfen kommen kann. Schon um einen Arbeitskampf zu vermeiden oder zu beenden und die Kosten zu minimieren, kann es aus der Sicht der Arbeitgeberverbände sinnvoll sein, einen Tarifvertrag abzuschließen, in dem Löhne festgelegt werden, die über das kostenniveauneutrale Niveau hinausgehen. Dabei spielt auch die Erwartung eine Rolle, dass ein Teil der Lohnsteigerungen in den Preisen weitergegeben werden kann, dass die Kosten steigender Arbeitslosigkeit nicht bei den Unternehmen anfallen und dass einzelne Unternehmen, die in Schwierigkeiten geraten, staatliche Hilfen erhalten.

Das Interesse der Unternehmen an Tarifverträgen wird häufig damit begründet, auf diese Weise könnten Lohnstreitigkeiten aus den Unternehmen herausgehalten werden und es käme insgesamt zu niedrigen Tarifabschlüssen, weil die Tarifparteien Rücksicht auf die schwächsten Betriebe nehmen müssten. Wenn eine stärker unternehmensbezogene Lohnfindung zu einer größeren Differenzierung der Löhne zwischen den Betrieben führte, wäre das aber zu begrüßen, weil es dann eher Arbeitsplatzwechsel über den Markt statt erst nach einer Betriebsschließung über die Arbeitsagenturen gäbe; denn bei einheitlichen Löhnen wird das Niveau für die schwächsten Betriebe immer noch zu hoch sein. Letztere sollten aber nur ausscheiden, wenn sie aufgrund von Vollbeschäftigung keine Arbeitskräfte mehr bekämen. Ob der Betriebsfrieden durch Lohnverhandlungen gefährdet wird, ist schwer zu beurteilen, aber Arbeitgeber und Arbeitnehmer dürften ein großes gemeinsames Interesse an der Leistungsfähigkeit und am Erfolg des eigenen Unternehmens haben.

118. Sowohl für die Gewerkschaften als auch für die Unternehmensverbände gibt es Möglichkeiten, einen Teil der Kosten ihrer Vereinbarungen auf Dritte abzuwälzen: „Tarifverträge können gravierende negative externe Effekte haben und greifen in diesem Ausmaß in die Freiheitsrechte unbeteiligter Dritter ein." (MONOPOLKOMMISSION, 1994, S. 770). Weder von den Gewerkschaften noch von den Arbeitgeberverbänden ist zu erwarten, dass sie die Interessen der Arbeitslosen vertreten. Vieles deutet darauf hin, dass sie eine Zunahme der Arbeitslosigkeit in Kauf nehmen und das Beschäftigungsproblem dem Staat überlassen.

Monopole und Kartelle haben die Wirkung, dass die Handlungsmöglichkeiten und Optionen Dritter verschlechtert werden. Sie passen nicht in unsere Wirtschaftsordnung, in der der Wettbewerb ein konstituierendes Element ist und Wettbewerbsbeschränkungen durch Absprachen, Kartellbildung usw. grundsätzlich verboten sind. Es ist nur schwer nachvollziehbar, warum der Arbeitsmarkt aus der Wettbewerbsordnung ausgenommen worden ist, obwohl eine der schwächsten Gruppen, nämlich die Arbeitslosen, auf diese Weise in dem zentralen Recht der Vertragsfreiheit massiv beeinträchtigt wird. Selbstverständlich ist die Kartellbildung auf dem Arbeitsmarkt nicht die einzige Ursache von Arbeitslosigkeit, aber sie trägt ebenso dazu bei, die Beschäftigung zu behindern, wie Kartelle auf Gütermärkten Existenzgründer behindern, andere Wettbewerber aus dem Markt heraushalten und Abnehmer benachteiligen.

119. Als Rechtfertigung für die bestehenden Arbeitsmarktregelungen wird manchmal angeführt, beim Arbeitsmarkt handele es sich nicht um einen Markt wie jeden anderen. Vielmehr bedürften die Arbeitnehmer eines besonderen Schutzes, insbesondere weil nicht auszuschließen sei, dass die Löhne im freien Wettbewerb immer weiter nach unten gedrückt werden könnten (Verelendungstheorie). Deshalb müsse es den Arbeitnehmern möglich sein, sich zu organisieren und sich gegen wirtschaftliche Ausbeutung zu schützen.

Hinter dieser Argumentation steht häufig die Vorstellung, die Arbeitgeber seien grundsätzlich in einer stärkeren Position oder es trete nur ein Arbeitgeber als Nachfragemonopolist auf und könne die Löhne beliebig festsetzen. Das mag auf eng begrenzten regionalen Arbeitsmärkten zeitweise der Fall sein, allgemein besteht aber auf dem Arbeitsmarkt ein intensiver Wettbewerb zwischen einer Vielzahl von Arbeitgebern, und selbst eine regionale Sondersituation wird von Außenseitern und von mobilen Arbeitnehmern entschärft.

Das Argument der Besonderheit wird auch auf anderen Märkten wie beispielsweise dem Wohnungsmarkt immer wieder bemüht, um besondere Maßnahmen zu rechtfertigen, leider in der Regel mit begrenztem Erfolg, was die behaupteten Verbesserungen betrifft, oder sogar mit beträchtlichen Negativwirkungen für einzelne Gruppen. Deshalb muss auf dem Arbeitsmarkt ohne Vorbehalte gefragt werden, ob die institutionellen Regelungen sich wirklich bewähren. Es gibt keine Belege dafür, dass der Arbeitsmarkt sich anders verhielte als andere Märkte. Insbesondere in den sechziger Jahren gab es eine kräftige Lohndrift, d.h. die Unternehmen haben im Wettbewerb höhere als die tarifrechtlich festgesetzten Löhne bezahlt.

II. Flexible Arbeitsverträge

120. Die hohe Sockelarbeitslosigkeit ist ein Anlass, danach zu fragen, ob nicht die Rechte der Arbeitslosen gestärkt werden müssen. Kann der Staat ein Interesse daran haben, hohe Löhne und Lohnforderungen der Beschäftigten gegen den Wettbewerb durch Arbeitslose zu schützen und hinzunehmen, dass Arbeitsplätze verknappt werden? Warum lässt der Staat auf dem Arbeitsmarkt Verträge zu, die zu Lasten der Allgemeinheit und nicht beteiligter Gruppen gehen? Handelt es sich auf dem Arbeitsmarkt tatsächlich um eine Auseinandersetzung zwischen Arbeitnehmern und Arbeitgebern oder hauptsächlich um einen Konflikt zwischen verschiedenen Gruppen von Arbeitnehmern, insbesondere zwischen Beschäftigten und Nichtbeschäftigten? Muss nicht der Nachweis neu geführt werden, dass durch die Tarifautonomie mehr Vorteile als Nachteile entstehen? Haben die Arbeitslosen und Steuerzahler nicht einen Anspruch darauf, dass die Beweislast für eine oligopolistische Lohnfestsetzung umgekehrt wird? Kann von den Arbeitgeberverbänden und Gewerkschaften überhaupt erwartet werden, dass sie Modifikationen und neue Regelungen vorschlagen, damit den Interessen der Arbeitslosen stärker Rechnung getragen wird?

121. Wie stark der Druck auf eine institutionelle Änderung oder in Richtung auf einen ständig abnehmenden Organisationsgrad der Arbeitnehmer und Unternehmer sein wird, hängt auch davon ab, ob sich die Institutionen als reformfähig erweisen und sich auf neue Herausforderungen einstellen. Meines Erachtens müssen die Gewerkschaften sich wieder auf die Idee zurückbesinnen, gemeinsam mit den Unternehmen bestimmte Mindestbedingungen für Arbeitsverträge festzulegen, ohne die Freiheit und Verantwortung des einzelnen Arbeitnehmers unnötig einzuschränken.

Das ursprüngliche Konzept ist das Anstreben von moderaten Mindestbedingungen, die Raum lassen für betriebsindividuelle Ergänzungen, also auch für eine Lohndrift. Dieses Konzept entspricht der Gewerkschaftsidee der Absicherung von Arbeitnehmerinteressen viel besser als das Modell mit Höchstforderungen und Öffnungsklauseln; denn bei Öffnungsklauseln lassen sich kaum noch Mindestbedingungen halten, ohne die Öffnungsklauseln praktisch unbrauchbar zu machen. Werden dagegen von vornherein Mindestbedingungen auf einem bescheidenen Niveau vereinbart, wird dem Sicherungsanliegen Rechnung getragen, und es bleibt Raum für marktbedingte Unterschiede nach Qualifikationen, Sektoren, Regionen und nach sonstigen Leistungen der Arbeitgeber. Eine jährliche moderate Anhebung der Tariflöhne kann die Betriebsräte und Unternehmen entlasten, die sich dieser Vereinbarung im Normalfall anschließen und sich gegebenenfalls auf betriebsspezifische Ergänzungen verständigen.

122. Aufgrund der zunehmenden Differenzierung der Arbeitsmärkte und der sehr unterschiedlichen individuellen Fähigkeiten und Wünsche der Arbeitnehmer, aber auch aufgrund der sehr viel stärker spezifizierten Anforderungen der Arbeitgeber kommen neue Chancen und Tätigkeitsfelder auf die Gewerkschaften zu. Die Arbeitnehmer brauchen zunehmend eine individuelle Beratung, wenn sie flexible Arbeitszeiten, Kombinationen von Arbeit und Weiterbildung – möglicherweise betrieblich finanziert und organisiert –, Gewinnbeteiligungen, Ergänzungen der Altersversorgung, flexible Übergänge ins Rentenalter usw. vereinbaren wollen. Auf diesen Feldern könnten Musterverträge (standardisierte Alternativen) ausgearbeitet und Beratungsmöglichkeiten angeboten werden. Der Schwerpunkt der gewerkschaftlichen Tätigkeiten wird vielleicht in Zukunft nicht mehr darin liegen, kollektive Lohnverhandlungen zu führen, sondern individuelle und freiwillige Verträge zu betreuen, bei denen sie die Interessen des jeweiligen Arbeitnehmers vertreten. In diese Tätigkeit können auch die Arbeitslosen wesentlich leichter einbezogen werden, weil der Konflikt zwischen Beschäftigten und Nichtbeschäftigten bei der individuellen Beratung in den Hintergrund tritt.

III. Unternehmerverantwortung für Mitarbeiter

123. Das Verhalten der Unternehmen ist vielfach von der Konfrontation mit den Gewerkschaften und Arbeitnehmern sowie vom Denken in Kategorien der Kostensenkung und des Personalabbaus geprägt. In Rezessionsphasen ist manchmal zu hören, organisatorische und strukturelle Änderungen würden von den Arbeitnehmern nur akzeptiert, wenn die Arbeitsplätze unsicher seien.

Wenn die Arbeitsplatzangst als Mittel zur Durchsetzung von Reformen genutzt wird, ist das nicht nur kurzsichtig, sondern unklug und ein Zeichen von Führungsschwäche in den Unternehmen. Dies heißt doch, dass kein Vertrauensverhältnis in dem Unternehmen besteht und dass es nicht gelingt, die Arbeitnehmer von sinnvollen Restrukturierungsmaßnahmen zu überzeugen. In diesen Unternehmen wird vermutlich ein großes Potenzial an Mitarbeitermotivation zum Nachteil beider Seiten nicht genutzt. Die komplexer werdenden Produktionsabläufe erfordern zunehmend eigenverantwortlich handelnde Mitarbeiter. Dazu passt keine kurzfristig angelegte Ausnutzung von Schwächepositionen. Das wäre eine falsche Interpretation der Sozialen Marktwirtschaft, die auf die gegenseitige Vorteilhaftigkeit nicht nur von Verträgen, sondern auch von Verhaltensweisen setzt, und zwar über die gesamte Dauer der Zusammenarbeit (RAT DER EVANGELISCHEN KIRCHE IN DEUTSCHLAND, 2008).

Eine wichtige Aufgabe haben die Unternehmen im Strukturwandel. Schon aus unmittelbarem eigenem Interesse müssen sie ständig ihre Produkte weiterentwickeln und nach neuen Produktionsmöglichkeiten und neuen Märkten suchen. Mittelfristig muss es darum gehen, in neue Bereiche vorzudringen und zu expandieren. Hier liegt auch eine Verpflichtung der Unternehmen für die Mitarbeiter, für die der Strukturwandel am leichtesten zu verkraften ist, wenn er sich innerhalb des Unternehmens vollzieht und wenn das Unternehmen Umschulungs- und Weiterbildungsmaßnahmen organisiert. Solche Vereinbarungen erfordern aber zum Teil mehr Flexibilität in der Vertragsgestaltung als im Rahmen des geltenden Tarifrechts und vor allem der Tarifpraxis möglich ist, weil die Lohnkomponente nahezu den gesamten Spielraum ausschöpft.

124. Wirtschaftspolitisch bieten überbetriebliche Tarifverhandlungen den Unternehmen einen Ansatzpunkt zu abgestimmtem Handeln zu Lasten Dritter. Im Gegensatz zu individuellen und einzelbetrieblichen Lohnvereinbarungen können die Unternehmen bei kollektiven Vereinbarungen davon ausgehen, dass alle von der gleichen Lohnsteigerung betroffen sind. Wenn der Abschluss zu hoch ausfällt, wird der gesamte Sektor gezwungen sein, einen Teil der Lohnerhöhung über die Preise auf die Verbraucher abzuwälzen. Sie könnten darin sogar einen Vorteil sehen, wenn es gelänge, die Produkte des eigenen Sektors im Vergleich zu anderen Produkten zu verteuern, um in der Lage zu sein, sektorspezifisch etwas höhere Löhne zu zahlen und damit eine bessere Position auf dem Arbeitsmarkt zu haben. Diese Versuchung ist besonders groß in Sektoren, die keinem starken Auslandswettbewerb ausgesetzt sind, wie beispielsweise die Bauwirtschaft. Gegen solche Bestrebungen hilft nur eine konsequente Stabilitäts- und Wettbewerbspolitik. Dazu gehört auch eine Stärkung der Wettbewerbsposition der Arbeitslosen.

F. Arbeitsmarktpolitik

I. Kosten der Arbeitslosigkeit

125. Arbeitsmarktpolitik im engeren Sinne befasst sich vereinfacht ausgedrückt unmittelbar mit den Arbeitslosen. Das Hauptanliegen besteht darin, Arbeitslose wieder in ein normales Beschäftigungsverhältnis zu bringen, also den Übergang in eine neue Beschäftigung zu erleichtern und die Phase der Arbeitslosigkeit zu verkürzen. Daneben hat in den letzten Jahren die sozialpolitische Funktion der Arbeitsmarktpolitik an Gewicht gewonnen, nämlich die Arbeitslosen aufzufangen, denen es nicht gelingt, innerhalb einiger Wochen oder Monate wieder einen Arbeitsplatz zu finden.

Die allgemeine Wirtschaftspolitik beeinflusst auch die Entwicklung auf dem Arbeitsmarkt, so dass der Ansatz, die Bedingungen auf dem Arbeitsmarkt zu verbessern, sehr weit gefasst werden muss. Im Mittelpunkt der Arbeitsmarktpolitik steht selbstverständlich die Lohnpolitik. Ziel aller Bestrebungen ist es, rentable Arbeitsplätze für alle Personen entstehen zu lassen, die arbeiten möchten.

126. Gerade in Zeiten hoher Arbeitslosigkeit wird immer wieder gefordert, staatliche Programme aufzulegen, um die Beschäftigungschancen der Arbeitslosen zu erhöhen. Entstanden ist ein umfangreicher Katalog an Fördermaßnahmen, die von Eingliederungszuschüssen über Existenzgründungshilfen bis zu Ausbildungsmaßnahmen reichen. Die CDU/CSU und die SPD haben in ihrem Koalitionsvertrag von 2005 beschlossen, den Maßnahmenkatalog auf den Prüfstand zu stellen: „Die Vielzahl unterschiedlicher Förder-Instrumente ist für die Menschen kaum noch überschaubar. Vieles deutet darauf hin, dass einzelne Maßnahmen und die damit verbundenen teilweise umfangreichen Mittel der Arbeitslosenversicherung zielgenauer, sparsamer und effizienter eingesetzt werden können." (Koalitionsvertrag CDU/CSU/SPD 2005, S. 33). Obwohl hier schon erkannt wurde, dass die Fördermaßnahmen oftmals mit großer Verschwendung und Ineffizienz einhergehen, wird die aktive Arbeitsmarktpolitik – wenngleich in abgespeckter Form – fortgeführt. Dahinter steht die Vorstellung, dass der Staat einen zweiten, öffentlich geförderten Arbeitsmarkt für all diejenigen zur Verfügung stellen muss, die am ersten Arbeitsmarkt (noch) keine Arbeit gefunden haben. Mittlerweile ist bereits die Rede von einem „dritten Arbeitsmarkt" für Arbeitslose mit „besonderen" Vermittlungshemmnissen. All dies zeigt: Die Politik verliert sich in Aktionismus, ohne die grundlegenden ökonomischen Zusammenhänge zu beachten. Den Schaden haben nicht nur die Arbeitslosen, sondern alle Steuerzahler. Die Forderung,

Arbeitslosen subventionierte Arbeitsplätze anzubieten, wird mit sozialen Motiven und mit dem Hinweis auf die hohen Kosten der Arbeitslosigkeit begründet.

127. Das Institut für Arbeitsmarkt- und Berufsforschung schätzt die Kosten der Arbeitslosigkeit für das Jahr 2004 auf insgesamt 86 Milliarden Euro. Im Durchschnitt kostet ein Arbeitsloser die Allgemeinheit 19.600 Euro. Berechnet wurden die Kosten der Arbeitslosigkeit aus den Aufwendungen für Arbeitslosengeld, Arbeitslosenhilfe, Sozialhilfe, Wohngeld, aus den Beitragsausfällen in den Sozialversicherungssystemen sowie aus den Mindereinnahmen des Staates bei der Einkommensteuer, Mehrwertsteuer usw. (BACH/SPITZNAGEL 2006).

Diese Berechnungsmethode führt aber nicht zu gesamtwirtschaftlich sinnvollen Ergebnissen, denn jede Erhöhung der Beitrags-, Mehrwert- oder Einkommensteuersätze würde die Kosten der Arbeitslosigkeit erhöhen. Umgekehrt sinken die so ermittelten Kosten der Arbeitslosigkeit, wenn die soziale Sicherung verringert und die Steuersätze gesenkt werden. Gesamtwirtschaftlich gesehen handelt es sich bei diesen Zahlungsströmen um eine Umverteilung von Konsumansprüchen zwischen Arbeitslosen und Staat bzw. Gesellschaft. Dabei werden verringerte Zahlungen des Arbeitslosen in Form von Steuern und Beiträgen an die Gesellschaft und erhöhte Leistungen der Gesellschaft für den Arbeitslosen zusammengerechnet. Diese „Kosten" sind umso höher, je mehr Umverteilung in einem Land betrieben wird. Sie sind nicht als Indikatoren für den volkswirtschaftlichen Verlust aufgrund von Arbeitslosigkeit geeignet. Um die volkswirtschaftlichen Kosten oder den Wohlstandsverlust zu bestimmen, muss man von dem zurechenbaren Produktionsausfall ausgehen, also vom Wert der Güter und Leistungen, die von den Arbeitslosen erstellt werden könnten, abzüglich der Material-, Kapital- und Umweltkosten. Die gesamtwirtschaftlichen Produktionsmöglichkeiten werden nicht voll ausgeschöpft.

Nach Berechnungen des Instituts für Arbeitsmarkt und Berufsforschung belaufen sich die gesamtwirtschaftlichen Kosten der Unterbeschäftigung für das Jahr 2004 auf ein verlorenes Produktionsvolumen im Wert von 250 Milliarden Euro (BACH/SPITZNAGEL 2006). Trotz der erheblichen methodischen Probleme erscheint diese Schätzung geeignet, die Größendimension des Wohlstandsverlusts in Höhe von ca. elf Prozent des Sozialprodukts gut zu beschreiben. Der beste Wert für den Verlust ist das am Markt bei freier Lohnbildung erzielbare Arbeitseinkommen, also der potentielle Beitrag der Arbeitslosen zum Nettosozialprodukt unabhängig von der Verteilung, gegebenenfalls abzüglich des Wertes der in der Familie oder in Schwarzarbeit erstellten Güter.

128. Kann aus der veränderten Umverteilung bzw. den fiskalischen Kosten der Arbeitslosigkeit nicht wenigstens der Betrag ermittelt werden, den der Staat für die Subventionierung von Arbeit einsetzen könnte, statt „Arbeitslosigkeit zu bezahlen"? Mit dem Arbeitslosengeld II soll ein sozialer Mindeststandard gewährleistet werden. Manchmal wird die Vorstellung geäußert, diese Mittel – und das normale Arbeitslosengeld – könnten zur Schaffung von subventionierten Arbeitsplätzen genutzt werden, und dann wäre das Arbeitslosigkeitsproblem gelöst. Nach Ansicht der Kirchen „ist es ökonomisch sinnvoller, Arbeit zu finanzieren statt Arbeitslosigkeit." (KIRCHENAMT der Evangelischen Kirche in Deutschland und Sekretariat der Deutschen Bischofskonferenz, 1994, S. 24). Auch die Gewerkschaften argumentieren immer wieder ähnlich.

Dazu ist zunächst anzumerken, dass es sich beim normalen Arbeitslosengeld nicht um staatliche Mittel, sondern um Versicherungsbeiträge der Arbeitnehmer handelt, die zur Einkommenssicherung im Fall der Arbeitslosigkeit dienen. Außerdem wird ein Teil des Arbeitslosengelds II für die soziale Sicherung von beschäftigten Arbeitnehmern verwendet, nämlich zur Aufstockung eines Lohnes, der unter dem Mindesteinkommen liegt, das für alle Bedarfsgemeinschaften gewährleistet wird. Soweit die Empfänger von Arbeitslosengeld II arbeitslos sind, kann die Forderung doch nur sein, sie dazu anzuhalten, eine Beschäftigung aufzunehmen – gegebenenfalls unter Androhung der Streichung der öffentlichen Zuwendungen. Es kann nicht in Betracht kommen, die Sozialleistungen zugunsten der Arbeitnehmer mit extrem geringem oder ohne Lohneinkommen zu streichen und diese Mittel für die Finanzierung öffentlicher oder öffentlich subventionierter Arbeitsplätze einzusetzen – möglicherweise in Programmen ohne Rechtsanspruch und mit unproduktiver Arbeit.

Positiv gewendet folgt aus diesen Überlegungen: Man sollte zunächst ohne jede Veränderung der Verteilung, d. h. bei zunächst unveränderten Arbeits- und Sozialeinkommen, die Arbeitslosen in den Prozess der Gütererstellung integrieren, also mehr Güter und Dienstleistungen herstellen, ohne für die Zusatzproduktion eine zusätzliche Vergütung zu zahlen. Erst danach wäre zu überlegen, wer in welchem Umfang von dem zusätzlichen Realeinkommen profitieren soll, beispielsweise die Träger der sozialen Leistungen, die Steuerzahler, die Empfänger der Sozialleistungen. Dieser Ansatz soll deutlich machen, dass es der Gesellschaft insgesamt besser geht, wenn das Arbeitspotenzial genutzt wird. Die gesellschaftspolitisch bisher ungelöste Aufgabe besteht darin, den sinnvollen Weg der Mehrproduktion und Realeinkommenssteigerung nicht daran scheitern zu lassen, dass die Summe der zusätzlichen Einkommensansprüche den Wert der zusätzlichen Produktion übersteigt, so dass es nicht zu einer weit verbreiteten Lohnsubvention und entsprechend steigenden Mittelanforderungen kommt.

II. Negative Einkommensteuer und Kombilöhne

129. Mit der negativen Einkommensteuer und mit Kombilöhnen soll das vermeintliche Anreizproblem überwunden werden, das in zu geringen Löhnen oder zu geringen Entgeltsteigerungen für eine zusätzliche Arbeitszeit gesehen wird. Als Begründung wird auf die so genannte Sozialhilfefalle – inzwischen müsste man von einer Arbeitslosengeld-II-Falle sprechen -hingewiesen. Der Zusammenhang ist in Abbildung 8 schematisch dargestellt. Die stark durchgezogene Kurve zeigt das Nettoeinkommen an, das dem Bürger bei einem bestimmten Bruttoeinkommen zur Verfügung steht, also nach der Aufstockung durch Transferzahlungen im unteren Bereich und nach dem Abzug von Steuern im oberen Bereich. Steuern werden erst erhoben, wenn der Freibetrag überschritten wird, mit dem das Existenzminimum aus eigener Kraft gesichert werden kann, also ab einem Bruttoeinkommen in Höhe von A. Wer kein Einkommen erzielt, erhält die Mindestsicherung in Höhe des Arbeitslosengelds II. Wer ein geringes Einkommen erzielt, erhält ergänzendes Arbeitslosengeld II. Prinzipiell wird das Arbeitslosengeld II in dem Maße gekürzt, wie das Lohneinkommen steigt, so dass das insgesamt verfügbare Einkommen unverändert bleibt. Bis zu einem Bruttoeinkommen von A in Abbildung 8 steigt das insgesamt verfügbare Einkommen weder durch die Aufnahme einer Beschäftigung noch durch eine Ausweitung der Beschäftigung. Genau genommen kann ein Arbeitnehmer allerdings Teile des Hinzuverdienstes behalten, die geringfügig über den zusätzlichen Aufwand hinausgehen. Richtig bleibt aber, dass in dem untersten Einkommensbereich bis zum Niveau des Arbeitslosengeldes II praktisch kein finanzieller Anreiz besteht, selbst ein höheres Einkommen zu erwirtschaften. Weil es sich finanziell nicht lohnt (mehr) zu arbeiten, wird von der Sozialhilfefalle gesprochen.

Abbildung 8: Arbeitslosengeld II ohne Hinzuverdienst

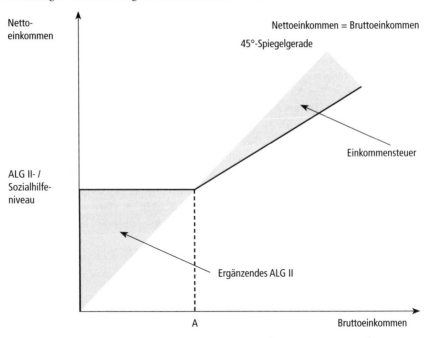

Mit der negativen Einkommensteuer und dem Kombilohn soll den Arbeitnehmern ein Anreiz gegeben werden, eine Beschäftigung aufzunehmen oder den Umfang der Beschäftigung auszuweiten. Ergänzend zu den am Markt erzielbaren Löhnen werden negative Einkommensteuern oder Subventionen gezahlt, die über das Arbeitslosengeld II hinausgehen, um ein steigendes Gesamteinkommen zu erreichen. Die staatlichen Leistungen in Kombilohnmodellen werden in der Regel bis zu einem bestimmten

Marktlohn gewährt, zeitlich befristet und auf bestimmte Gruppen von Arbeitnehmern begrenzt – z.B. Langzeitarbeitslose, Alleinerziehende, ältere Arbeitnehmer. Eine Bedürftigkeitsprüfung findet nicht statt. Um den Einsatz öffentlicher Mittel zu begrenzen, wird die Teilnahme an den Maßnahmen regelmäßig durch die in einem Programm bereitgestellten Mittel begrenzt.

130. Die negative Einkommensteuer ist ein Konzept, mit dem das Einnehmen von Steuern nahtlos mit der Auszahlung von Sozialleistungen verbunden werden soll. Manche verwenden auch den Begriff „Bürgergeld". Die Grundidee ist es, das Steuersystem und das Sozialsystem zusammenzuführen, zu vereinfachen und von Widersprüchen zu befreien. Jeder Bürger soll ein menschenwürdiges Mindesteinkommen erhalten, ohne zum Sozialamt oder anderen Sozialeinrichtungen gehen zu müssen. Ein für die Arbeitsmarktpolitik entscheidender Gedanke besteht schließlich darin, auch für Menschen, die öffentliche Hilfen erhalten, den Anreiz für eine Erwerbstätigkeit zu stärken oder überhaupt erst herzustellen, also die Sozialhilfefalle zu vermeiden.

131. In Tabelle 3 ist ein Beispiel zum Prinzip der negativen Einkommensteuer dargestellt. Dabei wird von einem Existenzminimum bzw. einer sozialen Mindestabsicherung in Höhe von 8.000 Euro jährlich ausgegangen. Diesen Betrag bekommt der Bürger als negative Einkommensteuer ausgezahlt, wenn er keine eigenen Einkünfte hat. Erzielt der Bürger eigene Einkünfte, so wird in diesem Beispiel unterstellt, dass er davon die Hälfte behalten darf, d.h. die negative Einkommensteuer wird ausgehend vom Existenzminimum nur um 50 Prozent des erzielten Einkommens gekürzt. Der verfügbare Betrag steigt vom Existenzminimum aus um die Hälfte der eigenen Einkünfte. Bei eigenen Einkünften von 16.000 Euro entfällt die negative Einkommensteuer bzw. das vom Staat ausgezahlte Transfereinkommen. Bei diesem Einkommen erhält der Bürger also keine zusätzlichen Mittel vom Staat und zahlt auch keine Steuern. Für Einkommen, die über 16.000 Euro hinausgehen, wurde vereinfachend eine proportionale Steuer von 30 Prozent angesetzt.

Tabelle 3: Beispiel für eine negative Einkommensteuer

	Einkommen vor Steuern						
	0	4.000	8.000	12.000	16.000	20.000	24.000
Negative ESt (8000 − 0,5 E)	8.000	6.000	4.000	2.000	0		
Positive ESt 0,3 (16.000 − E)					0	−1.200	−2.400
Verfügbare Mittel	8.000	10.000	12.000	14.000	16.000	18.800	21.600

In der grafischen Darstellung wird die negative Einkommensteuer mit der geltenden Regelung von Transferzahlungen und Steuern verglichen. Hier werden die Steuereinnahmen in Abhängigkeit vom Bruttoeinkommen dargestellt. Unterstellt man als Ausgangsbasis wieder ein Mindestabsicherungsniveau von 8.000 Euro jährlich, dann zeigt die punktierte Linie bei geltendem Recht vereinfachend den Abbau des Arbeitslosengelds II mit steigendem Einkommen, d.h. für jeden Euro, den der Bürger verdient, wird die Transferzahlung um einen Euro gekürzt. Die Summe aus eigenem Einkommen und Transferzahlung beträgt jeweils 8.000 Euro, solange das Einkommen nicht über 8.000 Euro hinausgeht. Einkünfte, die 8.000 Euro übersteigen, werden besteuert – hier vereinfachend mit 30 Prozent (durchgezogene Linie). Nach dem Konzept der negativen Einkommensteuer wird die Transferzahlung dagegen nicht um den vollen Betrag der eigenen Einkünfte verringert, sondern in dem gewählten Beispiel nur um die Hälfte (gestrichelte Kurve). Die Summe aus verbleibendem Einkommen und negativer Einkommensteuer steigt von Anfang an. Bei einem Einkommen von 8.000 Euro kommt noch eine negative Einkommensteuer, ein Transfer von 4.000 Euro dazu. Der Bürger erhält bis zu einem Einkommen von 16.000 Euro Leistungen vom Staat. Erst die Einkünfte über 16.000 Euro werden versteuert.

Abbildung 9: Fiskalische Wirkungen einer negativen Einkommensteuer

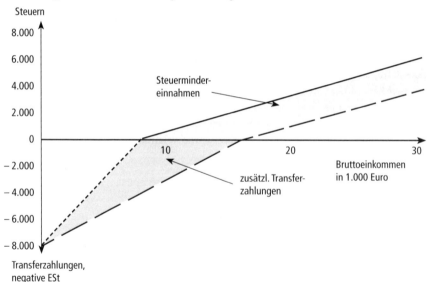

Mit dem Beispiel soll lediglich das Grundmuster der negativen Einkommensteuer erläutert werden. Im konkreten Fall kann sie sehr unterschiedlich ausgestaltet werden. Hier wird sie als eine Variante der Modelle zur Überwindung der „Sozialhilfefalle" diskutiert.

132. Der Vorteil aller Subventionsmodelle und Kombilöhne ist ihre direkte Anknüpfung am regulären Arbeitsmarkt. Mit allen Varianten der negativen Einkommensteuer und der Kombilöhne werden Tätigkeiten bei regulären Arbeitgebern in normaler Arbeitsumgebung gefördert. Trotz dieses Vorteils muss sorgfältig geprüft werden, welche grundsätzlichen Schwierigkeiten sich ergeben und ob diese Modelle eine nachhaltige Verbesserung erwarten lassen.

Es ist zweitrangig, ob die Lohn- oder Lohnnebenkosten teilweise übernommen werden oder auf Sozialversicherungsbeiträge verzichtet wird. Es ist auch nebensächlich, ob die Subventionen an Arbeitgeber ausbezahlt werden, so dass diese den Teilnehmern Löhne zahlen können, die deren Produktivität übersteigen, oder ob die Subventionen direkt an die Teilnehmer fließen und deren Einkommen über die Marktentlohnung anheben.

133. Mit einer negativen Einkommensteuer werden die Arbeitsanreize durchgängig erhöht, wenn das Mindesteinkommensniveau, wie es im Arbeitslosengeld II vorgesehen ist, gewährleistet wird. Ausgehend von diesem Niveau für Personen ohne eigenes Einkommen steigt das Nettoeinkommen als Summe aus eigenem Einkommen und der negativen Einkommensteuer kontinuierlich an. In Abbildung 10 wird diese Veränderung des Nettoeinkommens in Abhängigkeit vom Bruttoeinkommen und der negativen Einkommensteuer dargestellt. Der dargestellte Arbeitsanreiz aufgrund der negativen Einkommensteuer wird teuer erkauft: Die direkten Transferzahlungen fallen höher aus und erstrecken sich zusätzlich auf Arbeitnehmer mit einem Bruttoeinkommen, das über das Mindestabsicherungsniveau hinausgeht, also zwischen A und B in Abbildung 10. Außerdem setzt die Steuerpflicht erst bei einem sehr viel höheren Einkommen ein und die Steuereinnahmen sinken kräftig.

Abbildung 10: Negative Einkommensteuer

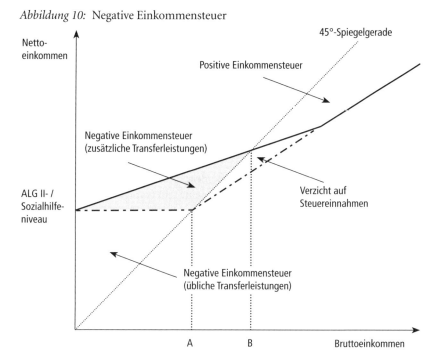

Sollen die Arbeitsanreize spürbar sein, werden die fiskalischen Kosten der negativen Einkommensteuer inakzeptabel hoch. Da dieser Weg aus fiskalischen Gründen nicht gegangen werden kann, bleiben nur zwei Möglichkeiten. Entweder man hält die Arbeitsanreize gering. Dann wird der Anteil, der dem Bürger vom selbst erwirtschafteten Einkommen verbleibt, sehr niedrig angesetzt und im Grenzfall nahe Null sein. Dann ist man wieder bei der solidarischen Sozialhilfe bzw. dem Arbeitslosengeld II mit reiner Mindestabsicherung und letztlich wieder in der „Sozialhilfefalle". Oder man senkt das soziale Mindestsicherungsniveau für prinzipiell arbeitsfähige Individuen und hält gleichzeitig die Anreize zur Aufnahme einer Beschäftigung hoch (siehe Abbildung 11).

Abbildung 11: Negative Einkommensteuer mit niedrigerer Mindestsicherung

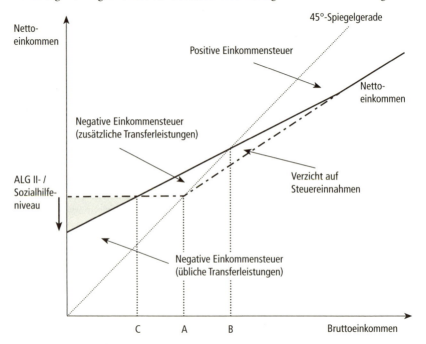

Zwar sinkt hierbei in der Tat die fiskalische Belastung. Aber weil einige Arbeitnehmer nur sehr begrenzt arbeitsfähig sind bzw. nur eine sehr geringe Produktivität haben und nur ein geringes eigenes Einkommen erzielen – bis zu einem Bruttoeinkommen von C in Abbildung 11 –, werden sie selbst bei Aufnahme einer vollen Tätigkeit das Mindesteinkommen (ALG II-Niveau) nicht erreichen. Es wäre nicht zu rechtfertigen und mit dem Bedürftigkeitsprinzip nicht vereinbar, wenn man einer Gruppe von Arbeitnehmern ein Dasein unterhalb des sozio-kulturellen Existenzminimums dauerhaft zumuten würde. Völlig widersinnig wäre eine solche Regelung, wenn das Mindesteinkommen für die nicht arbeitsfähigen Sozialhilfeempfänger auf dem bisherigen Niveau durch Transferzahlungen gewährleistet würde. Dann hätten Beschäftigte mit sehr geringer Produktivität ein geringeres Nettoeinkommen als ein Sozialhilfeempfänger. Es kann nicht einfach unterstellt werden, dass alle Arbeitnehmer in der Lage sind, ein bestimmtes Einkommen selbst zu erwirtschaften. Insofern entfällt die Möglichkeit, die hohen fiskalischen Kosten für das Konzept der negativen Einkommensteuer über ein Absenken der Mindestsicherung für prinzipiell arbeitsfähige Individuen zu begrenzen. Somit bietet dieses Konzept keine finanzierbare Lösung des Arbeitsanreizproblems.

In den Kombilohnmodellen wird vom gegebenen Mindestsicherungsniveau ausgegangen. Ähnlich wie bei der negativen Einkommensteuer wird dabei ein Arbeitsanreiz gesetzt, in diesem Fall durch Lohnsubventionen, so dass im Ergebnis das Nettoeinkommen mit steigendem Bruttoeinkommen steigt. Um die finanzielle Belastung für die Gemeinschaft in Grenzen zu halten, wird die zusätzliche Förderung nur bis zu einem vergleichsweise bescheidenen Bruttoeinkommen aufgebaut und danach wieder abgeschmolzen (siehe Abbildung 12).

Abbildung 12: Kombilohnmodell

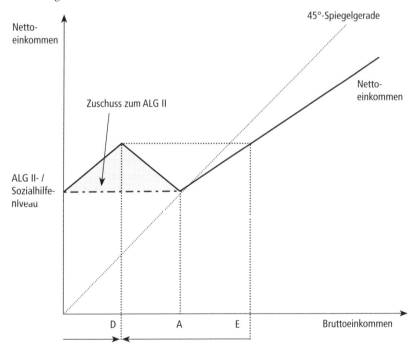

Für die Bezieher geringer Einkommen – in Abbildung 12 bis zu einem Bruttoeinkommen in Höhe von D – entstehen tatsächlich Anreize zur Arbeitsaufnahme und Arbeitsausweitung, da das am Markt erzielbare Einkommen über den Kombilohn entsprechend aufgestockt wird. Die Förderung muss allerdings bereits zurückgefahren werden, bevor ein Bruttoeinkommen erwirtschaftet werden kann, das dem Mindestabsicherungsniveau entspricht. Durch das Abschmelzen der Förderung entstehen aber starke negative Arbeitsanreize: Bezieher von Bruttoeinkommen oberhalb von D in Abbildung 12 könnten sich monetär besser stellen, wenn sie ihre Arbeit einschränkten und somit in Verbindung mit dem Kombilohn ein höheres Nettoeinkommen erzielten. Hinzu kommt: Diese negativen Arbeitsanreize sind nicht nur für diejenigen relevant, deren Markteinkommen maximal bis zum Mindestsicherungsniveau reichen, sondern auch für diejenigen, deren Produktivität ausreicht, ein Einkommen oberhalb des Existenzminimums zu erzielen (Einkommensabschnitt zwischen A und E in Abbildung 12). Im Ergebnis entsteht ein Anreiz für Arbeitnehmer, die bislang ihren Lebensunterhalt selbst verdienen, ihre Arbeitszeit einzuschränken, so dass der Bruttolohn bis zum Punkt D in Abbildung 12 sinkt, und die Subventionen des Kombilohnmodells in Anspruch zu nehmen.

Wollte man diese negativen Anreize verringern, in dem man die Kombilohnzahlungen „sanft auslaufen" ließe, würde man sich im Extremfall wieder der Anreizstruktur nähern, die Anlass war, Kombilöhne überhaupt erst einzuführen: Ab dem maximal mit der Förderung erreichten Nettoeinkommen würde wiederum kein Anreiz bestehen, mehr zu arbeiten. Nur ist in diesem Fall das Förderniveau schon erheblich höher als in der Referenzsituation des Arbeitslosengelds II und es werden Personen in die Förderung einbezogen, die für sich selbst sorgen könnten – beispielsweise potentielle Bezieher von Bruttoeinkommen zwischen A und E in Abbildung 13. Wollte man auch dies wieder beheben, indem Transferentzugsraten von weniger als 100 Prozent eingeführt würden, befänden wir uns wieder im Modell der negativen Einkommensteuer mit den oben beschriebenen Finanzierungsproblemen.

134. Kombilohn-Modelle führen zu diskriminierenden Störungen im System der sozialen Sicherung und des Arbeitsmarktes. Mit dem Arbeitslosengeld II werden die Eigenmittel jedes bedürftigen Menschen aufgestockt, so dass ein Mindestlebensstandard gewährleistet ist. Die arbeitsmarktpolitisch motivierten Kombilöhne zerstören diese Gleichbehandlung Bedürftiger, indem arbeitsfähigen Transferempfängern durch die Subventionen ein höherer Lebensstandard gewährt wird als nicht arbeitsfähigen Hilfebedürftigen. Im Ergebnis bedeutet dies, dass beispielsweise kranken oder aus anderen Gründen nicht arbeitsfähigen Sozialhilfeempfängern weiterhin die Mindestsicherung zugestanden wird, während arbeitsfähige Kombilohn-Empfänger mit ebenfalls steuerfinanzierten Transfers auf ein höheres Einkommensniveau gehoben werden.

Die Entlohnung auf dem regulären Arbeitsmarkt richtet sich prinzipiell nicht nach der Bedürftigkeit, sondern nach der Leistungsfähigkeit. Die Zahlungsbereitschaft der Arbeitgeber hängt von dem erwarteten Wert der Tätigkeit ab. Durch einen Lohnzuschuss kommt es nun zu der Situation, dass ein Arbeitnehmer für die gleiche Tätigkeit einen höheren Lohn erhält als sein Kollege, der nicht an dem Förderprogramm teilnimmt, weil er vorher nicht arbeitslos war. Das wird sowohl bei diesem Kollegen als auch beim Arbeitgeber Überlegungen auslösen, wie auch dieses Arbeitsverhältnis in die Förderung einbezogen werden kann.

Abbildung 13: Kombilohnmodell mit „sanft auslaufender" Förderung

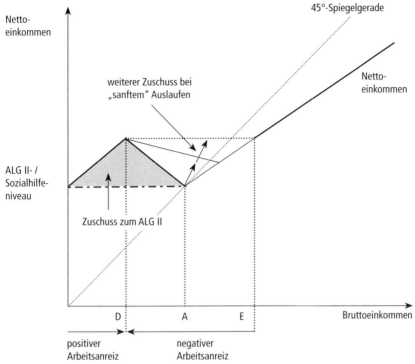

Solange die Modelle aufgrund der begrenzt verfügbaren Mittel außerdem nur einem Teil der arbeitsfähigen Hilfeempfänger angeboten werden, entstehen Ungleichbehandlungen. Abgrenzungskriterien wie Dauer der Arbeitslosigkeit, Anzahl der Kinder, Alter usw. lösen das Problem nicht.

135. Wie bei jeder Subvention muss davon ausgegangen werden, dass die Mittel nicht nur im erwünschten Sinne abgerufen werden. So ist vorstellbar, dass förderungsfähige Transferempfänger eine subventionierte normale Tätigkeit einer schwierigeren oder unangenehmeren Tätigkeit vorziehen, die dasselbe Einkommen ohne Subvention erbringen würde. Mit der Einführung einer Lohnsubvention werden die normalen Arbeitsanreize gestört, da beispielsweise eine am Markt mit sechs Euro entgoltene Tätigkeit durch den Transfer auf acht Euro angehoben wird, also auf einen Lohn, der ohne die Subvention nur in den Nachtstunden oder im Schichtbetrieb gezahlt würde. Auch eine Einigung zwischen Arbeitgeber und Arbeitnehmer zur Ausschöpfung der Subventionen wäre auf Dauer nicht auszuschließen. Solche Anpassungsreaktionen werden mit zunehmender Dauer der Maßnahmen immer wahrscheinlicher. Würden Kombilohn-Modelle dauerhaft angeboten, wäre trotz einer Befristung für den einzelnen Arbeitnehmer zu erwarten, dass viele Arbeitnehmer durch das Programm geschleust werden, die sonst ohne Förderung gearbeitet hätten.

136. Aus den genannten Gründen werden Kombilohn-Programme ausnahmslos befristet durchgeführt. Im Idealfall gewinnen einige Teilnehmer mit Hilfe der Maßnahme eine ausreichende Produktivität und erhalten einen regulären Arbeitsplatz. Für diese Gruppe wäre der Kombilohn als Einstiegshilfe ein vertretbares Instrument, obwohl auch hier zu fragen ist, warum das nicht im Rahmen des Arbeitslosengelds II möglich ist. Diese Gruppe ist zudem nicht leicht abzugrenzen, denn es kann durchaus lohnend sein, die Förderung auch dann zu beanspruchen, wenn sie nicht erforderlich wäre. Je länger das Programm läuft, umso größer wird diese Gruppe der „Mitnehmer". Umgekehrt wird die Gruppe der Arbeitslosen nicht erreicht, die sich im Sozialsystem arrangiert haben und die Kombination aus Arbeitslosengeld II, Eigenarbeit, Nachbarschaftshilfe und Schwarzarbeit einer Rückkehr in die normale Beschäftigung vorziehen, obwohl sie hinreichend produktiv sind.

Ein erheblicher Teil der Arbeitslosen verfügt dagegen nicht über eine ausreichende Produktivität, um den Ansprüchen der offerierten Stellen im tariflichen Niedriglohnbereich zu entsprechen. Nicht selten stellen gerade Arbeitsplätze im niedrigqualifizierten Bereich erhebliche Anforderungen an körperliche Belastbarkeit und Stressbewältigung, die keinesfalls von allen Langzeitarbeitslosen erfüllt werden, und einem Teil der Langzeitarbeitslosen mangelt es an wichtigen Beschäftigungsvoraussetzungen wie Zuverlässigkeit, Durchhaltevermögen, Konflikt- und Kommunikationsfähigkeit. Bei dieser Gruppe von Arbeitslosen sind keine nachhaltigen Beschäftigungswirkungen zu erwarten.

Viele Teilnehmer von Kombilohn-Projekten werden das durch Subventionen erhöhte Einkommen durchaus als attraktiv betrachten. Nach dem Auslaufen der Förderung werden sie jedoch wieder in die Arbeitslosigkeit zurückfallen. Dabei entstehen nach der gewöhnlich für zwölf bis 36 Monate subventionierten sozialversicherungspflichtigen Beschäftigung neue Ansprüche auf Arbeitslosengeld , was zusätzliche Kosten in den Transfersystemen verursacht. Diese unerwünschten Wirkungen müssen keineswegs von den Teilnehmern beabsichtigt sein. Sie sind aber zu erwarten, wenn es mit der befristeten Maßnahme nicht gelingt, die Produktivität des Teilnehmers hinreichend zu erhöhen. Hinreichend bedeutet in diesem Zusammenhang nicht in erster Linie, dass ein nach Auslaufen der Maßnahme erreichbarer Lohn ausreichend über den Transferansprüchen liegen muss, um den monetären Anreiz zu erhalten. Zwar wird eine solche Anspruchshaltung, die im Widerspruch zum System des bedürftigkeitsgeprüften Arbeitslosengelds II steht, durch die zuvor erhaltene Förderung noch verstärkt. Wichtiger erscheint jedoch, dass die Produktivität der geringqualifizierten Langzeitarbeitslosen hinreichend erhöht wird, um bei den vorhandenen Tarifstrukturen überhaupt eine Beschäftigung zu finden.

Die subventionierten Maßnahmen eignen sich somit grundsätzlich nur für Arbeitslose, deren Produktivität von den Arbeitgebern unterschätzt wurde oder innerhalb des Zeitraums der Maßnahme und aufgrund der Maßnahme so weit angehoben werden kann, dass sie im Anschluss an die Förderung eine Stelle im regulären Arbeitsmarkt einnehmen können und wollen. Zur Wiedereingliederung von Langzeitarbeitslosen, deren Produktivität nicht ausreichend gesteigert werden kann, müssen andere Beschäftigungsmöglichkeiten gefunden werden.

137. Bislang sind die Erfahrungen mit Kombilohnmodellen enttäuschend. Die Modelle eignen sich letztlich nur für Personen mit hinreichender Produktivität. Bei Geringqualifizierten sehen die Unternehmen sich dem Erwartungsdruck ausgesetzt, das Beschäftigungsverhältnis später ohne Förderung aber zu gleichen Konditionen für den Arbeitnehmer fortzusetzen. Deshalb lassen sie sich nicht gerne auf diese Modelle ein.

Tatsächlich verstoßen diese Programme bereits in ihrer grundlegenden Konzeption und Funktionsweise gegen die Bedingungen des Sozialsystems, das in seiner originären Gestaltung mit anderen Anreiz- und Sanktionsmechanismen arbeitet als das Subventionssystem.

138. Um Möglichkeiten einer Beschäftigung von Arbeitslosengeld II-Empfängern beurteilen zu können, ist es wichtig, die Prinzipien der bestehenden Systeme genau zu beachten:

Der normale Arbeitnehmer hat einen Anspruch auf die Gegenleistung für seine Arbeit. Die Sozialabgaben entrichtet er grundsätzlich für seine eigenen Gesundheitsausgaben, seine Rente usw. Soweit sein Einkommen über die steuerlichen Freibeträge hinausgeht, die einen Mindestlebensstandard absichern sollen, ist er entsprechend seiner Leistungsfähigkeit verpflichtet, sich mit Steuerzahlungen an den Kosten der allgemeinen Staatsaufgaben einschließlich der sozialen Mindestsicherung zu beteiligen.

Erzielt der Arbeitnehmer nur gerade soviel Einkommen, dass er davon seinen Lebensunterhalt und den der Familie bestreiten kann, braucht er keine Steuern zu zahlen. Die Beteiligung an der Finanzierung der staatlichen Leistungen wird ihm erlassen. Die Sozialabgaben dienen wiederum der eigenen (Mindest-)Sicherung im Falle von Krankheit, Alter, Pflege und Arbeitslosigkeit. Der Bürger kann also noch für sich selbst und seine Familie sorgen, aber seine Leistungsfähigkeit erlaubt es ihm nicht, zusätzlich seiner prinzipiellen Pflicht nachzukommen, den Staat mit zu tragen.

Wer schließlich weniger Einkommen erzielt als er und seine Familie zum Leben brauchen, darf ebenfalls sein Einkommen steuerfrei behalten. Darüber hinaus stockt die Gemeinschaft die selbst erwirtschafteten Mittel bis auf den Betrag auf, der ihm und seiner Familie nach den geltenden gesellschaftlichen Standards ein menschenwürdiges Leben ermöglicht. Das entbindet ihn – wiederum entsprechend seiner Leistungsfähigkeit – nicht von der Pflicht, alles zu tun, seinen Lebensunterhalt so weit wie möglich selbst zu bestreiten und zukünftig wieder voll aus eigener Kraft zu finanzieren sowie sich auch wieder an den Kosten des Staatswesens zu beteiligen, sobald er dazu in der Lage ist.

Kombilöhne konzentrieren sich auf die dritte Gruppe, deren Mitglieder geringe Möglichkeiten haben, ein Einkommen zu erzielen. Protagonisten der Beschäftigungssubventionen fordern, dass Personen, die für ihren Mindestlebensstandard auf Arbeitslosengeld II angewiesen sind, mehr bekommen sollen, wenn sie arbeiten. Aber: Was wären die Mindestbedingungen, um eine Person als „arbeitend" einzustufen? Wie ließe sich ein Zuschlag auf das Arbeitslosengeld II rechtfertigen, wenn die Möglichkeiten, Einkommen zu erzielen, sehr unterschiedlich sind? Warum sollten leistungsfähigere Transferempfänger über mehr Mittel verfügen können als eingeschränkt oder gar nicht erwerbsfähige Hilfebedürftige?

139. Eine über das Mindestsicherungsniveau hinausgehende Unterstützung einzelner Personen und Familien ist mit dem Prinzip der sozialen Absicherung nicht in Einklang zu bringen. Gleichzeitig verstößt sie gegen das Subsidiaritätsprinzip, also gegen die Verpflichtung jedes Bürgers, für sich und seine Familie so weit wie möglich selbst zu sorgen. Es gibt die Zusage einer ergänzenden Hilfe, wenn die eigenen Möglichkeiten ausgeschöpft sind und das selbst erzielte Einkommen für ein menschenwürdiges Leben nicht reicht. Es gibt aber keinen Grund, Personen zu belohnen, die nur ihrer Pflicht nachkommen, die Möglichkeiten zur Selbsthilfe auszuschöpfen.

Eine Differenzierung zwischen Hilfeempfängern im Mindestsicherungssystem gibt nur in der Form einen Sinn, dass die von der Gesellschaft gewährte Hilfe für solche Personen gekürzt wird, die arbeiten können, aber nicht arbeiten wollen. Diese Sanktionsmöglichkeit für den Fall einer Pflichtverletzung ist nach geltendem Recht möglich. Bevor man aber die Frage nach Sanktionen für arbeitsunwillige Transferempfänger stellt, sollte geklärt werden, ob die Arbeitswilligen überhaupt die Möglichkeit haben, ihrer Pflicht nachzukommen und einen Beitrag zum eigenen Lebensunterhalt zu leisten. Das ist die Frage nach gesetzlichen und gesellschaftspolitischen Hindernissen für geringproduktive Arbeitnehmer, in ein Beschäftigungsverhältnis einzutreten. Es geht also nicht um finanzielle Anreize, sondern schlicht um die Möglichkeit – man könnte auch sagen: Zulässigkeit –, eine Beschäftigung zu Marktbedingungen aufzunehmen, die es den Transferbeziehern erlaubt, ihre Leistungsfähigkeit, und sei sie noch so gering, im eigenen Interesse und zur Entlastung der Gesellschaft einzubringen.

Die Ausweitung der gesetzlichen Mindestlöhne und die tariflichen Mindestlöhne stehen einer sinnvollen produktiven Beschäftigung von Arbeitnehmern mit geringer Produktivität diametral entgegen. Auf diese Weise werden die Arbeitswilligen daran gehindert, ihre Fähigkeiten zu nutzen und die Gesellschaft zu entlasten. Nur dadurch kann auch der Eindruck entstehen, es gäbe nicht genug Arbeitsplätze für Geringqualifizierte. Die Kombilohnvorschläge zeigen nichts anderes an, als dass es die Arbeitsplätze gibt, sie aber unter den bestehenden Bedingungen nicht genutzt werden.

III. Vorschläge der Hartz-Kommission

140. Im Jahre 2002 berief die rot-grüne Bundesregierung eine Kommission unter Vorsitz des damaligen VW-Personalvorstands Peter Hartz. Ziel war es, Vorschläge für die Verringerung der Arbeitslosigkeit, insbesondere der Langzeitarbeitslosigkeit, zu erarbeiten. Die unter „Hartz I bis IV" bekannt gewordenen „Gesetze für moderne Dienstleistungen am Arbeitsmarkt" sind seit dem Jahr 2003 sukzessive in Kraft getreten und erfuhren mit dem „Gesetz zur Fortentwicklung der Grundsicherung für Arbeitsuchende" zum 1. August 2006 letztmalig eine Ergänzung.

141. Als eine der wichtigsten Änderungen ist sicherlich die Zusammenlegung von ehemaliger Arbeitslosenhilfe und Sozialhilfe zum so genannten Arbeitslosengeld II (ALG II) zu nennen, die zum 1. Januar 2005 im vierten Gesetz für moderne Dienstleistungen verankert wurde (Hartz IV). Damit ist die aus Steuern finanzierte Arbeitslosenhilfe in das allgemeine Sozialsystem integriert worden. Die Zusammenlegung mit der Sozialhilfe ist dagegen nur teilweise zustande gekommen. Die frühere Sozialhilfe ist auf Hilfen für nicht arbeitsfähige Bürger eingeschränkt worden. Arbeitsfähige hilfebedürftige Bürger erhalten das Arbeitslosengeld II.

Daneben gibt es weiterhin das allgemeine Arbeitslosengeld. Hierbei handelt es sich um eine aus Beiträgen der Versicherten finanzierte Versicherungsleistung, deren Höhe sich nach dem vorherigen Lohneinkommen der Arbeitnehmer richtet. In der Regel wird es nun ein Jahr lang gewährt – für über 50jährige Arbeitslose verlängert sich die Bezugsdauer auf 15 Monate, für 55jährige auf 18 Monate und für 58jährige auf 24 Monate. Im Gegensatz dazu ist das ALG II eine Grundsicherungsleistung, die aus Steuermitteln für alle bedürftigen erwerbsfähigen Bürger finanziert wird. Treffender wäre die Bezeichnung „Sozialhilfe II". Aber der Begriff Sozialhilfe sollte für Arbeitsfähige wohl vermieden werden. Das Missverständnis das ALG II werde aus den Beiträgen der Arbeitnehmer finanziert wird billigend in Kauf genommen. Der Bund zahlt die Regelsätze. Die Kommunen tragen grundsätzlich die Kosten der Unterkunft, und zwar die Miete und die Heizkosten, aber der Bund beteiligt sich mit knapp 30 Prozent an diesen Kosten. Für die Finanzierung der Sozialhilfe sind weiterhin die Länder und Kommunen zuständig.

Die Höhe der Regelleistungen des ALG II und der Sozialhilfe ist zum 1. Juli 2008 auf 351 Euro pro Monat für Alleinstehende angehoben worden. Für weitere Erwachsene und für Kinder gelten abgestufte Regelsätze. Hinzu kommen die Erstattung der vollen Kosten der Unterkunft und die Übernahme der Kranken- und Pflegeversicherungskosten als Bestandteile der Mindestabsicherung.

142. Prinzipiell sollten die Leistungen der Sozialhilfe und des ALG II gleich hoch sein, weil die Kosten in beiden Fällen von den Steuerzahlern getragen werden. In das ALG II ist mit der Möglichkeit des Hinzuverdienstes aber ein geringfügiger Arbeitsanreiz eingebaut worden. Mit einem Hinzuverdienst ist der Betrag gemeint, der nicht auf die Höhe des ALG II angerechnet wird. Seit dem 1. Oktober 2005 wird den beschäftigten ALG II-Empfängern nach § 30 SGB II mit einem eigenen Einkommen bis 400 Euro ein Grundfreibetrag in Höhe von 100 Euro gewährt, um Aufwendungen wie Werbungskosten, private Versicherungen usw. abzudecken.[1] Zusätzlich zum Grundfreibetrag verbleiben einem arbeitenden ALG II-Bezieher bei einem Einkommen bis 800 Euro 20 Prozent (d.h. die Transferentzugsrate beträgt 80 Prozent) des Einkommens oberhalb des Grundfreibetrags. Für Bruttoeinkommen, die 800 Euro übersteigen, gilt ein Freibetrag von zehn Prozent (d.h. die Transferentzugsrate beträgt 90 Pro-

---

[1] Ab einem Einkommen von 400 Euro können höhere Aufwendungen geltend gemacht werden, wenn sie den Grundfreibetrag übersteigen.

zent) Die Höchstgrenze liegt bei 1.200 Euro für Hilfebedürftige ohne Kinder und bei 1.500 Euro für Hilfebedürftige mit Kindern. Bei einem Einkommen oberhalb dieser Grenzen beträgt die Transferentzugsrate 100 Prozent bis der übliche Steuer-Tarif wieder erreicht wird.

Die Wirkungen dieser Regelungen ähneln denjenigen der negativen Einkommensteuer. Der Freibetrag (z. Zt. 100 Euro) kann als Aufwandsentschädigung für die mit der Aufnahme einer Beschäftigung verbundenen Kosten angesehen werden. Von dem zusätzlich erzielten Arbeitsentgelt verbleiben dem ALG II-Empfänger zunächst 20 Prozent, ab 800 Euro noch 10 Prozent und ab 1.200 Euro nicht mehr, bis das ALG II vollständig abgebaut ist (siehe Abbildung 14) Die finanziellen Arbeitsanreize sind vergleichsweise bescheiden und entfallen für einen bestimmten Bereich vollständig. Wenn dass Bruttoeinkommen das ALG II und den maximalen Hinzuverdienst übersteigt, gelten wieder die üblichen Steuer- und Abgabenregelungen.

Abbildung 14: ALG II plus Hinzuverdienst[2]

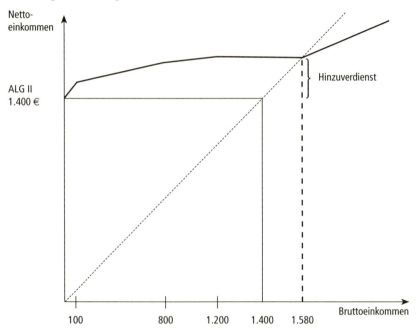

Auch beim ALG II wird wieder der Konflikt zwischen dem angestrebten Arbeitsanreiz und der Belastung der öffentlichen Haushalte sichtbar. Denn es ist unvermeidlich, dass die Sozialleistung aufgrund des nicht anrechenbaren Hinzuverdienstes langsamer abgebaut wird und dass mehr Bürger die Sozialleistung in Anspruch nehmen können.

---

[2] Hier wird beispielhaft von einem ALG II-Anspruch in Höhe von 1.400 Euro ausgegangen. Das könnte ein Ehepaar mit einem Kind sein, wobei ein Erwachsener Alleinverdiener ist.

III. Vorschläge der Hartz-Kommission

Viele Hilfebezieher wären aus verschiedenen Gründen (immaterielle Arbeitsanreize, Wunsch nach sozialen Kontakten etc.) auch ohne zusätzliche monetäre Anreize bereit, eine Arbeit aufzunehmen – nicht zuletzt weil sie die Verpflichtung ernst nehmen, so weit wie möglich selbst für ihren Lebensunterhalt zu sorgen. Mit den Hinzuverdienstmöglichkeiten trägt der Gesetzgeber dazu bei, die Verpflichtung zur Selbsthilfe zu unterlaufen. Das widerspricht den grundlegenden sozialstaatlichen Prinzipien wie dem Gleichbehandlungs- und dem Subsidiaritätsprinzip (siehe Kapitel G II). Nach diesen Grundsätzen ist der Eigenverdienst vollständig auf die Hilfeleistungen anzurechnen.

143. Neben der Hinzuverdienstmöglichkeit in einer regulären Beschäftigung gibt es die so genannten Arbeitsgelegenheiten (Ein-Euro-Jobs). Dadurch sollen Hilfebedürftige, die keine reguläre Arbeit finden, die Möglichkeit erhalten, einer geförderten Beschäftigung nachzugehen. Zulässig sind dabei jedoch nur „im öffentlichen Interesse" liegende zusätzliche Beschäftigungsgelegenheiten bei Kommunen, Wohlfahrtsverbänden, Vereinen oder Stiftungen. Als zusätzlich werden Tätigkeiten angesehen, die sonst überhaupt nicht, nicht im gleichen Umfang oder erst zu einem späteren Zeitpunkt durchgeführt würden. Nach herrschender Auffassung darf es sich nicht um Tätigkeiten handeln, die zu den normalen Aufgaben der öffentlichen Hand oder zu den üblichen Tätigkeiten der Privatwirtschaft gehören. Es handelt sich um eine Programmförderung ohne Rechtsanspruch der ALG II-Empfänger. Die Dauer der Maßnahme ist grundsätzlich auf ein halbes Jahr (!) begrenzt. Der arbeitsbedingte Mehraufwand (z. B. Arbeitskleidung und Fahrtkosten) soll dem ALG II-Empfänger in Form einer „angemessenen Mehraufwandsentschädigung" von bis zu zwei Euro pro Stunde vergolten werden. Diese Aufwandsentschädigung ist gemessen an vergleichbaren Regelungen relativ hoch. Eine Verrechnung mit dem ALG II findet nicht statt. Zudem erhält der Träger der Maßnahme eine Entschädigung für möglicherweise anfallende Betreuungskosten. Die Träger des ALG II werden durch diese Arbeitsleistungen nicht entlastet, sondern in erheblichem Maße zusätzlich belastet. Im Jahr 2007 waren im Durchschnitt 323.000 Teilnehmer in Arbeitsgelegenheiten beschäftigt.

144. Mit dem Angebot einer Arbeitsgelegenheit kann die Arbeitsbereitschaft von Transferempfängern überprüft werden. Denn ALG II-Empfänger müssen mit Leistungskürzungen im Falle einer Ablehnung des Angebotes rechnen. Die Erfahrung hat jedoch gezeigt, dass viele Arbeitslose bereits freiwillig einen Ein-Euro-Job annehmen. Dies kann als Zeichen dafür gewertet werden, dass diese Menschen keinen finanziellen Anreiz brauchen, sondern die Arbeitslosigkeit als so unbefriedigend empfinden, dass sie sich auch ohne Arbeitsentgelt um eine Integration in den Arbeitsmarkt bemühen. Eine andere Interpretation wäre, dass die gewährte Mehraufwandsentschädigung bereits als ausreichender materieller Arbeitsanreiz wirkt, zumal diese Beträge nicht wesentlich von den Hinzuverdiensten in regulären Arbeitsverhältnissen abweichen. Die enge zeitliche Befristung spricht allerdings eher dafür, dass die Menschen versuchen, überhaupt wieder einen Anschluss an den Arbeitsmarkt zu finden.

Durch die geforderte Zusätzlichkeit dieser Jobs können nur solche Tätigkeiten ausgeübt werden, für die ansonsten keine Nachfrage bestünde. Hier wird Arbeitskraft verschwendet, weil sie nicht produktiv eingesetzt werden darf. Die fiskalischen Kosten sind hoch, obwohl die Gesellschaft nicht entlastet wird. Darüber hinaus können die Arbeitslosen durch die Zusätzlichkeit dieser Tätigkeit keine marktfähigen Qualifikationen erwerben oder erhalten. Und durch die Begrenzung dieser Maßnahmen auf öffentliche und gemeinnützige Unternehmen wird privatwirtschaftlichen Unternehmen die Möglichkeit genommen, einen Langzeitarbeitslosen und seine Qualifikationen unverbindlich kennen zu lernen. Das eigentliche Ziel der Wiedereingliederung Langzeitarbeitsloser wird somit verfehlt.

145. Abschließend ist festzuhalten, dass die Anreizprobleme mit dem ALG II nicht befriedigend gelöst werden. Die ohnehin arbeitswilligen Empfänger von ALG II brauchen keinen Hinzuverdienst. Für Personen, die nicht arbeitswillig oder durch „Nachbarschaftshilfe" bzw. Schwarzarbeit gut beschäftigt sind, müssten die Hinzuverdienstgrenzen sehr hoch – die Transferentzugsraten sehr niedrig – sein, so dass den Empfängern das ALG II nahezu vollständig erhalten bleibt. Anders gewendet: Diese Gruppe kann man nur aus der Schwarzarbeit herauskaufen, indem man ihnen den vollen Schaden aus dem Verzicht auf Schwarzarbeit ersetzt. Letztlich werden diejenigen belohnt, die vorher unsolidarisch auf eine Begrenzung der eigenen Hilfebedürftigkeit verzichtet haben.

Das ALG II ist im Kern kein arbeitsmarktpolitisches, sondern ein sozialpolitisches Instrument. Wenn parallel zur Einführung des ALG II die Vermittlungsbemühungen der Bundesagentur für Arbeit neu strukturiert und intensiviert wurden, handelt es sich um ein zeitliches Zusammenfallen, nicht um eine zwingende inhaltliche Verbindung.

Die Arbeitsgelegenheiten (Ein-Euro-Jobs) sind ein weiteres ungeeignetes arbeitsmarktpolitisches Instrument. Sie sind
- fiskalisch teuer, weil sowohl das Arbeitsentgelt als auch die zusätzliche Vergütung zugunsten des Arbeitgebers aus Steuermitteln finanziert werden,
- arbeitsmarktpolitisch höchst fragwürdig, weil dadurch nur in Ausnahmefällen der Weg in eine reguläre Beschäftigung eröffnet wird,
- ökonomisch unsinnig, weil die Beschäftigten nicht produktiv eingesetzt werden können und
- ein Hohn für Menschen mit geringer Produktivität, weil kein Rechtsanspruch auf diese Beschäftigung besteht, selbst wenn die Menschen ohne Entgelt arbeiten wollen. Außerdem fallen die dort beschäftigten Geringqualifizierten nach kurzer Zeit wieder in die Arbeitslosigkeit zurück.

IV. Produktive gemeinnützige Beschäftigung

146. Auch wenn Arbeitsbeschaffungsmaßnahmen, Kombilöhne und Ein-Euro-Jobs als Instrumente zur Verringerung der Arbeitslosigkeit weitgehend ungeeignet sind und allenfalls einer begrenzten Klientel vorübergehend helfen können, bleibt die Grundidee richtig, auch geringqualifizierte Arbeitslose in eine Beschäftigung zu bringen. Dadurch können sie einen Beitrag zur Deckung der von der Allgemeinheit zu tragenden Kosten leisten. So können sie ihre Fähigkeiten weiter entwickeln, sich gegebenenfalls auf einen normalen Arbeitsplatz vorbereiten und die psychische Belastung aufgrund der Arbeitslosigkeit abbauen. Dafür ist ein Instrument erforderlich, das ökonomisch und sozialpolitisch effizienter ist als die erwähnten Instrumente und das den Arbeitsmarkt nicht in seiner Funktionsfähigkeit beeinträchtigt. Der massive Einsatz von Mitteln für Arbeitsbeschaffungsmaßnahmen ist zwar vor allem mit dem Umbruch in Ostdeutschland begründet worden. Aber es hat gleich zu Beginn eine konstruktive Kritik gegeben, insbesondere unter Hinweis auf die bis zum Jahre 1969 im Gesetz über Arbeitsvermittlung und Arbeitslosenversicherung vorhandene Maßnahme der Gemeinschaftsarbeit. Leider wurde das Instrument der Gemeinschaftsarbeit im Jahre 1969 nicht in das Arbeitsförderungsgesetz übernommen, weil es damals wegen der niedrigen Arbeitslosigkeit als „nicht mehr zeitgemäß" angesehen wurde. Wie wir heute wissen, war das eine Fehleinschätzung. Deshalb soll hier ein Instrument diskutiert werden, das eine produktive gemeinnützige Beschäftigung vorsieht.

147. Die produktive gemeinnützige Beschäftigung kann von allen Arbeitslosen genutzt werden. Sie bietet aber vor allem den Geringqualifizierten eine dauerhafte Lösung. In den bisher dargestellten arbeitsmarkpolitischen Instrumenten, bis auf die Förderung von Arbeitsgelegenheiten, wird unterstellt, dass jeder Arbeitslose prinzipiell die Chance hat, in eine reguläre Beschäftigung einzutreten. Das trifft aber unter den gegenwärtigen gesetzlichen und tarifpolitischen Bedingungen nur für einen Teil der Arbeitslosen zu, nämlich für die Arbeitslosen, deren Produktivität ausreicht, den Tariflohn und die gesetzlichen Leistungen des Arbeitgebers zu erwirtschaften. Tatsächlich gibt es aber eine beträchtliche Anzahl von ALG II-Empfängern, deren Leistungsfähigkeit nicht ausreicht, diese Bedingungen zu erfüllen. Für diesen Teil der Arbeitslosen hat die Arbeitsmarktpolitik bisher nur die Antwort einer staatlich geförderten Tätigkeit „auf dem zweiten Arbeitsmarkt", der dabei streng vom regulierten Arbeitsmarkt getrennt werden muss (Zusätzlichkeitskriterium) – wie am Beispiel der Ein-Euro-Jobs erläutert. Dazu bietet die produktive gemeinnützige Beschäftigung eine Alternative. Ziel der produktiven gemeinnützigen Beschäftigung ist es, die Leistungsfähigkeit der ALG II-Empfänger voll zu nutzen und die staatlichen Hilfen auf den Umfang zu begrenzen, der erforderlich ist, um den Mindestlebensstandard der leistungsschwachen Menschen zu sichern.

148. Bei der produktiven gemeinnützigen Beschäftigung wird kein Beschäftigungsverhältnis begründet, sondern der Arbeitslose bleibt in dem Sozialrechtsverhältnis, d. h. er bekommt weiterhin ALG II. Der Träger des ALG II „verleiht" die Teilnehmer an dem Programm an beliebige Arbeitgeber. Der vom Arbeitgeber an den Verleiher zu zahlende Lohn richtet sich nach den Marktbedingungen und wird im Wettbewerb festgestellt. Auf diese Weise wird auch erreicht, dass die Teilnehmer möglichst produktiv eingesetzt werden, dass ihr Potential, Werte zu schaffen, genutzt wird. Die Teilnehmer erhalten lediglich eine pauschale Aufwandsentschädigung, die grundsätzlich nur die Kosten für zusätzliche Fahrten, Arbeitskleidung usw. abdecken soll.

> **Merkmale der produktiven gemeinnützigen Beschäftigung**
> – Die Teilnehmer erhalten keinen Arbeitsvertrag, sondern bleiben in dem bisherigen Sozialrechtsverhältnis.
> – Sie können auf jeden beliebigen produktiven Arbeitsplätzen eingesetzt werden. Sie werden vom Träger der sozialen Hilfe „verliehen".
> – Sie erhalten kein Entgelt, sondern lediglich eine Aufwandsentschädigung. Es werden keine Beiträge zur Arbeitslosenversicherung gezahlt und keine Ansprüche auf Arbeitslosengeld erworben.
> – Der Arbeitgeber zahlt den Lohn, der sich im Wettbewerb ergibt, an den Träger der sozialen Hilfe.
> – Der Lohn muss mindestens die Versicherungskosten, die Aufwandsentschädigung und die Organisationskosten decken.
> – Die Teilnehmer bleiben arbeitsuchend und können jederzeit auf einen regulären Arbeitsplatz wechseln.
> – Es werden keine Fördermittel eingesetzt.
> – Das Programm und die Beschäftigung des einzelnen Teilnehmers sind zeitlich nicht befristet.

Soweit das vom Arbeitgeber zu zahlende Entgelt die Aufwandsentschädigung, die Versicherungs- und Organisationskosten übersteigt, verbleibt es beim Träger des ALG II, der den Mindestlebensstandard des Teilnehmers sichert. Damit sinken die Kosten der sozialen Mindestsicherung. Mit gemeinnütziger Beschäftigung ist gemeint, dass das Arbeitsergebnis der Allgemeinheit zugute kommt, die den Lebensunterhalt des ALG II-Empfängers bezahlt. Letztlich wird damit die Selbsthilfeverpflichtung erfüllt, nachdem die Gesellschaft zunächst die vollen Kosten der Lebenshaltung übernommen hat. Dieses gemeinwohlverträgliche Verhalten ist die Grundlage des gegenseitigen Unterstützungsversprechens. Bei der Absicherung des Mindestlebensstandards gibt es keine Besserstellung der Beschäftigten gegenüber den nicht Arbeitsfähigen. Die Forderung, wonach nur solche Beschäftigungsverhältnisse eingegangen werden sollen, bei denen das vom Arbeitgeber zu entrichtende Entgelt mindestens die Aufwandsentschädigung sowie die Versicherungs- und Organisationskosten decken muss, soll sicherstellen, dass der Gesamtaufwand des Trägers des ALG II durch die Beschäftigung nicht zunimmt.

149. Wie wird in diesem Modell das Anreizproblem gelöst? Zunächst besteht ein Unterschied zu den anderen Vorschlägen darin, dass nicht nur reguläre Arbeitsplätze angestrebt werden, sondern dass alle Arbeitslosen, also auch die Geringqualifizierten, eine produktive Beschäftigung aufnehmen sollen. Der entscheidende Unterschied liegt aber in der Konzeption der Arbeitsanreize. In den bisher dargestellten Modellen wird davon ausgegangen, dass der Arbeitsanreiz in einer finanziellen Förderung aus öffentlichen Mitteln bestehen muss. Das ist hier nicht der Fall. Vielmehr wird die Idee der Subsidiarität der sozialen Hilfen konsequent genutzt, bei der von der Verpflichtung zur Selbsthilfe Gebrauch gemacht wird.

Dabei sind zwei Gruppen von Arbeitslosen zu unterscheiden. Die erste Gruppe besteht aus Bürgern, die gerne eine Beschäftigung aufnehmen möchten, auch wenn sie dadurch keinen finanziellen Vorteil erlangen, solange sie eine öffentliche Unterstützung beanspruchen. In der zweiten Gruppe sind die Arbeitslosen, die nicht bereit sind, eine unbezahlte Tätigkeit auszuüben und es vorziehen, weiterhin das volle ALG II zu beanspruchen. Bei dieser Gruppe wird nicht der Weg gewählt, sie durch zusätzliche Zahlungen dazu zu bringen, eine Beschäftigung anzunehmen oder auszuweiten. Vielmehr wird auf ihre Pflicht verwiesen, zunächst ihre eigenen Fähigkeiten einzubringen und selbst Mittel zu erwirtschaften, so dass nur der ergänzende Teil bis zur Erreichung des Mindestlebensstandards von den Steuerzahlern finanziert werden muss. Der „Anreiz" dieser Verpflichtung nachzukommen, liegt darin, dass das ALG II gekürzt und vollständig gestrichen werden kann, wenn ein arbeitsfähiger Bürger sich weigert, einer Arbeit nachzugehen. Mit dem Motiv des „Förderns und Forderns" ist der Anspruch des Staates auf die Gegenleistung des Hilfeempfängers wieder klar ausgedrückt worden. Eine sinnvolle Abfolge bei der Organisation der produktiven gemeinnützigen Beschäftigung könnte sein, diese zunächst den freiwilligen Teilnehmern anzubieten und sie anschließend bei den übrigen ALG II-Empfängern durchzusetzen. Die gesetzliche Grundlage für die Kürzung des ALG II im Falle der Arbeitsverweigerung gibt es. Was fehlt, ist die Organisation der produktiven gemeinnützigen Beschäftigung in Sozialrechtverhältnissen.

150. Gegen die produktive gemeinnützige Beschäftigung wird vorgebracht, die finanzielle Regelung, nämlich nur eine Aufwandsentschädigung zu erhalten, sei so wenig attraktiv, dass solche Maßnahmen nicht angenommen würden. Das mag für einen Teil der Arbeitslosen zutreffen. Aus Befragungen des Meinungsforschungsinstituts Info GmbH aus dem Jahre 1994 geht aber hervor, dass etwa die Hälfte der Arbeitslosen bereit ist, ohne zusätzliche Bezahlung eine Tätigkeit aufzunehmen. Ein großer Teil der Arbeitslosen möchte nicht untätig zu Hause sitzen und von allen sozialen Kontakten der Arbeitswelt abgeschnitten sein. Als vorteilhaft wird auch die Möglichkeit angesehen, berufliche Fähigkeiten weiterzuentwickeln oder neue Tätigkeiten kennen zu lernen, um die Chancen zu verbessern, wieder in ein normales Beschäftigungsverhältnis zu wechseln. Besonders wichtig ist das Gefühl, etwas Nützliches zu tun und Anerkennung zu finden. Gerade dieser Aspekt verdient große Aufmerksamkeit: Der Arbeitslose sollte etwas für die Gesellschaft leisten können, und die anderen Bürger sollten das wissen und diese Tätigkeiten in gleicher Weise gutheißen wie die vielen ehrenamtlichen Tätigkeiten. Dazu ist es notwendig, eine sinnvolle, produktive Beschäftigung anzubieten und keine Beschäftigungstherapie zu betreiben.

Der Zusammenhang wird in Abbildung 15 veranschaulicht. Die übliche Sozialhilfefalle – hier ALG II-Falle – wird gekennzeichnet durch die Budgetgerade, mit der die Wahlmöglichkeiten zwischen Einkommen und Freizeit dargestellt werden, sowie dem ALG II, das bei einem Verzicht auf Arbeit (maximale Freizeit) gezahlt wird. Die Indifferenzkurve I_1 zeigt an, dass es für diesen ALG II-Empfänger aus finanziellen Gründen nicht sinnvoll erscheint, eine Beschäftigung aufzunehmen. Im Gegenteil, er würde eine

Nutzeneinbuße hinnehmen müssen (auf einer niedrigeren, nicht eingezeichneten Indifferenzkurve landen). Bezieht er dagegen die nicht monetären Vorteile einer Beschäftigung in die Abwägung ein, so ist es durchaus vorstellbar, dass der Wert dieser Vorteile hoch genug ist, die Aufnahme einer Beschäftigung attraktiv zu finden. Dies ist in Abbildung 15 durch die punktierte Linie gekennzeichnet. In der Abbildung 15 wird angenommen, dass die Vorteile so groß eingeschätzt werden, so dass eine klare Präferenz für eine Beschäftigung besteht.[3] Durch Aufnahme einer Beschäftigung wird ein höherer Nutzen erreicht (gekennzeichnet durch die Indifferenzkurve I_2).

Abbildung 15: „Sozialhilfefalle" und nicht monetäre Vorteile

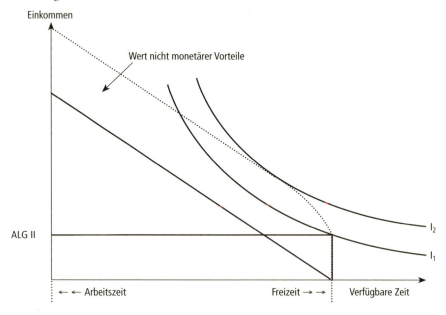

Da mit der produktiven gemeinnützigen Beschäftigung kein unmittelbarer finanzieller Vorteil verbunden ist, entsteht kein Diskriminierungs- und Gerechtigkeitsproblem. Hier kann gar nicht die Meinung aufkommen, es handele sich um einen zweiten Arbeitsmarkt mit Lohnsubventionen für nicht rentable Tätigkeiten. Die öffentlichen Haushalte werden durch die Gemeinnützige Beschäftigung nicht belastet, sondern tendenziell entlastet. Diese Entlastung ist umso größer, je besser es gelingt, die Fähigkeiten der Arbeitslosen zum Wohle der Allgemeinheit zu nutzen. Die Gemein-

---

[3] In diesem Beispiel ist unterstellt, dass der ALG II-Empfänger ohne finanziellen Anreiz eine reguläre Tätigkeit aufnimmt, also anschließend kein ALG II mehr braucht. Die Grundidee lässt sich auch auf den Fall übertragen, in dem der ALG II-Empfänger weiterhin auf die Unterstützung angewiesen bleibt (Hinweis: die gestrichelte Kurve als Summe aus möglichem Arbeitseinkommen und sonstigen Vorteilen erreicht die Indifferenzkurve bevor die Budgetgerade das ALG II-Niveau erreicht, d.h. der Bürger bleibt hilfebedürftig, obwohl er einen Teil seines Lebensunterhalts verdient).

nützige Beschäftigung kann allen Arbeitslosen angeboten werden. Falsche Anreize in Richtung unrentabler Tätigkeiten sowie Missbrauchs- und Mitnahmeeffekte müssen nicht befürchtet werden, weil keine Steuergelder verteilt werden.

151. Für Arbeitsgelegenheiten (Ein-Euro-Jobs) und andere Formen der subventionierten Beschäftigung gilt das Zusätzlichkeitserfordernis (vgl. Ziffer).[4] Die auf den ersten Blick plausible Begründung ist, dass kein Drehtüreffekt entstehen soll, bei dem mit Hilfe einer geförderte Beschäftigung oder nicht geförderter gemeinnütziger Beschäftigung Arbeitslosigkeit abgebaut wird und in etwa gleichem Umfang andere Arbeitnehmer ihren Arbeitsplatz verlieren und in die Arbeitslosigkeit gehen.

Das Zusätzlichkeitserfordernis wird manchmal auch in der Form formuliert, dass die in Arbeitsgelegenheiten und gemeinnütziger Beschäftigung erbrachten Leistungen nicht im Wettbewerb stehen dürfen mit Leistungen, die von privaten Unternehmen, von Selbständigen oder von der öffentlichen Verwaltung erbracht werden können. Soweit es sich um subventionierte Tätigkeiten handelt, leuchtet das unmittelbar ein, weil die anderen Arbeitnehmer mit den Kosten belastet werden. Die Frage ist aber, ob das Zusätzlichkeitserfordernis für die hier beschriebene produktive gemeinnützige Beschäftigung – und allgemein für nicht subventionierte gemeinnützige Tätigkeiten - notwendig und sinnvoll ist.

152. Aus dem Zusätzlichkeitserfordernis wird häufig abgeleitet, dass es sich um wenig produktive oder unproduktive Tätigkeiten handeln müsse. Es besteht kaum ein Zweifel, dass unproduktive Tätigkeiten in dem Sinne als „zusätzlich" angesehen werden können, dass sie von Privaten nicht angeboten werden, weil niemand bereit ist, für solche Leistungen zu bezahlen. Und auch die öffentliche Verwaltung hat kein Interesse an Tätigkeiten, durch deren Organisation und Betreuung mehr Kosten als Vorteile entstehen. Solche Tätigkeiten sollten aus mehreren Gründen unterbleiben. Schon aus Arbeitsmarktgründen sind Maßnahmen abzulehnen, die zwar das Zusätzlichkeitserfordernis erfüllen, aber die anderen Arbeitnehmer mit Kosten belasten und damit die Arbeitslosigkeit tendenziell erhöhen. Tätigkeiten, die mehr kosten als sie an Nutzen oder Einsparungen einbringen, sind nicht nur eine wirtschaftliche Verschwendung, sondern erfordern Mittel, die aus anderen Verwendungen abgezogen oder den Steuerzahlern als zusätzliche Bürde auferlegt werden müssen.

Gesamtwirtschaftlich muss mit der produktiven gemeinnützigen Beschäftigung wie mit jeder anderen Tätigkeit das Gegenteil angestrebt werden, nämlich eine möglichst hohe Wertschöpfung, ein möglichst hoher Beitrag zugunsten der Gesellschaft. Was im privaten Haushalt oder im eigenen Betrieb sinnvoll ist, gilt auch für die gesamte Gesellschaft: Jede Arbeitskraft sollte den Fähigkeiten entsprechend möglichst produktiv eingesetzt werden.

Keine Kommune oder gemeinnützige Einrichtung wird über längere Zeit bereit sein, Arbeitslose zu beschäftigen, wenn damit per Saldo zusätzliche Aufwendungen verbunden sind. Arbeitslose einzusetzen, muss einen Vorteil bringen. Das ist am ehesten der

---

[4] Vgl. zur Frage der Zusätzlichkeit: EEKHOFF/ROTH 2002, S. 84 ff.

Fall, wenn produktive Arbeit geleistet wird und wenn keine hohen Kosten anfallen. Nimmt man den Grenzfall, dass keine zusätzlichen Personalkosten aufzubringen sind, so kann beispielsweise eine Kommune zusätzliche Leistungen in der Jugendbetreuung, bei den Öffnungszeiten städtischer Einrichtungen, bei der Instandsetzung von Wegen, Plätzen, Parkanlagen usw. erbringen. Die Kommune kann also ohne Mehraufwand echte Zusatzleistungen anbieten und möglicherweise zusätzliche Gebühreneinnahmen erzielen. Da keine Haushaltsmittel in Anspruch genommen werden, können alle übrigen Tätigkeiten weitergeführt werden. Das ist der einfache und unstreitige Fall zusätzlicher Beschäftigung.

153. Die Sorge besteht jedoch darin, dass durch eine produktive gemeinnützige Beschäftigung anderen Beschäftigten der Arbeitsplatz weggenommen wird. Im Ergebnis kommt es durch eine produktive gemeinnützige Beschäftigung dagegen nicht zu einer Verdrängung, sondern allenfalls zu einer Umschichtung von Arbeitsplätzen, so dass eine Wohlstandssteigerung übrig bleibt. Das bedeutet: Das Zusätzlichkeitserfordernis sollte für die produktive gemeinnützige Beschäftigung entfallen. Das ist näher zu begründen.

Wird beispielsweise ein Arbeitsloser ohne zusätzliche Bezahlung als Gärtner, Maler, Altenbetreuer, Verwaltungssachbearbeiter oder als Aufsichtsperson beschäftigt, so kann die Kommune darauf verzichten, einen Normalbeschäftigten für die entsprechende Tätigkeit einzusetzen. Auf den ersten Blick scheint sich die Verdrängungsthese zu bestätigen; denn die Kommune kann auf eine Neueinstellung verzichten oder einen Mitarbeiter aus der Tätigkeit abziehen, die ein Arbeitsloser übernimmt. Das ist aber noch nicht die Gesamtwirkung, denn die Kommune spart die Mittel ein, die für die Bezahlung des Normalbeschäftigten bereitgestellt werden müssten. Sie kann diese freigewordenen Mittel dafür verwenden, andere Aufgaben wahrzunehmen, also unmittelbar einen weiteren Arbeitsplatz an anderer Stelle zu schaffen. Oder sie kann die Steuern und Abgaben um die eingesparten Mittel senken. Dann haben die Steuerzahler diese Mittel zur Verfügung und können zusätzliche Güter und Leistungen nachfragen, so dass auf diese Weise zusätzliche Arbeitsplätze zur Erstellung dieser Güter in der Privatwirtschaft entstehen. In beiden Fällen kann sich die Beschäftigungsstruktur ändern, und es mag sinnvoll sein, die produktive gemeinnützige Beschäftigung stufenweise einzuführen oder auszuweiten, damit keine abrupten Strukturveränderungen erforderlich werden.

Wird dagegen ein Arbeitsloser für eine unproduktive Tätigkeit eingesetzt, kann man von einer Beschäftigungstherapie sprechen. Es gibt insoweit keine Umschichtung von Arbeitskräften, aber es werden auch keine zusätzlichen Werte geschaffen. Es tritt keine Kostenentlastung bei den kommunalen Aufgaben ein. Zahlt die Kommune dem Arbeitslosen den Tariflohn, muss sie Mittel an anderer Stelle abziehen, so dass dort Arbeitnehmer entlassen oder nicht eingestellt werden, oder sie muss die Steuern und Abgaben erhöhen. Fließen dem Arbeitslosen Mittel für die unproduktive Tätigkeit zu, so hat dieser zusätzliche Mittel zur Verfügung, die bei anderen Bürgern eingesammelt werden müssen. Wegen der unproduktiven Tätigkeit bleibt das Sozialprodukt im günstigen Fall unverändert, aber eben nur dann, wenn keine Organisationskosten, Versicherungskosten, Fahrtkosten usw. anfallen. Es gibt also im Vergleich zu der Variante mit produktiver Tätigkeit keine zusätzliche Wertschöpfung. Aufgrund der steigenden Abgabenlast dürften die Beschäftigung und die Wertschöpfung eher zurückgehen. Treten neben den Lohnkosten noch Sachkosten bei der unproduktiven Tätigkeit auf, wird das Ergebnis weiter verschlechtert, weil weitere Mittel (finanzielle und sachliche Ressourcen) für die unproduktive Tätigkeit aus produktiven Bereichen abgezogen werden. Dadurch sinkt das Sozialprodukt. Es stehen insgesamt weniger Güter und Leistungen zur Verfügung.

Je näher man dem Prinzip kommt, für Arbeit den gleichen Betrag zu zahlen wie für Arbeitslosigkeit, je weniger also die Kommune oder eine andere öffentliche Stelle für eine produktive gemeinnützige Beschäftigung eines Arbeitslosen zusätzlich aufwenden muss, umso eher kann sie zusätzliche Leistungen erbringen und Einnahmen erzielen bzw. um so mehr Mittel kann sie durch die produktive Beschäftigung einsparen. Das spricht eindeutig für die produktive gemeinnützige Beschäftigung, bei der grundsätzlich nur das Arbeitslosengeld II weitergezahlt und zusätzlich produktive Arbeit geleistet wird. Gesamtwirtschaftlich ist das Zusätzlichkeitskriterium um so leichter zu erfüllen, je produktiver die Tätigkeit ist, weil die anfallenden Sachkosten dann nicht durch Steuern und Abgaben von anderen Arbeitnehmern oder von den Unternehmen aufgebracht werden müssen. Es erscheint sogar sinnvoll, wie oben gefordert eine Mindestwertschöpfung in Höhe der Sachkosten zu fordern, wenn nicht vorübergehende Ausbildungs- und Eingliederungsziele verfolgt werden.

154. Da die Kosten für Arbeitslose von der Allgemeinheit bzw. Versichertengemeinschaft getragen werden und um Wettbewerbsverzerrungen zu vermeiden, müssen die Leistungen im Rahmen arbeitsmarktpolitischer Maßnahmen der Allgemeinheit zugute kommen, z. B. in Form von zusätzlichen öffentlichen Dienstleistungen, Umweltverbesserungen oder Einsparungen zum Zweck der Senkung von Steuern und Abgaben. Die Arbeitslosen können an Kommunen, Länder, nachgeordnete Behörden, Wohlfahrtseinrichtungen und vor allem an private Arbeitgeber verliehen werden. Die Arbeiten können sich auf alle Tätigkeitsfelder beziehen. Besonders wichtig ist es, die individuellen Fähigkeiten und Neigungen des Arbeitslosen zu nutzen, um eine möglichst hohe Effizienz zu erreichen, um die Situation des Arbeitslosen möglichst menschenwürdig zu gestalten und um die Chancen auf dem Arbeitsmarkt zu verbessern.

155. Sowohl im Interesse der Arbeitslosen als auch der gesamten Gesellschaft sollte das Instrument der produktiven gemeinnützigen Beschäftigung über die Bezieher von ALG II hinaus auch den Empfängern von Arbeitslosengeld zur Verfügung stehen. Es gibt keinen Grund, diesen Personenkreis auszuschließen. Die Sorge, dass es zur Verdrängung anderer Arbeitskräfte kommt, ist unbegründet. Eine Umstrukturierung von Tätigkeiten und Arbeitsplätzen ist nicht nur zumutbar, sondern erwünscht, damit der Mitteleinsatz im öffentlichen Sektor verringert werden kann. Je produktiver die produktive gemeinnützige Beschäftigung ist, umso größer sind die Vorteile für die Gesellschaft – sei es durch unmittelbare produktive Leistungen, sei es durch einen schnelleren Wechsel der Arbeitslosen in eine Normalbeschäftigung. Man könnte zwar daran denken, die Arbeitslosen in solchen Maßnahmen stärker an der zusätzlichen Wertschöpfung zu beteiligen, etwa durch eine großzügige Pauschale für den Mehraufwand, aber der Anreiz, auf einen normalen Arbeitsplatz zu wechseln, sollte möglichst nicht verringert werden, so dass die Arbeitslosen wieder aus dem Sozialrechtsverhältnis herausdrängen. Das Instrument der produktiven gemeinnützigen Beschäftigung kann nur wirksam werden, wenn es von den öffentlichen Stellen positiv aufgenommen wird, wenn diese entsprechende Arbeiten anbieten und wenn sie bereit sind, mit der Privatwirtschaft zusammenzuarbeiten.

156. Im Rahmen der Hartz-Reformen wurden zum 1. Januar 2004 Personal-Service-Agenturen als Einrichtung der Arbeitsagenturen eingerichtet. Die Arbeitslosen sollten von den Personal-Service-Agenturen eingestellt und ohne viel Bürokratie für eine Zeit von maximal zwölf Monaten an Arbeitgeber verliehen werden. Arbeitslosen, die nach sechs Monaten Arbeitslosigkeit noch nicht zu einer Personal-Service-Agentur gewechselt waren, konnte das Arbeitslosengeld gekürzt werden. Die Personal-Service-Agenturen übernahmen das Beschäftigungsrisiko. In Beschäftigungspausen, also in Zeiten, in denen die Arbeitslosen nicht verliehen werden konnten, sollten sie an Qualifizierungsmaßnahmen teilnehmen oder gemeinnützige Tätigkeiten ausüben. Das Ziel, bei jeder Arbeitsagentur eine Personal-Service-Agentur einzurichten, wurde nie erreicht. Im Gegenteil: Schon ab dem Jahr 2005 wurden die bis dahin entstandenen Personal-Service-Agenturen wieder aufgelöst.

Der Hauptgrund für das Scheitern der Personal-Service-Agenturen und damit des produktiven Einsatzes von Arbeitslosen lag darin, dass die Personal-Service-Agenturen gezwungen wurden, unabhängig von der Qualifikation der Leiharbeitnehmer ortsübliche Löhne zu verlangen, also in der Regel Tariflöhne. Dadurch wurden die Verleihmöglichkeiten extrem eingeschränkt. Außerdem wurden die Arbeitsagenturen mit den Kosten in den Verleihpausen belastet, denn die Arbeitslosen blieben bei der Personal-Service-Agentur angestellt.

Mit der Vorgabe, Tariflöhne zu verlangen, sollte ein Lohndumping verhindert werden. Das ist aber die typische Methode, den Zugang zum Arbeitsmarkt zu begrenzen, um ein Arbeitsmarktkartell abzusichern. Die Frage, ob das gesamtwirtschaftlich sinnvoll ist und ob sich das mit Blick auf die Arbeitslosen rechtfertigen lässt, wird nicht gestellt. Hier wurde jedenfalls wieder eindeutig zu Lasten der Arbeitslosen entschieden. Berechtigt wäre die Kritik an dem Modell in dem Maße, in dem öffentliches Geld eingesetzt wird, sei es für die Organisationskosten, sei es für die Weiterbezahlung in den Beschäftigungspausen, sei es für besondere Qualifizierungsmaßnahmen.

In einer ordnungspolitisch sauberen Form kämen die Personal-Service-Agenturen der Idee der produktiven gemeinnützigen Beschäftigung sehr nahe. Dazu wäre es erforderlich, von Vorgaben für die Verleihgebühr abzusehen, und die Entgelte zu verlangen, die im Wettbewerb zu erzielen sind. Außerdem müssten die gesamten Kosten der Personal-Service-Agenturen aus den Arbeitsentgelten finanziert werden. Nur die verbleibenden Beträge dürften an die Teilnehmer des Programms ausgezahlt werden, und auch nur in dem Maße, indem diese Beträge über ALG II-Zahlungen hinausgehen. An diesen Bedingungen wird auch erkennbar, dass sich die privaten Arbeitnehmerüberlassungsgesellschaften an der Aufgabe beteiligen könnten, weil die Personal-Service-Gesellschaften unter den gleichen Bedingungen arbeiten würden.

V. Investitionsprogramme

157. Im Zusammenhang mit dem Weißbuch der Europäischen Kommission „Wachstum, Wettbewerbsfähigkeit, Beschäftigung" und den Beschlüssen von Lissabon treten immer wieder die Programme und Initiativen der Europäischen Union in den Vordergrund. Anfangs wurden vor allem die Beschäftigungsfragen, also der Abbau von Arbeitslosigkeit insgesamt, aber auch die Wiedereingliederung einzelner Problemgruppen, diskutiert. Der Schwerpunkt hat sich aber schnell auf den Komplex des Ausbaus transeuropäischer Netze und der Strukturprogramme verlagert. Dazu mag beigetragen haben, dass die Kommission darauf hofft, auf diesem Umweg das Recht zur eigenen Kreditfinanzierung zu erhalten, und dass einige Mitgliedstaaten eine Chance sehen, eigene Projekte von Brüssel finanzieren zu lassen und die Umverteilung der Mittel zu ihren Gunsten zu verändern. Ein wichtiger Grund für die Akzentverlagerung ist aber auch die klassische Vorstellung der Arbeitsmarktpolitiker, mit Strukturprogrammen und der Förderung großer Investitionsvorhaben könne das Beschäftigungsproblem erheblich verringert werden.

Angesichts der Arbeitslosigkeit von rund 17 Millionen Menschen in der Europäischen Union auf der einen Seite und des gewaltigen Investitionsbedarf für transeuropäische Netze auf der anderen Seite, lag die Versuchung nahe, beide Anliegen zu verknüpfen. Die vermeintlich einfache Idee besteht darin, man brauche nur einen Weg zu finden, die transeuropäischen Netze zu finanzieren, dann würde sich auch das Beschäftigungsproblem entscheidend verringern. Man kann die Aufgabe auch von der Ressourcenseite sehen: Wenn es gelänge, mehrere Millionen nicht beschäftigte Arbeitnehmer beim Bau der transeuropäischen Netze einzusetzen, könnte die Infrastruktur erheblich verbessert werden.

158. Gerade wenn man die europäischen Investitionsprojekte aus dem Blickwinkel des Arbeitsmarktes betrachtet und an mittelfristige Verbesserungen der Beschäftigungsbedingungen denkt, bestünden hier mit Sicherheit viele Möglichkeiten, die langfristigen Wachstums- und Beschäftigungsbedingungen zu verbessern. Allerdings müssen strenge Wirtschaftlichkeitsanforderungen gestellt werden. Denn die Erfahrung mit Investitionsprogrammen hat gezeigt, dass zwar vorübergehend ein positiver Beschäftigungseffekt erreicht werden kann, dass aber häufig kein Wachstumsprozess in Gang gesetzt wird und der Beschäftigungseinbruch mit zwei bis drei Jahren Verzögerung um so härter ausfällt, weil die Projekte zu teuer sind und über höhere Steuern finanziert werden müssen, sich also gerade nicht überwiegend durch den Einsatz ungenutzter Ressourcen verwirklichen lassen. Europäische Beschäftigungsprogramme können strukturelle Probleme und Ungleichgewichte auf dem Arbeitsmarkt allenfalls für kurze Zeit überdecken. Meistens verschärfen sie die strukturellen Probleme, und sie verleiten dazu, Projekte einzubeziehen, die für sich genommen unwirtschaftlich sind und deshalb von den nationalen Haushaltsgremien nicht beschlossen würden.

Bei den transeuropäischen Netzen kann es nur darum gehen, Projekte auszuwählen, die eine Abstimmung zwischen den Mitgliedstaaten erfordern und deren Nutzungsvorteile zu einem erheblichen Teil anderen Staaten zugute kommen als dem Land bzw. den Ländern, in denen die Infrastruktur erstellt wird. Aus beschäftigungspolitischen Gründen ist es letztlich nur sinnvoll und vertretbar, Infrastrukturinvestitionen vorzunehmen, deren Nutzen größer ist als die Kosten, die also die Produktivität steigern und nicht die Arbeitsmarktprobleme in den Folgejahren verschärfen.

159. Die Beurteilung von anderen Investitions- und Strukturprogrammen fällt auch nicht besser aus. Auch dadurch werden in aller Regel Arbeitskräfte und Kapital in die weniger rentablen geförderten Bereiche gelenkt und aus rentablen Bereichen abgezogen. Die Förderung muss von den Steuerzahlern getragen werden, also u.a. auch wiederum von rentablen Unternehmen. Die gesamtwirtschaftliche Effizienz wird verringert, die Verteilungsprobleme werden verschärft.

Besonders teuer sind Versuche, Kredite dadurch zu verbilligen, dass die darauf entfallenden Zinsen steuerfrei gestellt werden. Selbstverständlich sind Steuerausfälle nur eine andere Form der Subvention. Sie werden von den Steuerzahlern mit den höchsten marginalen Steuersätzen in Anspruch genommen. Damit ist die Klage, dass die Reichen keine Steuern zahlen, schon programmiert, selbst wenn die Zinsen im Wettbewerb erheblich unter den Normalzins gedrückt werden.

G. Soziale Sicherung

I. Dringender Reformbedarf

160. Wirtschaftspolitik und Sozialpolitik werden häufig als zwei unverbundene oder gar sich gegenseitig störende Bereiche gesehen. Es ist der Eindruck entstanden, als hätten wir es auf der einen Seite mit einem zum Selbstzweck gewordenen seelenlosen und schon fast menschenlosen, von kaltem Profitstreben gesteuerten Wirtschaftsapparat und auf der anderen Seite mit schutz- und hilfebedürftigen Menschen zu tun, die dem Wirtschaftssystem ausgeliefert sind und sich nur noch mit Hilfe des Staates behaupten können. Viele Politiker und Interessengruppen nähren diese Vorstellung, indem sie immer neue Felder kennzeichnen, die „man nicht dem Markt überlassen kann" und auf denen sie im Namen der sozialen Gerechtigkeit tätig werden können. Die Spaltung von Wirtschafts- und Sozialpolitik in dem Sinne, dass Wirkungszusammenhänge nicht beachtet werden, wird nicht nur in der Trennung zwischen den Aufgaben der Ressorts von Bundes- und Landesregierungen sichtbar, sie findet sich fast spiegelbildlich an den Hochschulen und im Verbandswesen. Diese Missachtung der Funktionsbedingungen und Systemwirkungen ist nicht mit der Forderung zu verwechseln, mit sozialpolitischen Maßnahmen möglichst wenig in Marktbeziehungen einzugreifen und das Preissystem nicht zu verzerren.

In der klassischen Schule der Nationalökonomie hatte das Wirtschaftssystem eindeutig die Aufgabe, den Menschen zu dienen, also den Wohlstand aller am Wirtschaftsleben Beteiligten zu mehren, und zwar grundsätzlich auch für Kinder und Jugendliche, für Alte und Kranke, die innerhalb der Familien mitversorgt wurden. In der Familie war es selbstverständlich, dass wirtschaftliche Prosperität und ein hoher Wohlstand auch die Grundlage für das Wohlergehen der nicht erwerbstätigen Personen war. Aber der Solidargedanke war nicht auf die Familie begrenzt. Deshalb wurden wirtschaftlicher und sozialer Fortschritt weitgehend gleichgesetzt. Wirtschafts- und Sozialpolitik waren eng miteinander verwoben.

Die Familienstruktur und die gesellschaftlichen Bedingungen haben sich über die Jahrzehnte erheblich verändert, und der Ausbau der Sozialversicherungssysteme mag den Eindruck eines Eigenlebens erwecken, aber der enge Zusammenhang zwischen Wirtschafts- und Sozialpolitik lässt sich nicht auflösen. Sich darauf zurückzubesinnen, wäre ein wichtiger Schritt, unnötige Konfrontationen und widersprüchliche Maßnahmen zu vermeiden.

161. In der Sozialen Marktwirtschaft ist unbestritten, dass der Staat bzw. die Gesellschaft sich um die sozial schwachen Gruppen kümmern muss, dass also auch den Personen ein menschenwürdiges Leben ermöglicht wird, die nicht in der Lage sind, hinreichend für sich selbst zu sorgen. Für das Zusammenspiel von Marktwirtschaft und Sozialpolitik ist es besonders wichtig, die Ziele und Grundsätze der Sozialpolitik klar zu beschreiben. Gegenwärtig werden aber eher die Gegensätze und die gegenseitige Beeinträchtigung als die Ergänzungs- und Entlastungsmöglichkeiten zwischen dem Wirtschafts- und dem Sozialsystem gesehen. So fordern Sozialpolitiker, die Wirtschaftspolitiker sollten für einen höheren Beschäftigungsstand sorgen, damit die Sozialsysteme nicht so stark belastet würden. Umgekehrt fordern die Wirtschaftspolitiker von den Sozialpolitikern, die Belastung der Wirtschaft mit Sozialabgaben zu verringern und insbesondere die Beschäftigungsverhältnisse wieder zu entlasten, damit mehr Arbeitsplätze entstehen können. Von verschiedenen Interessengruppen wird gefordert, Sozialleistungen oder als sozial bezeichnete Leistungen ohne Rücksicht auf die wirtschaftliche Leistungsfähigkeit zu erhöhen.

Die Probleme treten also schon bei der Definition der sozialen Sicherung auf. In diesem Buch wird dafür geworben, nur dann von sozialen Leistungen oder sozialer Sicherung zu sprechen, wenn sie sich eindeutig an sozialen Merkmalen wie geringes Einkommen, Behinderung, schlechte Wohnverhältnisse usw. orientieren, also von der individuellen Hilfebedürftigkeit auszugehen. Leider wird der Begriff „sozial" in einem sehr unbestimmten Sinn für die gesamte gesetzliche Renten-, Kranken-, Pflege- und Arbeitslosenversicherung verwandt, wobei nicht einmal die dort explizit eingebauten sozialen Komponenten dem Bedürftigkeitskriterium entsprechen müssen. Bei der Diskussion um die Pflegeversicherung wurde das Attribut „sozial" geradezu als Kampfbegriff benutzt, um das Umlagesystem durchzusetzen, obwohl bei den Leistungsempfängern keineswegs streng nach sozialen Merkmalen differenziert wird.

162. Neben der nach wie vor hohen Arbeitslosigkeit baut sich eine Krise der Leistungsfähigkeit der Sozialversicherungssysteme auf, und es zeichnet sich ab, dass sich die beiden Probleme in den nächsten Jahren gegenseitig verschärfen. Am Beispiel Schwedens, lange Jahre als Musterbeispiel für einen modernen Wohlfahrtsstaat angesehen, wird sichtbar, dass die Fürsorge des Staates nicht beliebig ausgeweitet werden kann, dass auch private Verantwortung und Eigeninitiative für die Absicherung von Lebensrisiken unverzichtbar sind und dass ein immer enger geknüpftes Netz an sozialpolitisch motivierten staatlichen Eingriffen das Wirtschaftssystem lahm legen kann. Hinzu kommt eine demographische Entwicklung in den meisten Industrienationen, die zu einer drastischen Verschiebung der Bevölkerungsstruktur führen und die Belastung der Erwerbstätigen durch die bestehenden Sozialsysteme massiv erhöhen wird, wenn keine grundlegenden Reformen durchgeführt werden. Schon vor der Einführung des Umlageverfahrens für die neue Pflegeversicherung ist von vielen Experten auf die vor uns liegende krisenhafte Zuspitzung hingewiesen worden, so z.B. von FELDERER (1992, S.6): „Wenn man zudem berücksichtigt, dass diese allein demographisch verursachte Zunahme der Belastung vor allem der erwerbstätigen Bevölkerung in ähnlicher Weise auch bei den bereits existierenden Sozialversicherungen auftreten wird […], so erscheint es wenig wahrscheinlich, dass wir in 30 oder mehr Jahren noch ein Sozialversicherungssystem heutiger Prägung haben werden." Deutlicher kann man den Handlungsbedarf aufgrund der umwälzenden demographischen Veränderungen kaum ausdrücken.

Das volle Ausmaß der zu erwartenden Probleme wird nur unzureichend wahrgenommen. In der Sozialpolitik werden die erforderlichen Korrekturen und die zu erwartenden Beitragssatzsteigerungen bagatellisiert. In der gesetzlichen Rentenversicherung sind einige Beschlüsse zur Stabilisierung gefasst worden, aber die Durchführung wurde weit in die Zukunft hinein verschoben. Selbst die regulären Rentenanpassungen werden mit dem Hinweis weiter aufgestockt, die zusätzliche Erhöhung könne nach etwa vier Jahren durch entsprechende Kürzungen kompensiert werden. In der Arbeitsmarktpolitik wird unbeirrt ein Lösungsweg der Beschäftigungsprobleme darin gesehen, die Arbeitszeiten zu verkürzen, also Arbeit umzuverteilen, und staatlich subventionierte Arbeitsplätze zu schaffen.

163. Der Verweis auf ein angeblich besonders hohes Sozialleistungsniveau ist eher verwirrend als beruhigend. In Deutschland wird manchmal voller Stolz darauf hingewiesen, dass mehr als eine halbe Billion Euro für soziale Zwecke zur Verfügung gestellt werden und dass diese Leistungen – auch als Sozialbudget bezeichnet – ein Drittel des Bruttoinlandsprodukts betragen. Das Sozialbudget im Jahre 2006 betrug rund 700 Milliarden Euro. Ein kleines Rechenbeispiel macht deutlich, dass mit solchen Leistungsbeweisen sehr vorsichtig umgegangen und genauer nach den einzelnen Bestandteilen gefragt werden sollte: Man könnte einmal unterstellen, das Sozialbudget des Jahres 2006 in Höhe von 700 Milliarden Euro würde nach sozialen Kriterien für die bedürftigen Menschen eingesetzt. Zu den Bedürftigen gehören sicherlich die Empfänger von Sozialhilfe und Arbeitslosengeld II. Das sind insgesamt rund 7,5 Millionen Menschen. Man könnte noch die ca. 700.000 Bezieher von Wohngeld einbeziehen. Dann beliefe sich der Anteil der Menschen, die soziale Hilfen beziehen auf etwa zehn Prozent der Einwohner in Deutschland. Würden die gesamten Mittel des sogenannten Sozialbudgets diesem Personenkreis zur Verfügung stehen, dann ergäbe sich pro Person ein durchschnittlicher Betrag von mehr als 85.000 Euro oder für einen Vier-Personen-Haushalt von 340.000 Euro jährlich.

Diese Beispielrechnung lässt erkennen, dass es sich beim Sozialbudget zum weit überwiegenden Teil nicht um Leistungen des Staates zugunsten der bedürftigen Menschen in unserer Gesellschaft handelt. Tatsächlich sind darin u.a. die großen Versicherungssysteme der Altersversorgung, des Gesundheitswesens usw. enthalten. Insgesamt werden in einem riesigen Umfang Mittel umverteilt, die über das Steuersystem und die Versicherungsbeiträge – in der Regel im Umlageverfahren – aufgebracht werden und bei denen die Verteilungswirkungen nicht mehr durchschaubar sind. Praktisch sind nur zwei Systeme als echte Sozialsysteme im Sinne einer streng an sozialen Merkmalen orientierten Hilfe zu verstehen, die Sozialhilfe und die Grundsicherung für Arbeitsuchende (Arbeitslosengeld II). Allerdings enthalten Systeme wie die gesetzliche Krankenversicherung, die Renten- und Pensionssysteme, die Pflegeversicherung, das Wohngeld, der soziale Wohnungsbau, die Arbeitslosenversicherung usw. in unterschiedlichem Umfang Umverteilungskomponenten, die aber nicht an strenge Sozialmerkmale gebunden sind. Deshalb muss in den anstehenden Reformen konsequent gefragt werden, wie die verschiedenen Sozialsysteme von der unsystematischen Umverteilung befreit und somit entlastet werden können, ohne die echte soziale Absicherung zu gefährden.

164. Die großen Sozialversicherungssysteme werden vor allem von zwei Seiten bedroht, nämlich von der erwähnten demographischen Entwicklung und von den Rückwirkungen der hohen Beitragssätze auf die Beschäftigung und damit auf die Basis für Beitragsleistungen. Die kontinuierlich gestiegenen Beitragssätze gehören zu den wesentlichen Ursachen der steigenden Sockelarbeitslosigkeit. Die Sozialabgaben sind nicht nur in der Vergangenheit kontinuierlich gestiegen und eine schwere Bürde für die Erwerbspersonen geworden, sondern die prozentuale Belastung der Arbeitseinkommen wird nach allen Prognosen weiter zunehmen, wenn nicht bald weitreichende Reformen eingeleitet werden. Der schlimmste Fall wäre eine Kettenreaktion von Beitragsvermeidungsstrategien und Beitragssatzsteigerungen.

Tabelle 4: Beitragssätze der Sozialversicherungssysteme

Zeitraum[1]	Rentenversicherung[4]	Krankenversicherung[2]	Arbeitslosenversicherung	Pflegeversicherung	Summe der Beitragssätze
1960	14,0	8,5	2,0	–	24,5
1965	14,0	9,8	1,3	–	25,1
1966	14,0	10,0	1,3	–	25,3
1967	14,0	10,1	1,3	–	25,4
1968	15,0	10,2	1,3	–	26,5
1969	16,0	10,5	1,3	–	27,8
1970	17,0	8,2	1,3	–	26,5
1971	17,0	8,2	1,3	–	26,5
1972	17,0	8,4	1,7	–	27,1
1973	18,0	9,2	1,7	–	28,9
1974	18,0	9,5	1,7	–	29,2
1975	18,0	10,5	2,0	–	30,5
1976	18,0	11,3	3,0	–	32,3
1977	18,0	11,4	3,0	–	32,4
1978	18,0	11,4	3,0	–	32,4
1979	18,0	11,2	3,0	–	32,2
1980	18,0	11,4	3,0	–	32,4
1981	18,5	11,8	3,0	–	33,3
1982	18,0	12,0	4,0	–	34,0
ab 1.9.83	18,5	11,8	4,6	–	34,9
1984	18,5	11,4	4,6	–	34,5

ab 1.1.85	18,7	11,8	4,4	–	34,9
ab 1.6.85	19,2	11,8	4,1	–	35,1
1986	19,2	12,2	4,0	–	35,4
1987	18,7	12,6	4,3	–	35,6
1988	18,7	12,9	4,3	–	35,9
1989	18,7	12,9	4,3	–	35,9
1990	18,7	12,8	4,3	–	35,8
ab 1.4.91	17,7	12,2 W / 12,8 O	6,8	–	36,7 W / 37,3 O
1992	17,7	12,2 W / 12,7 O	6,3	–	36,2 W / 36,7 O
ab 1.7.92	17,7	12,5 W / 12,7 O	6,3	–	36,5 W / 36,7 O
ab 1.1.93	17,5	13,4 W / 12,5 O	6,5	–	37,4 W / 36,5 O
1994	19,2	13,4 W / 13,0 O	6,5	–	39,1 W / 38,7 O
1995	18,6	13,2 W / 12,8 O	6,5	1,0	39,3 W / 38,9 O
1996[3]	19,2	13,4	6,5	1,7	40,8
1997	20,3	13,0	6,5	1,7	41,5
1998	20,4	13,6 W / 14,0 O	6,5	1,7	42,2 W / 42,6 O
1999	19,6	13,5 W / 13,9 O	6,5	1,7	41,3 W / 41,7 O
2000	19,4	13,5 W / 13,8 O	6,5	1,7	41,1 W / 41,4 O
2001	19,2	13,5	6,5	1,7	40,9
2002	19,2	14,0	6,5	1,7	41,4
2004	19,5	14,2	6,5	1,7	41,9
2005	19,5	14,2	6,5	1,7	41,9
2006	19,5	14,2	6,5	1,7	41,9
2007	19,9	14,8	4,2	1,7	40,6
1.Hj 2008	19,9	14,9	3,3	1,7	39,8
2.Hj 2008	19,9	14,9	3,3	1,95	40,05

[1] bis 1989 Jahresdurchschnitt; ab 1990 jeweils 1. Januar
[2] Ab Juli 2005 einschl. des allein durch den Arbeitnehmer zu finanzierenden Beitragsanteils von 0,9 Prozentpunkten
[3] Schätzung
[4] Werte zu niedrig ausgewiesen, da Bundesausschüsse eingesetzt werden, die durch eine Mehrwertsteuererhöhung, die verschiedenen Stufen der Ökosteuer und allgemeine Steuermittel finanziert werden

165. Als Vertreter des Bundeswirtschaftsministeriums habe ich vor 15 Jahren (1993) gefordert, die Gesamtbelastung durch Sozialversicherungsbeiträge zunächst auf dem damaligen Niveau von 37,4 Prozent einzufrieren und in einem zweiten Schritt auf 35 Prozent zu senken. Die Forderung, die Summe der Beitragssätze einzufrieren, ist ein mit der Haushaltsplafondierung vergleichbarer Vorschlag, bei dem innerhalb der gesamten Sozialversicherungen Verschiebungen möglich sind, aber nach Reformen gesucht werden muss, die einen weiteren Anstieg der Beitragssätze verhindern. Der Reformbedarf hat ein noch größeres Gewicht erhalten, weil der Bundeszuschuss seit der Rentenreform 1992 nicht nur proportional zu den Einkommen der Arbeitnehmer, sondern auch zu den Beitragssätzen steigt (§ 213 RRG 1992), d.h. bei steigenden Beiträgen steigt auch noch der Bedarf an Steuererhöhungen. Inzwischen werden die gesetzlichen Renten zu einem Drittel aus dem Bundeshaushalt finanziert (rund 80 Milliarden Euro). Die Bundeszuschüsse für die gesetzliche Krankenversicherung sollen systematisch von vier Milliarden Euro im Jahr 2008 um zwei Milliarden Euro jährlich auf 14 Milliarden Euro angehoben werden.

Abbildung 16: Summe der Beitragssätze zur Sozialversicherung im Zeitablauf in Prozent

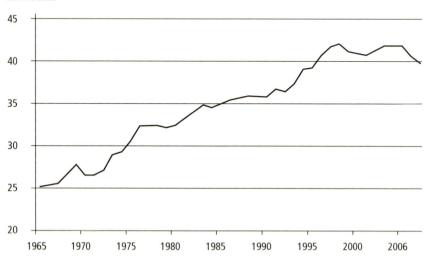

Seit 1993 ist die Summe der Beitragssätze wieder um rund drei Prozentpunkte gestiegen, zuzüglich der schwer zu beziffernden Belastungen aus der gestiegenen Mehrwertsteuer und den verschiedenen Ökosteuerstufen. Umso wichtiger ist es, nach Wegen zu suchen, auf denen der Anstieg der Beitragssätze gestoppt und zumindest auf 40 Prozent begrenzt werden kann. Dabei darf nicht der vermeintlich bequeme Weg fortgesetzt werden, die Beitragssätze zu verringern oder stabil zu halten, indem ein Teil der Lasten über Steuern finanziert wird, wie es durch die Anhebung der Mehrwertsteuer um einen Prozentpunkt im Jahre 1998 und um weitere drei Prozentpunkte im Jahr 2007 sowie in der Zwischenzeit durch die Einführung der Ökosteuer geschehen ist („Rasen für die Rente"). Es ist auch kein Ausweg, die Beitragsbemessungsgrundlage zu verbreitern, um die Beitragssätze stabil zu halten. Bei den so genannten versicherungsfremden Leistungen muss genau geprüft werden, ob es sich um öffentliche Aufgaben handelt und welche Leistungen ganz oder teilweise abgebaut werden können, bevor über andere ebenfalls belastende Finanzierungsformen nachgedacht wird. Genaugenommen bleibt aber auch die Plafondierung eine Behelfslösung im Rahmen des bestehenden Systems. In einem konsistent gestalteten System aus sozialer Sicherung und

Versicherung, wie es in den folgenden Abschnitten dargestellt wird, entscheiden letztlich die Bürger selbst über die Höhe der Versicherungsleistungen, die sie über eine soziale Mindestsicherung hinaus in Anspruch nehmen möchten.

166. Die Beiträge zu den Sozialversicherungssystemen gehen in die Personalzusatzkosten ein. Jede Erhöhung verteuert die Arbeit und verringert damit die Anzahl rentabler Arbeitsplätze, wenn nicht andere Personalzusatzkosten entsprechend verringert werden oder die Löhne langsamer steigen als die Produktivität. Letztlich müssen die Arbeitnehmer die Kosten von Beitragssatzsteigerungen nach Abschluss der Anpassungsprozesse voll tragen oder zunehmende Arbeitslosigkeit hinnehmen: „Die Fiktion auch weiterhin aufrechtzuerhalten, der Arbeitgeber leiste einen eigenständigen Beitrag zum System der sozialen Sicherheit, den der Arbeitnehmer nicht durch seine Arbeit verdienen müsse, ist nicht länger zu verantworten." (so BIEDENKOPF bereits 1994, S. 266/7). Die Aufteilung der Beiträge auf Arbeitnehmer und Arbeitgeber verschleiert diesen einfachen ökonomischen Zusammenhang und animiert zu dem untauglichen Versuch, die Arbeitgeber stärker an den Kosten der sozialen Sicherung zu beteiligen bzw. eine Erhöhung des Arbeitgeberanteils nicht als Abzugsposten in den Lohnverhandlungen zu berücksichtigen. Das systembedingte und provozierte Missverständnis, die Arbeitgeber würden unabhängig vom Lohn einen Beitrag zur sozialen Sicherung zahlen, verleitet dazu, durch steigende Beitragssätze über den Arbeitgeberanteil implizit marktwidrige Lohnsteigerungen durchzusetzen und dadurch die Arbeitslosigkeit zu verschärfen. Das Kompensationsspektakel bei der Pflegeversicherung – z.B. Wegfall eines Feiertages – diente letztlich nur dazu, den Arbeitnehmern klarzumachen, dass sie die vollen Kosten zu tragen haben – auch wenn die Hälfte des Beitrags als Unternehmeranteil deklariert wird.

Ein Großteil der Sozialabgaben, insbesondere die Beiträge zur Pflege- und zur Krankenversicherung, wirkt wie eine Steuer auf offizielle Arbeit. Der Grund für diese Wirkung liegt darin, dass die volle Leistung aus einzelnen Sicherungssystemen bereits durch minimale Beiträge erreicht wird. Zusätzliche Beitragszahlungen, z.B. aufgrund längerer Wochen-, Jahres- oder Lebensarbeitszeiten, bringen dem Arbeitnehmer keine zusätzlichen Versicherungsleistungen. Die zusätzlichen Beiträge werden zu Recht wie eine Steuer empfunden. Obwohl dieser Effekt bei der Arbeitslosenversicherung und bei der Rentenversicherung nur in abgeschwächter Form auftritt, sollte nicht verkannt werden, dass sowohl das Umlageverfahren als auch die Sozialkomponenten in diesen Systemen steuerähnliche Wirkungen haben, weil das Äquivalenzprinzip verletzt wird. Im Ergebnis löst ein großer Teil der Sozialabgaben Bestrebungen aus, die mit Abgaben belastete Arbeitszeit so weit zu verringern, dass die Versicherungsleistungen noch erhalten bleiben, und verstärkt abgabenlastfreie Tätigkeiten auszuüben.

Schon bei der gegenwärtigen Beitragsbelastung von gut 40 Prozent und der individuellen Steuerbelastung ist der Anreiz groß, die Arbeitszeit zu verkürzen und auf Do-it-Yourself, Nachbarschaftshilfe, Schwarzarbeit, selbständige Tätigkeiten auszuweichen und trotzdem die Sozialsysteme geschickt zu nutzen. Die bereits beschlossenen und mittelfristig absehbaren Steigerungen der Beitragssätze werden diese Tendenz verstärken. Dadurch kann es zu kumulativen negativen Wirkungen sowohl für die Versicherungssysteme als auch für die Beschäftigten kommen. Denn wenn die Arbeitszeitverkürzung weitergeht – sei es durch Tarifverträge, sei es durch freiwillige Entscheidungen über die Lebensarbeitszeit, Teilzeitarbeit usw. –, erodiert die Basis für die Sozialsysteme. Dann müssen die Beitragssätze erhöht werden, weil weniger Arbeitsstunden belastet werden können. Dann geht die Anzahl der geleisteten Arbeitsstunden weiter zurück, weil die Beitragssätze steigen. Eine solche Situation muss auf jeden Fall vermieden werden, denn unsere Gesellschaft braucht verlässliche Sozialsysteme und eine effiziente Arbeitsteilung. Schon aus diesen Gründen besteht dringender Handlungsbedarf.

167. Ein weiterer Faktor kommt hinzu: Die bestehende und weiter steigende Abgabenbelastung gefährdet das Abstandsgebot, wonach ein angemessener Abstand zwischen den Nettoeinkommen aus normaler Arbeitstätigkeit und dem Arbeitslosengeld II für Erwerbsfähige in der gleichen familiären Situation aufrechtzuerhalten ist. Dadurch wird der Anreiz verringert, ein Beschäftigungsverhältnis zu suchen und den Lebensunterhalt selbst zu verdienen. Die weitaus überwiegende Zahl der Arbeitnehmer strebt die Arbeitslosigkeit und die Versorgung aus Sozialsystemen nicht an, sondern ist auch dann bereit weiterzuarbeiten, wenn der finanzielle Vorteil gegenüber der Nichtbeschäftigung nicht groß ist oder vollständig verschwindet. Das Problem entsteht umgekehrt durch unfreiwillige Arbeitslosigkeit. Je länger sie dauert, umso mehr arrangiert sich der Arbeitslose mit dieser Situation, umso schwieriger wird es, sich wieder auf ein Beschäftigungsverhältnis einzustellen. Am ehesten werden Arbeitslose mit dieser Situation fertig, die zu Hause, in der Schattenwirtschaft oder im ehrenamtlichen Bereich eine Betätigung finden. Wenn dann wieder ein Arbeitsplatz angeboten wird, der wegen der hohen Abgaben finanziell nicht besonders attraktiv ist und mit Nachteilen oder Ungewissheiten – z. B. lange Anfahrt, unbekannte oder ungewohnte Arbeit – verbunden ist, kann es vorteilhaft erscheinen, das mühsam aufgebaute Beziehungsnetz beizubehalten und auf ein Beschäftigungsverhältnis zu verzichten.

Für die Sozialsysteme folgt daraus die Notwendigkeit, negative Rückwirkungen auf Arbeitsanreize möglichst zu vermeiden und umgekehrt die Bedingungen so zu setzen, dass jeder, der soziale Hilfen in Anspruch nimmt, entlastende eigene Leistungen einbringt. Hier hat sich ein großer Reformbedarf aufgestaut.

II. Grundsätze der Sozialpolitik

168. Die Sicherung der sozialen Systeme wird nur gelingen, wenn der Staat sich auf Aufgaben beschränkt, die sich an strengen sozialen Merkmalen orientieren und die dem einzelnen Bürger wieder mehr Verantwortung übertragen. Die soziale Aufgabe darf nicht mit sozialistischen Bestrebungen verwechselt werden, die gesamte Verteilung in der Gesellschaft durch staatliche Organe bestimmen und steuern zu wollen. Eine wirkungsvolle und bezahlbare Sozialpolitik muss so in das marktwirtschaftliche

II. Grundsätze der Sozialpolitik

System eingebaut werden, dass die Bedingungen für das wirtschaftliche Handeln und für die soziale Sicherung klar erkennbar sind und nicht laufend geändert werden, d. h. der Handlungsrahmen – nicht das wirtschaftliche und soziale Ergebnis – muss vom Staat für die eigenverantwortlich handelnden Menschen festgelegt werden. Dafür muss es auch in der Sozialpolitik klare Regeln geben.

1. Bedürftigkeitsprinzip

169. Wie erwähnt ist es Ziel der Sozialpolitik, auch den Bürgern ein menschenwürdiges Leben zu ermöglichen, die nicht in der Lage sind, hinreichend für sich selbst zu sorgen. Es geht um eine Mindestabsicherung. Daraus folgt umgekehrt, dass der Staat nur dann sozialpolitisch tätig werden sollte, wenn Menschen auf Hilfe angewiesen sind (Subsidiaritätsprinzip). Soziale Maßnahmen setzen voraus, dass die Bedürftigkeit der Begünstigten geprüft wird, und zwar grundsätzlich vor jeder Sozialleistung bzw. in angemessenen zeitlichen Abständen. Im Rahmen der Sozialhilfe und des Arbeitslosengeld II wird versucht, die wirtschaftliche Situation eines Bürgers möglichst vollständig zu erfassen. So wird nicht nur nach dem Einkommen, sondern auch nach dem Vermögen gefragt, obwohl mit dem Arbeitslosengeld II erhebliche Vermögensfreigrenzen eingeführt wurden. Außerdem wird festgestellt, ob Verwandte in gerader Linie zu Unterhaltsleistungen herangezogen werden können. Dieses Prinzip ist ebenfalls durch das Arbeitslosengeld II und die Grundsicherung im Alter weitgehend ausgehöhlt worden. Schließlich ist ein Sozialhilfeempfänger grundsätzlich verpflichtet, die erhaltenen Mittel zurückzuzahlen, wenn er dazu in der Lage ist. Das Einbeziehen des Vermögens und die Rückzahlungspflicht dienen im Ansatz dazu, das Lebenseinkommen zugrunde zu legen.

Maßnahmen oder Komponenten von Programmen, bei denen die Bedürftigkeit der Begünstigten nicht geprüft wird, sollten nicht als soziale Maßnahmen bezeichnet werden. Der Missbrauch der Begriffe „sozial" und „soziale Gerechtigkeit" sollte aus den Gesetzen, Verordnungen und Programmen verbannt werden. Die staatlichen Leistungen müssen systematisch daraufhin durchforstet werden, inwieweit sie abgebaut oder reformiert werden können, wenn das Bedürftigkeitsprinzip nicht streng angewandt wird.

Sozialpolitik nach dem Bedürftigkeitsprinzip darf nicht mit einer allgemeinen Umverteilungspolitik oder gar mit verteilungspolitischen Wünschen einzelner Gruppen in der Gesellschaft verwechselt werden. Dies gilt beispielsweise auch für die Forderung, das Einkommensniveau in einer Region auf den gesamtstaatlichen Durchschnitt zu bringen, obwohl dies von der Produktivität und der Knappheit der Arbeitskräfte her nicht gerechtfertigt ist. Sozialpolitisch ist nur eine Mindestabsicherung begründbar, nicht aber die Garantie, ein Mindesteinkommen zu erreichen, das sich am Durchschnitt oder an anderen Gruppen orientiert. Als prinzipiell nicht bedürftig gelten Menschen, die ihren Lebensunterhalt durch eigene Arbeit erwirtschaften können. Streng genommen besteht keine Arbeitsverpflichtung, nämlich dann nicht, wenn keine sozialen Leistungen in Anspruch genommen werden. Umgekehrt ist aber die Arbeitsleistung einzufordern, wenn Sozialleistungen bezogen werden.

Steuerfreibeträge in der Einkommensteuer reichen als soziale Absicherung nicht aus. Von der Steuerbefreiung kann nur Gebrauch machen, wer überhaupt ein Einkommen erzielt. Sie soll nur verhindern, dass ein Einkommen bis zu einem bestimmten Betrag besteuert wird und anschließend durch soziale Transfers wieder erhöht werden muss. Nach der Bedürftigkeit wird im Steuersystem nicht gefragt.

170. In den großen Sozialversicherungssystemen wird das Einkommen aus unselbständiger Beschäftigung als Maßstab für die Bedürftigkeit und damit für sozialpolitisch motivierte Umverteilungsmaßnahmen genommen. Dieser Maßstab wird zunehmend ungenau und ungerecht, weil immer mehr Menschen parallel zum Arbeitseinkommen andere Einkünfte erzielen. Das Einkommen aus unselbständiger Beschäftigung eignet sich deshalb immer weniger als Anknüpfungspunkt für Sozialleistungen. Die meisten der vorhandenen Sicherungssysteme sollten nüchterner als Versicherungen und nicht als Sozialsysteme bezeichnet werden.

171. Streng an der Bedürftigkeit orientierte Sozialleistungen werden während des gesamten Lebens eines Menschen bereitgestellt. Diese garantierte Absicherung der Bürger setzt voraus, dass jeder einzelne Bürger alle Anstrengungen unternimmt, möglichst keine Bedürftigkeit entstehen zu lassen und nicht nur in der aktuellen Situation, sondern auch für die Zukunft seine verfügbaren Mittel und seine Arbeitskraft einsetzt. Da diese Verhaltensweise nicht selbstverständlich ist und weil einige Bürger sich darauf verlassen, dass der Staat ihnen hilft, wenn sie in Not geraten, ist es zweckmäßig, die solidarische Verpflichtung zur Eigenvorsorge einzufordern. Dies geschieht in Form der gesetzlichen Verpflichtung, eine Krankenversicherung abzuschließen und der Rentenversicherung beizutreten. Damit soll erreicht werden, dass die Bürger im Alter oder im Krankheitsfall nicht auf die Hilfe der Gesellschaft angewiesen sind, obwohl sie vorher durchaus in der Lage gewesen wären, entsprechende Versicherungen abzuschließen und sich selbst gegen Altersarmut und Krankheitskosten zu schützen. Das Bedürftigkeitsprinzip bezieht sich also nicht nur auf die aktuelle Situation, sondern grundsätzlich auf den gesamten Lebenszyklus.

2. Gleichbehandlungsprinzip

172. Es erscheint selbstverständlich, dass der Staat den Menschen in der gleichen Lage und mit gleichen individuellen Merkmalen in gleichem Umfang Hilfe gewährt. Der Staat darf die Bürger gerade im sozialen Bereich nicht willkürlich ungleich behandeln. Daraus ergibt sich, dass auf Sozialleistungen ein Rechtsanspruch bestehen sollte.

173. Unter sozialpolitischen Aspekten ist bei einer Programmförderung größte Skepsis geboten. Für Programme steht regelmäßig nur ein bestimmtes Mittelvolumen zur Verfügung, so dass nur ein Teil der Personen aus der Zielgruppe gefördert werden kann. Ein klassisches Beispiel ist der soziale Wohnungsbau, bei dem nicht einmal ein Drittel der Bürger, die aufgrund der sozialen Merkmale begünstigt werden könnten, in dem Programm berücksichtigt werden. Die anderen Bürger mit gleichen Merkmalen gehen leer aus. Beschäftigungsprogramme, beispielsweise für Langzeitarbeitslose, verstoßen regelmäßig gegen das Gleichbehandlungsprinzip, da die Mittel begrenzt sind und daher nicht alle daran teilnehmen können, obwohl sie sich in ihren sozialen Merkmalen nicht unterscheiden. Die von diesen Programmen nicht erfassten Personen werden nicht nur ungerechtfertigterweise ausgeschlossen; ihre Situation wird sogar noch verschlechtert: Die Kosten des Programms müssen von den Steuerzahlern aufgebracht werden. Die Abgabenlast steigt, so dass die Bedingungen für das Arbeitsplatzangebot verschlechtert werden. Für den Teil der Langzeitarbeitslosen, die keinen Lohnzuschuss aus dem Programm erhalten, wird es noch schwieriger, einen Arbeitsplatz zu bekommen. Aber auch ohne diese negative Rückwirkung ist eine solche Ungleichbehandlung der Bürger nicht zu rechtfertigen.

Programme mögen politisch attraktiv sein, weil mit begrenzten Mitteln eine kräftige Hilfe für eine begrenzte Anzahl von Fällen angeboten werden kann. Aber es hat mit Sozialpolitik nicht viel zu tun, wenn großzügige Hilfen im Windhundverfahren oder mit anderen willkürlichen Methoden an einen kleinen Teil der Berechtigten geleistet werden. Sozialpolitisch müssen gleiche Bedingungen für alle Berechtigten in gleicher sozialer Lage gewährleistet werden, was bei Geldleistungen möglich ist – auch wenn deutlich wird, dass mit den im konkreten Fall bereitgestellten Mitteln nur eine marginale Verbesserung für alle Berechtigten erzielbar ist.

3. Trennung von Wirtschafts- und Sozialpolitik

Soziale Maßnahmen sollten die Leistungsfähigkeit des Wirtschaftssystems möglichst wenig beeinträchtigen, sie sollten marktverträglich sein, d.h. sie sollten die Funktionsbedingungen der Marktwirtschaft nicht beeinträchtigen. Vor allem dürfen soziale Maßnahmen nicht an Preisen, Löhnen, Mieten, Pachten und Zinsen ansetzen, weil das Preissystem das zentrale Steuerungssystem der Märkte ist. Ein Instrument kann grundsätzlich nur eine Aufgabe wirkungsvoll erfüllen. Preise, Löhne, Mieten usw. können nicht gleichzeitig für wirtschaftliche und für soziale Ziele eingesetzt werden. Das Agrarpreissystem und verschiedene Formen der Mietbegrenzung sind Beispiele für schwerwiegende wirtschaftliche Fehlsteuerungen, die in der Regel sogar zum Nachteil der vermeintlich Begünstigten ausgehen. Bekannt sind vor allem die katastrophalen Folgen der Begrenzung der Mieten bis hin zu den Erfahrungen mit einem Mietstopp über Jahrzehnte und dem Verfall der Wohnungen in der ehemaligen DDR.

174. Aktuell werden vor allem die Löhne immer wieder als Ansatzpunkt für soziale Eingriffe gewählt, so werden z.B. Mindestlöhne festgesetzt, Tariflöhne für allgemein verbindlich erklärt, Löhne in unteren Tarifgruppen überproportional angehoben usw. Dabei sollte klar sein: In der Sozialen Marktwirtschaft kann der Lohn keine originäre soziale Funktion übernehmen! Abgesehen davon, dass in Marktwirtschaften in der Regel höhere Löhne zu erzielen sind als in zentral gelenkten Wirtschaften, ist der Lohn ein Knappheitsindikator und ein Steuerungselement, aber keine nach sozialen Merkmalen bestimmbare Größe. Jeder Versuch, aus sozialen Gründen die Löhne marktwid-

rig anzuheben, verschärft das soziale Problem, weil weniger Arbeitsplätze angeboten und die Möglichkeiten, Einkommen zu erzielen, geringer werden.

Negativ zu beurteilen sind auch Quotenregelungen für die Beschäftigung, z. B. für Frauen, Jugendliche, Lehrlinge, Behinderte usw. Das Festlegen von Quoten beeinträchtigt – wie oben im Einzelnen dargelegt eine sinnvolle Verteilung der jeweiligen Personengruppe auf Unternehmen und Organisationen. Für eine soziale Maßnahme sollte möglichst nicht vorgeschrieben werden, wer die Leistung erbringt, d. h. es sollte der Wettbewerb zwischen verschiedenen Anbietern genutzt werden. So wird beispielsweise die Betreuung von Kindern in anerkannten Kindergärten mit öffentlichen Mitteln gefördert. Außerdem müssen die Kommunen seit 1996 für alle Kinder einen Kindergartenplatz anbieten. Hier könnte der Wettbewerb durch private Kindergärten und durch Mütter und Väter, die sich gemeinsam um die Betreuung der Kinder kümmern, zugelassen werden. Da die Eltern das größte Interesse an der Erziehung ihrer Kinder haben, sollte es ihnen überlassen bleiben, welchen Kindergarten oder welche Art der Betreuung sie wählen. Statt kommunale und kirchliche Kindergärten mit Steuergeldern zu finanzieren oder zu subventionieren, könnte den Eltern ein Zuschuss für die Kinderbetreuung gezahlt werden, soweit überhaupt eine spezielle Förderung der Kinderbetreuung neben einem allgemeinen Kindergeld für zweckmäßig gehalten wird.

Generell sollte auch den sozial Schwachen die Teilnahme am Marktprozess ermöglicht werden. Deshalb sollten sie finanziell unterstützt werden, statt ihnen Sachleistungen wie eine Sozialwohnung, Lebensmittel, Kleidung, unentgeltliche Mahlzeiten oder ein verbilligtes Grundstück zu gewähren. Denn nur wenn sie selbst über die Mittel verfügen können, sind sie in der Lage, die Optionen des Marktes zu nutzen und die für sie am besten geeignete Güterkombination zu wählen.

4. Trennung von Versicherung und Sozialpolitik

175. Bei diesem Prinzip handelt es sich um einen Spezialfall des Prinzips der Trennung von Wirtschafts- und Sozialpolitik. Die Trennung von Wirtschafts- und Sozialleistungen bei Versicherungen bedarf einer besonderen Aufmerksamkeit, weil in Deutschland mit der größten Selbstverständlichkeit von Sozialversicherungen gesprochen wird, so als ginge es hier um Einrichtungen mit einem eindeutigen sozialen Auftrag im Sinne einer Umverteilung von den wirtschaftlich Starken zu den wirtschaftlich Schwachen. Nicht zuletzt aus sozialpolitischen Gründen sollten alle Versicherungen nach dem Prinzip von Leistung und Gegenleistung (Äquivalenzprinzip) arbeiten, d. h. die Versicherungsleistung sollte sich grundsätzlich nach den Versicherungsbeiträgen bemessen. Private Versicherungen eignen sich ohnehin nicht für soziale Maßnahmen, weil soziale Maßnahmen eine Umverteilung beinhalten, während in einer Versicherung für die Übernahme eines Risikos gezahlt wird. Durch soziale Elemente wird das Äquivalenzprinzip verletzt. Dadurch wird der wirtschaftlichen Kalkulation die Basis entzogen, so dass es gar nicht zu einem privaten Angebot von Versicherungsleistungen oder nur zu begrenzten Leistungen kommt. Die Trennung von Versicherungs- und

Sozialsystemen kann so gestaltet werden, dass die Versicherungsunternehmen nach dem Äquivalenzprinzip arbeiten, wobei es sich für den Versicherten um freiwillige oder obligatorische Versicherungen handeln kann, und dass der Staat die Personen unterstützt, die nicht in der Lage sind, die Beiträge für eine Mindestabsicherung aufzubringen.

Ein Staat mit einer gut ausgebauten Mindestsicherung hat ein großes Interesse daran, dass die Bürger sich privat gegen Risiken wie Krankheit, Pflegebedürftigkeit, Arbeitslosigkeit und Altersarmut versichern oder eigene Vorsorge treffen, z. B. durch Vermögensbildung. Um zu verhindern, dass die Bürger in Zeiten mit gutem Einkommen das Geld in vollem Umfang verbrauchen und in Notfällen auf den Staat zukommen, also keine Vorsorge treffen, weil der Staat ein soziales Netz bereithält, kann es sinnvoll sein, eine Versicherungspflicht im Umfang einer Mindestabsicherung einzuführen. Das ist keine soziale Maßnahme. Eine Versicherungspflicht entlastet vielmehr die Sozialsysteme und fordert die Eigenleistung der Bürger ein. Alternativ kann ein Bürger die Mindestabsicherung auch durch zweckgebundenes Vermögen abdecken. Die Sozialpolitik nimmt seine absichernde Rolle dann wieder wahr, wenn das Einkommen und das Vermögen nicht reichen, um die Versicherungsbeiträge zu zahlen. Wird beispielsweise trotz der Versicherungspflicht keine ausreichende Altersvorsorge erreicht, wird die Rente durch die Grundsicherung im Alter auf das Mindestsicherungsniveau angehoben. In der Krankenversicherung wird ein anderer Weg gewählt, weil jeder Bürger jederzeit von hohen Gesundheitskosten getroffen werden kann. Für Bezieher sozialer Hilfen kann der Staat entweder unmittelbar eine angemessene Versicherung abschließen oder er kann die Beiträge zu einer Versicherung bezuschussen bzw. den Regelsatz so bemessen, dass der Empfänger von Sozialhilfe oder Arbeitslosengeld II die Beiträge zu einer angemessenen Krankenversicherung zahlen kann. Der Staat sollte aber die Versicherungen nicht zwingen, Personen voll zu versichern, die keine oder nur verringerte Beiträge leisten können, weil sonst die Versicherungsgesellschaften staatlich abgesicherte Möglichkeiten brauchen, die Beitragsausfälle auf andere Weise zu decken. Zudem besteht die Gefahr, dass sie durch staatliche Regulierung aus dem Wettbewerb herausgenommen werden und unwirtschaftlich arbeiten, weil sie sich mit staatlicher Hilfe einen Verlustausgleich verschaffen können.

176. Stefan HOMBURG spricht sich gegen eine Versicherungspflicht in der Rentenversicherung aus (HOMBURG 2000). Er hält die These für falsch, dass gering verdienende Personen durch eine Versicherungspflicht dazu gebracht werden können, in der Erwerbsphase Mittel zurückzulegen und für das Alter vorzusorgen, so dass sie nicht der Gesellschaft zur Last fallen. Würden diese Personen – so seine These – in der Erwerbsphase aufgrund des Vorsorgezwangs nur noch über ein Einkommen verfügen können, das auf dem Sozialhilfe- und Arbeitslosengeld II-Niveau oder knapp darüber liegt (siehe die gestrichelte Linie in Abbildung 17), dann würden sie praktisch während des ganzen Lebens nur das Mindestsicherungsniveau erreichen. Für diese Personen sei es rational, schon in der Erwerbsphase auf eine offizielle Arbeit zu verzichten. Dann würden sie von Anfang an Arbeitslosengeld II beziehen, sich also kaum schlechter stehen als mit einer Beschäftigung. Für die Gesellschaft sei dies aber erheblich ungünstiger als eine Situation, in der dieser Personenkreis einer Erwerbstätigkeit nachgeht, aber nicht gezwungen wird, für das Alter vorzusorgen, und deshalb ein Einkommen erwirtschaftet, das über das Arbeitslosengeld II hinausgeht. Der Staat müsse es hinnehmen, dass keine Rentenansprüche erworben und keine Ersparnisse für das Alter gebildet würden und dass er diesen Menschen Grundsicherung im Alter zu zahlen habe. Auf diese Weise könne sich der Staat das Zahlen von Arbeitslosengeld II in der Erwerbsphase ersparen und gegebenenfalls noch Steuern einnehmen.

Diese Argumentation ist in sich schlüssig. Sie vernachlässigt aber einen wichtigen Punkt, nämlich die grundsätzliche Pflicht eines arbeitsfähigen Arbeitslosengeld II-Empfängers, einer Beschäftigung nachzugehen und so weit wie möglich für seinen eigenen Lebensunterhalt zu sorgen. Der geschilderte Missbrauch des Arbeitslosengelds II kann verhindert werden, indem das Arbeitslosengeld II gekürzt oder ganz gestrichen wird, wenn der Hilfeempfänger seiner Arbeitspflicht nicht nachkommt. Das heißt: Die von HOMBURG unterstellte Option, als Arbeitsfähiger dauerhaft Arbeitslosengeld II zu beziehen, setzt einen Missbrauch des Systems und ein Tolerieren des Missbrauchs durch die Agentur für Arbeit voraus. Richtig bleibt allerdings, dass Geringverdiener sowohl in der Erwerbsphase als auch in der Rentenphase nur schwer über die Mindestsicherung hinauskommen.

Abbildung 17: Wirkungen der Rentenversicherungspflicht

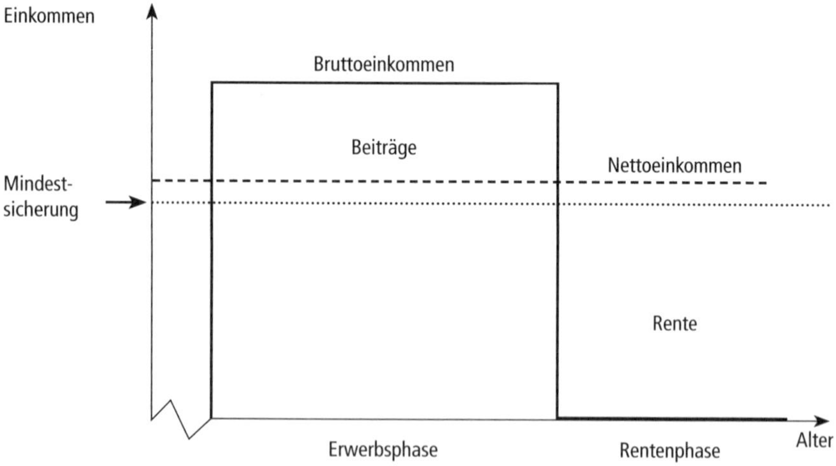

5. Keine Leistungen zu Lasten künftiger Generationen

177. Gegenwärtige Sozialleistungen und gegenwärtiger Konsum sollten nicht im Vorgriff auf künftige Zwangsabgaben finanziert werden. Man kann das Prinzip auch so formulieren: Die Belastung mit Zwangsabgaben (Steuern, Pflichtbeiträge) zur Finanzierung sozialer Maßnahmen sollte grundsätzlich für künftige Generationen nicht höher sein als für die gegenwärtige, d. h. es dürfen keine Belastungen auf die künftige Generation verlagert werden, indem keine ausreichende Vorsorge getroffen oder Substanz verzehrt wird. Dieses Prinzip hat eine große Bedeutung für die Stabilisierung von Sozialsystemen bei demographischen Veränderungen.

Manchmal wird darauf verwiesen, dass die gegenwärtige Generation in die Infrastruktur investiert habe, die von den folgenden Generationen genutzt werden könne, und dass mit weiter steigenden realen Einkommen gerechnet werden könne, so dass es den kommenden Generationen ohnehin besser gehe als der gegenwärtigen. Das kann so sein, aber schon aufgrund der demografischen Entwicklung und der impliziten Verschuldung der Umlagesysteme erscheint diese Perspektive keineswegs gesichert. Hinzu kommen vermutlich erhebliche Belastungen aus der Energie- und Rohstoffverknappung sowie der Umweltbelastung. Deshalb kann noch nicht einmal gesagt werden, ob es sich bei der Forderung, keine Leistungen zu Lasten künftiger Generationen zu gewähren, um ein konservatives Prinzip handelt. Denkbar ist eben auch, dass wir heute bereits auf Kosten der künftigen Generationen leben und nicht nur für zusätzliche soziale Leistungen selbst einstehen, sondern bestehende Zukunftsbelastungen reduzieren sollten, z. B. durch zusätzliche Investitionen, durch verstärkte Klimaschutzmaßnahmen, und durch eine Umstellung der Umlageverfahren auf Kapitaldeckung.

6. Selbständigkeit statt Abhängigkeit stärken

178. Soziale Maßnahmen sollten so konzipiert werden, dass der Hilfempfänger alle Chancen nutzen kann, wieder für sich selbst zu sorgen. Dies gilt in besonderem Maße für Arbeitslose. Die meisten Menschen wollen nicht nur einen Mindestlebensstandard erreichen oder halten, sondern sie möchten ihren Lebensunterhalt möglichst selbst erarbeiten und von sozialen Hilfen unabhängig sein. Für diese Menschen sind Freiheit und Eigenverantwortung hohe Ziele. Dafür muss die Sozialpolitik Wege eröffnen. Es kommt nicht darauf an, möglichst viele Menschen sozial zu betreuen, sondern möglichst vielen Empfängern sozialer Hilfen die Eigenständigkeit wiederzugeben.

„Der Empfänger muss danach streben, ein Gebender zu werden und nicht Empfangender zu bleiben." (HÖFER 1994, S. 81) Diese Bürgerpflicht entspricht der Christenpflicht wie sie in der Apostelgeschichte 20, 35 formuliert wird: „Geben ist seliger als nehmen". Daraus ergibt sich u. a., dass die Wettbewerbsposition der Arbeits- und der Wohnungslosen gegenüber denen, die bereits Arbeit bzw. eine Wohnung haben, nicht geschwächt werden darf. Es müssen vielmehr die Rechte gestärkt werden, am Wettbewerb um Arbeitsplätze, Wohnungen usw. teilnehmen zu können.

III. Altersvorsorge

1. Politische Versäumnisse bei bedrohlicher demographischer Entwicklung

179. Das in Deutschland und vielen anderen Ländern vorherrschende Umlageverfahren ist in Turbulenzen geraten. Die Politik hat größte Probleme, die Alterssicherungssysteme frühzeitig und solide zu reformieren oder beschlossene Reformen durchzusetzen. Obwohl die demographischen Änderungen schon seit langer Zeit klar erkennbar sind und viele Experten seit Jahren systematische Reformen anmahnen, reagiert die Politik widerwillig auf die demographische Entwicklung – am liebsten immer noch mit höheren Beitrags- und Steuersätzen, notgedrungen mit verringerten Leistungen.

Steigende Beitragssätze und verringerte Leistungen signalisieren den jungen Menschen, dass sie nicht sicher sein können, ob sie eine angemessene Rente erhalten werden. Für sie wird die Rente zum Risiko, weil die Bedingungen des Rentensystems nicht rechtzeitig und nicht hinreichend auf die zu erwartende Entwicklung eingestellt wurden. Man könnte auch sagen, weil es an Mut fehlt, die Altersvorsorge weitgehend unabhängig von der demographischen Entwicklung und von unkalkulierbaren Eingriffen aufgrund von Verteilungsansprüchen zu gestalten. Die vermeintliche Sicherheit des staatlich organisierten Umlagesystems wird zum Unsicherheitsfaktor, weil die künftigen Renten in hohem Maße von zufälligen politischen Konstellationen abhängen. Die Menschen können ihre Altersvorsorge nicht selbst gestalten, sondern sind den Entscheidungen der jeweiligen politischen Mehrheit ausgeliefert. Die gut gemeinte soziale Absicherung erweist sich als anfälliger und unsicherer als private Versicherungen und andere Formen der Eigenvorsorge. Den Bürgern erscheinen viele staatliche Eingriffe als beliebig oder willkürlich, weil kein überzeugendes Grundmuster erkennbar ist. Der Verfall des Vertrauens in die Rentenversicherung kann leicht in einen sich selbst beschleunigenden Prozess hineingeraten.

Das Rentensystem braucht Verlässlichkeit und Stabilität über Generationen. Daraus ergibt sich ein kaum lösbarer Konflikt, weil Politiker in kurzen Fristen denken und nicht bereit sind, lange vorhersehbare Fehlentwicklungen zu korrigieren, wenn damit Einschränkungen und Kosten in der Gegenwart verbunden sind. Inzwischen ist die gesetzliche Rentenversicherung aber so massiv gefährdet, dass ein weiteres Treibenlassen die Altersvorsorge der jungen Generation und die Renten der Erwerbstätigengeneration in Frage stellt. Die Rentenversicherung muss daher umfassend reformiert und auf eine solide Basis gestellt werden.

180. Ein Großteil der Probleme beruht darauf, dass Umlagesysteme nach Prinzipien aufgebaut sind, mit denen Belastungen auf künftige Generationen verlagert werden, d.h. die normativen Grundlagen bewirken tendenziell eine Begünstigung gegenwärtiger Generationen. Außerdem wird der enge Zusammenhang zwischen Sozialpolitik und wirtschaftlicher Entwicklung noch immer vernachlässigt. Die Sozialpolitiker tun sich schwer, den negativen Einfluss steigender Beitragssätze und steigender staatlicher Zuschüsse auf das Wachstum und die Beschäftigung zur Kenntnis zu nehmen und von der liebgewonnenen Vorstellung abzugehen, es ginge nur darum, die Sozialsysteme auszubauen. Diese Idee haben sie so weit vorangetrieben, dass den Bürgern immer weniger Raum für eigenverantwortliche Vorsorge verbleibt. Das Zurücknehmen der erdrückenden Staatsvorsorge fällt schwer, weil es auch um einen Verteilungsstreit geht, in dem jede Gruppe versucht, Kosten staatlicher Wohltaten möglichst auf andere abzuwälzen. Durch einen konjunkturellen Aufschwung wie in den Jahren 2005 bis 2008 kann die Beschäftigung deutlich zunehmen und der Anstieg der Abgabenlast gebremst werden. Statt dies als Chance zur Stabilisierung des Systems zu nutzen, wird von der Politik der Eindruck erweckt, es gäbe wieder etwas zu verteilen und die notwendigen Einschnitte könnten auf spätere Jahre vertagt werden. Die Diskussion um die Mindestrente sowie die systemwidrige Aussetzung der realen Rentenkürzung entsprechend der Rentenformel zeugen von dieser Vorstellung. In Verbindung mit der unvermeidlichen demographischen Entwicklung ist daher mit weiter steigenden Beitragssätzen zu rechnen.

181. Die demographischen Veränderungen, die heute schon zum überwiegenden Teil angelegt sind, werden in der Bevölkerung immer noch unterschätzt. Das Statistische Bundesamt geht in seiner 11. Bevölkerungsvorausberechnung davon aus, dass der Altenquotient, also die Anzahl der über 65-jährigen auf 100 Menschen im Alter zwischen 20 und 65 Jahren, von gegenwärtig 32 auf 64 im Jahr 2050 zunehmen wird. Dabei wird ein Anstieg der Lebenserwartung um insgesamt sieben Jahre, eine unveränderte Geburtenhäufigkeit und eine Zuwanderung von 100.000 Personen pro Jahr zugrunde gelegt (mittlere Bevölkerung, Untergrenze der Zuwanderung). In diesem Fall würde sich der Altenquotient bis 2050 also verdoppeln. Selbst wenn die Zuwanderung auf 300.000 Personen im Jahr ansteigen oder die Geburtenrate dauerhaft von 1,4 auf 2,1 Kinder je Frau steigen würde, könnte der heutige Altenquotient nicht gehalten werden. Auch die moderate Anhebung der Regelaltersgrenze auf 67 Jahre verhindert den rasanten Anstieg nicht: dann liegt der Altenquotient in 2050 bei 56 (STATISTISCHES BUNDESAMT, 2006, S. 24–25). Der demographische Wandel wird sich in den nächsten Jahren erheblich beschleunigen. Momentan sind die während des „Baby Booms" in den sechziger Jahren Geborenen noch im Erwerbsalter. Nach 2015 werden die Rentenzugänge jedoch spürbar zunehmen.

182. Die enge Verzahnung der Sozialsysteme und des Arbeitsmarktes über die Beitragssätze einerseits und die Beitragsbemessungsgrundlage andererseits wird zwar seit einiger Zeit wahrgenommen: Die große Koalition hatte sich daher im Koalitionsvertrag von 2005 das Ziel gesetzt, die Summe der Sozialversicherungsbeiträge dauerhaft unter 40 Prozent zu senken (Koalitionsvertrag CDU/CSU/SPD 2005: S. 28). Allerdings wurde dieses Ziel jüngst von Kanzlerin Merkel wieder relativiert: Im Zusammenhang mit der Diskussion um die außerplanmäßige Erhöhung der Renten gab die Kanzlerin in einem Interview bekannt, dass die Lohnzusatzkosten „bei 40 Prozent" zu halten seien (Frankfurter Allgemeine Sonntagszeitung, 13. 4. 2008). Selbst wenn die Beitragslast stabil bleibt, dafür aber die Steuersätze weiter erhöht werden, wird die steigende Abgabenlast eine Flut von Innovationen bei den Arbeitsverträgen, bei der Aufteilung von unselbständiger und selbständiger Arbeit bis hin zur Aufteilung von offizieller und informeller Arbeit auslösen. Die Findigkeit der Menschen und der Widerstand gegen ein nicht mehr akzeptiertes Sicherungssystem werden zu einer Flucht aus dem System führen.

183. Wenn abwiegelnd behauptet wird, die Sorgen seien nicht berechtigt, weil sich die gesetzliche Rentenversicherung in mehr als 100 Jahren bewährt habe, dann muss man sich die Bedingungen in den Anfangsjahren ansehen. Als die gesetzliche Rentenversicherung mit dem „Reichsgesetz betreffend die Invaliditäts- und Altersversicherung" vom 22. Juni 1889 eingeführt wurde, betrugen die Beitragssätze 1,5 bis 2,5 Prozent, die Altersgrenze für den Rentenzugang 70 Jahre, die Lebenserwartung der Männer 36 und die der Frauen 40 Jahre. Inzwischen liegt die Lebenserwartung zum Zeitpunkt der Geburt für Männer bei 75,9 und die für Frauen bei 81,5 Jahren, das effektive Rentenzugangsalter für Männer bei 60,8 und für Frauen bei 61 Jahren (DEUTSCHE RENTENVERSICHERUNG 2007). Zu Beginn der Rentenversicherung handelte es sich vorwiegend um eine Invaliditäts- bzw. Erwerbsunfähigkeitsrente. Die Altersrente spielte eine untergeordnete Rolle. Inzwischen haben sich die Beitragsbelastungen etwa verzehnfacht, und in Zukunft ist mit einem weiteren Anstieg zu rechnen. Was vor 50 oder gar 100 Jahren als Rentenversicherung bestand, ist mit dem gegenwärtigen System nicht mehr vergleichbar. Es ist eine paradoxe Entwicklung: Damals hatten die Menschen sehr geringe Einkommen und kaum Ersparnisse, und das Rentensystem bot nur eine minimale Grundsicherung. Heute werden hohe Einkommen erzielt, viele Menschen haben bereits ein ansehnliches Vermögen angespart oder geerbt, und das Rentensystem wurde zur Vollversicherung mit hohen Beitragslasten ausgebaut. Damals galt das Rentensystem als solide, heute kann ein weiterer Anstieg der Beitragssätze das System implodieren lassen.

2. Unzureichende Rentenreformen

184. In den vergangenen sechzehn Jahren wurden insgesamt vier Rentenreformen durchgeführt. Jede dieser Reformen sollte zur nachhaltigen Stabilisierung der gesetzlichen Rentenversicherung führen, doch letztlich gab keine eine hinreichende Antwort auf die demographischen Probleme. Neben einigen anderen Maßnahmen wurde 1992 versucht, mit dem Übergang von der bruttolohnbezogenen auf die nettolohnbezogene Rentenanpassung die Ausgabenentwicklung und die Beitragssatzsteigerung zu dämpfen. Es zeigte sich aber bereits kurze Zeit später, dass die Korrekturen nicht ausreichten. Im Rahmen der im Jahr 1998 beschlossenen Rentenreform sollte 1999 ein Demografiefaktor in die Rentenformel eingeführt werden. Über diesen Faktor sollte die zunehmende Lebenserwartung der Rentner dämpfend auf die Steigerung der Renten wirken. Das Rentenniveau sollte bis zum Jahre 2030 in Abhängigkeit von der durchschnittlichen Lebenserwartung von 70 auf etwa 64 Prozent verringert werden.

Unmittelbar nach dem Regierungswechsel wurde dieser Teil der Rentenreform noch im Jahr 1998 wieder verworfen, ohne allerdings in der Rentenreform 2000/01 auf eine

Niveauabsenkung zu verzichten. Ergänzend sollte jedoch eine kapitalgedeckte betriebliche oder private Altersvorsorge mit Hilfe staatlicher Förderung aufgebaut werden, um die vermeintliche Versorgungslücke zu schließen. Das Rentenniveau sollte zum einen durch den Übergang auf eine modifizierte Bruttolohnanpassung (also eine Teilrücknahme der nettolohnbezogenen Anpassung) und zum anderen durch eine neue Abflachung der Rentensteigerungen verringert werden. Bis zum Jahr 2030 sollte das Niveau dadurch auf 67 Prozent sinken. Da in der modifizierten Bruttolohnanpassung jedoch auch die Abzugsmöglichkeiten von Sonderausgaben im Rahmen der privaten Altersvorsorge berücksichtigt werden, entspricht das Niveau von 67 Prozent eher einem Niveau von 65 Prozent nach der alten Rentenformel (vgl. Raffelhüschen/Borgmann/Krimmer 2001, S. 328). Ursprünglich war mit der Riester-Reform eine Absenkung auf 62 Prozent vorgesehen. Ferner wurde beschlossen, den Beitragssatz bis zum Jahr 2020 nicht über 20 Prozent und bis zum Jahr 2030 nicht über 22 Prozent anzuheben.

Außerdem wurde mit dem Gesetz zur Grundsicherung im Alter und bei Erwerbsminderung eine Grundsicherung beschlossen, die Rentner vom 65. Lebensjahr an und voll erwerbsgeminderte Personen zwischen dem 18. und 65. Lebensjahr in Anspruch nehmen können. Dieser Personengruppe soll „der Weg zum Sozialamt erspart bleiben." Insoweit ist es auch konsequent, neue „Grundsicherungsämter" bei den Kommunen aufzubauen. Gegen diese Aufgabenübertragung hat der Deutsche Landkreistag im Jahr 2003 Verfassungsbeschwerde beim Bundesverfassungsgericht eingelegt, das Verfahren ist momentan (2008) noch anhängig. Die neue Grundsicherung für Rentner stellt einen schweren Regelbruch in der sozialen Sicherung dar, weil Verwandte in gerader Linie bei dem hier abgegrenzten Personenkreis nicht mehr zu Leistungen herangezogen werden. Bei der neuen Grundsicherung handelt es sich eindeutig um eine soziale Leistung, die von den Steuerzahlern finanziert wird. Dann müssen auch die allgemeinen Bedingungen der Sozialhilfe gelten. Es ist nicht zu rechtfertigen, dass Personen, die in der gesetzlichen Rentenversicherung versichert waren, im Alter oder im Falle der vollen Erwerbsminderung eine bessere Sozialhilfe bekommen als Personen, die selbst für ihre Altersvorsorge aufkommen mussten. Wenn die Sozialhilfe als nicht ausreichend angesehen wird, müssen die Bedingungen für alle Menschen mit gleichen Merkmalen verbessert werden. Die neue unterschiedliche Behandlung ist willkürlich.

185. Die Probleme der Rentenversicherung wurden auch mit der Rentenreform 2000/01 nicht gelöst. Die große Koalition hat daher 2007 einen weiteren Reformschritt unternommen und die Regelaltersgrenze um zwei Jahre auf 67 Jahre angehoben. Die stufenweise Anpassung der Regelaltersgrenze reagiert jedoch nur auf einen Faktor der demografischen Entwicklung – der höheren Lebenserwartung – während die geringere Geburtenrate nicht berücksichtigt wurde. Zudem wird auch diese – einmalige – Anpassung des Eintrittsalters auf Dauer nicht ausreichen. Ohne eine dynamische Anpassung der Regelaltersgrenze in der Rentenformel sind steigende Beitragssätze aufgrund der steigenden Lebenserwartung bereits heute vorprogrammiert: Die Anhebung auf

> **Änderungen des Rentenrechts**
>
> *Rentenreformgesetz 2000/2001*
> 1. Das Rentenniveau, d.h. die Rente gemessen am durchschnittlichen Nettolohn, sollte von gegenwärtig 70 Prozent auf 67 Prozent im Jahre 2030 verringert werden. Gleichzeitig sollte der Beitragssatz bis 2020 nicht über 20 Prozent und bis 2030 nicht über 22 Prozent ansteigen.
> 2. Aufwertung der Kindererziehung (Höherbewertung bei Teilzeit, geringen Entgelten oder Erwerbsunterbrechung).
> 3. Einführung des „Rentensplittings" bei Ehepartnern.
> 4. Auskunftspflicht der Gesetzlichen Rentenversicherung über die zu erwartenden Leistungen.
> 5. Aufbau einer geförderten zusätzlichen Altersvorsorge („Riesterrente").
> 6. Änderungen im Betriebsrentenrecht (u.a. Anspruch auf Entgeltumwandlung, Einführung von Pensionsfonds, Verkürzung der Unverfallbarkeitsfristen).
>
> *Gesetz zu Anpassung der Regelaltersgrenze 2007*
> 1. Ab 2012 stufenweise Anhebung der Regelaltersgrenze von heute 65 Jahre auf 67 Jahre.
> 2. Altersrente für langjährig Versicherte mit 45 Pflichtbeitragsjahren; abschlagsfreier Renteneintritt ab dem 65. Lebensjahr möglich.
> 3. Regelaltersgrenze für schwerbehinderte Menschen wird von 63 auf 65 Jahre angehoben.

67 Jahre soll erst ab dem Jahre 2012 beginnen und sich bis zum Jahre 2029 erstrecken. Zu diesem Zeitpunkt wird die Lebenserwartung wahrscheinlich schon wieder um zwei bis drei Jahre höher liegen als heute.

Zwei weitere Konstruktionsfehler konterkarieren den Entlastungseffekt für die Rentenversicherung durch die Erhöhung des Renteneintrittsalters: Bei steigender Lebenserwartung und damit längerer Rentenbezugsdauer ergäbe sich für die Rentenversicherung nur dann ein Entlastungseffekt, wenn die Rentner bei einem Renteneintritt mit 67 Jahren das gleiche Rentenniveau wie mit 65 Jahren erhalten würden (in Höhe des ursprünglichen Rentenniveaus in Abbildung 18). Tatsächlich werden aber bis zum 67. Lebensjahr weiterhin Entgeltpunkte in der gesetzlichen Rentenversicherung erworben, so dass die Rente entsprechend steigt (graue Fläche in Abbildung 18). In der Anfangsphase kommt es zwar zu einer Entlastung der Versicherung bzw. der Versichertengemeinschaft, weil sich die zusätzlichen Beiträge sofort positiv auf der Einnahmeseite auswirken. Die erhöhten Rentenansprüche müssen dagegen erst später bedient werden. Dann wird die Entlastungswirkung für künftige Generationen jedoch wieder vollständig aufgehoben. Zusätzlich bewirkt die Anhebung der Altersgrenze eine verbesserte Relation von Beitragszahlern zu Rentnern und damit über den Nachhaltigkeitsfaktor in der Rentenformel eine Erhöhung der Renten.

Abbildung 18: Rente mit 67

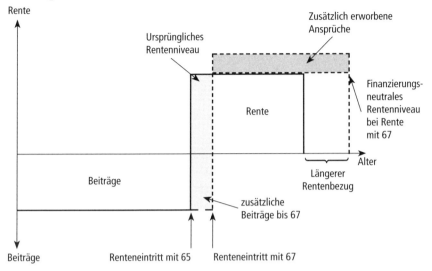

Die im Jahr 2007 außerdem beschlossene Regelung, langjährig Versicherten mit 45 Beitragsjahren weiterhin ab 65 Jahren eine abschlagsfreie Rente zu garantieren, ist systemwidrig. Dahinter steht die Vorstellung, dass es sich bei diesen Versicherten überwiegend um Arbeitnehmer handelt, die in körperlich anstrengenden, unterdurchschnittlich entlohnten Berufen tätig waren und denen eine Verlängerung der Lebensarbeitszeit auf 67 Jahre nicht zuzumuten ist. Dagegen zeigen Untersuchungen, dass langjährig Versicherte durch ihre lückenlose Erwerbsbiografie nicht nur eine höhere Zahl an Entgeltpunkten erwerben konnten, sondern auch eine überdurchschnittliche Rentenanwartschaft erworben haben. Der vorzeitige Renteneintritt ohne Abschläge kommt also Arbeitnehmern zugute, die während ihres Berufslebens überdurchschnittlich verdienen konnten. Wenn es systematische Unterschiede in der Lebenserwartung der Arbeitnehmer nach Berufsgruppen gibt, könnte man daran denken, das Rentenniveau nicht nur wie bisher nach der Höhe der eingezahlten Beiträge zu differenzieren, sondern auch nach der Zugehörigkeit zu bestimmten Berufsgruppen. Dies würde für Arbeitnehmer mit extremer körperlicher Belastung zu höheren monatlichen Renten führen, weil allgemein mit einer geringeren Lebenserwartung und damit geringerer Rentenbezugsdauer zu rechnen ist. Ziel wäre es, im Umlagesystem eine größere Äquivalenz zwischen den Einzahlungen und den Rentenauszahlungen zu erreichen. Dies bedeutet im Umkehrschluss aber auch, dass die Renten für Berufsgruppen mit hoher Lebenserwartung sinken müssten, damit die Ausgaben der Rentenversicherung und damit die Beiträge nicht steigen. Das dürfte sich im Umlageverfahren aber kaum verwirklichen lassen, weil es sich letztlich um ein politisch bestimmtes System handelt und weil es nicht um die absolute Höhe der Rentenansprüche, sondern immer nur um die Relation der eigenen Rente zu den Renten der übrigen Versicherten geht.

Auch unter dem Aspekt der Generationengerechtigkeit ist es nicht zu rechtfertigen, die Gruppe der langjährig Beschäftigten zu privilegieren: Die Anzahl der Menschen, die 45 Jahre lückenlose Erwerbsbiografien aufweisen können, dürfte mit der Zeit abnehmen. Die nachkommenden Generationen haben in der Regel längere Ausbildungszeiten und sind häufiger von Arbeitslosigkeit betroffen. Dies senkt die Wahrscheinlichkeit, von dieser Vorruhestandsregelung profitieren zu können. Die nachkommenden Generationen werden also von einer Maßnahme ausgeschlossen, die sie über ihre Beiträge mitfinanzieren müssen.

Infolge der unzureichenden und unsystematischen Rentenreformen werden die Rentenansprüche verringert oder der Bundeszuschuss weiter erhöht werden müssen, wenn die Beiträge nicht weiter steigen sollen. In den letzten Jahren ist der Bundeszuschuss kräftig angehoben worden: Zunächst wurde er im Rahmen der Rentenreform 1992 erhöht, dann wurde die Mehrwertsteuer zugunsten der Rentenversicherung angehoben. Es folgte eine neue Ökosteuer mit dem Ziel, das Steueraufkommen weitgehend in die Kasse der gesetzlichen Rentenversicherung zu lenken. Schließlich soll sich der Steuerzahler nun an dem Aufbau der privaten Altersvorsorge beteiligen, mit der die Lücke zwischen den sinkenden Ansprüchen aus der gesetzlichen Rentenversicherung und einer angemessenen Altersvorsorge geschlossen werden soll. Laut Angaben der Deutschen Rentenversicherung wurden im Jahr 2006 18,7 Prozent der Ausgaben der gesetzlichen Rentenversicherung durch allgemeine Bundeszuschüsse finanziert. Hinzu kommen Mittel aus der Mehrwert- und Ökosteuer (zusätzlicher Bundeszuschuss) in Höhe von 8,7 Prozent (DEUTSCHE RENTENVERSICHERUNG 2008). Insgesamt wird also fast ein Drittel der Ausgaben aus dem Bundeshaushalt bestritten. Die Steuerfinanzierung verschleiert die tatsächlichen Probleme und benachteiligt all diejenigen, die nicht Mitglied der gesetzlichen Rentenversicherung sind. Das Versicherungsprinzip wird dadurch stark ausgehöhlt.

Insgesamt zeigt sich, dass die Rentenreformen, die gerne mit dem Zusatz Jahrhundertreformen versehen wurden, einige kleine Korrekturen brachten, die gravierenden strukturellen Mängel der gesetzlichen Rentenversicherung jedoch bestehen bleiben.

186. Das bestehende Umlageverfahren reagiert empfindlich auf demographische Veränderungen: In Phasen des Bevölkerungswachstums und günstiger Relationen zwischen Erwerbspersonen und Rentnern fallen Überschüsse an, die dazu verleiten, die Leistungen zu verbessern statt Beitragssätze zu senken oder eine Kapitalreserve aufzubauen. In Phasen mit abnehmender Bevölkerungszahl und ungünstiger Altersstruktur ist es schwierig und politisch kaum durchsetzbar, die Leistungen zu verringern. Die Automatik des Systems führt dann zu ständig steigenden Beitragssätzen. Das steht in diametralem Widerspruch zu dem wirtschaftspolitischen Ziel, die Belastungen aufgrund hoher Beitragssätze zu verringern und Chancen für mehr Beschäftigung zu schaffen.

Es besteht kein versicherungsmathematisches Äquivalenzprinzip. Die Beitragszahlungen sind keine Einzahlungen zugunsten der eigenen Vorsorge, sondern dienen dazu, die Renten der gegenwärtigen Rentnergeneration zu zahlen. Es wird kein Kapital angespart. Eigene Rentenansprüche entstehen nur insoweit, als den Beitragszahlern das Recht eingeräumt wird, von der künftigen Generation Beiträge bzw. Rentenzahlungen einzufordern. Man spricht auch von einem Generationenvertrag. Künftige Rentenzahlungen setzen voraus, dass Kinder erzogen und ausgebildet werden. Bei geringer Kinderzahl und schrumpfender Bevölkerung können sich die Rentner nicht auf frühere Beitragsleistungen berufen.

Wenn in der gesetzlichen Rentenversicherung von einkommens- oder beitragsbezogenen Renten gesprochen wird, so bedeutet das nicht, dass eine versicherungstechnische Äquivalenz zwischen Beitragszahlungen und Rente besteht. Genau genommen enthält das bestehende Rentenrecht die Regelung, dass derjenige, der heute relativ hohe Beiträge zur Finanzierung der gegenwärtigen Renten bezahlt, einen höheren Anteil an den künftig zu erwartenden Beitragseinnahmen erhält als derjenige, der gegenwärtig geringe Beiträge bezahlt. Man könnte die Verteilung des Beitragsaufkommens und damit die relative Höhe der Rente auch ausschließlich nach Kindererziehungszeiten bemessen. Durch laufende Beitragszahlungen wird nicht das Beitragsaufkommen und damit das Rentenniveau in der Zukunft determiniert. Ob und in welchem Umfang künftig Beiträge gezahlt werden können, hängt von der demographischen und von der wirtschaftlichen Entwicklung ab. Somit kann im Umlagesystem nicht im echten Sinne von Leistung und Gegenleistung oder von einer Eigenvorsorge gesprochen werden. Die heute aufgebrachten Mittel werden unmittelbar verbraucht. Empfänger der Leistung, nämlich heutige Rentner, und Verpflichtete der Gegenleistung, nämlich gegenwärtige und künftige Erwerbspersonen, sind unterschiedliche Personengruppen. Man sollte von einem Solidarsystem sprechen und sich darüber klar sein, dass die Inanspruchnahme der Solidarität auf Akzeptanzgrenzen stoßen kann.

3. Keine höheren Beiträge bei zunehmender Lebensdauer

187. Ein Konstruktionsfehler der gesetzlichen Rentenversicherung liegt darin, dass eine zunehmende Lebensdauer zu höheren Beiträgen für die nachfolgenden Generationen führt. Da die Regelaltersgrenze für den Beginn des Rentenbezugs festliegt, also nicht von der Lebenserwartung der Menschen abhängig ist, verlängert sich mit zunehmender Lebensdauer ausschließlich die Rentenphase, so dass die Kosten steigen. Die Beitragssätze müssen erhöht werden und die nachfolgende Generation hat nach den geltenden Regeln mehr zu zahlen. Eine zunehmende Lebensdauer wird als Belastung des Rentensystems dargestellt.

Zunächst ist eine längere Lebensdauer etwas Erfreuliches, zumal die meisten Menschen auch viel länger gesund und vital sind. Die Regelung im bestehenden Rentensystem, wonach eine unveränderte Rente für die volle zusätzliche Lebensphase bezogen werden kann, ist jedoch keineswegs selbstverständlich, und sicherlich wird sie auch nicht als fair bezeichnet werden können, wenn man die Alternativen betrachtet. Beispielsweise könnte genau umgekehrt die Erwerbsphase um die erwartete Verlängerung der Lebensdauer ausgeweitet und die Rentenphase unverändert gelassen werden. Dann würden die Menschen mit zunehmender Lebenserwartung länger arbeiten, und die Beitragssätze könnten sinken. Die nachfolgende Generation würde entlastet.

An dieser Stelle wird vielfach das Argument vorgebracht, die Verlängerung der Lebensarbeitszeit sei aus arbeitsmarktpolitischen Gründen ein unrealistischer Vorschlag. In einer Situation mit hoher Arbeitslosigkeit mag es Umstellungsprobleme geben, aber grundsätzlich kann nicht von einem Mangel an Arbeit ausgegangen werden. Richtig ist, dass es institutionelle, gesetzliche und andere Hindernisse für die Beschäftigung gibt. Diese Probleme müssen aber dort gelöst werden, wo ihre Wurzeln liegen. Der Weg über längere Rentenzeiten und höhere Beitragssätze hat sich als Irrweg erwiesen.

Zwischen den beiden genannten Regelungen sind Zwischenformen möglich. Geht man beispielsweise davon aus, dass der Beitragssatz stabil bleiben soll, so ergäbe sich etwa folgende Aufteilung der erwarteten zusätzlichen Lebensdauer: Zwei Drittel werden der Erwerbsphase zugeschlagen, ein Drittel der Rentenphase. Diese beitragsneutrale Lösung zwingt nicht zu einer längeren Arbeitsphase. Bei unveränderter Erwerbsphase würden aber Abschläge vom Rentenniveau vorgenommen, weil das bisherige Rentenniveau erst bei einer höheren Regelaltersgrenze erreicht würde. Das Grundprinzip sollte auf jeden Fall sein, von der künftigen Generation nicht mehr zu verlangen als von der eigenen, also eine Regelung zu finden, bei der keine Beitragssatzsteigerung erforderlich ist.

188. Es könnte auch argumentiert werden, dass die Versicherten bei einer längeren Rentenphase aufgrund längerer Lebenserwartung mehr Leistungen erhielten und dass deshalb eine Beitragssatzerhöhung zu rechtfertigen sei. In einem Umlagesystem wird aber kein Kapital angesammelt, d. h. höhere Beiträge führen nicht zu einer Rücklage. Vielmehr werden die Beiträge für die Erwerbstätigen erst dann erhöht, wenn die Lebensdauer der Rentner zugenommen hat. Die Rentnergeneration muss keine Beiträge nachzahlen, sondern erhält die Rente für zusätzliche Jahre, ohne vorher entsprechend eingezahlt zu haben. Es handelt sich bei ihnen um eine reine Leistungsverbesserung, die in einem Kapitaldeckungssystem grundsätzlich nicht möglich wäre. Im Umlagesystem bleibt bei jeder Leistungsverbesserung ein „Einführungsvorteil" für die Rentnergeneration und für die rentennahen Jahrgänge zu Lasten künftiger Generationen.

189. In einer weiteren unvermeidlichen Rentenreform ist davon auszugehen, dass die gestiegene Lebensdauer in der Vergangenheit nicht in angemessener Weise berücksichtigt wurde. Außerdem muss im Umlageverfahren frühzeitig auf weitere Steigerungen der Lebenserwartung angemessen reagiert werden. Dafür sind Beitragssatzsteigerungen – wie bereits erwähnt – nur geeignet, wenn die Mittel in einem Kapitaldeckungsverfahren angesammelt werden. Im Umlagesystem ist es einfacher, die Regelaltersgrenze systematisch mit der steigenden Lebenserwartung anzuheben, statt nur einmalig wie in der letzten Rentenreform geschehen, und die Rentenansprüche (das Rentenniveau) trotz der höheren Regelaltersgrenze unverändert zu lassen. Die Rentner jenseits der Regelaltersgrenze kann man aber nur noch durch eine Rentenkürzung daran hindern, den Vorteil der längeren Rentenzahlung zu vereinnahmen, ohne sich an den Kosten zu beteiligen.

4. Keine höheren Beiträge bei verringerten Geburtenraten

190. Ein zweiter Konstruktionsfehler des bestehenden Umlagesystems besteht darin, dass die Rentenansprüche unabhängig von der Anzahl der künftigen Erwerbsfähigen geltend gemacht werden. Wenn eine Generation sich entschließt, nur noch zwei Drittel der Kinder zu haben, die erforderlich wären, um die Bevölkerungszahl und die Erwerbsbevölkerung etwa konstant zu halten, steigen die Beitragssätze nach den geltenden Regelungen kräftig an, weil die Renten von einer relativ geringen Anzahl von Erwerbspersonen getragen werden müssen. Diese Situation kommt unausweichlich auf uns zu, weil die gegenwärtige Generation zum Teil auf Kosten der künftigen Generation lebt. Das lässt sich, selbst wenn man wollte, nicht mehr vollständig korrigieren, denn jedes Rentensystem umfasst grundsätzlich die gesamte Erwerbsphase und die Rentenphase.

191. Trotzdem sollte das bestehende Rentensystem möglichst schnell so geändert werden, dass verringerte Geburtenzahlen grundsätzlich nicht zu steigenden Beitragssätzen für künftige Generationen führen. Das Prinzip lässt sich wie folgt formulieren: Wenn die gegenwärtige Generation sich entschließt, nur noch zwei Drittel der Kinder großzuziehen, die für eine unveränderte Bevölkerungszahl erforderlich sind, sollte sie auch nur noch zwei Drittel der Renten von der nachfolgenden Generation erwarten. Dann könnte der Beitragssatz stabil bleiben. Die gegenwärtige Generation müsste sich entweder mit einer entsprechend verringerten Rente zufrieden geben oder etwa ein Drittel der Altersvorsorge durch Vermögensbildung, also durch Kapitaldeckung sicherstellen. Das kann kollektiv organisiert werden, z. B. in einer kapitalfundierten Versicherung. Das kann aber auch der Eigenverantwortung der Bürger überlassen werden.

Wichtig ist, dass die im Umlagesystem erworbenen Ansprüche mit dem hier genannten Prinzip in Einklang gebracht werden. Wegen der bereits aufgelaufenen hohen Rentenansprüche kann das Umlagesystem nur behutsam umgestellt werden. Ein Großteil der zu erwartenden steigenden Belastung lässt sich nicht mehr vermeiden.

192. Um die Wirkungen eines veränderten generativen Verhaltens beurteilen zu können, muss deutlich zwischen dem bestehenden Umlageverfahren als Zwei-Generationen-Modell und dem eigentlich gemeinten Drei-Generationen-Modell unterschieden werden. Auch bevor die gesetzliche Rentenversicherung im Jahre 1889 eingeführt wurde, gab es ein Umlageverfahren. In der Regel wurden die älteren Menschen im Rentenalter unmittelbar von ihren Kindern versorgt. Innerhalb der Familie bestand ein „Dreigenerationenvertrag". Nur wer keine Kinder hatte und auch keine adoptierte, musste für das Alter sparen (Kapitaldeckungsverfahren) oder war auf Sozialhilfe angewiesen. In Abbildung 19 ist schematisch dargestellt, wie die Personen A2 und B2 in der Erwerbsphase ihre Eltern A1 und B1 versorgen (R) und die Kinder A3 und B3 erziehen (E). Die Person N2, die keine Kinder hat, sorgt ebenfalls für die Eltern N1, muss aber für die eigene Altersversorgung Vermögen ansparen (S).

Abbildung 19: Altersversorgung ohne Rentenversicherung

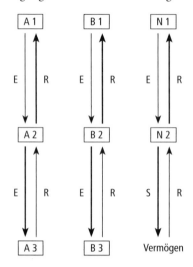

A, B, N   Personen
1, 2, 3   Generationen
E   Kindererziehung
R   Rente
S   Sparen

Die Versicherungsidee besteht darin, dass nicht mehr die erwachsenen Kinder, also die Erwerbstätigen, individuell für ihre Eltern sorgen, sondern dass sie in eine gemeinsame Kasse (RV in Abbildung 20) einzahlen (R'), aus der Renten an die Eltern (R) gezahlt werden. Sie schließen einen kollektiven „Dreigenerationenvertrag". Der Vorteil besteht in der Absicherung des Risikos, dass die eigenen Kinder im Einzelfall nicht in der Lage sind, die Eltern hinreichend zu versorgen, z. B. im Falle von Krankheiten und Unfällen oder Arbeitslosigkeit. Personen ohne Kinder (N2) können zwar ihre Eltern im Umlagesystem versorgen, müssen aber grundsätzlich Vermögen für die eigene Altersversorgung bilden, weil später keine Kinder vorhanden sind, die mit ihren Beiträgen die Renten finanzieren.[1] Die Person N2 in Abbildung 20 zahlt in das Umlageverfahren ein, spart aber gleichzeitig Vermögen an und hat somit eine eigenständige Alterssicherung. Kinderlose können selbstverständlich auch in eine private Versicherung einzahlen, statt individuell Vermögen zu bilden. Der systematische Unterschied zur Rentenversicherung im Umlagesystem besteht darin, dass die Kinderlosen Vermögen bilden und eine Kapitaldeckung für ihre Altersversorgung haben, während die Personen mit Kindern die Kosten für die Erziehung der Kinder tragen, die später im Um-

---

[1] Hier wird vereinfachend von Personen ohne Kinder und Personen mit Kindern gesprochen, ohne nach der Kinderzahl zu differenzieren.

Abbildung 20: Altersvorsorge für Personen mit Kindern

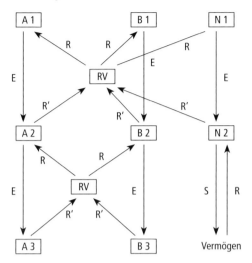

A, B, N   Personen
1, 2, 3   Generationen
E   Kindererziehung
R   Rente
S   Sparen
RV   Rentenversicherung

lageverfahren die Mittel für die Renten der Eltern aufbringen. Von einer Beteiligung der Steuerzahler an den Kosten der Kindererziehung in Kindergärten, Schulen usw. wird hier zunächst abgesehen.

Das in Abbildung 20 schematisch dargestellte Umlageverfahren ist praktisch unabhängig von der demographischen Entwicklung aufgrund eines veränderten generativen Verhaltens. Personen, die keine Kinder haben, bleiben in der Pflicht, für die eigenen Eltern N1 zu sorgen, entweder individuell, wie Person N2 in Abbildung 19, oder sie bringen im Umlageverfahren die Mittel für die Rente auf wie in Abbildung 20. Sie müssen aber gleichzeitig Mittel für die eigene Altersversorgung ansparen, statt Mittel für die Kindererziehung aufzuwenden. Je größer die Anzahl der Personen wird, die keine Kinder haben, umso mehr Personen müssen selbst ansparen, umso mehr Menschen müssen ihre eigene Altersvorsorge im Kapitaldeckungsverfahren betreiben. Bei sinkenden Geburtenraten wird damit automatisch die Vorsorge im Kapitaldeckungsverfahren ausgeweitet.

193. Der Hauptunterschied zwischen dem gerade erläuterten System und der bestehenden gesetzlichen Rentenversicherung besteht darin, dass in der gesetzlichen Rentenversicherung auch Personen, die keine Kinder haben, eine Rente im Umlageverfahren erhalten (vgl. N2 in Abbildung 21). Begründet wird dies offiziell damit, dass diese Personen in der Erwerbsphase Beiträge geleistet haben (R'). Diese Beiträge wurden allerdings im Umlageverfahren bereits an die Eltern (A1 bis N1) ausgezahlt. Für die eigene Rente stehen sie nicht mehr zur Verfügung. Die Rente für die A2- bis N2-Generation muss von den Kindern dieser Generation, also von A3 und B3 in Abbildung 21 aufgebracht werden. Im geltenden Rentensystem erwirbt die Person N2 einen Rentenanspruch, ohne selbst Kinder großzuziehen und die entsprechenden Kosten zu tragen. Es handelt sich nur um einen „Zweigenerationenvertrag". Denn die Person N2 hat nach wie vor die Möglichkeit, Vermögen anzusparen und daraus eine zusätzliche eigene Altersversorgung zu bestreiten.

Abbildung 21: Bestehendes Rentenversicherungssystem

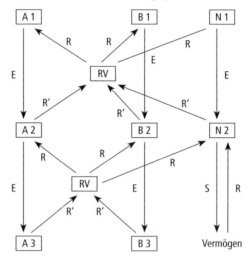

A, B, N Personen
1, 2, 3 Generationen
E   Kindererziehung
R   Rente
S   Sparen
RV   Rentenversicherung

Aus der gesetzlichen Rentenversicherung ergibt sich keine Verpflichtung, für die Renten der gegenwärtigen Generation vorzusorgen, sei es durch Human- oder durch Sachkapital. Die Rentenansprüche werden weitgehend unabhängig von jeder eigenen Vorsorge erworben. Kinderlose sind in diesem System von der Vorsorge für das Alter freigestellt. Bei einem Ehepaar mit Kindern, bei dem die Mutter oder der Vater sich voll der Kindererziehung gewidmet hat, erhält nur der erwerbstätige Ehepartner eine Rente[2], während kinderlose Ehepartner beide berufstätig sein können und dann sogar zwei Renten erhalten. Das ist eine massive Umverteilung und letztlich eine Enteignung der

---

[2] An der gemeinsam verfügbaren Rente ändert sich auch durch das Splittingverfahren nichts.

Familien mit Kindern durch das Rentensystem. Während also in der früheren familiären Alterssicherung nur ein Alterssicherungsanspruch gegenüber Kindern bestand, wenn Kinder großgezogen wurden, erlaubt das bestehende System den Erwerbspersonen ohne Kinder sowohl einen höheren Lebensstandard in der Erwerbsphase, weil sie weder Kinder erziehen noch Vermögen bilden müssen, als auch im Rentenalter, weil die Zeit in der Erwerbsphase nicht für die Kindererziehung, sondern für eine höhere oder zusätzliche Renten begründende Erwerbstätigkeit genutzt werden kann.

194. Das bestehende System (Abbildung 21) ist extrem empfindlich gegenüber Änderungen des generativen Verhaltens. Je weniger Kinder geboren werden, umso höher müssen die Beiträge für die nachwachsende Generation sein, damit auch die Rentner mitversorgt werden können, die keine Kinder hatten. Umgekehrt verführt das System bei hohen Geburtenraten und wachsenden Erwerbstätigengenerationen zu Rentenerhöhungen und sonstigen Leistungssteigerungen, weil eine größer gewordene Erwerbstätigengeneration die Kosten der Rentenversicherung leichter tragen kann.

Der Konstruktionsfehler im bestehenden System liegt in der zu großzügigen Behandlung von Personen ohne Kinder zu Lasten der nachfolgenden Generation. Die Altersversorgung dieses Personenkreises dürfte nicht im Umlageverfahren zugesagt werden (vgl. Abbildung 20). Eine Alternative wäre der Aufbau einer Kapitaldeckung für Personen ohne Kinder im Rahmen der gesetzlichen Rentenversicherung. Dabei würden die für die Eigenvorsorge angesparten Mittel der Personen ohne Kinder vom Rentensystem in Anspruch genommen, d.h. dieser Personenkreis müsste gleichsam die Mittel für die eigenen Renten selbst einbringen. Dazu müssten sie verpflichtet werden, Mindestbeträge zu sparen und ein Altersvorsorgevermögen aufzubauen. Dieses Vermögen fiele an die Rentenversicherung, die daraus später die Rente an die jeweiligen kinderlosen Rentner zahlte. Kinderlose Personen müssten also in der Erwerbsphase neben ihrem Beitrag im Umlagesystem zur Versorgung der Elterngeneration einen zusätzlichen Betrag aufbringen, der im Kapitaldeckungsverfahren für die eigene Altersversorgung angesammelt würde.

Alternativ könnten die kinderlosen Personen das Vermögen für ihre Altersvorsorge eigenverantwortlich außerhalb der gesetzlichen Rentenversicherung aufbauen und im Rentenalter verbrauchen. In beiden Fällen würde die Rente für kinderlose Personen aus einem Kapitalstock gespeist. Das Rentensystem würde weitgehend unempfindlich gegenüber generativen Veränderungen. Aufgrund von Erfahrungen erscheint es dringend geboten, das Vermögen im privaten Bereich anzusammeln und zu belassen, weil der Staat kaum der Versuchung widerstehen kann, vorhandenes Vermögen für sachfremde Zwecke einzusetzen. Deshalb reicht es grundsätzlich aus, kinderlose Personen zu verpflichten, eine eigene Altersvorsorge aufzubauen. In jedem Fall würde eine stärkere Belastung der nachfolgenden Generation vermieden.

195. Der erwähnte Konstruktionsfehler erstreckt sich auch auf die Hinterbliebenenversorgung. Niemand würde beim Umlageverfahren innerhalb einer Familie behaupten, die Mutter habe keinen Anspruch auf eine Altersversorgung, etwa weil nur der Vater ein Arbeitseinkommen erzielt hat. Ebenso abwegig wäre es, den Müttern eine

Altersversorgung abzusprechen, wenn alle (erwachsenen) Kinder nicht unmittelbar ihre Eltern versorgen, sondern in eine gemeinsame Kasse einzahlen, aus der die Renten finanziert werden. Auch wenn der Ehemann stirbt, handelt es sich nicht um eine abgeleitete Rente oder Hinterbliebenenrente für die Ehefrau, sondern um einen eigenständigen Anspruch. Im Prinzip ist es gleichgültig, wer hauptsächlich die Kinder erzogen oder den Lebensunterhalt verdient hat. Innerhalb einer Familie und ohne staatliche Rentenversicherung ist es selbstverständlich, dass beide Eltern im Rentenalter von den Kindern versorgt werden. Umgekehrt folgt daraus auch, dass es für kinderlose Hinterbliebene keinen aus der Kindererziehung abgeleiteten Rentenanspruch geben kann. Sie haben es einfacher als Personen mit Kindern, erwerbstätig zu sein und selbst vorzusorgen. Die Überbeanspruchung des Umlagesystems entsteht nicht nur aufgrund der Rentenansprüche, die den Kinderlosen aufgrund ihrer Beitragsleistungen zuerkannt werden, sondern durch zusätzliche Renten für die Hinterbliebenen der Kinderlosen.

196. Leider wird das Missverständnis, im Rahmen des Umlagesystems bildeten die gezahlten Beiträge die finanzielle Grundlage der künftigen eigenen Rente, gerne gepflegt. Den meisten Versicherten ist nicht klar, dass für die ihnen zuerkannten Renten von der nachfolgenden Generation erst noch Beiträge gezahlt werden müssen. Die Risiken liegen aber gerade darin, dass es nicht genug Beitragszahler gibt und dass die Beitragssätze nicht beliebig erhöht werden können, dass Beitragszahler zunehmend auf Teilzeitarbeit übergehen und dass die Arbeitslosigkeit hoch sein kann. Auch wenn die zuerkannten Rentenansprüche sich hauptsächlich nach den eigenen Beitragszahlungen richten, besteht keine wirtschaftliche Verknüpfung zwischen einer Beitragszahlung und der Höhe der Renten, weil der Beitrag nicht wie in einer privaten Lebensversicherung den Kapitalstock erhöht.

Die Aussage, die Rente sei Alterslohn für Lebensleistung, und die häufig benutzte Definition von versicherungsfremden Leistungen als Leistungen, die nicht auf Beitragszahlungen beruhen, suggerieren eine Äquivalenz von Beiträgen und Versicherungsleistungen, die im Umlagesystem nicht gegeben ist. Das müsste ja bedeuten, dass durch höhere Beiträge die Basis für künftige Rentenzahlungen erhöht würde. Nach dem geltenden Rentenrecht steigen zwar die Ansprüche der künftigen Rentner, nicht aber die Leistungsfähigkeit der künftigen Beitragszahler oder gar die Kapitalbasis, wenn jemand heute mehr arbeitet und damit höhere Beiträge zahlt.

Was bleibt als sinnvolle Interpretation des Begriffs „beitragsbezogene Rente"? Im bestehenden Rentensystem werden die künftig eingehenden Beiträge in Relation der früher geleisteten Beitragszahlungen der Rentner aufgeteilt. Damit wird grundsätzlich sichergestellt, dass die relative Einkommensposition, die eine Person in der Erwerbsphase hatte, in der Rentenphase beibehalten wird.

197. Um den Systemfehler in der gesetzlichen Rentenversicherung zu erläutern, wurde zunächst vereinfachend unterstellt, dass die Kosten für die Erziehung und Ausbildung der Kinder in vollem Umfang von den Eltern getragen werden. Insbesondere über steuerfinanzierte Leistungen, wie das Kindergeld und die unentgeltliche oder nahezu unentgeltliche Ausbildung an Schulen und Hochschulen, beteiligen sich die kinderlosen Steuerzahler jedoch in erheblichem Umfang an diesen Kosten. Insoweit sind sie in den Dreigenerationenvertrag eingebunden und erwerben systemkonforme Rentenansprüche. Man könnte sich eine Aufteilung der künftig von den Kindern geleisteten Beiträge nach dem Beitrag zu den Kosten der Kindererziehung statt nach den vom Arbeitseinkommen berechneten Beiträgen zur Finanzierung der gegenwärtigen Renten vorstellen.

Unabhängig von der Altersvorsorge mag es verteilungs- oder gesellschaftspolitische Gründe für familienpolitische Maßnahmen geben. Diese allgemeinen familienpolitischen Ziele lassen sich nicht innerhalb der Rentenversicherung erreichen. Sonst ließe sich nicht rechtfertigen, kinderlose Selbständige, die ihre Altersversorgung selbst sicherstellen müssen, an der Finanzierung der Familienpolitik zu beteiligen.

198. Mit der hier vorgeschlagenen Korrektur des bestehenden Rentenversicherungssystems würde den Kinderlosen ein geringerer Rentenanspruch zugebilligt als den Personen mit Kindern, wobei eine Staffelung nach der Kinderzahl sinnvoll erscheint. Ziel ist es, den künftigen Beitragszahlern keine höheren Beiträge zuzumuten, wenn weniger Kinder geboren werden und die Erwerbstätigenzahl in Relation zu den Rentnern zurückgeht: Der Beitragssatz sollte nicht von der demographischen Entwicklung abhängen.

Der hier skizzierte individuelle Ansatz stößt bei manchen Personen auf starke emotionale Widerstände, weil sie darin eine „Diskriminierung der Kinderlosen", eine „Mutterkreuz-Ideologie" und eine Bewertung der „Untertanen nach ihrer Fruchtbarkeit und ihrem Fortpflanzungsverhalten" sehen (Barbier, FAZ vom 21. August 1998). Richtig ist, dass diejenigen „bestraft" werden, die in keiner Form für das Alter vorsorgen, also weder durch Kindererziehung noch durch Vermögensbildung. Der individuelle Ansatz lässt offen, auf welche Art eine Person für das Alter vorsorgt, aber wer Kinder erzieht, erhält auch den entsprechenden Rentenanspruch.

Man kann die Grundidee, so wie es der Wissenschaftliche Beirat beim Bundeswirtschaftsministerium tut, auch für die Gesellschaft insgesamt formulieren: Bei sinkender Geburtenrate sollte die gegenwärtige Generation einen Teil der Altersvorsorge – im obigen Beispiel ein Drittel – durch zusätzliche Vermögensbildung, also im Kapitaldeckungsverfahren sicherstellen oder die eigenen Rentenansprüche entsprechend verringern. Ungelöst bleibt dabei die Frage, ob alle Gruppen im Umlagesystem ihre Ansprüche an die künftige Generation proportional zurücknehmen sollten oder ob ein Korrekturbedarf zugunsten der Kindererziehung verbleibt. Während der Beirat diese Umverteilungsaufgabe der Familienpolitik zuweist, wird hier dafür geworben, kein zusätzliches steuerfinanziertes Verfahren zu nutzen, sondern die individuellen Ansprüche innerhalb der Rentenversicherung stärker nach Kindererziehungszeiten zu differenzieren und auf diese Weise gleichzeitig die Anpassungsfähigkeit des Rentensystems bei demographischen Veränderungen zu stärken.

Ähnlich wie der Wissenschaftliche Beirat beim Bundeswirtschaftsministerium spricht sich auch der Sozialbeirat dafür aus, „dass eine Honorierung der Kindererziehungsleistungen als zentrale gesamtgesellschaftliche Aufgabe am besten über das dem

Leistungsfähigkeitsprinzip verpflichtete Steuer- und das Transfersystem abgewickelt werden sollte" (SOZIALBEIRAT 2001, S. 9). Das läuft auf eine allgemeine Kindergeldzahlung hinaus, die völlig anders begründet werden muss als die Zuteilung von Rentenansprüchen in einem Umlagesystem.

In der Kombination mit dem Umlagesystem würden die beiden gleichgerichteten Vorschläge folgendes bedeuten: Die Kinderlosen erhielten eine Rente aus dem Umlagesystem, obwohl sie dazu keinen Beitrag in der Form der Kindererziehung erbracht haben. Die Renten der Personen, die Kinder erzogen haben, fielen entsprechend geringer aus. Zum Ausgleich würden die Eltern von Kindern für die Kindererziehungsleistung einen allgemeinen Transfer aus Steuergeldern erhalten, den sie zum Teil selbst finanzieren. Aus dem Nettozufluss könnten sie aber soviel sparen, dass die entstandene Rentenlücke aufgefüllt würde. Sie wären also wieder so gestellt, als ob sie keine Rentenansprüche an Kinderlose abgetreten hätten. Auf der anderen Seite würden die Kinderlosen per Saldo mehr Steuern aufbringen und den Nettotransfer an Eltern zahlen. Sie können also weniger für die eigene Altersvorsorge ansparen. Diese „Ansparlücke" der Kinderlosen würde aber genau durch die Rente aus dem Umlagesystem ausgeglichen. Auch die Kinderlosen wären also wieder so gestellt wie im Falle der individuellen Zurechnung von Rentenansprüchen im Umlagesystem. Zu dem skizzierten gleichen Ergebnis des individualisierten Umlageverfahrens und des Transfers über das Steuersystem kommt es allerdings nur, wenn es keine Einkommensunterschiede gibt. Tatsächlich führt der Weg über das Steuersystem nicht nur zu einem zusätzlichen und vermeidbaren bürokratischen Aufwand, sondern auch zu einer Umverteilung nach der Höhe des Einkommens. Es gibt aber keine Veranlassung, die Ansprüche für die Kindererziehungsleistung nach dem Einkommen zu differenzieren. Hinzu kommt eine weitere unerwünschte Verzerrung. An der Finanzierung des Transfers zugunsten der Eltern sind auch Personen beteiligt, die im Gegenzug keine Rentenansprüche aus der gesetzlichen Rentenversicherung erwerben, weil sie privat für ihr Alter vorsorgen.

Das Bundesverfassungsgericht hat in seinem Urteil vom 3. April 2001 bestätigt, dass Kinder ein konstitutives Element in einem Umlageverfahren darstellen. Obwohl sich dieses Urteil zunächst nur auf die Pflegeversicherung bezieht, hat es doch Konsequenzen für die Rentenversicherung, denn die Politik ist gehalten „die Bedeutung des vorliegenden Urteils auch für andere Zweige der Sozialversicherung zu prüfen". In den nächsten Jahren bzw. bei den nächsten Rentenreformen wird daher zu klären sein, ob die geltende Anrechnung der Erziehungszeiten in der gesetzlichen Rentenversicherung die Leistungen der Eltern als hinreichend angesehen werden können.

5. Keine Flexibilisierung des Renteneintritts ohne adäquaten Ausgleichsmechanismus

199. In den letzten Jahren wurden von der Politik immer wieder neue Vorruhestandsregelungen durchgesetzt, die primär darauf abzielten, den Arbeitsmarkt zu „entlasten" und jüngere Arbeitnehmer nachrücken zu lassen. Die Besonderheiten des Umlageverfahrens und die aus der Frühverrentung resultierenden negativen Auswirkungen auf die Rentenversicherungsgemeinschaft wurden dabei ignoriert.

III. Altersvorsorge

In einem Umlageverfahren darf es prinzipiell nicht möglich sein, von der Regelaltersgrenze nach unten abzuweichen. Das System ist darauf angewiesen, dass ausreichend Beitragszahler vorhanden sind, um die aktuelle Rentnergeneration zu finanzieren. Befindet sich das Rentensystem im Gleichgewicht, decken die Beitragszahlungen gerade die benötigten Rentenzahlungen für die aktuelle Rentnergeneration, die ab der Regelaltersgrenze ihre Rente bezieht. Verlässt nun ein Beitragszahler das System, indem er beispielsweise eine Vorruhestandregelung nutzt, ist das Gleichgewicht gestört, da sich die Relation von Beitragszahlern und Rentenbeziehern verändert: Es fehlt ein Teil der Beiträge, um die Renten der aktuellen Rentnergeneration zu finanzieren. Dies führt dazu, dass entweder die Versichertengemeinschaft geschädigt wird, da sie für die Beitragsausfälle und die länger zu zahlende Rente aufkommen muss oder dass die aktuelle Rentnergeneration Rentenkürzungen hinnehmen muss.

Da im Umlagesystem kein Kapital aufgebaut wird, hat derjenige, der früher in den Ruhestand geht, keine Mittel angespart, aus dem er die fehlenden Beitragszahlungen für die heutigen Rentner und seine Rentenzahlung vor dem Erreichen der Regelaltersgrenze finanzieren könnte. Spiegelbildlich ist der Fall zu sehen, wenn jemand im Umlagesystem über die vorgesehene Regelaltersgrenze hinaus arbeiten möchte: Die nach dem Erreichen der Regelaltersgrenze gezahlten Beiträge führen für dieses Individuum zu höheren Rentenansprüchen. Die zusätzlichen Beiträge werden jedoch nicht angespart, um diese höheren Ansprüche später zu finanzieren, sondern an die aktuelle Rentnergeneration verteilt. Die beim späteren Renteneintritt höheren Ansprüche des Individuums müssen dann von der Versichertengemeinschaft getragen werden und führen zu weiteren Belastungen.

200. Trotz dieser Probleme wird auch im heutigen Umlagesystem ein Abweichen von der Regelaltersgrenze ermöglicht. Die negativen Auswirkungen auf die Beitragssätze werden durch die Steuerzuschüsse an die Rentenversicherung verschleiert. Zudem wird der Versichertengemeinschaft suggeriert, dass die Frühverrentung von Arbeitnehmern keine negativen Auswirkungen habe, weil bei früherem Renteneintritt Abschläge von der Rente erhoben werden.

Ziel eines Abschlags bzw. Zuschlags sollte es sein, die Versichertengemeinschaft durch die Flexibilisierung des Renteneintritts nicht zu schädigen. In einer normalen Versicherung würde ein versicherungsmathematisch neutraler Abschlag über die interne Rendite der Versicherung oder zum Kapitalmarktzins ermittelt werden. In einem Umlagesystem gibt es jedoch keine Rendite, da kein Kapital gebildet wird. Dennoch wird bei der aktuellen Abschlagsberechnung in der Rentenversicherung von einer „internen Rendite" in Höhe des realen Beitragssummenwachstums (etwa 1,5 Prozent pro Jahr) ausgegangen. Die sich so ergebenden Abschläge in Höhe von 3,6 Prozent pro Jahr früheren Rentenbezug sind jedoch nicht neutral für die Versichertengemeinschaft: Sie berücksichtigen zwar die verlängerte Auszahlung und die geringeren Beitragsleistungen bei vorzeitigem Renteneintritt. Vernachlässigt wird jedoch, dass kein Kapital gebildet wurde und die Beiträge nicht für die Individuen selbst, sondern für die aktuelle Rentnergeneration benötigt werden.

Das Problem lässt sich anhand eines Extrembeispiels erläutern: Gingen alle Beitragszahler – also auch diejenigen, die gerade erst in das System eingetreten sind – mit Abschlägen, die ihre verminderte Einzahlung und den längeren Rentenbezug berücksichtigen (unabhängig von der Wahl der Rendite als Diskontierungssatz) vorzeitig in Rente, dann wären diese Abschläge und die daraus resultierende Rente für diese Generation möglicherweise fair berechnet. Diese Rente kann jedoch nicht ausgezahlt werden, da die dafür notwendigen Beitragszahler fehlen und kein Kapital gebildet wurde. Die Renten der Bestandsrentner können folglich ebenso wenig finanziert werden. Das Umlageverfahren ist ohne ergänzende Kapitaldeckung auf Beitragszahler angewiesen. Diese Besonderheit muss zwingend bei der Berechnung von Zu- oder Abschlägen und bei deren Verwendung beachtet werden.

201. Um eine Flexibilisierung des Renteneintritts zu ermöglichen, muss neben dem Umlagesystem eine kapitalgedeckte Finanzierung für alle Abweichungen vom Regeleintrittsalter aufgebaut werden: Für jedes Individuum, das vorzeitig in Rente geht, wird von der Rentenversicherung ein Darlehen am Kapitalmarkt aufgenommen und zwar in Höhe der fehlenden Beitragszahlungen und der vorzeitig zu zahlenden Renten. Dieses Darlehen wird durch die Abschläge, die im Falle des früheren Renteneintritts von der Rente abgezogen werden, über die Restlebensdauer der Individuen getilgt. Anders ausgedrückt: Der Barwert des Rentenabschlags ab dem Zeitpunkt zu dem die Regelaltersgrenze erreicht würde muss den bis zum gleichen Zeitpunkt aufgezinsten Beitragsausfällen plus den vorzeitigen Rentenzahlungen entsprechen (siehe Abbildung 22). Möchte hingegen jemand länger arbeiten, werden die zusätzlich gezahlten Beiträ-

Abbildung 22: Vorzeitiger Rentenbezug

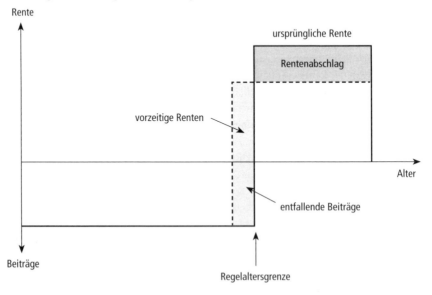

ge für dieses Individuum am Kapitalmarkt angelegt, so dass sie beim späteren Renteneintritt als Rentenzuschlag zur Verfügung stehen.

202. Nach dieser Kalkulation, also unter der Prämisse, dass die Versichertengemeinschaft nicht geschädigt werden darf, sind die Abschläge bei früherem Renteneintritt etwa um das Dreifache höher als die heutigen Abschläge (zur Berechnung: Vossler/Wolfgramm 2008). Dies hängt damit zusammen, dass bei der Berechnung die tatsächlichen Kosten der Rentenversicherung zugrunde gelegt werden. Voraussetzung für einen früheren Rentenbezug sollte in jedem Fall sein, dass die durch die Abschläge verringerte Rente das Grundsicherungsniveau decken muss. Sonst könnte der Anreiz entstehen, die Rente so früh wie möglich zu beziehen und sich darauf zu verlassen, dass die Gemeinschaft die Rente bei Bedarf auf das Grundsicherungsniveau aufstockt.

Bei dieser Berechnung des Rentenabschlags besteht keine Möglichkeit mehr, sich auf Kosten der Versichertengemeinschaft aus der Versicherungspflicht zu lösen. Dies wird deutlich, wenn ein Versicherter so früh in Rente geht, dass die Rente aufgrund der richtigen, wesentlich höheren Abschläge negativ wird. Dies bedeutet nichts anderes als dass er sich aus seiner Verpflichtung gegenüber der Versichertengemeinschaft herauskaufen muss, auch wenn er keine Rente aus dem System erhalten möchte. Dieser Fall mag unrealistisch sein, da der Versicherte nachweisen müsste, dass sein Einkommen dauerhaft, d.h. über seine Restlebenszeit, über dem Grundsicherungsniveau liegen wird. Er veranschaulicht aber sehr gut, dass das Umlagesystem auf jeden Beitragszahler angewiesen ist.

203. Sämtliche Regelungen zu den Hinzuverdienstgrenzen oder zum Mindestalter bei Renteneintritt, die heute für eine Frühverrentung gelten, könnten bei einer korrekten Berechnung der Abschläge entfallen. Die heute bestehenden Regelungen sind ein weiteres Indiz dafür, dass die bisher erhobenen Abschläge zu niedrig sind: Es besteht der Anreiz, früh in Rente zu gehen und nebenher weiterzuarbeiten. Hinzuverdienstgrenzen und Altersgrenzen haben die Funktion, den Schaden eines vorzeitigen Rentenbezugs für die Versichertengemeinschaft zu begrenzen. Angemessen und systemkonform wäre es, dem jeweiligen Versicherten die vollen Kosten einer Frühverrentung anzulasten, statt sie zum großen Teil auf die Versichertengemeinschaft abzuwälzen. Dann könnte unbegrenzte Flexibilität bezüglich des vorzeitigen Rentenbezugs eingeräumt werden. Das gilt nicht nur für den vollen vorzeitigen Rentenbezug, sondern auch für eine vorzeitige Teilrente.

Man mag einwenden, dass der frühere Renteneintritt aufgrund der hohen Abschläge nur von „besser verdienenden" Beitragszahlern genutzt werden könne, die nicht zwingend auf die gesetzliche Rente angewiesen sind. Aus ökonomischer Sicht ist dagegen nichts einzuwenden: Es kommt zu einer Pareto-Verbesserung, da einige besser gestellt werden, ohne die Versichertengemeinschaft zu schädigen. Trotzdem mag dieses Ergebnis in der politischen Diskussion als „sozial ungerecht" angesehen werden. Dem ist entgegenzuhalten, dass das heutige System mit zu geringen Abschlägen besonders ungerecht ist, da es bestimmten Gruppen ermöglicht, sich auf Kosten der Versichertengemeinschaft teilweise aus der Versicherungspflicht zu verabschieden. Entweder müssen die derzeitigen Beitragszahler für den frühzeitigen Renteneintritt höhere Beiträge entrichten oder die zukünftigen Generationen werden mit den Kosten belastet.

Wenn die Flexibilisierung über den Kapitalmarkt finanziert und Neutralität gegenüber der Versichertengemeinschaft angestrebt wird, sind nicht nur die Abschläge, sondern auch die Zuschläge bei Berufstätigkeit über die Regelaltersgrenze hinaus sehr viel höher. Dies eröffnet gerade Individuen, deren Rente bisher nicht besonders hoch ausfällt, die Möglichkeit, ihre Rente durch längere Berufstätigkeit aufzustocken. Vor dem Hintergrund der aktuellen Diskussion um Altersarmut ist dies ein weiterer wichtiger Grund für eine korrekte Berechnung von Zu- und Abschlägen.

6. Ergänzende Kapitalbildung

204. Häufig wird behauptet, die ökonomischen Folgen der demographischen Entwicklung und damit auch die Folgen für die Alterssicherungssysteme ließen sich weder im Umlageverfahren noch im Kapitaldeckungsverfahren vermeiden. Dabei wird auf die sogenannte MACKENROTH-These verwiesen: „Nun gilt der einfache und klare Satz, dass aller Sozialaufwand immer aus dem Volkseinkommen der laufenden Periode gedeckt werden muss. Es gibt gar keine andere Quelle und hat nie eine andere Quelle gegeben, aus der Sozialaufwand fließen könnte, es gibt keine Ansammlung von Fonds, keine Übertragung von Einkommensteilen von Periode zu Periode, kein ‚Sparen' im privatwirtschaftlichen Sinne – es gibt gar nichts anderes als das laufende Volkseinkommen als Quelle für den Sozialaufwand". (Zitiert nach KÖRBER 1995, S. 1267). Diese Aussage ist tautologisch und deshalb richtig. Sie verleitet aber zu falschen Schlüssen, denn sie vernachlässigt den entscheidenden Faktor, dass die Höhe des Volkseinkommens in einer künftigen Periode von der Kapitalausstattung und damit von den Investitionen in den Vorperioden abhängt.

Selbstverständlich ist auch die weitere MACKENROTH-Aussage „Einmal gebildetes Kapital kann man nicht mehr verzehren." (MACKENROTH 1957, S. 52) in jeder einzelnen Periode richtig; denn die Kapitalbildung bzw. Nettoinvestition in einer Periode ist so definiert, dass dieser Teil des Volkseinkommens nicht konsumiert wird: $Y = C + I$. Diese Aussage verleitet aber gerade bei Alterssicherungssystemen, die über viele Perioden betrachtet werden müssen, zu groben Fehlschlüssen. Denn erstens gibt es lagerfähige Konsumgüter. Die Lagerbildung in einer Periode wird zwar volkswirtschaftlich als Investition oder Kapitalbildung gesehen. Das ändert aber nichts daran, dass diese Güter – soweit es sich um Konsumgüter handelt – in einer späteren Periode konsumiert werden können. Zweitens gibt es dauerhafte Konsumgüter, die über viele Jahre genutzt werden können, die also nicht unmittelbar physisch verbraucht oder verzehrt werden, deren Nutzung und Abnutzung aber volkswirtschaftlich als „Kapitalverzehr" bezeichnet wird. Das wichtigste Beispiel ist die Wohnung, die z. B. in der Erwerbsphase gebaut und noch im Rentenalter genutzt werden kann. Schließlich kann auch der Bestand der Kapitalgüter in der Produktion (Investitionsgüter) verringert oder – was in der Regel

III. Altersvorsorge   151

völlig ausreicht – langsamer aufgestockt werden, wenn ein größerer Teil des Volkseinkommens für Konsumzwecke beansprucht wird. Die Aussage, dass man keine Maschinen essen kann, verschleiert die ökonomischen Zusammenhänge mehr, als dass sie zur Beurteilung verschiedener Versicherungssysteme beiträgt. MACKENROTH wollte deutlich machen, dass vorhandene Produktionsmittel nicht kurzfristig, also innerhalb einer Periode, in Konsumgüter umgewandelt werden können. Dass aber mit Hilfe von Sachkapital eine höhere Wohlfahrt in den Folgeperioden erreicht werden kann, drückt er wie folgt aus: „Ein vorhandener ... Realkapitalfonds wirkt im Wirtschaftsprozess gewissermaßen als ein Geschenk der Vergangenheit an die Gegenwart" (KÖRBER 1995, S. 1270). Ähnliche Überlegungen gelten für das Humankapital.

205. Der klassische Zyklus auf einem Bauernhof zeigt, dass eine verstärkte Kapitalbildung in bestimmten Phasen eine wirkungsvolle Zukunftsvorsorge darstellt. In einem typischen Familienbetrieb wechseln sich zwei Phasen regelmäßig ab, nämlich erstens die Zeit, in der die Kinder klein sind und die Großeltern noch auf dem Hof bzw. auf dem Altenteil leben, aber nicht mehr mitarbeiten, und zweitens die Zeit, in der die Kinder erwachsen werden und auf dem Hof mitarbeiten und in der keine Großeltern mehr zu versorgen sind. Die zweite Phase, in der praktisch alle Personen auf dem Hof mitarbeiten, ist eine typische Investitionsphase. In dieser Zeit werden Stall- und Wohngebäude modernisiert und erweitert, Maschinen und Flächen gekauft, der Viehbestand aufgestockt, Zäune und Entwässerungsanlagen erneuert usw. Damit wird für die nächste Phase vorgesorgt, in der die Eltern aufs Altenteil gehen, der Hoferbe den Hof alleine oder gemeinsam mit seiner Frau bewirtschaftet und in der zusätzliche Belastungen entstehen, wenn Kinder geboren werden. In dieser Zeit wird häufig nicht investiert, manchmal auch wieder eine Fläche abgegeben; der Kapitalstock verringert sich oder wächst nur noch langsam. Der Kapitalverzehr findet in der Form statt, dass die wirtschaftlichen Abschreibungen nicht mehr in vollem Umfang ersetzt werden (negative Nettoinvestitionen: Abschreibungen > Bruttoinvestitionen).

Solche Prozesse des Aufbaus und teilweisen Abbaus des Kapitalstocks gibt es auch in anderen Wirtschaftsbereichen. Sie werden in einem System mit Kapitaldeckungsverfahren durch die individuellen Anspar- und Entsparprozesse gesteuert. Die Flexibilität der Gesamtwirtschaft ist größer als vielfach behauptet. Aber das Umlagesystem setzt keine Anreize, einen Ausgleich zwischen Phasen unterschiedlicher Belastung herbeizuführen. Im Gegenteil, Phasen mit hohem Beitragsaufkommen werden meist nicht für eine verstärkte Spartätigkeit, sondern für Leistungsverbesserungen, also für den verstärkten sofortigen Konsum genutzt.

206. Festzuhalten bleibt, dass Umlage- und Kapitaldeckungsverfahren einen unterschiedlichen Einfluss auf die Kapitalbildung und auf die Verteilung des Konsums über die Zeit haben können. Die Unterschiede zeigen sich insbesondere bei wachsender und schrumpfender Bevölkerung, auf die Kapitaldeckungssysteme mit verstärkter bzw. verringerter gesamtwirtschaftlicher Kapitalbildung reagieren. Dieser Zusammenhang ist besonders mit Blick auf die Beschäftigung wichtig. In Phasen, in denen die Anzahl der Erwerbspersonen hoch ist oder stark steigt, müssen entsprechende Beschäftigungs-

möglichkeiten vorhanden sein. Ist ein Alterssicherungssystem auf Kapitalbildung angewiesen, kann das größere Potenzial an Erwerbspersonen leichter für eine verstärkte Kapitalbildung genutzt werden, weil mehr Menschen sparen. Besonders wirksam ist dieser Druck, zu sparen und Vermögen zu bilden, wenn Teile der Altersvorsorge in der Eigenverantwortung der Bürger liegen.

207. Formal besteht dagegen in demographisch stabilen Gesellschaften kein großer Unterschied zwischen einem Umlageverfahren und einem Kapitaldeckungsverfahren. Werden beispielsweise im laufenden Jahr 250 Milliarden Euro aus Umlagesystemen für die Altersversorgung gezahlt und entsprechend 250 Milliarden Euro durch Beiträge und Steuern eingenommen, dann könnte man sich eine Umstellung auf ein Kapitaldeckungsverfahren stark vereinfacht wie folgt vorstellen: Der Staat stellt Schuldscheine im Gesamtwert der kumulierten Rentenansprüche aus, also beispielsweise sechs Billionen Euro, und verteilt sie an die Rentner und die Erwerbspersonen, die schon Rentenansprüche erworben haben. Die Rentner geben jährlich Schuldscheine zurück, um Geld für den Lebensunterhalt zu haben. Der Staat verkauft die zurückgegebenen Schuldscheine an Erwerbspersonen, die „Kapital bilden" wollen. Im Gleichgewichtszustand werden so viele Schuldscheine von den Rentnern zurückgegeben wie Erwerbstätige Schuldscheine nachfragen. Die Realkapitalbildung bleibt unverändert, und die rentenbedingte Staatsschuld hat im Grunde keine andere Funktion, als die Summe der Rentenansprüche gegenüber den gegenwärtigen und künftigen Erwerbspersonen offen auszuweisen.

Das gilt auch im Zeitablauf. Steigen die Beiträge beispielsweise proportional zur Nettolohnsteigerung, können auch die Renten entsprechend steigen, d.h. die Rentenansprüche (die erworbenen Schuldscheine) „verzinsen" sich mit der Rate der Nettolohnsteigerung. Der Staat gibt zusätzliche Schuldscheine aus. Die Staatsschuld steigt ebenfalls mit der Rate der Nettolohnsteigerung. Wie im Umlageverfahren werden lediglich die wachsenden Rentenansprüche an künftige Generationen gebucht bzw. verbrieft.

Das Modell lässt sich in vielfältiger Weise verfeinern und modifizieren. Es soll nur deutlich machen, dass die gesamtwirtschaftliche Kapitalbildung im Kapitaldeckungsverfahren bei gleichbleibender Bevölkerung nicht zwingend größer sein muss als im Umlageverfahren, weil es in jeder Periode Menschen gibt, die Kapital auflösen (Rentner), und andere, die Kapital bilden (Erwerbspersonen). Tatsächlich dürften sich aber spürbare Unterschiede ergeben, weil im Umlageverfahren eine große Versuchung liegt, Umverteilungselemente einzubauen. Außerdem würde ein Kapitaldeckungsverfahren nicht vorrangig auf einer Staatsverschuldung, sondern auf Sachvermögenswerten aufgebaut. Die Unterschiede zeigen sich vor allem in Phasen, in denen im Kapitaldeckungsverfahren verstärkt Kapital gebildet oder umgekehrt der Kapitalstock verringert bzw. mit verringertem Tempo ausgebaut wird, beispielsweise weil sich die Bevölkerungsstruktur verschiebt. Das Umlageverfahren reagiert auf die gleiche demographische Änderung mit einem veränderten Beitragssatz. Mit Blick auf die Zeit nach dem Jahre 2010, wenn die demographischen Verschiebungen das Umlagesystem in Schwierigkeiten bringen werden, sollte die kurze verbleibende Zeit intensiv für eine ergänzende kapitalfundierte Vorsorge genutzt werden.

208. Einen Schritt in diese Richtung hat der Gesetzgeber mit der Rentenreform 2000/2001 unternommen. Erstmals wurde den Bürgern deutlich gemacht, dass eine Lebensstandardsicherung über die Rentenversicherung nicht mehr garantiert werden kann und daher eigenverantwortlich gespart werden muss, wenn der vorherige Lebensstandard in der Rentenphase gehalten werden soll. Leider blieb es nicht dabei, die Bürger zu informieren und es ihnen zu überlassen, in welchem Umfang sie privat vorsorgen. Stattdessen wurde ein Konzept aus Förderung und Anlageregulierung konzipiert, welches nicht nur zu erheblichen Ineffizienzen und zusätzlichen Steuerbelastungen führt, sondern auch die Idee der Eigenverantwortung konterkariert. Vorgesehen ist, dass jeder begünstigte Bürger eine Zulage in Höhe von 154 Euro zuzüglich einer Kinderzulage in Höhe von 185 Euro erhält, sofern er seine Mindestsparleistung erbringt und er eine zertifizierte Anlageform wählt. Außerdem wird vom Finanzamt geprüft, ob der steuerliche Vorteil aus einem Sonderausgabenabzug aufgrund der eigenen Sparleistung die Zulagen übertrifft. Sofern dies der Fall ist, erhält der Sparer die günstigere Steuergutschrift. Die gesparten Beträge werden nicht der Einkommensteuer unterworfen, sondern nachgelagert besteuert, wenn sie konsumiert werden. Dies ist nicht als Förderung anzusehen, sondern als sinnvoller Schritt, alle Einkünfte – unabhängig davon, wann sie konsumiert werden – nur noch einmal zu besteuern. Im jetzigen Steuersystem werden, abgesehen von Freibeträgen, sowohl Einkommen als auch Zinsen besteuert. Das läuft auf eine Doppelbesteuerung des Sparens hinaus (siehe Exkurs zur Doppelbesteuerung). Für die Betriebsrenten gilt bereits sehr weitgehend eine Einmalbesteuerung in der Form der nachgelagerten Besteuerung. Bei den gesetzlichen Renten, die bislang nur zu etwa einem Drittel nachgelagert besteuert werden, ist ein allmählicher Übergang zur nachgelagerten Einmalbesteuerung eingeleitet. Der neue Sonderausgabenabzug für die private Altersvorsorge, d. h. die Freistellung von der vorgelagerten Besteuerung ist jedoch auf 2.100 Euro begrenzt. Im Übrigen bleibt die Doppelbesteuerung bestehen. Bezogen auf die Zulage bedeutet dies, dass sie dann als Subvention angesehen werden muss, wenn sie höher ist als der Vorteil aus dem Sonderausgabenabzug.

Exkurs zur Doppelbesteuerung

209. Wenn der Gesetzgeber einen Steuertarif in der Einkommensteuer festlegt und der persönliche Steuersatz für den Steuerpflichtigen beispielsweise 40 Prozent beträgt, dann darf man vermuten, dass der Staat 40 Prozent des Erwirtschafteten beansprucht und dem Bürger entziehen und ihm 60 Prozent belassen will. Dieses Ergebnis kann entweder durch eine vorgelagerte oder eine nachgelagerte Steuer erzielt werden. Vorgelagert heißt, das Einkommen wird besteuert unmittelbar nachdem es entstanden ist. Hat also beispielsweise ein Bürger zusätzlich 1.000 Euro verdient, so sind darauf 400 Euro an Steuern zu zahlen. Der Bürger ist dann frei, ob er die verbleibenden 600 Euro sofort konsumiert oder ob er das Geld spart und später konsumiert. Nachgelagert heißt, das Einkommen wird versteuert, wenn es konsumiert wird. Legt der Bürger die vollen 1.000 Euro für fünfzehn Jahre an und werden ihm danach 2.000 Euro ausgezahlt, verlangt der Staat 800 Euro an Steuern und dem Bürger verbleiben 1.200 Euro für den Konsum. Der Staat ist also wieder mit 40 Prozent am wirtschaftlichen Ergebnis beteiligt. Von wenigen Ausnahmen abgesehen wird aber in Deutschland sowohl vorgelagert als auch nachgelagert, also doppelt besteuert.

	Beispiel für die Doppelbesteuerung			
	Kapital		Verzinsung	
	Bürger	Staat	Bürger	Staat
Zusätzliches Einkommen	1.000			
40% Einkommensteuer	− 400	+400		
	+600	+400	24,0	16,0
40% ESt auf Kapitalerträge			− 9,6	+9,6
Kapitalerträge nach Steuern			14,4	25,6
Aufteilung der Kapitalerträge			36%	64%
Annahmen: jährlicher Kapitalertrag 4% dauerhafte Kapitalanlage				

Nach Abzug der Steuer auf das Zusatzeinkommen hat der Bürger noch 600 Euro und der Staat 400 Euro. Beide könnten das Geld anlegen und eine Kapitalrendite von 24 Euro bzw. 16 Euro jährlich erzielen. Damit gibt der Staat sich aber nicht zufrieden. Er verlangt auf die Kapitalverzinsung des Bürgers noch einmal 40 Prozent Steuern (Doppelbesteuerung), so dass dem Bürger nur 14,4 Euro verbleiben und dem Staat 26,6 Euro. Damit verbleiben dem Bürger aber nicht 60 Prozent, sondern nur noch 36 Prozent des von ihm Erwirtschafteten. Dieses Ergebnis bei einer dauerhaften Kapitalanlage ist gleichbedeutend mit einer vorgelagerten Besteuerung in Höhe von 64 Prozent. Im bestehenden Steuersystem kann man sich der Doppelbesteuerung nur entziehen, wenn das gesamte Einkommen sofort konsumiert wird, d.h. das Sparen bzw. die Verlagerung des Konsums in die Zukunft wird steuerlich diskriminiert.

Zu den Einzelheiten der Riesterrente

210. Sowohl der Sonderausgabenabzug als auch die Zulage werden nur gewährt, wenn der Sparer eine Anlageform wählt, die von der eigens für diesen Zweck geschaffenen Zertifizierungsstelle des Bundesamtes für Finanzdienstleistungsaufsicht genehmigt wurde. Die folgende Aufstellung gibt einen Überblick über die Kriterien, die eine entsprechende Anlageform erfüllen muss.

> **Kriterien des Alterszertifizierungsgesetzes (AltZertG)**
> 1. Beginn der Auszahlungsphase bei Renteneintritt oder nach Vollendung des 60. Lebensjahres
> 2. Nominalwerterhaltung der Einzahlungen abzüglich bis zu max. 15% der Gesamtbeiträge bei gleichzeitiger Erwerbsunfähigkeitsabsicherung oder Hinterbliebenenabsicherung
> 3. Auszahlung in monatlichen Leibrenten oder Zahlungen aus Auszahlungsplan
> 4. Bei Wahl eines Auszahlungsplanes: Auszahlung auch in variablen Teilraten möglich, Pflicht zur Verrentung eines bei Beginn der Auszahlungsphase festgelegten Teils des Kapitals ab dem 85. Lebensjahr
> 5. Verteilung von Abschluss- und Vertriebskosten auf mindestens 5 Jahre
> 6. Anspruch darauf,
>   – den Vertrag ruhen zu lassen,
>   – die Vertragsart oder den Anbieter zu wechseln oder
>   – sich das gebildete Kapital teilweise oder vollständig zum Immobilienerwerb auszahlen zu lassen

211. Ohne näher auf die einzelnen Kriterien einzugehen kann festgestellt werden, dass nur solche Anlagen begünstigt werden, die relativ sicher sind und den Charakter einer Rentenversicherung haben (kontinuierliche Auszahlungen ohne Vererbungsmöglichkeit). Praktisch alle Formen der echten Vermögensbildung, wie z. B. der Erwerb von Unternehmensbeteiligungen oder der Kauf fremdgenutzter Immobilien, sind ausgeschlossen. Lediglich für selbstgenutzte Immobilien wurde am 26. Juni 2008 eine Sonderregelung beschlossen (Wohnriester). Danach kann bereits auf Altersvorsorgekonten angespartes Kapital für den Bau, Kauf und Entschuldung einer selbst genutzten Wohnung entnommen werden. Außerdem können Tilgungsleistungen wie andere Altersvorsorgebeiträge gefördert werden. Trotzdem sind die Anlageformen zu sehr eingeschränkt. Dies führt zu Kapitalmarktverzerrungen. Wegen der im Vergleich günstigen steuerlichen Regelung und der Förderung werden die zertifizierten Anlageformen auch dann gewählt werden, wenn sie im Vergleich mit anderen Anlagen eine niedrigere Rendite aufweisen. Dies bedeutet, dass Sparkapital falsch eingesetzt und Wachstumspotenziale nicht genutzt werden. Zusätzlich entstehen durch das aufwendige Zertifizierungsverfahren Kosten, die entweder von den Steuerzahlern oder den Verbrauchern getragen werden müssen. Es ist ein klassischer Fall von Hayeks „Anmaßung von Wissen", dass Politiker entscheiden wollen, welche Art von Altersvorsorge die Richtige ist. Die Option, auf die Förderung zu verzichten und eine präferenzgerechte Altersvorsorge zu wählen, ist wegen der Förderung in der Regel nicht rational, denn über die allgemeinen Steuern finanziert jeder Bürger die „Riester-Rente" mit.

Ziel einer privaten Altersvorsorge sollte es sein, alle Kapitalanlagen nur einmal zu besteuern, also nachgelagert oder vorgelagert (zinsbereinigte Besteuerung); denn dann könnten die Bürger allein aufgrund der Rendite und ihrer Präferenzen ihre private Altersvorsorge gestalten. Bedenklich wäre es dagegen, wenn die steuerliche Regelung zugunsten direkter Transfers zurückgenommen würde. Die Förderung, hier definiert als Differenz zwischen Zulage und Vorteil aus dem Sonderausgabenabzug, ist als Umverteilungsinstrument nicht zu rechtfertigen. Sie kann nur von denjenigen genutzt werden, die einer abhängigen Beschäftigung nachgehen, also z. B. nicht von Selbständigen, und sie wird auch nur gewährt, sofern der Mindestsparbetrag aufgebracht werden kann. Dies bedeutet, dass ein Teil der Bevölkerung von der Zulage ausgeschlossen wird, obwohl auch von ihnen eine eigenständige Altersvorsorge erwartet wird und sie sich an der Finanzierung der Zulagen über die Steuern beteiligen. Und diejenigen, die keine Mittel für den Mindestsparbetrag aufbringen können, werden ebenfalls ausgeschlossen, obwohl sie zu den Bedürftigsten zählen. Außerdem kann vom Einkommen in der Sparphase noch nicht auf eine Bedürftigkeit im Rentenalter geschlossen werden, d. h. die Förderung stellt kein sinnvolles Umverteilungsinstrument dar.

212. Die Beurteilung der Förderung als eine ungerechtfertigte Subvention ändert sich auch dann nicht, wenn man davon ausgeht, dass aufgrund der Kinderzulage vor allen Dingen Familien davon profitieren. Es ist zwar richtig, dass auf diese Weise die mangelnde Berücksichtigung der Kindererziehung in der gesetzlichen Rentenversicherung zum Teil kompensiert wird, doch diese Kompensation ist nur innerhalb des Rentenversicherungssystems sinnvoll, d. h. sie ist von den dort Begünstigten, nämlich von den Kinderlosen und nicht von allen Steuerzahlern zu tragen. Noch besser wäre es aber, den Familien mit Kindern in der gesetzlichen Rentenversicherung keine Förderung zu gewähren, sondern die Kindererziehungszeiten erheblich stärker zu gewichten, sowie die Rentenansprüche der Kinderlosen entsprechend zu verringern. Dann würden die Kinderlosen zur kapitalgedeckten Eigenvorsorge bewegt. Die ergänzende Kapitaldeckung würde im Wesentlichen von Kinderlosen betrieben, und die Eltern erhielten ihre Rente wie bisher aus dem Umlagesystem. Diese Lösung hätte den Vorteil, dass Rentenansprüche nach der Erziehungsleistung differenziert würden und die Steuern nicht erhöht werden müssten, um eine Förderung zu finanzieren.

213. Die RIESTER-Rente hat einen vermutlich nicht beabsichtigten Vorteil, nämlich den Zusammenhang zwischen Familienpolitik und der Behandlung der Familien in der gesetzlichen Rentenversicherung zu klären. Gegen eine stärkere Gewichtung von Kindererziehungszeiten und damit eine Erhöhung der Rentenansprüche von Eltern wird manchmal eingewandt, die Eltern brauchten das Geld in der Kindererziehungsphase und nicht im Rentenalter. Deshalb sei es besser, den Eltern einen Beitragsnachlass zu gewähren oder ihnen Zuschüsse zu den Beiträgen zahlen. Familienpolitisch komme es also darauf an, Einkommen in der Gegenwart und nicht erst in der Zukunft zugunsten der Eltern umzuverteilen.

Wegen der aus demographischen Gründen zu erwartenden verringerten Beitragseinnahmen in der Zukunft müssen im bestehenden System sowohl die Eltern als auch die Kinderlosen zusätzlich zu den Beiträgen zur gesetzlichen Rentenversicherung Mittel für eine kapitalgedeckte Altersvorsorge aufbringen, wenn die Gesamtversorgung im Alter nicht absinken soll. Genau hier setzt die RIESTER-Rente an. Sie soll die demographisch bedingte Absenkung des Rentenniveaus durch eine kapitalgedeckte Eigenvorsorge ausgleichen. Die Familien werden zwar durch eine Kinderzulage verstärkt gefördert. Sie können die Mittel aber nicht für die Kindererziehung nutzen, sondern sie müssen die Mittel auf einem Altersvorsorgekonto ansparen, um später eine entsprechende Zusatzrente zu erhalten. Das gilt für den Fall, dass die Verteilung der Rentenansprüche in der gesetzlichen Rentenversicherung unverändert bleibt.

Statt in der Gegenwart Einkommen umzuverteilen und den Familien Kinderzulagen zu Lasten der Kinderlosen zu zahlen, könnten den Personen mit Kindern auch höhere Rentenansprüche in der Zukunft eingeräumt werden. Auf diese Weise würde für sie das Rentenziel auch erreicht. Sie erhielten zwar in der Gegenwart keine Förderung, aber diese Mittel wären ohnehin nicht unmittelbar für Konsumzwecke verfügbar, sondern müssten für die kapitalgedeckte Zusatzrente eingesetzt werden. Auch für die Kinderlosen sind beide Wege gleichwertig. Im Falle der RIESTER-Rente geben sie per Saldo über höhere Steuern einen Teil ihres Einkommens ab, damit Kinderzulagen gezahlt werden können. Dafür brauchen sie keine Rentenansprüche an die Eltern abzutreten. Nach dem hier vorgeschlagenen Konzept würden sie dagegen geringere Rentenansprüche erwerben, weil den Personen mit Kindern höhere Rentenansprüche eingeräumt werden. Dafür brauchten sie aber in der Gegenwart keine höheren Steuern zur Finanzierung der Kinderzulage zu zahlen. Sie könnten diese Mittel selbst ansparen und die verringerte Rente aus der gesetzlichen Rentenversicherung aufstocken.

214. Die Bemessung der Rentenansprüche nach der Kinderzahl ist die systemgerechte Korrektur der gesetzlichen Rentenversicherung. Außerdem muss die Regelaltersgrenze wie beschrieben in Abhängigkeit von der Lebenserwartung heraufgesetzt werden, um die zunehmende Lebensdauer der Versicherten auszugleichen. Mit diesen beiden Korrekturen, die ein weiteres Verlagern von Belastungen auf künftige Generationen beenden würden, bliebe es grundsätzlich bei der gesetzlichen Rentenversicherung im Umlageverfahren. Wollte man das Gewicht der Altersvorsorge weiter zugunsten der kapitalgedeckten Vorsorge verschieben, müsste der Rentenanstieg stärker abgeflacht werden, so dass der Beitragssatz – nach dem Herauswachsen aus den bereits entstandenen zu hohen Ansprüchen – gesenkt werden könnte. Wegen der Doppelbelastung der Erwerbsgeneration in der Umstellungsphase und wegen der Möglichkeit, die ergänzende kapitalgedeckte Vorsorge ohne staatliche Regulierung dem einzelnen Bürger überlassen zu können, der in der Regel durch die gesetzliche Rentenversicherung bereits ein Mindestniveau abgesichert hat, erscheint es vernünftig, auf mittlere Sicht bei einem stabilisierten Umlagesystem zu bleiben.

7. Betriebliche Altersversorgung

215. Von einem großen Teil der Beschäftigten kann eine betriebliche Altersversorgung als Ergänzung der gesetzlichen Rentenversicherung genutzt werden. Hierbei handelt es sich um ein privates Versorgungssystem. Die betriebliche Altersvorsorge hat seit der Rentenreform 2000/2001 und der damit verbundenen Förderung der Zusatzvorsorge an Bedeutung gewonnen: Hatten 2001 nur etwa die Hälfte aller sozialversicherungspflichtigen Beschäftigten in der Privatwirtschaft und im öffentlichen Dienst eine betriebliche Zusatzversorgung abgeschlossen, so waren es Ende 2006 65 Prozent (TNS

INFRATEST 2007). Gemessen am gesamten Alterseinkommen beträgt der Anteil der betrieblichen Altersvorsorge jedoch nur knapp 7 Prozent, während beispielsweise Rentner in Großbritannien 25 Prozent, in der Schweiz 32 Prozent und in den Niederlanden 40 Prozent ihrer Alterseinkünfte aus Betriebsrenten erhalten.

216. Wirtschaftlich müssen die Leistungen der Unternehmen zugunsten der betrieblichen Altersversorgung als Lohnkostenbestandteile angesehen werden. Bei der bislang wichtigsten Form der betrieblichen Altersversorgung, nämlich bei der Direktzusage von Rentenzahlungen, wird ein Teil des Lohnes nicht unmittelbar ausgezahlt, sondern erst sehr viel später als Betriebsrente. In der Erwerbsphase des Arbeitnehmers werden Rückstellungen gebildet, die nach der Erwerbsphase für laufende Rentenzahlungen in Anspruch genommen werden.

Der Vorteil einer betrieblichen Altersversorgung besteht für das Unternehmen bei einer Direktzusage darin, dass ein Teil der Mittel, die sonst für unmittelbare Lohnzahlungen verwendet werden müssten, über viele Jahre als Liquidität im Betrieb verbleibt. Außerdem bietet die betriebliche Altersversorgung einen Weg, übertarifliche Leistungen zu erbringen, ohne dass dies unmittelbar im Lohnniveau sichtbar und festgeschrieben wird, d.h. die verschiedenen Formen der betrieblichen Altersversorgung können als flexible Bestandteile der Entlohnung genutzt werden – auch in dem Sinne, dass diese Leistungen gewinnabhängig in guten Jahren verstärkt und in schlechten Jahren verringert oder notfalls ausgesetzt werden können. Diese Schwankungen in der „Ansparphase" sind für den Arbeitnehmer unproblematisch, weil es auf die Höhe der Gesamtzusagen und nicht auf das zeitliche Profil ankommt.

Die Risiken der betrieblichen Altersversorgung in der Form von Direktzusagen liegen für die Unternehmen in der unsicheren Dauer der Zahlungen, in der Unsicherheit über die Höhe der Zahlungen und in der Unsicherheit über Änderungen der Gesetze und der Rechtsprechung. Besonders groß sind die Risiken, wenn zugesagt wird, eine Versorgungslücke zwischen dem Altersruhegeld aus der gesetzlichen Rentenversicherung und z.B. 80 Prozent des letzten Gehalts aufzufüllen – gegebenenfalls noch mit einer Indexierung. In diesem Fall übernimmt der Betrieb das Risiko von Rentenkürzungen in der gesetzlichen Rentenversicherung und sogar von Steigerungsraten, die hinter den Lohnsteigerungen zurückbleiben.

Die Vorteile der betrieblichen Altersversorgung für den Arbeitnehmer bestehen in der zusätzlichen Absicherung im Alter, die auf diesem Wege etwas größer ausfallen kann als bei normaler Lohnzahlung, die dann teilweise für eine individuelle Eigenvorsorge genutzt werden könnte. Die Unternehmen können aufgrund der Liquiditätsvorteile bereit sein, mehr Mittel für die betriebliche Altersversorgung bereitzustellen, als sie in laufenden Löhnen auszahlen würden. Soweit es für die Beschäftigten eine Option zwischen der Auszahlung als Barlohn und einer betrieblichen Altersversorgung gibt, wird es für sie vor allem darauf ankommen, dass die Pensionszusagen sicher sind, ein günstiges Verhältnis zwischen der Pensionszusage und dem entgangenen Barlohn besteht und faire Regelungen für die Verfallbarkeit von Zusagen gelten.

III. Altersvorsorge

217. Fast 60 Prozent der betrieblichen Altersversorgung besteht bislang aus Direktzusagen der Unternehmen. Der Betrieb muss für diese Zusagen Rückstellungen bilden. Die Rückstellungen werden so kalkuliert, dass sie der Prämie entsprechen, die für eine entsprechende Rente aus einer privaten Lebensversicherung gezahlt werden müsste. Der gesetzliche Rechnungszinsfuß für die Zusagen beträgt sechs Prozent. Das bedeutet: Wird beispielsweise ein Betrag von 1.000 Euro für das Jahr 2028 zugesagt, so wird dieser Betrag im Jahre 2008 über den Zeitraum von 20 Jahren mit sechs Prozent abdiskontiert. Dieser abdiskontierte Betrag von 311,80 Euro kann steuerlich als Rückstellung geltend gemacht werden. Die Rückstellungen verringern den zu versteuernden Gewinn, wie dies auch im Falle entsprechender laufender Auszahlungen als Lohnbestandteil der Fall wäre, und das Unternehmen kann weiterhin mit dem Geld arbeiten.

218. Im Gegensatz zu den Direktzusagen werden die Altersvorsorgemittel bei der Direktversicherung, der Pensionskasse und dem Pensionsfonds außerhalb des Betriebes angesammelt. Bei einer Direktversicherung schließt der Arbeitgeber für den Arbeitnehmer eine Lebensversicherung ab und zahlt die entsprechenden Prämien. Die Pensionskasse ist eine rechtlich selbständige Versorgungseinrichtung, die von einem oder mehreren Unternehmen gegründet und betrieben wird. Die Beiträge zur betrieblichen Altersvorsorge werden von der Pensionskasse verwaltet, wobei jedoch strenge Anlagevorschriften zu beachten sind. Bei den Pensionsfonds schließlich handelt es sich ebenfalls um rechtlich selbständige Versorgungseinrichtungen, die jedoch eine höhere Kapitalanlagefreiheit haben. Pensionsfonds sind erst seit Inkrafttreten der Rentenreform 2000/01 ein regulärer Durchführungsweg. Seit der Änderung des Alterseinkünftegesetzes 2005 unterliegen alle Rentenarten der nachgelagerten Besteuerung. Beiträge für eine Direktversicherung werden nun, was bisher nur für Pensionsfonds und kapitalgedeckte Pensionskassen galt, bis zu einem bestimmten Höchstbetrag (4 Prozent der Beitragsbemessungsgrenze in der gesetzlichen Rentenversicherung) steuer- und sozialversicherungsfrei gestellt. Dieser Höchstbetrag wird um einen jährlichen Steuerfreibetrag von 1.800 Euro erweitert, der allerdings sozialversicherungspflichtig ist. Des weiteren wurde 2000/01 ein Anspruch auf Entgeltumwandlung eingeführt, womit alle Betriebe zukünftig verpflichtet werden können, eine betriebliche Altersvorsorge anzubieten. Dieser Anspruch ist an einen Tarifvorbehalt gekoppelt worden, d.h. dass zunächst die Tarifparteien über ein Angebot zur betrieblichen Altersvorsorge entscheiden können. Die bisherigen Vereinbarungen zeigen, dass aufgrund dieser Rahmenbedingungen vor allem Pensionsfonds für die betriebliche Altersvorsorge gewählt werden.

219. Grundsätzlich könnte man die Bedingungen für die betriebliche Altersversorgung der freien Vereinbarung zwischen Unternehmen und Beschäftigten bzw. Unternehmen und Betriebsrat überlassen. Sofern die betriebliche Altersvorsorge ein attraktives Mittel zur Gewinnung von qualifizierten Arbeitskräften oder eine besonders effiziente Form der Altersvorsorge darstellt, werden es sich im Wettbewerb stehende Unternehmen ohnehin nicht erlauben können, auf diese Form der Lohnzahlung zu verzichten.

Grundsätzlich muss bei allen Formen der Altersvorsorge die steuerliche Neutralität gewahrt werden, um die Entscheidung der Anleger nicht zugunsten einer besonderen Anlage zu verzerren. Von einer solchen steuerlichen Neutralität ist der Bereich der Altersvorsorge jedoch weit entfernt. Die bevorzugte Behandlung der Betriebsrenten wird dazu führen, dass viele Arbeitnehmer künftig in Pensionsfonds bzw. Pensionskassen einzahlen, auch wenn diese Anlageform eine geringere Rendite erwarten lässt und auf die persönlichen Bedürfnisse weniger abgestimmt ist als andere Kapitalanlagen. Statt das Steuerrecht zu vereinfachen und zu entzerren, ist der Steuerdschungel mit der Rentenreform 2000/01 ausgeweitet worden. Die Rendite verliert ihren Lenkungscharakter, Anlagen werden aufgrund von Subventionen oder steuerlichen Sonderregelungen gewählt. Die Unterschiede in der Besteuerung der Altersvorsorge führen nicht nur zu einer Verschwendung von Mitteln und einer Belastung der Gesamtwirtschaft, sie tragen auch maßgeblich dazu bei, die Bürger zu verunsichern und ihnen eigenverantwortliche Vorsorgeentscheidungen zu erschweren. Es scheint daher geboten, nicht nur für alle Formen der Altersvorsorge, sondern für die gesamte Spartätigkeit einheitliche steuerliche Regeln vorzugeben. Vieles spricht für die Einmalbesteuerung, sei es in der Form der nachgelagerten (sparbereinigten) Besteuerung oder der vorgelagerten (zinsbereinigten) Einkommensbesteuerung. Dann würde im Wettbewerb entschieden, ob und in welchen Fällen die betriebliche Altersvorsorge als effizient und präferenzgerecht angesehen wird.

Daneben erscheint es sinnvoll, einige Mindestregeln festzulegen oder sich an Standardtypen zu orientieren, damit die vielfältigen langfristigen Wirkungen der Versorgungssysteme sowohl für den Beschäftigten als auch für den Unternehmer überschaubar bleiben. Soweit gesetzliche Regelungen bestehen oder eingeführt werden, ist es besonders wichtig, dass die Regeln verlässlich sind und dass sich neue Regeln nur auf künftige Versorgungszusagen beziehen. Das ist die Voraussetzung für eine solide betriebliche Kalkulation. Das heißt: Die Risiken dürfen nicht durch den Gesetzgeber oder die Rechtsprechung unkalkulierbar gemacht werden.

220. Unbefriedigend unter dem Aspekt der Vorhersehbarkeit und Kalkulierbarkeit ist die Anpassungsklausel in § 16 des Gesetzes zur Verbesserung der betrieblichen Altersversorgung (BetrAVG). Dort ist vorgeschrieben, dass die laufenden Leistungen der betrieblichen Altersversorgung alle drei Jahre „nach billigem Ermessen" und unter Berücksichtigung sowohl der „Belange der Versorgungsempfänger" als auch der „wirtschaftlichen Lage des Arbeitgebers" anzupassen sind. Gemeint ist vor allem eine Anpassung an veränderte Lebenshaltungskosten. Im Kern handelt es sich um nicht inflationsgesicherte nominale Zusagen, die nachträglich „nach billigem Ermessen" verändert werden können.

Das ist nicht nur aus der Sicht der Unternehmen, sondern auch aus der Sicht der Arbeitnehmer eine problematische Regelung. Aufgrund der ökonomischen Aufspaltung des Lohnes in eine unmittelbare Auszahlung und eine später fällige Pensionszahlung wird die Höhe des Gesamtlohnes davon abhängig gemacht, wie sich der Betrieb über eine lange Zeit wirtschaftlich entwickelt. Der Arbeitnehmer bzw. Rentner hat keine Möglichkeit, nach vielen Jahren auf eine negative Entwicklung zu reagieren, z.B.

durch einen Wechsel des Unternehmens. Wer sich für ein Unternehmen mit einer hohen Altersversorgung und vergleichsweise niedrigen laufenden Barlöhnen entschieden hat, kann nur darauf hoffen, dass dieses Unternehmen dauerhaft marktgängige Produkte herstellt, ein gutes Management hat und nicht zuletzt immer wieder gute Arbeitskräfte erhält. Betriebswirtschaftlich werden die Anreize falsch gesetzt, weil ein Teil des Erfolges besonderer Anstrengungen nicht den jeweiligen Beschäftigten und Kapitaleignern zugute kommt, sondern an frühere Beschäftigte verteilt werden muss. § 16 BetrAVG gehört zu den gut gemeinten Regelungen, die sich an einer Umverteilungsidee orientieren, letztlich aber zum Nachteil sowohl der Beschäftigten als auch der Unternehmen ausgehen. Sauberer wäre eine eindeutige inflationsgesicherte Zusage.

Man kann durchaus darüber reden, ob die Leistungen aus der betrieblichen Altersversorgung voll indexiert, also real konstant bleiben oder wenigstens mit der halben Preissteigerungsrate erhöht werden sollten. Für den Arbeitnehmer hat die reale Absicherung einen hohen Stellenwert. Selbstverständlich müssten die Rückstellungen für indexierte Zusagen höher sein als für nominale Zusagen. Mit der Zusage einer realen Zahlung müsste ein niedrigerer Rechnungszinsfuß korrespondieren, was gleichbedeutend ist mit höheren Rückstellungen. Zu einer vollen realen Sicherung würde ein Zinsfuß in Höhe des Realzinses passen. Zurzeit werden höhere Rückstellungen weder für indexierte Zusagen noch für eine gerichtlich durchgesetzte Indexierung steuerlich anerkannt.

Auf das hohe Risiko, das sich aus der Ermessensklausel für die Unternehmen ergibt, hat der Gesetzgeber inzwischen so reagiert, dass die jeweils nach drei Jahren erforderliche Anpassung der laufenden Betriebsrenten als erfüllt gilt, wenn die Renten mindestens mit dem Lebenshaltungsindex oder dem Anstieg der Nettolöhne erhöht werden (Quasi-Indexierung). Außerdem entfällt die Anpassungspflicht, wenn von vornherein eine Steigerung der laufenden Renten um mindestens ein Prozent pro Jahr zugesagt wird. Zusätzlich wird den Unternehmen mittlerweile auch die Möglichkeit gewährt, den Arbeitnehmern eine reine Beitragszusage mit Mindestleistung anzubieten. Bei dieser Zusageform garantiert der Arbeitgeber nur die Nominalwerterhaltung des eingebrachten Kapitals. Auf diese Weise sind die Renditechancen für den Arbeitnehmer größer, im Gegenzug muss er allerdings auch ein höheres Risiko tragen.

Die Anpassungsregelungen und die steuerliche Behandlung bestimmen maßgeblich die Attraktivität der betrieblichen Altersversorgung für die Arbeitnehmer und für die Unternehmen. Besonders wichtig ist aber die Verlässlichkeit der Bedingungen für bestehende Versorgungszusagen.

221. Hinreichend geregelt – insbesondere aus der Sicht der Arbeitnehmer – erscheint die Insolvenzsicherung durch den Pensionssicherungsverein. Eine solche Absicherung gehört zu den essentiellen Mindestregelungen.

Ein sensibler Punkt in der betrieblichen Altersversorgung ist die Regelung der Unverfallbarkeit von Versorgungsansprüchen im Falle des Ausscheidens eines Arbeitnehmers aus dem Unternehmen. Nach der alten Regelung in § 1 BetrAVG wurden Versorgungsansprüche erst dann unverfallbar, wenn der Arbeitnehmer zum Zeitpunkt des

Ausscheidens das 35. Lebensjahr vollendet hatte und entweder die Versorgungszusage für ihn mindestens zehn Jahre bestanden hatte oder der Beginn der Betriebszugehörigkeit mindestens zwölf Jahre zurück lag und die Versorgungszusage für ihn mindestens drei Jahre bestanden hatte. Seit dem 1. Januar 2001 ist die Unverfallbarkeitsgrenze auf das 30. Lebensjahr und fünf Jahre Betriebszugehörigkeit gesenkt worden. Eigene Einzahlungen des Arbeitnehmers, z. B. im Rahmen der Entgeltumwandlung, sind sofort unverfallbar.

Selbstverständlich kann das Unternehmen unter diesen gesetzlichen Fristen bleiben und nach kürzeren Fristen die Zusagen für unverfallbar erklären. Das mag dann sinnvoll sein, wenn nicht vorrangig und im Einvernehmen mit den Arbeitnehmern eine betriebliche Bindung erreicht und ein Bonus für eine längere Betriebszugehörigkeit gewährt werden soll. Dafür sind auch Staffellösungen denkbar. An dieser Stelle wird noch einmal deutlich, dass die betriebliche Altersversorgung primär eine Form der Entlohnung ist und als solche genutzt werden kann.

222. Wirtschafts- und sozialpolitisch ist es wichtig, die betriebliche Altersversorgung als eine der Säulen der Altersvorsorge sowohl für die Unternehmen als auch für die Beschäftigten verlässlich zu gestalten, so dass diese Option neben den anderen Formen der Altersvorsorge voll genutzt werden kann. Aufgabe der Tarifparteien ist es nicht, sich für eine Förderung einzusetzen, sondern die Wahlmöglichkeiten über die gesetzlichen Regelungen hinaus zu erweitern, so dass Teile des Tariflohns für die betriebliche Altersversorgung verwendet werden können, wenn Arbeitnehmer und Arbeitgeber sich darauf verständigen.

In der betrieblichen Altersvorsorge besteht eine Äquivalenz zwischen der Vorsorge und den späteren Leistungen, sei es dass in Pensionskassen, Pensionsfonds oder Lebensversicherungen eingezahlt wird, sei es dass Rückstellungen im Unternehmen vorgenommen werden. Da diese Vorsorgeleistungen des Unternehmens zugunsten des Arbeitnehmers als Teil des Entgelts für die Arbeitsleistung gesehen werden, treten keine negativen Anreize in Richtung Schwarzarbeit, Scheinselbständigkeit, Vereinbarungen zu Lasten Dritter usw. auf. Es gibt keine besonderen Schwierigkeiten mit der Mobilität über Landesgrenzen. Während der Beschäftigungsphase kann es vorteilhaft sein, wenn der Arbeitnehmer auch im Ausland bei dem gleichen Unternehmen oder der Unternehmensgruppe beschäftigt bleibt. Scheidet ein Arbeitnehmer aus, bleiben die erworbenen Ansprüche – mit den genannten Einschränkungen – erhalten. Die Pensionsleistungen sind durch Kapitalbildung gesichert, so dass demographische Veränderungen kaum eine Rolle spielen.

8. Anpassung der Ostrenten mit Augenmaß

223. Eine systematische Verzerrung ist zwischen den Renten in Ost- und in Westdeutschland entstanden. Obwohl die Eckrenten – das sind die durchschnittlichen Renten nach 45 Versicherungsjahren – in Ostdeutschland noch deutlich unter 90 Prozent der Eckrenten in Westdeutschland liegen, erhalten die ostdeutschen Männer

III. Altersvorsorge

durchschnittlich eine Rente, die leicht über die durchschnittliche Rente für Männer in Westdeutschland hinausgeht. Die durchschnittliche Rente der Frauen in Ostdeutschland übersteigt die entsprechende Durchschnittsrente in Westdeutschland sogar um fast ein Drittel. Bei einer Anhebung der Eckrenten auf 100 Prozent der westlichen Werte werden die durchschnittlichen Renten in Ostdeutschland bei den Männern, aber vor allem bei den Frauen noch eine Zeit lang erheblich höher sein als in Westdeutschland.

Im Einigungsvertrag vom 23. September 1990 wurde für die Renten in Ostdeutschland das Ziel festgelegt, mit der Angleichung der Löhne und Gehälter „auch eine Angleichung der Renten zu verwirklichen" (Artikel 30). Die Vorgabe aus dem Einigungsvertrag befasst sich nicht mit der Technik der Rentenformel, sondern ist als großzügige soziale Regelung gemeint. Mit der sozialpolitischen Zielsetzung der Angleichung kann aber keine Gleichsetzung gemeint sein, da es keine Vergleichsbasis für die Rentenansprüche gibt und eine Einzelfallgerechtigkeit nicht erreicht werden kann. Auf keinen Fall ist es mit der Zielsetzung im Einigungsvertrag und mit sozialen Grundsätzen vereinbar, dass die auf DDR-Arbeitszeiten basierenden Renten erheblich über die Westrenten hinausgehen.

224. Es gibt keinen Zweifel, dass die Rentner in Ostdeutschland zu den Gewinnern der deutschen Einheit gehören. Es dürfte historisch ein einmaliger Vorgang sein, dass eine Rentnergeneration eines Landes eine so großzügige Aufstockung der Renten erhält, wie sie in Ostdeutschland verwirklicht worden ist. Vor dem 1. Juli 1990 lagen die Ostrenten zwischen 29 Prozent und 37 Prozent des Westniveaus. Dabei ist zu berücksichtigen, dass schon die Währungsumstellung im Verhältnis 1:1 eine außerordentliche Begünstigung der Rentner war. Nach dem 1. Juli 1990 sind die Ostrenten nicht nur mit dem Tempo der Westrenten gestiegen, sondern sie schnellten von einem Drittel auf mehr als 100 Prozent des Westniveaus hoch. Insgesamt haben sich die Renten in Ostdeutschland seit 1990 real mehr als verdreifacht. Eine Folge dieser außergewöhnlichen Rentenerhöhungen ist der steigende Transferbedarf.

225. Das ostdeutsche Rentensystem wurde in das westdeutsche System eingegliedert. Die Ostrenten werden grundsätzlich nach der gleichen Rentenformel berechnet. Allerdings war klar, dass nicht von den tatsächlichen Löhnen zu DDR-Zeiten ausgegangen werden konnte. Dann hätten die Rentner auf Jahrzehnte hinaus extrem niedrige Renten erhalten. Deshalb wird der Lohnnachteil zu DDR-Zeiten wie folgt korrigiert: Die Löhne und Gehälter aus der Zeit der ehemaligen DDR werden anhand von Umrechnungsfaktoren jahrgangsweise auf die jeweiligen vergleichbaren Löhne und Gehälter in Westdeutschland hochgerechnet. Damit wird unterstellt, die durchschnittlichen Löhne der Arbeitnehmer in der DDR seien gleich hoch gewesen wie die der Kollegen in Westdeutschland.

In einem zweiten Schritt wird das Rentenniveau dem aktuellen Einkommensniveau in Ostdeutschland angeglichen. Die Renten – genauer: die Entgeltpunkte aus der Zeit vor 1990 – werden um den aktuellen Abstand der ostdeutschen Durchschnittslöhne zu den westdeutschen Durchschnittslöhnen korrigiert. Zu Beginn der Umstellung der Ostrenten am 1. Januar 1992 betrug der aktuelle Rentenwert in Ostdeutschland 57

Prozent des Wertes in Westdeutschland, zurzeit (2008) liegt er bei knapp 88 Prozent. Setzt man also die Eckrente in Westdeutschland gleich 100, dann beträgt die Eckrente in Ostdeutschland knapp 88 Prozent. Die Situation der Rentnerhaushalte ist im Durchschnitt noch besser als es in den Zahlen für die einzelnen Rentner zum Ausdruck kommt, weil weit mehr Frauen in Ostdeutschland (zwangsweise) erwerbstätig waren als in Westdeutschland. Die ostdeutschen Beitragszahler haben durch die Höherbewertung der Löhne einen Nettovorteil von derzeit etwa zwei Prozent, d.h. sie erwerben für jeden eingezahlten Euro einen höheren Rentenanspruch.

226. Die höheren Renten in Ostdeutschland ergeben sich vor allem aus den im Durchschnitt wesentlich längeren Versicherungszeiten. Beim Rentenzugang im Jahre 1993 hatten die Männer in Ostdeutschland fast 20 Prozent mehr Versicherungsjahre, nämlich 46,5 verglichen mit 39,5 im Westen. Die ostdeutschen Frauen hatten sogar um 55 Prozent längere Versicherungszeiten, nämlich 38 Jahre gegenüber 24,5 Jahren in Westdeutschland (DEUTSCHE BUNDESBANK, 1995).

Die Frage ist, ob es gewollt war und akzeptiert werden kann, dass die durchschnittlichen Renten, die auf Versicherungszeiten in der ehemaligen DDR beruhen, erheblich höher sind und weiterhin stärker angehoben werden als die in der gleichen Zeit in Westdeutschland erworbenen Rentenansprüche. Ein Vergleichsmaßstab könnte das Verhalten innerhalb einer großen Familie sein, in der jemand aufgrund von wirtschaftlichen Schwierigkeiten in der Vergangenheit keine ausreichende Altersversorgung hat. In einer intakten Familie würde man erwarten, dass ein Ausgleich gewährt würde, der aber nicht zu einer besseren Altersversorgung führt als bei den anderen Familienmitgliedern, die den Ausgleich finanzieren. Nach sozialstaatlichen Grundsätzen würde darauf geachtet, dass ein Mindestlebensstandard gewährleistet würde, d.h. es würde wie in Westdeutschland auf die Grundsicherung im Alter verwiesen, wenn die Rente nicht für den Lebensunterhalt reichte. Schließlich könnte man in einem Umlagesystem das Beitragsaufkommen in Ostdeutschland zugrunde legen. Auch nach diesem Verfahren würden die Renten in Ostdeutschland auf keinen Fall höher sein als in Westdeutschland. Dabei ist zu beachten, dass die Löhne und Beiträge zur Rentenversicherung in Ostdeutschland bereits aufgrund der Transferzahlungen spürbar gestützt werden. Diese indirekten Transfers müssen genau genommen zu den unmittelbaren Übertragungen innerhalb der Rentenversicherung hinzugerechnet werden.

Die rentenrechtliche Fiktion, die Arbeitnehmer in der ehemaligen DDR seien im Durchschnitt genauso produktiv gewesen und hätten pro Monat genauso viele Beiträge gezahlt wie die westdeutschen Arbeitnehmer, ist nicht leicht zu begründen. Da sich gezeigt hat, dass die Ostrenten, die sich auf die Vergangenheit beziehen, wegen der hypothetischen Einkommen im Durchschnitt systematisch höher sind als die Westrenten für gleiche Altersjahrgänge, erscheint es notwendig, noch einmal darüber nachzudenken, ob die getroffenen Regelungen vertretbar sind oder ob nicht die Art der Übertragung des Rentenrechts auf Beitragszeiten in einem totalitären planwirtschaftlichen System korrigiert werden muss. Nach 18 Jahren seit der Wiedervereinigung käme eine Änderung allerdings für ein Drittel der Begünstigten schon zu spät.

227. Einige wichtige Unterschiede zwischen dem demokratisch-marktwirtschaftlichen System in Westdeutschland und dem diktatorisch-zentralgesteuerten System in Ostdeutschland sind unzureichend berücksichtigt worden. Erstens gab es in der ehemaligen DDR praktisch keine Arbeitslosigkeit, weil die Arbeitnehmer trotz fehlender Beschäftigung in den Betrieben blieben. Damit werden systematisch längere Beitrags- und Versicherungszeiten und höhere Beiträge unterstellt als durch tatsächliche Arbeitsleistung entstanden wären.

Die Kindererziehung wurde in der ehemaligen DDR weitgehend sozialisiert und damit im Wirtschaftssektor abgewickelt, d.h. die Mütter oder andere Frauen erzogen die Kinder in Kindertagesstätten, ganztägigen Kindergärten und Kinderhorten. Dadurch erwarben sie nach jetzigem Recht Rentenansprüche. In Westdeutschland wurden die Kinder vorwiegend privat erzogen. Vor allem die Frauen in Westdeutschland verzichteten in dieser Phase bewusst auf eine Berufstätigkeit, um sich der Kindererziehung widmen zu können. Für diese Leistung gibt es in Westdeutschland also keine Rente, weil sich die Kindererziehung im Privatbereich abspielte.

Schließlich haben die Frauen in Westdeutschland in weit größerem Umfang die beruflichen Interessen der Männer unterstützt, sei es, dass sie die Männer von häuslichen Tätigkeiten entlasteten, dass sie ihnen Interessenkollisionen aufgrund eigener beruflicher Anforderungen ersparten oder dass sie durch eine hohe Mobilität die Berufschancen der Männer förderten. Wie immer man diese Unterschiede beurteilt, sie führten zu vergleichsweise hohen Einkommen der Männer in Westdeutschland, aber bei geringer rentenrechtlicher Erwerbsbeteiligung der Frauen. Es erscheint als unangemessen, diese vergleichsweise hohen Einkommen auf die ostdeutschen Verhältnisse zu übertragen. Sinnvoller wäre es, wie beim Ehegattensplitting vom Gesamteinkommen der Ehepaare auszugehen.

228. Auch die sozialpolitische Begründung ist nicht unproblematisch. Die Rentenversicherung ist kein Sozialhilfesystem. Wer keine ausreichende Rente erhält, muss gegebenenfalls die Grundsicherung im Alter in Anspruch nehmen. Schon deshalb sollten die Ostrenten das westdeutsche Niveau nicht überschreiten.

229. Das Gesamtpaket an Überleitungsregelungen hat dazu geführt, dass die Angleichung der Ostrenten nicht beim westlichen Durchschnitt stehen bleibt, sondern erheblich darüber hinausgeht. Es kann nicht richtig sein, den Hauptnachteil der geringen Produktivität und niedrigen Einkommen aufzuheben, indem fiktiv das westliche Niveau zugrundegelegt wird, und die besonderen Gründe für die längeren Erwerbsphasen und höhere Erwerbsbeteiligung zu vernachlässigen.

Es dürfte schwierig sein, bei diesem tabuisierten Thema eine sachliche Diskussion zu führen. Es muss aber möglich sein, ein Problem auch dann wieder aufzugreifen, wenn eine unter Zeitdruck eingeführte Regelung sich als unzureichend erweist und wenn die gesetzliche Vorgabe erheblich verfehlt wird. Eine sozialpolitische Maßnahme – und nur so kann die Rentenanpassung angesichts der Produktivitäts- und Einkommensbedingungen gesehen werden – kann immer nur besondere Härten vermeiden und ein Mindestniveau sichern, d.h. eine Umverteilung kann sich nicht am Durchschnitt orientieren und auf keinen Fall darüber hinausgehen. Soziale Maßnahmen müssen nicht zuletzt die Belastungsfähigkeit der Bevölkerungsgruppen beachten, die die Mittel in Zukunft aufbringen sollen und zwar sowohl über höhere Beiträge zu den Sozialversicherungen als auch über Steuern, um die hohen Transferzahlungen zu finanzieren. Gerade bezüglich der künftigen Belastungen aus dem Rentensystem sind die zusätzlich gewährten Leistungen kaum verantwortbar; denn es geht nicht nur um eine Umverteilung von West nach Ost, sondern es geht darum, die wirtschaftlichen Grundlagen der Sozialsysteme nicht zu zerstören. Deshalb sollte in Ostdeutschland die für die Zeit vor 1990 getroffene Annahme der gleichen Produktivität und Löhne jetzt noch korrigiert werden. Die Angleichung der Eckrente darf für die vor 1990 erworbenen Rentenansprüche nicht mehr über den jetzt erreichten Stand hinausgehen.

IV. Absicherung der Pflege

1. Falsche Entscheidung mit Langzeitfolgen

230. Mit dem „Gesetz zur sozialen Absicherung des Risikos der Pflegebedürftigkeit" wurde zum 1. Januar 1995 eine obligatorische Pflegeversicherung nach dem Umlageprinzip eingeführt. Die Bezeichnung des Gesetzes ist grob irreführend. Erstens gab es schon vorher eine soziale Absicherung der Pflegebedürftigen durch die Sozialhilfe. Zweitens handelt es sich bei der Neuregelung nicht um eine soziale Absicherung. Nur im Rahmen der Sozialhilfe bestand und besteht heute noch eine soziale Sicherung für Pflegebedürftige: Schon vor der Einführung der Pflegeversicherung wurden die Kosten der Pflege von der Solidargemeinschaft übernommen, wenn das eigene Einkommen, das eigene Vermögen des Pflegebedürftigen und die Unterstützungsmöglichkeiten der Angehörigen nicht ausreichten. Der Staat wurde nur subsidiär tätig, wenn nachgewiesene Bedürftigkeit bestand. Genau das soll ein Sozialsystem in einer freiheitlichen Gesellschaft und in einer Sozialen Marktwirtschaft leisten. Diese Funktion wird trotz der Pflegeversicherung weiterhin von der Sozialhilfe wahrgenommen werden, nämlich wenn die Leistungen nach dem Pflegeversicherungsgesetz nicht ausreichen und die Pflegeperson die zusätzlichen Kosten nicht tragen kann.

Die Leistungen aus der neu eingeführten Pflegeversicherung werden unabhängig von der Höhe des eigenen Einkommens, des Vermögens und der Leistungsfähigkeit der Angehörigen gewährt. Die Freiheit und Selbstverantwortung der Bürger ist durch diese Form der Absicherung radikal eingeschränkt worden. Es geht nicht mehr um eine soziale Absicherung derjenigen, die der Hilfe bedürfen, sondern um eine kollektive Zwangsversicherung mit willkürlichen Umverteilungswirkungen. Dem einzelnen Bürger wird nicht einmal die Möglichkeit gelassen, bei grundsätzlicher Absicherungspflicht das Pflegerisiko eigenverantwortlich abzusichern und aus dem Kollektivmodell auszusteigen. Dazu bemerkt BIEDENKOPF (BIEDENKOPF 1994, S. 239): „Die Bereitschaft des einzelnen, in eigener Verantwortung Vorsorge für Lebensrisiken zu treffen, wird nicht als Begründung für eine Befreiung von der staatlich verfügten Zwangsmitgliedschaft im System anerkannt. Damit wird der Grundsatz der Subsidiarität gewissermaßen auf den Kopf gestellt." Wohlgemerkt, es geht nicht darum, sich der gesellschaftlichen Verpflichtung zu entziehen, den Bedürftigen zu helfen und die Kosten für echte Sozialmaßnahmen mitzutragen; sondern es geht um die Freiheit, in eigener Verantwortung Vorsorge für die eigenen Risiken zu treffen.

231. Die Tatsache, dass das neue Umlageverfahren eine breitere Unterstützung fand als Versicherungsformen, die stärker auf Eigenvorsorge und Kapitaldeckung basieren, ist kein Beleg für eine soziale Regelung, sondern eher dafür, dass einflussreiche Gruppen – vor allem die „Einführungsgeneration" – Verteilungsvorteile erwarten.

Die politischen Interessen bei der Entscheidung über die Frage, ob eine Pflegeversicherung erforderlich ist und ob eine Versicherung nach dem Kapitaldeckungsprinzip oder nach dem Umlageprinzip eingeführt werden sollte, neigten sich schnell zugunsten einer gesetzlichen Pflegeversicherung im Umlageverfahren. Die Länder und Kommunen hatten eine starkes Interesse, die Sozialhilfe und damit die kommunalen Haushalte von den Kosten für Pflegebedürftige zu entlasten. Die Pflegebedürftigen versprachen sich eine großzügigere Hilfe und die Chance, das eigene Einkommen und das eigene Vermögen zu schonen. Die Angehörigen von Pflegebedürftigen erwarteten eine stärkere Unterstützung bei der Pflege und ebenfalls eine Schonung der eigenen finanziellen Mittel.

Hätte nicht zumindest die weit überwiegende Mehrheit der Bevölkerung gegen ein Umlageverfahren sein müssen? Zunächst darf unterstellt werden, dass es nach wie vor eine große Bereitschaft gibt, den Menschen zu helfen, die in Not sind. Von den Verfechtern des Umlageverfahrens wurde der Eindruck erweckt, dass es darum ginge, erstmals eine Absicherung für den Pflegefall einzuführen. Viele Bürger haben nicht erkannt, dass es sich im Wesentlichen um eine Verlagerung der Kosten für eine vorhandene Pflegeabsicherung von den Kommunen auf die Beitragszahler handelt und dass gerade das Bedürftigkeitsprinzip zugunsten solcher Haushalte ausgehebelt wurde, die sonst ihr eigenes Vermögen hätten einsetzen müssen. Insoweit mag die breite Zustimmung ein Informationsdefizit enthalten. Aber vermutlich liegt der breiten Zustimmung in der Bevölkerung eine rationale Erklärung zugrunde. Es ist klar, dass eine Verbesserung der Pflege und eine Schonung des eigenen Vermögens und des Vermögens der Familie („Erbenschutzversicherung") den aktuellen Pflegebedürftigen und ihren Angehörigen zugute kommen. Nicht nur bei den Pflegebedürftigen, sondern auch bei den so genannten pflegenahen Jahrgängen – also etwa ab dem 70. Lebensjahr – leuchtet ein, dass die Vorteile einer verbesserten Absicherung größer sein werden als die Belastung mit Beiträgen. Aber selbst für jüngere Erwerbstätige kann durchaus ein Nettovorteil übrigbleiben. Das ist näher zu erläutern.

232. Da ein Großteil der Beiträge der Umfinanzierung dient, also die Kommunen entlastet, können die Kommunen die Steuern entsprechend senken oder zusätzliche Leistungen erbringen. Insoweit würden die Beitragszahler nicht zusätzlich belastet. Beabsichtigt ist aber eine Verbesserung der Pflegeleistungen. Im Kern braucht nur diese

Mehrleistung zugunsten der Pflegebedürftigen und der dafür erforderliche Aufwand betrachtet zu werden. Jede Neueinführung eines Umlagesystems bzw. jede Aufstockung der Leistungen ist eine Begünstigung der gegenwärtigen Generation zu Lasten der künftigen.

Abbildung 23: Erwartete Pflegekosten und Beiträge über den Lebenszyklus

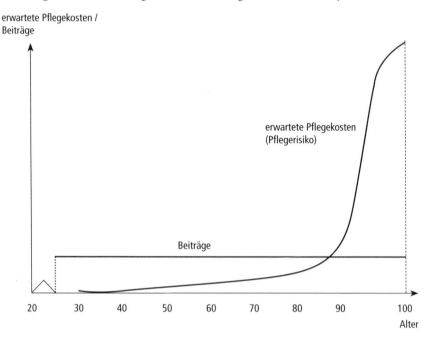

Zum Zeitpunkt der Einführung oder Aufstockung eines Umlagesystems tragen die Erwerbstätigen mit ihren Beiträgen die Pflegekosten für die aktuell Pflegebedürftigen, die nie Beiträge gezahlt haben und die damit voll in den Genuss der Einführungsgewinne kommen. Im Grunde profitieren alle bereits Erwerbstätigen davon, dass sie mehr Leistungen erhalten als sie durch Beiträge während des gesamten Erwerbslebens bezahlen. Nur wer noch nicht erwerbstätig ist oder gerade in das Erwerbsleben eintritt, hat grundsätzlich keinen Vorteil, indem er Versicherungsleistungen in Anspruch nehmen kann, ohne vom Eintritt ins Erwerbsleben bis zum Lebensende Beiträge zu zahlen. Allerdings zahlen die in den nächsten Jahren ins Erwerbsleben eintretenden Personen zunächst einmal für die gegenwärtig Pflegebedürftigen und Erwerbstätigen, die gar keine oder nur geringe Beiträge gezahlt haben. Die Bedürftigkeit der zu Pflegenden, die noch nie oder erst kurze Zeit in das System eingezahlt haben, wird nicht geprüft. Deshalb ist es nicht verwunderlich, dass es breite Mehrheiten für die Aufstockung von Leistungen aus Umlagesystemen gibt.

IV. Absicherung der Pflege   169

In der politischen Diskussion wurde das Thema etwas enger unter dem Stichwort „Altlasten" behandelt. Es gab eine schnelle Verständigung zwischen allen Parteien, dass, unabhängig von dem gewählten Versicherungsmodell, das sogenannte Problem der Altlasten gelöst werden müsse. Darunter wurde verstanden, dass auf jeden Fall die Bedingungen für die aktuell Pflegebedürftigen und für die pflegenahen Jahrgänge verbessert werden sollten. Der Begriff „Altlasten" suggeriert etwas Ähnliches wie „Altschulden", die vorab zu begleichen sind. Es gibt aber niemanden, der diesem Personenkreis gegenüber uneingelöste Verpflichtungen hätte, denn die aktuell Pflegebedürftigen, die in Schwierigkeiten geraten, haben weder ausreichende private Versicherungen abgeschlossen, noch haben sie in einem Umlagesystem Ansprüche erworben.

233. Zur Entstehungsgeschichte der gesetzlichen Pflegeversicherung im Umlageverfahren gehört die unglückliche Rolle der Bundesvereinigung der Deutschen Arbeitgeberverbände. Die Arbeitgeber wollten ebenfalls die populäre sofortige Leistungsverbesserung für diejenigen, die nicht vorgesorgt haben. Sie stellten die Berechtigung dieser Wohltat nicht in Frage. Mit ihrem Vorschlag, eine private Pflegeversicherung nach dem Kapitaldeckungsverfahren durch einen Fonds zu ergänzen, aus dem zusätzliche Leistungen zugunsten der aktuell Pflegebedürftigen und der Personen, die in den nächsten Jahren pflegebedürftig werden, gezahlt werden sollen haben sie der eigenen Absicht, ein Umlageverfahren zu vermeiden, einen Bärendienst erwiesen. Letztlich mussten sie einräumen, dass sie für die Finanzierung dieses Fonds ein Umlageverfahren oder höhere Steuern brauchten.

234. Kann man das Thema Pflegeversicherung nicht abhaken, nachdem am Ende eines quälenden Entscheidungsprozesses ein staatlich gestütztes obligatorisches Umlageverfahren durchgesetzt wurde? Leider nein, weil die negativen Rückwirkungen erst noch bevorstehen und weil die mittelfristigen Wirkungen im Zusammenhang mit den anderen Sozialversicherungssystemen und vor allem mit der Entwicklung auf dem Arbeitsmarkt gesehen werden müssen. Wenn diese Entwicklungen zu Veränderungen in den Versicherungssystemen zwingen, kann die Pflegeversicherung nicht ausgenommen werden. Deshalb sollten die wichtigsten Anliegen gegenübergestellt werden, um den Kern der notwendigen sozialen Sicherung herauszuschälen und die dauerhaften Regelungen darauf abzustellen.

Es ist nicht zu bestreiten, dass es im Bereich der Pflege eine Absicherung geben muss. Die traditionelle Pflege durch Familienangehörige ist durch den Trend zur Kleinfamilie und zum Single-Haushalt sowie aufgrund der Berufstätigkeit der Kinder von Pflegebedürftigen immer häufiger nicht mehr möglich. Die Pflege wurde in den letzten Jahren zunehmend auf die Allgemeinheit abgewälzt. Nach wie vor sind allerdings die Aussichten, nicht pflegebedürftig zu werden, wesentlich größer als das Risiko, einmal auf Pflegeleistungen angewiesen zu sein. Und falls der Pflegefall eintritt, kann man darauf hoffen, dass ein Angehöriger die Pflege übernimmt. Aber selbst wenn das nicht möglich ist und die eigenen Mittel nicht reichen, war immer die Pflege sichergestellt, weil Sozialhilfe in Anspruch genommen werden konnte. Es bestand kaum ein Anreiz zur Eigenvorsorge, weil im Notfall die Kosten der Pflege vom Steuerzahler übernommen wurden. Aus diesen Gründen gab es eine weitgehende Übereinstimmung der Politiker und der Experten, dass eine obligatorische Absicherung gegen Pflegerisiken notwendig ist.

Obwohl die Pflege letztlich über die Sozialhilfe abgesichert war, wenn die eigenen Möglichkeiten nicht ausreichten und keine private Versicherung abgeschlossen wurde, waren Pflegebedürftige häufig damit unzufrieden, dass sie überhaupt auf Sozialhilfe angewiesen waren. Unzufriedenheit über die Regelung der Pflegeleistungen im Rahmen der Sozialhilfe bestand außerdem mit dem Rückgriff auf das Vermögen des Pflegebedürftigen und mit dem Rückgriff auf das Einkommen und Vermögen der nächsten Familienangehörigen. Dieser Rückgriff der Sozialhilfeträger wurde als zu weitgehend empfunden. Schließlich beklagten pflegebedürftige Sozialhilfeempfänger, dass ihnen vom eigenen Einkommen bzw. von der Rente nur ein geringer Betrag als „Taschengeld" zur freien Verfügung verblieb. Man mag über ein paar Euro mehr oder weniger „Taschengeld" diskutieren, aber grundsätzlich muss jeder, der Mittel vom Steuerzahler in Anspruch nimmt, zuerst seine eigenen Möglichkeiten und auch die Hilfe innerhalb der Familie ausschöpfen. Wer das vermeiden will, muss rechtzeitig eine Versicherung abschließen.

235. Damit konzentriert sich der Streit im Grunde auf die Frage, ob auf Dauer an dem Modell der Umlagefinanzierung festgehalten werden soll und kann oder ob ein Übergang auf eine obligatorische eigenverantwortliche Absicherung, im Wesentlichen über eine Kapitaldeckung, anzustreben ist. Das Anliegen, den aktuell Pflegebedürftigen eine verbesserte Absicherung zu geben, kann aufgrund des Pflegeversicherungsgesetzes als erledigt angesehen werden. Das Akkumulieren von Versicherungsansprüchen, die von der nächsten Generation gedeckt werden müssen, ließe sich bei einer schnellen Umstellung des Systems auf eine kapitalfundierte Versicherung noch in Grenzen halten.

236. Da für die weitere Diskussion über mögliche Veränderungen von der jetzt bestehenden gesetzlichen Pflegeversicherung auszugehen ist, seien noch einmal die wichtigsten Merkmale genannt:

– Es handelt sich um ein obligatorisches Umlageverfahren, in dem grundsätzlich alle Personen einbezogen sind, also auch die Selbständigen, Beamten usw.
– Versicherungsträger ist die gesetzliche oder die private Krankenversicherung, bei der schon eine Krankenversicherung bestand. Auch die privaten Krankenversicherungen haben für die Pflegeversicherung grundsätzlich die Bedingungen des Umlageverfahrens zu akzeptieren, wie z. B. unentgeltliche Mitversicherung von Kindern, Beitragsbegrenzung für nicht erwerbstätige Ehegatten, kein Ausschluss bereits pflegebedürftiger Personen usw.
– Die Beiträge werden vom Arbeitseinkommen, von den Renten usw. bis zur Beitragsbemessungsgrenze (75 Prozent der Bemessungsgrenze der Rentenversicherung) erhoben. Der Beitragssatz betrug bis zum 30. Juni1996 ein Prozent und ab dem 1. Juli 1996 1,7 Prozent. Dieser Beitragssatz sollte auf Dauer Bestand haben. Am 1. Januar 2005 wurde er für Kinderlose auf 1,95 Prozent erhöht, zum 1. Juli 2008 wurden der allgemeine Satz auf 1,95 Prozent und der Satz für die Kinderlosen auf 2,2 Prozent angehoben.

– Das Leistungsniveau ist so zu begrenzen, dass die Ausgaben die Beitragseinnahmen nicht überschreiten (Grundsatz der Beitragssatzstabilität).

2. Konflikt mit der Beschäftigung

237. Der Konflikt zwischen der umlagefinanzierten Pflegeversicherung und den Beschäftigungschancen ist härter und gefährlicher als viele wahrhaben wollen. Es gibt überhaupt keinen Zweifel: Die umlagefinanzierte Pflegeversicherung kostet weitere Arbeitsplätze – selbst wenn die Arbeitnehmer die vollen Kosten tragen, also der Arbeitgeberbeitrag voll kompensiert wird, weil die steuerähnliche Abgabenlast steigt. Die umlagefinanzierte Pflegeversicherung erhöht die bereits zu hohe Abgabenbelastung noch weiter. Und alle Erfahrungen und Bedingungen sprechen dagegen, dass die geltenden Beitragssätze stabil bleiben werden. Die Bundesregierung geht schon heute davon aus, dass die geltenden Beiträge zur Finanzierung der Ausgaben der Pflegeversicherung nur bis Mitte 2015 ausreichen. Von Beitragssatzstabilität, die eigentlich ein Grundsatz der Pflegeversicherung ist, kann hier also nicht gesprochen werden.

Soziale Systeme entwickeln ihre eigene Dynamik. Die geweckten Erwartungen der Pflegebedürftigen auf bessere Leistungen, der pflegenden Angehörigen und Bekannten auf Entlastung, der hauptamtlichen Pflegekräfte auf bessere Ausbildung und Bezahlung, der Betreiber von Pflegeheimen auf eine sichere wirtschaftliche Basis werden sich nicht auf Dauer zurückdrängen lassen. Die eigentliche Dynamik dürfte aber in der Inanspruchnahme der Leistungen liegen. Wie soll denn wirksam kontrolliert werden, wann ein Pflegefall besteht und welcher Pflegeumfang erforderlich ist? Wie soll verhindert werden, dass sich auch in der Pflegeversicherung die Haltung durchsetzt, etwas aus der Versicherung herauszuholen, in die man eingezahlt hat? Wie werden die potenziellen Erben darauf reagieren, dass das Vermögen des Pflegebedürftigen auch dann weitgehend erhalten bleibt, wenn sie keine Pflegeleistungen erbringen?

Alle Schwüre der Politiker zur Beitragssatzstabilität waren schon nach wenigen Jahren nichts mehr wert. Die beruhigende Formulierung „Der Beitragssatz wird durch Gesetz festgesetzt" darf daran gemessen werden, mit welcher Leichtigkeit die Gesetze geändert wurden. Denn schließlich bleibt die erwähnte Tatsache, dass Verbesserungen in Umlagesystemen zu Lasten der künftigen Generation gehen und die jeweilige Rentner- und Erwerbspersonengeneration begünstigen.

Durch die Gesetzesänderung vom Juli 2008 werden sowohl die Sach- als auch die Geldleistungen in der Pflege von 2008 bis 2012 in zwei Schritten wie folgt angehoben:
– Geldleistungen für die häusliche Pflege: in der Pflegestufe I von 205 Euro auf 235 Euro, in Pflegestufe II von 410 Euro auf 440 Euro und in Pflegestufe III von 665 Euro auf 700 Euro,
– Sachleistungen für die häusliche Pflege: in Pflegestufe I von 384 Euro auf 450 Euro, in Pflegestufe II von 921 Euro auf 1.100 Euro, in Pflegestufe III von 1.432 Euro auf 1.550 Euro,

- Die Leistungen für die vollstationäre Pflege werden nur in Pflegestufe III von 1.432 Euro auf 1.550 angehoben. Für Pflegestufe I bleibt es wie bisher bei 1.023 Euro und in Pflegestufe II bei 1.279 Euro.
- Neu eingeführt wird eine zusätzliche Finanzhilfe für die ambulante Versorgung von Demenzkranken. Diese hatten bisher Anspruch auf 460 Euro im Jahr, künftig sind es bis zu 200 Euro pro Monat, also bis zu 2.400 Euro im Jahr in schweren Fällen.

Die Pflegeleistungen sollen nach Abschluss der vorgenannten Anpassungen im Abstand von drei Jahren überprüft und gegebenenfalls an die Preissteigerung angepasst, d.h. dynamisiert werden. Dabei soll die Anpassung jedoch nicht höher sein als die Bruttolohnentwicklung der letzten drei Jahre.

Neben den Sach- und Geldleistungen wurden weitere Leistungsausweitungen beschlossen. So hat jeder Angehörige eines Pflegebedürftigen künftig Anspruch auf eine (unentgeltliche) sechsmonatige Freistellung vom Arbeitsplatz. Dieser Anspruch besteht gegen alle Unternehmen mit mehr als 15 Mitarbeitern. Die Pflegeversicherung zahlt während dieser Zeit den Mindestbeitrag zur Kranken- und Pflegeversicherung, falls keine andere Absicherung (wie eine Familienmitversicherung) besteht. Bei akut auftretenden Pflegefällen haben Beschäftigte zudem das Recht auf zehn Tage unbezahlte Freistellung zur Organisation der Pflege. Die Freistellungsregeln führen zu neuen Beschäftigungsrisiken, da die Arbeitgeber die Kosten hierfür tragen müssen, auch wenn die Freistellung unentgeltlich ist: für die freigestellten Mitarbeiter muss kurzfristig Ersatz gefunden oder deren Aufgaben müssen auf die übrigen Mitarbeiter verteilt werden. Die Einarbeitung neuer Mitarbeiter erfordert Zeit und kann zu Produktionsverzögerungen führen.

Des Weiteren wird mit der neuen Pflegereform der Aufbau so genannter Pflegestützpunkte gefördert. Die Pflegestützpunkte sollen die vorhandenen Versorgungsangebote vernetzen und als erster Anlaufpunkt für die Betroffenen zur Organisation der Pflege dienen. Pro 20.000 Einwohner soll ein Pflegestützpunkt entstehen, für den bis zu 45.000 Euro Anschubfinanzierung vorgesehen sind. Dieser Betrag kann jedoch erhöht werden, wenn ehrenamtliche Personen oder Mitglieder von Selbsthilfegruppen nachhaltig mit in die Organisation einbezogen werden. Die Förderung ist auf drei Jahre und insgesamt 80 Millionen Euro begrenzt und soll aus dem Ausgleichsfonds der Pflegeversicherung finanziert werden. Mit der Förderung der Pflegestützpunkte wird in einen Markt eingegriffen, obwohl kein Marktversagen vorliegt: Die Bereitstellung von Informationen zu Pflegeangeboten verschiedener Träger kann ohne weiteres durch private Anbieter erfolgen. Es ist nicht ersichtlich, warum dies staatlich gefördert werden sollte und dafür Beiträge aus der Pflegeversicherung verwendet werden müssen, statt geringere Beiträge zu verlangen. Bereits bestehende private Anbieter werden überdies durch die Förderung und den Aufbau von Zweitstrukturen möglicherweise verdrängt. Auch die Bindung der erhöhten Förderleistung an den Einsatz ehrenamtlicher Personen zeugt von der Skepsis gegenüber privaten Anbietern. Zudem wird durch die Begrenzung der Förderung schon eingeräumt, dass hier die Gefahr von Mitnahmeeffekten besteht: Bereits bestehende Einrichtungen werden die Förderung in Anspruch nehmen, obwohl sie auch ohne Förderung ihr Informationsangebot bereitgestellt hätten.

IV. Absicherung der Pflege

Mit den vorgenannten Leistungsverbesserungen, der Dynamisierung der Pflegeleistungen und der Förderung der Pflegestützpunkte wird das ursprüngliche Ziel der Beitragssatzstabilität endgültig aufgegeben.

238. Da die Negativwirkungen einer zusätzlichen Abgabe auf die Arbeitsplatz- und Beschäftigungssituation nicht übergangen werden konnten, wurde schon bei der Einführung der Pflegeversicherung nach Kompensationsmöglichkeiten gesucht. Dabei wurde die Bedingung nicht klar genug formuliert, dass eine echte Kompensation nur darin bestehen kann, Sozialleistungen an anderer Stelle dauerhaft zu verringern und damit die Summe der Abgaben und Belastungen konstant zu halten. Ein geeigneter Ansatzpunkt war der Vorschlag, Karenztage bei der Lohnfortzahlung im Krankheitsfall einzuführen. Dieser Vorschlag wurde nicht akzeptiert.

Vielmehr verständigte man sich darauf, den Arbeitgeberanteil an den Beiträgen zur Pflegeversicherung durch das Streichen eines Feiertages (Buß- und Bettag), also durch unbezahlte Mehrarbeit der Arbeitnehmer zu kompensieren. Leider wurde der Sachverständigenrat zur Begutachtung der gesamtwirtschaftlichen Entwicklung mit einer relativ belanglosen Frage beauftragt, nämlich wie vermieden werden kann, dass die Arbeitskosten für die Unternehmen durch die Pflegeversicherung erhöht werden. Dagegen wurde die mittelfristig viel wichtigere Frage nach den Auswirkungen des Anstiegs der Beitragslast auf die Beschäftigungsmöglichkeiten und auf die ökonomische Basis der Sozialversicherungssysteme erst gar nicht gestellt.

239. Die Kompensationsdebatte ging ins Surreale. Sie vernebelte mehr, als sie zur Lösung eines Problems beitrug. Denn: Ob mit oder ohne Kompensationsregelung, die Kosten der Pflegeversicherung werden voll von den Arbeitnehmern zu tragen sein, auch wenn formal ein Arbeitgeberbeitrag vorgesehen ist. Mit einer Kompensationsregelung wird allenfalls erreicht, dass die Illusion, die Arbeitgeber würden einen Teil der Kosten übernehmen, erst gar nicht entsteht. Der Verzicht auf eine Kompensationsregelung würde am Markt letztlich zum gleichen Ergebnis führen, nämlich dass die Arbeitnehmer mehr arbeiten müssen, wenn sie gleiche Einkommen erhalten möchten, oder dass sie mit geringeren Löhnen zufrieden sein müssen. Wenn die Arbeitnehmer sich der Kostenübernahme widersetzten, würden sie dafür mit schlechteren Arbeitsplatzchancen und höherer Arbeitslosigkeit bezahlen. Ökonomisch gesehen ist die Kompensationsdiskussion eine Scheindebatte mit der fatalen Folge, dass die einzelnen Arbeitnehmer nicht einmal eine Wahlmöglichkeit erhalten. Wenn es schon unvermeidbar ist, die Kosten zu tragen, warum erlaubt der Gesetzgeber den Bürgern nicht, die für sie günstigste Lösung selbst zu finden, also durch Urlaubsverzicht, durch Karenztage oder Lohnabschläge für Krankheitstage, durch Arbeit an Feiertagen, durch Mehrarbeit an einzelnen Tagen oder über eine längere Zeit verteilt, durch Lohnverzicht, durch flexibles Eingehen auf die jeweilige Auftragslage usw.?

240. Auch bei voller Kompensation auf den hier angesprochenen flexiblen Wegen bleibt es aber dabei, dass die umlagefinanzierte Pflegeversicherung wie eine Steuer auf offizielle Arbeit wirkt. Der volle Anspruch auf Leistungen aus der Pflegeversicherung besteht schon bei geringer versicherungspflichtiger Beschäftigung und bei Ehegatten und Kindern der Arbeitnehmer sogar ohne Beschäftigung. Wer mehr arbeitet oder als Ehegatte überhaupt ein Beschäftigungsverhältnis eingeht, zahlt zwar mehr ein, erwirbt aber keine zusätzlichen Leistungen. Der ohnehin schon bestehende Anreiz, in die Schattenwirtschaft auszuweichen und sich dadurch der Belastung zu entziehen, wird verstärkt. Mit jeder Erhöhung des Beitragssatzes wird es attraktiver, die offizielle Arbeitszeit zu verkürzen und die soziale Sicherung mit minimalem Aufwand zu erhalten. Die zusätzlich gewonnene Zeit kann für abgabenlastfreie Tätigkeiten eingesetzt werden: im eigenen Haus, in der Nachbarschaft und je nach Talent für Nachhilfe-, Musik-, Tennis-, Reitstunden usw. Innerhalb der Unternehmen wird es noch interessanter, mit Anreizen zu arbeiten, die nicht in den Lohn eingehen, um den Abgaben zu entgehen und um die betriebliche Leistung ausschließlich dem Arbeitnehmer zukommen zu lassen.

Diese Ausweichreaktionen schmälern die Basis für Sozialbeiträge und verschärfen den Druck auf Beitragserhöhungen. Es wird noch schwieriger, einen Abstand zwischen dem Nettolohn aus Erwerbstätigkeit in unteren Lohngruppen und den Leistungen aus Sozialsystemen (Arbeitslosengeld II, Sozialpläne, Frühverrentung) aufrechtzuerhalten, so dass es auch an diesen Nahtstellen zu den Sozialsystemen eine Verschiebung der Anreize zu Lasten der abgabenpflichtigen Erwerbstätigkeit gibt. Außerdem wird eine wirtschaftlich sinnvolle Arbeitsteilung nach Fähigkeiten und Neigungen in der offiziellen Wirtschaft immer mehr beeinträchtigt; die Leistungsfähigkeit der Wirtschaft nimmt weiter ab.

Schließlich wird der Druck auf den Staat immer größer, die Schwarzarbeit zu bekämpfen, Umgehungstatbestände zu verbieten, zu kontrollieren und zu bestrafen, weil die Bürger sehr unterschiedliche Möglichkeiten haben, davon Gebrauch zu machen. Dies trägt nicht zu einem besseren Verhältnis zwischen Bürgern und Staat sowie zwischen den Bürgern untereinander bei.

Nun mag man einwenden, diese Negativwirkungen würden nicht durch einen Pflegebeitrag von 1,95 bzw. 2,2 Prozent ausgelöst. Deshalb ist daran zu erinnern, dass viele der geschilderten Prozesse bereits weit fortgeschritten sind, dass alle neuen Versicherungen mit bescheidenen Beitragssätzen gestartet sind und dass schon aufgrund der Sozial- und Steuerbelastungen vor der Einführung der umlagefinanzierten Pflegeversicherung die Notwendigkeit bestand, die Belastungen wieder zu verringern statt sie weiter zu erhöhen.

3. Anfällig gegen demographische Änderungen

241. Die umlagefinanzierte Pflegeversicherung ist den gleichen Problemen bezüglich der erwarteten demographischen Entwicklung ausgesetzt wie die gesetzliche Rentenversicherung und die anderen umlagefinanzierten Alterssicherungssysteme. Aber was die Experten und auch die verantwortlichen Politiker bei der gesetzlichen Rentenversicherung längst erkannt haben, wird bei der Pflegeversicherung hartnäckig ignoriert. Aufgrund der demographischen Entwicklung und Dynamisierung der Leistungen müssten die Beitragssätze in der Pflegeversicherung bis zum Jahre 2030 etwa verdoppelt werden.

Parallel zur gesetzlichen Rentenversicherung wird mit der umlagefinanzierten Pflegeversicherung die Enteignung der Familien fortgesetzt. Die Ursache dafür, dass immer weniger Personen von Familienmitgliedern gepflegt werden, liegt auch darin begründet, dass die Anzahl der Personen zunimmt, die keine Kinder haben. Statt sich durch eine private Pflegeversicherung oder durch Vermögensbildung usw. abzusichern, eröffnet die umlagefinanzierte Pflegeversicherung auch den Personen, die keine Kinder haben, den stärkeren Zugriff auf die unentgeltliche Leistung durch Kinder anderer Personen, denn die künftig zu zahlenden Beiträge sind nichts anderes als Leistungen zugunsten der eigenen Eltern und der Kinderlosen. Bis zur Einführung der Pflegeversicherung mussten die Kinderlosen für den eigenen Pflegefall sparen oder eine Versicherung abschließen oder sich mit Sozialhilfe zufrieden geben. Im Umlageverfahren wird für das Pflegerisiko durch Kindererziehung vorgesorgt. Daran beteiligen sich aber nicht alle.

242. Da der Bezug zwischen Beitragszahlung und Leistung aus der Pflegeversicherung noch viel lockerer ist als bei der Rentenversicherung, wird die Gefahr größer, dass eine stärker belastete Erwerbspersonengeneration versucht, die Belastungen zu verringern bzw. ihnen auszuweichen. Die Pflegeversicherung trägt zur Destabilisierung und Selbstgefährdung der Umlagesysteme bei. Da diese Probleme bei einer alternativen Absicherung der Pflegerisiken, wie der Eigenvorsorge durch Vermögensbildung, oder durch Versicherungen nach dem Kapitaldeckungsprinzip praktisch vermieden werden können, muss auch bei der Pflegeversicherung nach Auswegen gesucht werden.

4. Verstoß gegen das Subsidiaritäts- und Bedürftigkeitsprinzip

243. Grundsätzlich ist nicht der Staat, sondern jeder einzelne Bürger dafür verantwortlich, sich gegen die verschiedenen Lebensrisiken abzusichern. Die Selbstvorsorge erfordert eigene Anstrengungen und selbstverantwortliches Handeln in Lebensphasen, in denen zwischen dem unmittelbaren Konsum und dem Sparen, also der Vorsorge, abgewogen werden kann. Mit der neu eingeführten umlagefinanzierten Pflegeversicherung hat der Staat seine Bürger wieder ein Stück entmündigt.

Die Pflegeversicherung belässt dem Bürger keine Wahlmöglichkeiten. Der Staat übernimmt die Verantwortung für die Pflege. Traditionelle soziale Gemeinschaften wie Familie und Nachbarschaft werden systematisch überflüssig gemacht. Solidarität wird verordnet und bürokratisiert. Dies ist der falsche Weg, weil keine Gesellschaft ohne das verantwortliche Handeln der Bürger und Familien und ohne ethisch begründete, bewährte und möglichst breit akzeptierte Verhaltensnormen auskommt. Die in kleinen Gruppen funktionierende soziale Kontrolle und die Erziehung zu verantwortlichem sozialen Handeln kann der Staat nicht gewährleisten. Im Gegenteil, die großen bürokratischen Umlagesysteme zerstören verantwortliches Handeln. Sie provozieren gesellschaftsschädigende Verhaltensweisen, nämlich den eigenen Beitrag möglichst zu verringern und Leistungen auch dann in Anspruch zu nehmen, wenn es nicht wirklich erforderlich ist. Die moralische Verantwortung in kleinen sozialen Einheiten wird durch den „Volkssport" der Steuer- und Abgabenvermeidung und des raffinierten Wiederherausholens eigener Beiträge ersetzt.

244. Mit der umlagefinanzierten Pflegeversicherung wird der Staat nicht subsidiär tätig. Er beschränkt sich nicht auf Fälle, in denen die einzelnen Bürger und Familien das Pflegeproblem nicht lösen können, sondern er wird generell tätig und schafft das Bedürftigkeitsprinzip ab. Gerade weil die Bedürftigkeit nicht mehr geprüft wird, kann nicht von einem sozialen System gesprochen werden, denn die eingebauten Umverteilungsregeln haben keine klare soziale Orientierung. Kinder und Ehegatten sind mitversichert ohne Rücksicht auf die Bedürftigkeit des Erwerbstätigen und seiner Familie. Die Versicherungsbeiträge richten sich nach der Höhe des Arbeitseinkommens. „Vermögensriesen" mit geringem Arbeitseinkommen gelten als bedürftig. Solche Verzerrungen und willkürlichen Ergebnisse beschädigen die Akzeptanz der als sozial bezeichneten Systeme. Sie zerstören das für eine Gesellschaft lebenswichtige solidarische Verhalten und setzen Verteilungskämpfe in Gang.

Nur wenn die Versicherung von Risiken und die Umverteilung zugunsten sozial schwacher Gruppen klar getrennt sind, besteht der Druck, dass die Umverteilung nach sozialen Merkmalen vorgenommen wird. Das ließe sich am ehesten erreichen, wenn jeder Erwerbstätige die aus seiner Sicht effiziente Form der Vorsorge wählen könnte, und wenn die sozialen Hilfen, z. B. für Arbeitslose und Sozialhilfeempfänger, unabhängig von der gewählten Versicherungs- und Vorsorgeform gewährt würden.

5. Vorschlag: Gleitender Übergang zur Eigenvorsorge

245. Mit der umlagefinanzierten Pflegeversicherung ist der politischen Forderung entsprochen worden, sofort Verbesserungen für pflegebedürftige Personen durchzusetzen. Auch den Verfechtern von Eigenvorsorgemodellen und Kapitaldeckungsverfahren war klar, dass dieses Ziel nur im Umlageverfahren erreicht werden konnte, wobei eine eigenständige Pflegeversicherung ein Modell neben anderen war, beispielsweise neben Verbesserungen im Rahmen der Sozialhilfe.

Der Übergang auf eine langfristig tragfähige kapitalgedeckte Versicherung könnte wie folgt aussehen (vgl. DONGES/EEKHOFF/FRANZ/FUEST/MÖSCHEL/NEUMANN 2004, S. 57):

(1) Es bleibt bei einer Versicherungs- bzw. Absicherungspflicht.
(2) Die Versicherungsprämien orientieren sich an den für die versicherten Personen voraussichtlich zu erbringenden Leistungen (Äquivalenzprinzip).
(3) Die Prämien werden ausschließlich von den Versicherten entrichtet.
(4) Die Versicherungen bilden individuelle Altersrückstellungen, um hohe Prämienbelastungen im Alter zu vermeiden und um einen Wechsel zwischen den Versicherungen zu ermöglichen.

IV. Absicherung der Pflege

(5) Versicherte, die ihre Prämie und die Selbstbeteiligung nicht tragen können, erhalten eine Unterstützung aus öffentlichen Mitteln.

(6) Die Pflegeversicherung wird vollständig in die Krankenversicherung integriert, wenn der Versicherte eine kapitalgedeckte Krankenversicherung hat.

(7) In der Einführungsphase wird ein Höchstbetrag für die Versicherungsprämie, beispielsweise von 50 Euro monatlich festgesetzt. Damit gilt die Versicherungspflicht als erfüllt, auch wenn ältere Versicherte damit noch keinen vollen Versicherungsschutz erwerben.

In der Übergangsphase bis alle Versicherten einen vollen Versicherungsschutz haben behalten die aktuell Pflegebedürftigen (Bestandsfälle) ihre Leistungsansprüche allerdings mit höherer finanzieller Eigenbeteiligung. Den pflegenahen Jahrgängen wird eine nach dem Alter gestaffelte Unterstützung gewährt. (Zu konkreten Vorschlägen siehe auch Arentz/Eekhoff/Roth/Bünnagel 2004.)

Der einzelne Bürger sollte dabei möglichst viel Freiraum haben, wie er die Absicherung des Pflegerisikos gestaltet. Er kann eine Versicherung abschließen. Er kann eine Verwendungssperre auf ein bestimmtes Vermögen akzeptieren, d.h. über diesen Teil des Vermögens darf grundsätzlich nur im Pflegefall verfügt werden. Die Pflegeabsicherung kann ganz oder teilweise von Betrieben geleistet werden, beispielsweise von Wohnungsgenossenschaften, die für ihre Mieter Pflegeleistungen bis zur stationären Pflege erbringen. Es sollte auch möglich sein, realistische Pflegezusagen von Privatpersonen einzubringen. In einigen Fällen mag das Risiko, dass die Pflegeleistungen tatsächlich erbracht werden, etwas höher sein als in einer umlagefinanzierten Pflegeversicherung. Aber dies muss m.E. wegen der großen Vorteile für den Arbeitsmarkt, für die demographische Unempfindlichkeit, für den Abbau der Staatsquote usw. in Kauf genommen werden. Eine obligatorische Absicherung entlastet die Gesellschaft von den Kosten, die von den Bürgern eigenverantwortlich getragen werden können. Das Restrisiko würde dann unter Bedürftigkeitsgesichtspunkten – wie im Rahmen der geltenden Regelung – durch die Sozialhilfe aufgefangen.

246. Während die Beiträge zur umlagefinanzierten Pflegeversicherung wie eine Steuer auf offizielle Arbeit wirken und die Bestrebungen stärken, den Arbeitseinsatz zu verringern, hat die private Vorsorge eher die entgegengesetzte Wirkung. Wer sich gegen Pflegerisiken absichern muss oder will, braucht dafür finanzielle Mittel, um Beiträge zu zahlen oder Vermögen zu bilden. Der Anreiz, privates Vermögen zu bilden, beruht darauf, dass es möglicherweise gar nicht für die Pflege eingesetzt werden muss. Der einzelne Bürger wird sich in der Regel dafür entscheiden, mehr zu arbeiten, um den Konsum möglichst nicht einschränken zu müssen. Und er kann diese Mehrleistung auch leichter im bisherigen Arbeitsverhältnis erbringen, weil die Mehrleistung nicht mit einer Pflegeabgabe belegt wird, die keinen Einfluss auf die zu erwartenden Pflegeleistungen hat.

178   G. Soziale Sicherung

V. Krankenversicherung

1. Der Status quo im deutschen Gesundheitswesen

247. Die meisten Menschen in Deutschland sind mit dem Gesundheitswesen nach wie vor zufrieden, aber die Verunsicherung wächst. Die Beiträge zur gesetzlichen Krankenversicherung beanspruchen einen zunehmenden Teil des Einkommens. Ab dem Jahr 2008 werden jährlich steigende Haushaltsmittel zur Finanzierung der gesetzlichen Krankenversicherung eingesetzt. Auch diese Mittel müssen den Bürgern entzogen werden. Trotzdem kann die Finanzierung nicht mit den Ausgabenwünschen Schritt halten. Die Ausgabenbegrenzung zeigt ihre Spuren im Verhalten der Ärzte, einzelne Medikamente nicht mehr zu verschreiben, keine neuen Patienten mehr anzunehmen sowie die Öffnungszeiten der Praxen und die Leistungen einzuschränken. Die Effizienz im Gesundheitssektor ist gering, weil es an entsprechenden Anreizen fehlt.

Das Gesundheitswesen ist durch steigende Ansprüche der Versicherten und eine hohe Ausgabendynamik gekennzeichnet. Die zunehmende Belastung hat vor allem drei Ursachen: Erstens werden die Gesundheitsleistungen mit zunehmendem Wohlstand immer wichtiger. Zweitens bietet der medizinisch-technische Fortschritt neue und aufwendigere Behandlungsmöglichkeiten. Drittens nimmt der Anteil der älteren Menschen zu, die altersbedingt mehr Leistungen in Anspruch nehmen. Solange die Grundregeln des Systems unverändert bleiben, ist mit kräftig steigenden Beiträgen oder mit höheren Steuern zu rechnen.

Im Gesundheitswesen sind vorrangig drei Probleme zu lösen. Erstens, die Bedingungen für einen unverfälschten Wettbewerb zwischen den Versicherungen müssen verbessert werden, damit die Kosten unter Kontrolle gehalten und hochwertige Leistungen angeboten werden. Zweitens, die ineffiziente Umverteilung innerhalb der gesetzlichen Krankenversicherung muss aus dem System herausgelöst und auf das allgemeine Steuer- und Transfersystem übertragen werden. Drittens, die Empfindlichkeit des Systems gegenüber demografischen Veränderungen muss verringert werden, damit künftige Generationen nicht überfordert werden oder die Leistungen nicht drastisch eingeschränkt werden müssen.

248. In Deutschland bestehen zwei sehr unterschiedliche Versicherungssysteme nebeneinander: In der gesetzlichen Krankenversicherung sind gegenwärtig fast 90 Prozent der Bevölkerung versichert, knapp zehn Prozent in der privaten Krankenversicherung. Mit dem so genannten GKV-Wettbewerbsstärkungs-Gesetz von 2007 wurde eine allgemeine Versicherungspflicht eingeführt, die ab dem 1. Januar 2009 gilt.

Die gesetzliche Krankenversicherung ist als Umlagesystem mit lohnbezogenen Beiträgen konzipiert. In ihr sind alle abhängig Beschäftigten mit einem Verdienst bis zu 4.012,50 Euro (Versicherungspflichtgrenze 2008) pflichtversichert, nicht beschäftigte Familienangehörige können beitragsfrei mitversichert werden. Für Arbeitslosengeld II- und Sozialhilfe-Empfänger übernimmt der Staat und damit letztlich der Steuerzahler die Finanzierung des Versicherungsbeitrags.

Die Prämien in der privaten Krankenversicherung sind hingegen risikoäquivalent und werden unter der Annahme real konstanter Kosten im Gesundheitswesen berechnet. Sie werden über die gesamte Restlebenszeit des jeweiligen Versicherten in einer Weise geglättet, dass es zu keinem altersbedingten Prämienanstieg kommt. Um die Prämien zu glätten, wird in den ersten Lebensphasen der Versicherten eine Prämie verlangt, die über den erwarteten individuellen Ausgaben liegt. Aus diesem Überschuss werden Altersrückstellungen aufgebaut, um die erwarteten hohen Kosten im Alter zu decken, ohne dass eine höhere Prämie erforderlich würde. In späteren Jahren sind die Prämien also geringer als die erwarteten Kosten. In diesem Zeitraum werden die zuvor gebildeten Rückstellungen abgebaut.

2. Generelle Probleme auf dem Gesundheitsmarkt

249. Im Gegensatz zu den meisten Märkten werden auf dem Gesundheitsmarkt Leistungen nachgefragt, die nicht gegen alternativ möglichen Konsum anderer Güter abgewogen werden. Die Versicherten übernehmen keine wirtschaftliche Verantwortung für ihre Entscheidung über zusätzliche Leistungen. Sie zahlen nur Beiträge bzw. Prämien an die Versicherung. Da die Kosten für Gesundheitsleistungen im Prinzip vollständig von der Versicherung übernommen werden, nimmt der Versicherte so lange Leistungen in Anspruch, solange sie ihm überhaupt noch einen Nutzen bringen. Das ist nur vergleichbar mit der Situation auf dem Wohnungs-, Auto- oder Bekleidungsmarkt, auf dem man alle Güter in bester Qualität kaufen kann, ohne an das Bezahlen denken zu müssen. Solche Ansprüche können in keinem Wirtschaftssystem erfüllt werden. Das bedeutet: Wenn der Konsum nicht durch die Bezahlung aus dem eigenen Einkommen begrenzt wird, ist es unumgänglich, eine andere Form der Rationierung einzuführen.

Die Versicherten im Gesundheitswesen unterliegen der so genannten Nullkostenillusion. Ist eine Versicherung abgeschlossen, werden die Versicherten versuchen, möglichst viele Leistungen – die sie ihrer Auffassung nach bereits durch ihre Prämien bzw. Beiträge bezahlt haben – in Anspruch zu nehmen, so lange sie sich einen zusätzlichen Nutzen aus diesen Leistungen erhoffen. Eine Abwägung, ob der Nutzen den Einsatz der Ressourcen, also die Kosten und damit den Verzicht auf andere Güter rechtfertigt, findet nicht statt. Es werden Leistungen nachgefragt, die man nicht nutzen würde, wenn man die Kosten unmittelbar und vollständig tragen müsste. Das Knappheitsproblem wird bei jeder Einzelentscheidung missachtet. Es besteht eine starke Tendenz, die Leistungen zu Lasten Dritter – zu Lasten der Solidargemeinschaft – auszuweiten und umgekehrt eigene Leistungen im Bereich der Vorsorge zu vernachlässigen (ex ante Moral hazard). Der Versicherte verhält sich verschwenderisch und wenig kostenbewusst im Vergleich zu dem Fall, in dem er nicht versichert wäre. Trotzdem muss die Versichertengemeinschaft die vollen Kosten tragen. Die Folge ist, dass die Prämien zu hoch ausfallen. Letztlich zahlen alle mehr als sie wollten.

250. Das Problem tritt zwar generell bei Versicherungen auf. Aber wegen der Umverteilungseffekte in der gesetzlichen Krankenversicherung ist nicht einmal die Äquivalenz zwischen Versicherungsprämie und Versicherungsleistung gegeben. Die einkommensabhängigen Beiträge, die wie eine Steuer auf abhängige Beschäftigung wirken, verleiten den Versicherten sogar dazu, weniger zu arbeiten oder Teile der Arbeitszeit auf versicherungsfreie Tätigkeiten zu verlagern. Steigende Beitragssätze verstärken diesen Anreiz.

Bei der Krankenversicherung handelt es sich zudem nicht um eine klassische Versicherung, bei der die Versicherten grundsätzlich keinen Einfluss auf den Eintritt eines Versicherungsfalls und auf die Höhe des Schadens haben wie etwa bei einer Lebens-, Hagel- oder Hochwasserversicherung. In der Krankenversicherung bestimmen der Versicherte und der ihn behandelnde Arzt in hohem Maße mit, ob und in welchem Umfang Versicherungsleistungen anfallen.

251. Angebot und Nachfrage nach Gesundheitsleistungen liegen weitgehend in einer Hand. Der Arzt, der die Diagnose stellt, macht in der Regel auch einen Therapie-Vorschlag, mit dem er gleichzeitig die von ihm zu erbringenden Leistungen bestimmt. Die Versicherung hat grundsätzlich die vom Arzt für erforderlich angesehene Behandlung zu bezahlen. Der Versicherte hat häufig keine hinreichenden Informationen über eine notwendige und sinnvolle ärztliche Behandlung. Es lohnt sich auch kaum, sich diese Informationen zu verschaffen, weil er davon ausgehen kann, dass die Ärzte ihm eher zu viele als zu wenige Leistungen anbieten, und weil er keinen unmittelbaren Vorteil davon hat, möglichst wenige und kostengünstige Leistungen in Anspruch zu nehmen. Deshalb überlässt er gerne dem Arzt die Entscheidung über Art und Umfang der Behandlung. Übertragen auf einen anderen Lebensbereich ist das gleichbedeutend mit der Aufforderung an einen Handwerker, an einem Haus die Reparaturen in dem Umfang und in der Qualität auszuführen, wie er es für sinnvoll hält, wobei es auf die Kosten nicht ankomme.

Es ist verständlich, dass Ärzte unter solchen Bedingungen möglichst alle Behandlungen durchführen, die den Gesundheitszustand und das Wohlbefinden des Patienten verbessern, und dass sie vorhandene medizinische Geräte und Einrichtungen auszulasten versuchen. Damit verstoßen sie nicht einmal gegen die Interessen der Patienten. Bei dieser Konstellation steigen die medizinischen Leistungen und die Aufwendungen mit zunehmender Arztdichte besonders stark an, weil sich der Wettbewerb um die Patienten verschärft.

252. Der gesetzlichen Krankenversicherung ist gleichzeitig eine sozialpolitische Aufgabe übertragen worden, nämlich jedem Bürger unabhängig von seinem Einkommen einen weitreichenden Versicherungsschutz zu gewähren. Die Politiker interpretieren dieses Ziel gerne in der Form eines Anspruchs jedes Bürgers auf die bestmögliche medizinische Versorgung. Die Beiträge werden nicht nach dem versicherten Risiko bemessen, sondern sie werden als Prozentsatz vom Lohneinkommen berechnet.

Die angestrebte Umverteilung am Lohn zu bemessen war zum Zeitpunkt der Einführung der gesetzlichen Rentenversicherung im Jahre 1883 vertretbar. Damals war der normale Arbeitnehmer Alleinverdiener in der Familie. Er erwirtschaftete lediglich Einkünfte aus abhängiger Beschäftigung. Er hatte nur ein Beschäftigungsverhältnis und war gezwungen, seine ganze Leistungsfähigkeit in dieses Beschäftigungsverhältnis einzubringen, um sich und seine Familie ernähren zu können. Heute ist der Lohn kein geeigneter Indikator mehr für den Wohlstand der Familien. Viele Arbeitnehmerhaushalte verfügen über ein erhebliches Vermögen und erzielen daraus Einkünfte. Zu welchen unbeabsichtigten Verteilungswirkungen die geltende Regelung führt, wird deutlich, wenn man sich vorstellt, dass ein Arbeitnehmer mehrere Häuser erbt und deshalb von Vollzeit- auf Teilzeitarbeit übergeht. In der gesetzlichen Krankenversicherung wird er so behandelt, als habe er eine Wohlstandeinbuße erlitten: Er zahlt einen geringeren Beitrag.

Da sich die Möglichkeiten, eine Kombination aus beitragspflichtiger abhängiger Beschäftigung und beitragsfreien Tätigkeiten zu wählen, künftig ausweiten werden, muss damit gerechnet werden, dass immer mehr Bürger die Beiträge verringern und sich dem Solidarausgleich entziehen oder sogar zu Begünstigten werden, obwohl sie nach ihrer Leistungsfähigkeit einen Nettotransfer leisten sollten.

Die obere Beitragsbemessungsgrenze liegt zurzeit bei 3.600 Euro. Wer ein Lohneinkommen oberhalb dieser Grenze erzielt, zahlt auf den überschießenden Lohn keinen Versicherungsbeitrag mehr. Das würde der ursprünglichen Idee entsprechen, die Solidarleistung nach oben zu begrenzen.

Heute sind häufig beide Ehepartner abhängig beschäftigt. Kommen sie mit ihrem Gesamteinkommen über die Beitragsbemessungsgrenze hinaus, müssen sie einen höheren Beitrag zahlen, als wenn nur ein Ehepartner das gleiche Lohneinkommen erzielte. Versichert ist – wegen der beitragsfreien Mitversicherung von Familienangehörigen ohne beitragspflichtiges Einkommen – in beiden Fällen die gesamte Familie.

Versicherte, die über drei Jahre hinweg ein Gehalt oberhalb der Versicherungspflichtgrenze (gegenwärtig 4.012,50 Euro) erzielen, können zwar in der gesetzlichen Krankenversicherung freiwillig versichert bleiben. Sie können aber auch die gesetzliche Krankenversicherung verlassen und sich der Solidarleistung vollständig entziehen. Auch daran zeigt sich, dass die gesetzliche Krankenversicherung kein geeignetes Instrument der Sozialpolitik ist.

253. Die untere Beitragsbemessungsgrenze hat den Zweck, einen Mindestbeitrag für die gesetzliche Krankenversicherung festzulegen. Diese Grenze galt bis 1999 gleichzeitig als Schwelle für die Versicherungspflicht. Sie liegt zur Zeit bei 401 Euro. Genauer ausgedrückt: Wer diese Grenze überschreitet, ist nicht nur beitragspflichtig, sondern erhält auch das Recht auf Versicherungsleistungen. Wer dagegen mit seinen Einkünften aus abhängiger Beschäftigung unterhalb dieser Grenze bleibt oder sie gerade erreicht, ist seit 1999 zwar mit einem verringerten Satz von 13 Prozent beitragspflichtig, erhält aber keinen Anspruch auf Versicherungsleistungen. Für diesen Personenkreis ist der Versicherungsbeitrag zu einer reinen Steuer geworden, mit der die gesetzliche Krankenversicherung subventioniert wird. Bis 1999 wurden auf die geringfügige Beschäftigung keine Sozialabgaben, sondern eine pauschale Steuer von 20 Prozent erhoben.

Nachdem die untere Beitragsbemessungsgrenze weggefallen ist, der Anspruch auf Versicherungsleistungen aber erst an der Geringfügigkeitsgrenze von 401 Euro einsetzt, wird die willkürliche Verteilung noch deutlicher. Mit der Einführung der Versicherungspflicht für alle Bürger endgültig ab 2009 müssen sich Arbeitnehmer, die ein Einkommen unterhalb der Geringfügigkeitsgrenze erzielen und nicht über die Träger der Sozialen Sicherung oder durch eine Familienversicherung krankenversichert sind, zusätzlich in der gesetzlichen Krankenversicherung versichern. Ihr Beitrag wird anhand einer neuen Mindestbeitragsbemessungsgrenze (von gegenwärtig 828,33 Euro) berechnet. Ein Arbeitnehmer, der beispielsweise 400 Euro verdient, zahlt somit insgesamt etwa 159 Euro Krankenversicherungsbeitrag, ein Arbeitnehmer, der 401 Euro verdient, nur etwa 52 Euro. Angenommen, beide Arbeitnehmer hätten dasselbe Gesamteinkommen, beispielsweise durch zusätzliche Einkünfte aus Vermietung und Verpachtung, ist nicht ersichtlich, weshalb beide unterschiedlich behandelt werden sollten. Insbesondere bleibt die Frage, wie ein voller Versicherungsschutz für die gesamte Familie zu einem Mindestbeitrag von etwa 52 Euro gerechtfertigt werden kann, wenn keine Information über das Gesamteinkommen und das Vermögen der Familie vorliegt.

254. Aufgrund der Besonderheiten des Gesundheitswesens, der Umverteilungspolitik und der vielfältigen Regulierungen gibt es zu wenig Wettbewerb. Das wirksamste Instrument zur Kontrolle der Leistungen und der Kosten ist sowohl in der gesetzlichen als auch in der privaten Krankenversicherung weitgehend lahmgelegt. Voraussetzung für einen wirksamen Wettbewerb ist die Möglichkeit der Versicherten, zu einer anderen Versicherung zu wechseln, wenn sie sich davon bessere Leistungen oder günstigere Prämien versprechen. Zu einem echten Wettbewerb kommt es aber nur, wenn weder die wechselnden Versicherten noch die abgebenden oder aufnehmenden Versicherungen systematisch benachteiligt werden, sondern in der Regel alle Beteiligten dadurch Vorteile erlangen.

In den privaten Krankenkassen werden zurzeit die wechselnden Versicherten benachteiligt, weil ihnen keine Altersrückstellungen mitgegeben werden. Je älter sie sind und je mehr Gesundheitsrisiken inzwischen erkennbar geworden sind, umso höher ist der von der aufnehmenden Versicherung – zu Recht – geforderte Prämienzuschlag. Die abgebende Versicherung „erbt" von dem wechselnden Versicherten den Rückstellungsbetrag, der erforderlich wäre, um dessen Gesundheitskosten, soweit sie über die sonst zu zahlenden Prämien hinausgehen, zu finanzieren. Sprunghaft steigende Prämien verhindern praktisch den Wechsel von Versicherten mit Vorerkrankungen oder ab dem mittleren Alter zwischen privaten Krankenkassen.

In den gesetzlichen Krankenkassen bleibt der Beitragssatz auch nach einem Wechsel unverändert. Dadurch gibt es einen starken Anreiz für die Krankenkassen, die guten Risiken von anderen Kassen abzuwerben. Sobald ein solcher Prozess in Gang kommt, sind die abgebenden Versicherungen gezwungen, den Beitragssatz zu erhöhen. Der Prozess der negativen Auswahl beschleunigt sich. Ein Wettbewerb kann nur funktionieren, wenn sowohl das Risiko geringer Beiträge von Geringverdienern als auch das Risiko hoher Gesundheitsaufwendungen aufgrund starker gesundheitlicher Beeinträchtigungen durch einen Risikostrukturausgleich vollständig und sachgerecht aufgefangen wird.

Eine staatliche Kostenkontrolle und Ausgabendämpfung kann den Wettbewerb nicht ersetzen. Im Gegenteil, durch Regulierungen werden häufig erst falsche Anreize gesetzt und damit die Ineffizienz verstärkt. Der Versuch, den Wettbewerb zwischen den gesetzlichen Krankenkassen zu ermöglichen, zeigt die Probleme einer halbherzigen Lösung, die einen Risikostrukturausgleich erforderlich macht und dadurch in eine staatliche Einheitsversicherung abzugleiten droht. Die Schwierigkeiten werden auf diese Weise nicht gelöst, sondern verlagert. An der Bedrohung der Gesundheitsversorgung durch Budgetierung und Ineffizienz ändert sich nichts. Deshalb muss vorurteilsfrei über Lösungen nachgedacht werden, die mehr Wettbewerb zulassen, ohne die Grundprinzipien des Gesundheitswesens zu verletzen.

3. Reformansätze in den letzten Jahren

255. Da die Beiträge in der gesetzlichen Krankenversicherung nicht an den erwarteten Krankheitskosten orientiert werden dürfen, wird es für Krankenkassen interessant, gute Risiken, also Versicherte, deren erwartete Kosten geringer sind als ihre erwarteten Beitragszahlungen, anzuziehen und schlechte Risiken, – Versicherte, die mehr kosten als sie an Beiträgen zahlen werden, – fernzuhalten. Solche Aktivitäten führen gesamtwirtschaftlich zur Ressourcenverschwendung. Es bestehen keine Anreize, beispielsweise chronisch kranke Versicherte qualitativ hochwertig zu versorgen, da dies diese schlechten Risiken anziehen würde. Die Versorgungsqualität bleibt also eher niedrig. Die Abwerbung guter Risiken führt dazu, dass überproportional viele Kranke bei bestimmten Kassen bleiben und daher tendenziell höhere Beiträge zahlen als Gesunde.

Auf diese Risikoselektion wurde im Jahr 1994 mit dem Risikostrukturausgleich geantwortet, der die unterschiedlichen Versichertenstrukturen der Kassen ausgleichen und damit einen effizienten Wettbewerb zwischen den Kassen ermöglichen soll. Er ist jedoch sehr unvollständig. Denn berücksichtigt werden bisher nur die Merkmale Alter, Geschlecht, Erwerbsminderungsstatus, die Art der Anspruchsberechtigung auf Krankengeld und so genannte Strukturierte Behandlungsprogramme (Disease Management Programme). Auch der für 2009 geplante morbiditätsorientierte Risikostrukturausgleich wird dieses Problem nicht lösen, da in allen bekannten Ausgleichsverfahren nur ein sehr unvollständiger Ausgleich gelingt. Daher ist die Gefahr groß, dass erhebliche Anreize zur Risikoselektion verbleiben. Zugleich besteht ein Zielkonflikt zwischen der Verhinderung von Risikoselektion durch feine Klassenbildung und bürokratischem Aufwand. Die Abwägung zwischen den Kosten zusätzlicher Informationsgewinnung und der Gefahr eines unvollständigen Ausgleichs wird nicht über den Markt getroffen, sondern administrativ. Daher ist die Wahrscheinlichkeit groß, dass es nicht zu einem optimalen Ausgleichsniveau kommt.

Ein weiterer wichtiger Einwand gegen den administrativen Risikoausgleich ist, dass eine Krankenversicherung ihre Risikostruktur selbst beeinflussen kann. Zur Verbesserung der eigenen Risikostruktur durch Prävention besteht bei einem Risikostrukturausgleich kein Anreiz: Betreibt eine Versicherung eine kostensenkende Prävention, erhält sie in Zukunft geringere Ausgleichszahlungen, die Erträge aus der Verbesserung der Risikostruktur werden sozialisiert. Wer keine Prävention betreibt, erhält hingegen künftig höhere Ausgleichszahlungen. Es handelt sich um eine klassische Fehlsteuerung. Der morbiditätsorientierte Risikostrukturausgleich ist präventionsfeindlich.

Zugleich bestehen Anreize, Versicherte in höhere Risikoklassen einzuordnen als angemessen, um höhere Ausgleichszahlungen zu erhalten. Das verschwendet Ressourcen und benachteiligt korrekt arbeitende Versicherungen.

256. Mit dem Gesetz zur Stärkung des Wettbewerbs in der gesetzlichen Krankenversicherung wurde im Jahr 2007 die Einführung des Gesundheitsfonds in 2009 beschlossen. Vorgesehen ist ein einheitlicher Beitragssatz für alle gesetzlich Versicherten. Die Krankenkassen sollen die Beiträge weiterhin einziehen, leiten sie aber an einen Fonds weiter. Aus diesem werden Grundpauschalen für jeden Versicherten an dessen Krankenkasse gezahlt, die Morbidität des Versicherten soll in Zu- und Abschlägen berücksichtigt werden. Krankenkassen, die mit den Zuweisungen aus dem Fonds nicht auskommen, können wahlweise einen einkommensabhängigen oder einen pauschalen Zusatzbeitrag erheben, der aber nicht mehr als ein Prozent des beitragspflichtigen Einkommens des Versicherten betragen darf.

Ein Vorteil des Fondsmodells hätte darin bestehen können, dass die Arbeitgeber die Krankenversicherungsbeiträge nicht länger an 250 verschiedene Kassen entrichten müssen. Hierdurch könnten möglicherweise Verwaltungskosten eingespart werden. Der ursprünglich geplante Beitragseinzug durch eine zentrale Stelle wird jedoch nicht umgesetzt, so dass der ursprünglich erhoffte Bürokratieabbau fraglich ist. Ein anderes Argument für den Fonds bezieht sich auf die größere Transparenz der Gesundheitskosten. Durch einen pauschalen (und gegebenenfalls auch einen einkommensabhängigen) Zusatzbeitrag könnten die Versicherten die unterschiedlichen Angebote besser vergleichen und leichter erkennen, was es zusätzlich kostet, in einer teureren Kasse versichert zu sein. Dass dieser Effekt allerdings eine große Relevanz für den Wettbewerb hat, darf bezweifelt werden. Die Versicherten sind durchaus in der Lage, die Beitragssätze unmittelbar zu vergleichen. Vergleichsrechnungen, in denen auch unterschiedliche Leistungen berücksichtigt werden, bleiben auch bei der Fondslösung erforderlich. Außerdem wird der Zusatzbeitrag auf ein Prozent des beitragspflichtigen Einkommens begrenzt, so dass die Unterschiede weitgehend entfallen, wenn die meisten Kassen Zusatzbeiträge erheben müssen.

Auch der Wettbewerb wird nicht wie erhofft gestärkt, da der Zusatzbeitrag einkommensabhängig begrenzt wird. Da auch ganz überwiegend weiterhin einkommensabhängige Beiträge erhoben werden, gelten für die Fondslösung sämtliche im vorherigen Abschnitt für die gesetzliche Krankenversicherung angeführten Kritikpunkte. Zusätzlich löst der Gesundheitsfonds die Verbindung zwischen Versichertem und Krankenkasse, zwischen Leistung und Gegenleistung. Da der Beitragssatz durch eine Rechtsordnung von der Bundesregierung festgesetzt wird, verstärkt sich der Eindruck bei den

Versicherten, dass es sich um eine Steuer handelt, die mit der Versicherungsleistung wenig zu tun hat. Die Versicherten werden verstärkt darauf drängen, den Staat in die Pflicht zu nehmen, also staatliche Zuschüsse zu verlangen, wenn die Kosten steigen oder wenn zusätzliche Leistungen erbracht werden sollen. Im Ergebnis werden die Privatversicherten, die ihre eigenen Versicherungsprämien zahlen müssen, über das Steuersystem zur Mitfinanzierung der gesetzlich Versicherten mit herangezogen. Erste Schritte in diese Richtung sind bereits gegangen.

257. Ein Gesundheitsfonds, in den etwa 140 Milliarden Euro fließen, regt die Phantasie der Politiker an, mit zusätzlichen Programmen „Gutes" zu tun, beispielsweise zur Prävention oder zur Behandlung von chronisch Kranken. Die Politiker werden gute Argumente dafür finden, dass solche Programme sozialpolitisch geboten sind oder die Gesundheitsaufwendungen verringern. Da ohnehin schon Steuermittel zur Finanzierung der gesetzlichen Krankenversicherung eingesetzt werden, verschwimmen die Grenzen zwischen beitragsfinanzierten und steuerfinanzierten Leistungen. Es besteht die große Gefahr, dass die Krankenversicherung zunehmend als Teil des gesamtstaatlichen Einnahmen- und Ausgabensystems gesehen wird – mit allen Konsequenzen für das Verschieben von Lasten zwischen den Systemen. Der Leistungswettbewerb innerhalb des Versicherungssystems wird geschwächt. Die staatlich geförderten Leistungen werden auch dann angeboten, wenn andere Leistungen besser geeignet wären.

Insgesamt sind das Grundkonzept und die Ausgestaltungsmängel des Fonds-Modells so gravierend, dass die Einführung als Verschlechterung im Vergleich zum heutigen gesetzlichen Krankenversicherungssystem angesehen werden muss.

4. Reformkonzept für mehr Eigenverantwortung und Wettbewerb

258. Mit dem Konzept der Bürgerprivatversicherung (EEKHOFF ET AL. 2008) wurde der Entwurf eines Systems vorgelegt, das dem einzelnen Patienten mehr Verantwortung überträgt, staatliche Eingriffe verringert und erheblich mehr Wettbewerb ermöglicht. Die wichtigsten Elemente des Systems lassen sich in 13 Punkten zusammenfassen:

(1) Wer in der Bundesrepublik Deutschland lebt ist verpflichtet, eine Krankenversicherung – im Sinne einer Mindestversicherung – abzuschließen (Diese Forderung wird zum 1. Januar 2009 erfüllt sein.).

(2) Jeder Versicherte kann oberhalb der Mindestversicherung zwischen verschiedenen Paketen von Leistungen wählen, auf die er im Versicherungsfall zusätzlich Anspruch hätte. Er zahlt dann eine entsprechende Zusatz-Prämie.

(3) Die Prämien sind nicht länger lohnbezogen, sondern risikoäquivalent, d.h. sie richten sich nach den erwarteten individuellen Gesundheitsaufwendungen. Die risikoäquivalenten Prämien bilden sich in einem unverfälschten Wettbewerb um Versicherte. Kinder werden von Geburt an mit in die Versicherung der Eltern aufgenommen; die Prämie für die Erstaufnahme ist unabhängig vom Gesundheitszustand des Kindes. Die Prämien sollen über den Lebenszyklus geglättet

werden, also grundsätzlich real konstant bleiben. Um einen Prämienanstieg im Alter zu vermeiden, sind Altersrückstellungen zu bilden.

(4) Die Versicherten können einen prozentualen Selbstbehalt vereinbaren, der allerdings nach oben begrenzt ist, damit die Versicherungspflicht nicht unterlaufen werden kann. Die Höchstgrenze für den Selbstbehalt wird für die Mindestversicherung von Gesetzes wegen festgelegt.

(5) Jeder Versicherte zahlt seine Krankenversicherungsprämie grundsätzlich selbst. Für die Empfänger sozialer Hilfen werden die Sozialleistungen so erhöht, dass sie ihre Versicherung selbst bezahlen können. In den Regelsätzen werden eine angemessene Prämie für einen Tarif mit Selbstbeteiligung und ein angemessener Betrag für anfallende Selbstbeteiligungszahlungen zugrunde gelegt.

(6) Es gibt keine Trennung zwischen gesetzlichen und privaten Krankenkassen. Die Versicherungsleistungen werden im Wettbewerb ohne staatliche Hilfen angeboten.

(7) Für die Regelleistungen sind Altersrückstellungen zu bilden, die sich am individuellen Versicherungsrisiko ausrichten und im Falle eines Wechsels des Versicherten zu einer anderen Versicherung übertragbar sind.

(8) Der Versicherte hat das Recht, die Versicherung zu wechseln. Die für ihn gebildete, an seinem individuellen Versicherungsrisiko ausgerichtete Altersrückstellung wird auf die neue Versicherung übertragen.

(9) Die Versicherungen schließen Verträge mit Ärzten und Krankenhäusern ihrer Wahl über eine Zusammenarbeit und über Leistungsvergütungen ab. Eine Kassenzulassung ist nicht erforderlich.

(10) Jeder Versicherte kann den Arzt frei wählen, also auch einen Arzt aufsuchen, mit dem die Versicherung keine Zusammenarbeit vereinbart hat. Dann muss er allerdings einen erhöhten Selbstbehalt akzeptieren, einen geminderten Erstattungsanspruch hinnehmen oder eine Zusatzversicherung abschließen.

(11) Es soll möglichst keine Restriktionen der Unternehmensformen und der Leistungskombinationen geben. Das gilt sowohl für die Ärzte als auch für die Krankenhäuser. Die bisher bestehenden Abgrenzungen zwischen ambulanter, stationärer Behandlung und Rehabilitation entfallen.

(12) Wie in anderen Wirtschaftsbereichen gilt grundsätzlich das Kostenerstattungs- bzw. Vergütungsprinzip, nicht das Sachleistungsprinzip.

(13) Krankenhäuser finanzieren sich ausschließlich aus Leistungsentgelten. Die gesamten Kosten der Krankenhäuser werden über die Versicherungsprämien und nicht über öffentliche Zuwendungen finanziert. Die Investitionskosten sind in die Leistungsentgelte einzurechnen und den Versicherten in Rechnung zu stellen.

Im Zusammenhang mit der Beschäftigung ist ein entscheidender Vorteil dieses Konzepts darin zu sehen, dass die Besteuerungswirkung der Krankenversicherungsbeiträge entfällt. Es gäbe keinen Anreiz mehr, offizielle Beschäftigung zu verringern oder zu meiden, um Versicherungsbeiträge zu sparen. Und die Lohnkosten stiegen nicht mehr automatisch mit einer Erhöhung des Beitragssatzes. Das wäre eine großer Schritt, die Lohnzusatzkosten zu senken.

259. Insgesamt erscheint es sinnvoll, das Reformkonzept in mehreren Schritten umzusetzen, wobei das Gesamtkonzept Ziel und Orientierungspunkt ist: Zunächst sollten die Altersrückstellungen der privaten Krankenversicherungen individualisiert und damit übertragbar gestaltet werden. Dadurch wird zum einen der Wettbewerb um Bestandsversicherte ermöglicht, zum anderen können wichtige Erkenntnisse für die anzustrebenden Veränderungen in der gesetzlichen Krankenversicherung gewonnen werden. In einem weiteren Schritt könnten die Beiträge zur gesetzlichen Krankenversicherung auf eine Gesundheitspauschale umgestellt werden, um so die Versicherungsleistungen von der Umverteilung in diesem System zu trennen. Ein letzter Schritt ist es dann, die gesetzliche Krankenversicherung von einem Umlagesystem auf ein kapitalgedecktes System umzustellen.

Es wird nicht einfach sein, das Gesundheitswesen in der vorgeschlagenen Form umzustellen, weil Besitzstände in Frage gestellt werden, weil nicht leicht zu erkennen ist, welche Veränderungen sich gegenüber dem Status quo ergeben werden und weil in einzelnen Bereichen erst noch Erfahrungen gesammelt werden müssen. Mit großen Widerständen ist bei der Herausnahme der Umverteilung aus dem Umlagesystem zu rechnen. Jeder kann sich vorstellen, dass ein intensiverer Wettbewerb bei einigen betroffenen Versicherungen auf Widerstand stößt. Der Risikostrukturausgleich hat schon viele Freunde gefunden, die darin quasi eine Bestandsgarantie oder ihn als neues Steuerungsinstrument in der Hand der Bürokratie sehen. Das Offenlegen der Ansprüche und damit der Unterdeckung in der gesetzlichen Krankenversicherung aufgrund der demographischen Entwicklung wird große Reformwiderstände im politischen Bereich auslösen.

5. Schwerpunkte der Reform

260. Ein wichtiges Prinzip soll mit der Reform verwirklicht werden, nämlich zwischen Markt und Sozialpolitik, zwischen Versicherung und Umverteilung zu trennen. Die Versicherungsprämie soll auch in der bisherigen gesetzlichen Krankenversicherung wie jeder andere Preis als Entgelt für eine Leistung festgelegt werden können, sie soll vom Lohn losgelöst werden und sich als risikoäquivalenter Beitrag nach den Merkmalen der versicherten Person, also nach den erwarteten Gesundheitsaufwendungen richten.

Risikoäquivalente Prämien sind so wichtig, weil sie einen Wettbewerb der Versicherungen über den Preis für die Versicherungsleistung erlauben. Jeder Versicherer hat einen Anreiz, die Kosten niedrig zu halten, um im Preiswettbewerb Versicherte zu gewinnen und zu halten. Umgekehrt können die Versicherten abwägen, bei welcher Versicherung sie versichert sein möchten. Soll der Wechsel von Versicherten zwischen den Versicherungen ermöglicht werden, um den Wettbewerb zu intensivieren und eine Auswahl nach den Präferenzen der Versicherten zuzulassen, müssen die Versicherungen risikoäquivalente Prämien verlangen dürfen. Beitragssprünge anlässlich eines Wechsels können durch übertragbare individuelle Altersrückstellungen im Kern auf die unterschiedliche Leistungsfähigkeit der Versicherungen begrenzt werden.

261. Risikoäquivalente Prämien müssen sich zwischen Personen mit geringen und Personen mit hohen Gesundheitsaufwendungen nicht unterscheiden. Die Prämie wird zum Zeitpunkt des Eintritts in die Versicherung festgelegt. Sie verändert sich nicht, wenn sich im Laufe der Zeit herausstellt, dass eine Person zum schlechten Risiko wird und die Versicherung weit überdurchschnittlich in Anspruch nimmt. Das ist ja gerade der Sinn der Versicherung, nämlich den Versicherten gegen unerwartet hohe Ausgabenrisiken zu schützen. Bleibt man bei der Praxis der privaten Krankenversicherungen, die Kinder von ihrer Geburt an in die Versicherung der Mutter zu einem Normaltarif aufzunehmen, dann unterscheidet sich die Prämie nicht nach dem Risiko – soweit es unmittelbar nach der Geburt überhaupt schon erkennbar ist – sondern lediglich nach dem Geschlecht. Eine erhebliche Bedeutung erlangen risikoäquivalente Prämien dagegen bei einem späteren Eintritt in die Versicherung. In der Regel handelt es sich bei solchen Versicherten um Wechsler, für die nach dem oben dargestellten Konzept individuelle Altersrückstellungen gebildet worden sind. Die individuellen Altersrückstellungen werden so bemessen, dass auch Versicherte mit einem hohen Gesundheitsrisiko nach einem Wechsel grundsätzlich keine Nachteile in Form höherer Prämien erleiden.

262. Die Gesundheitsausgaben für einen Versicherten haben ein typisches Profil mit vergleichsweise hohen Ausgaben im ersten Lebensjahr, sehr geringen Ausgaben für Jugendliche, allmählich ansteigenden Ausgaben im mittleren Lebensalter und kräftig steigenden Ausgaben im Rentenalter, insbesondere in den letzten Lebensjahren. Soll die Versicherungsprämie in etwa real stabil bleiben, muss sie so hoch sein, dass in den jungen Jahren des Versicherten Überschüsse erzielt und angesammelt werden können. Diese Altersrückstellungen können dann in späteren Jahren dazu genutzt werden, den Teil der Gesundheitskosten abzudecken, der die laufenden Prämien übersteigt. Das gilt für die privaten Krankenversicherungen.

Die gesetzlichen Krankenversicherungen werden im Umlageverfahren finanziert, d.h. die jüngeren Versicherten zahlen unmittelbar für die älteren, so dass auch hier der reale Beitragssatz grundsätzlich stabil bleiben könnte. Das Fehlen einer Altersrückstellung macht sich aber nachteilig bemerkbar, wenn sich der Anteil der älteren Menschen erhöht.

263. Gegenwärtig geben die privaten Krankenversicherungen dem Versicherten bei einem Wechsel wie erwähnt keine Rückstellung mit. Solange nur durchschnittliche Altersrückstellungen bekannt sind, dient das Verweigern der Auszahlung dem Schutz vor einer negativen Auswahl. Denn wenn jeder Versicherte eine durchschnittliche Altersrückstellung in die aufnehmende Versicherung einbrächte, gäbe es einen großen Anreiz, die guten Risiken abzuwerben und damit die abgebende Versicherung zu schädigen, ja letztlich in den Ruin zu treiben. Das Versicherungsprinzip würde ausgehebelt, weil die Versicherten, die sich als gute Risiken erweisen und die mit ihren Prämien die

höheren Kosten der schlechten Risiken ausgleichen sollen, sich dem Versicherungsvertrag entziehen könnten.

Der Wechsel eines Versicherten darf grundsätzlich nicht die Möglichkeit der negativen Auslese bieten, wie es bei einer Übertragung durchschnittlicher Altersrückstellungen der Fall wäre. Vielmehr sind individuelle Altersrückstellungen zu bilden, in denen die individuelle Morbidität berücksichtigt ist. Sie sollen zusammen mit den künftig noch zu zahlenden Prämien die erwarteten individuellen Gesundheitsausgaben abdecken. Sie sind den jeweils neuesten Erkenntnissen über die Morbidität des Versicherten anzupassen.

264. Geht man davon aus, dass die Altersrückstellungen für eine Alterskohorte in angemessener Höhe festgelegt wurden, dann muss die Summe der individuellen Rückstellungen gerade den Betrag ergeben, der für die Kohorte insgesamt als ausreichend angesehen wird. Werden im Falle eines Wechsels die individuellen Altersrückstellungen auf die aufnehmende Versicherung übertragen, hat die abgebende Versicherung ein hohes Interesse, diese Rückstellungen richtig zu bemessen. Würde sie beispielsweise versuchen, die guten Risiken an sich zu binden, indem sie ihnen zu geringe Rückstellungen mitgäbe, würde dies bedeuten, dass die Altersrückstellungen für die schlechten Risiken höher sein müssten, als der Betrag, der zur Deckung künftiger Gesundheitsausgaben erforderlich wäre. Dann würden die Konkurrenten diese Versicherten wegen der zu hoch angesetzten Rückstellungen abwerben. Die schlechten Risiken würden zu den begehrten Versicherten.

265. Der besondere Vorteil dieses Konzepts liegt in dem fundamentalen Eigeninteresse des Versicherers, die individuellen Altersrückstellungen möglichst genau zu ermitteln. Selbstverständlich ist der Einwand zutreffend, es sei nicht möglich, die tatsächlich anfallenden Aufwendungen der Krankenkasse für einen Versicherten exakt zu schätzen. Das gilt schon deshalb, weil immer nur die zum Schätzzeitpunkt verfügbaren Informationen genutzt werden können. Schon nach einiger Zeit können sich neue Erkenntnisse über den Gesundheitszustand des Versicherten, über das Zusammenwirken unterschiedlicher Krankheiten oder über Behandlungsmethoden ergeben. Dann sind die Altersrückstellungen zu korrigieren, sei es nach oben, sei es nach unten. Mit dieser Ungewissheit muss aber jeder Versicherer fertig werden. Solange eine Versicherung sich zutraut, Prämien zu kalkulieren und angemessene Altersrückstellungen für eine Kohorte zu errechnen, müssen sich die Schätzfehler bei der individuellen Altersrückstellung grundsätzlich ausgleichen. Ein systematischer Fehler und damit eine negative Auslese beim Versicherungswechsel ergibt sich daraus nicht.

Für die Versicherungen bestehen erhebliche Anreize zur Mitgabe der richtigen individuellen Altersrückstellungen. Wenn der Betrag genau der Differenz aus erwarteten zukünftigen Kosten und erwarteten zukünftigen Prämienzahlungen entspricht, ist die Versicherung indifferent, ob der Versicherte geht oder bleibt. Sie hat aus dem Wechsel keinen Nachteil. Wechselt der Versicherte aber bereits bei einem etwas geringeren Betrag, kann die abgebende Versicherung aus dem Wechsel sogar einen Gewinn erzielen. Dieser Fall ist denkbar, wenn die aufnehmende Versicherung effizienter ist und dem

Versicherten auch bei einer etwas geringeren Altersrückstellung eine günstigere Prämie anbieten kann. Würde die abgebende Versicherung versuchen, die Altersrückstellung zu weit abzusenken, besteht die Gefahr, dass der Versicherte nicht wechselt, so dass der Versicherung ansonsten entstehende Gewinne aus dem Wechsel entgehen. Spiegelbildlich verhält es sich bei der aufnehmenden Versicherung: Lehnt sie einen Versicherten mit einer an sich ausreichenden Altersrückstellung ab, besteht die Gefahr, dass der Versicherte nicht wechselt und ihr Gewinne entgehen. Alle Beteiligten haben bei geringerer Effizienz der abgebenden Versicherung ein Interesse daran, dass sich gebotene und geforderte Altersrückstellung in einem Bereich bewegen, der den Wechsel möglich macht. Dieser Anreiz ist für die Funktionsfähigkeit des Systems ausreichend.

Die objektiv richtige Altersrückstellung gibt es ohnehin nicht. Die korrekte Höhe ist abhängig von der Risikoeinschätzung der Versicherung. Die Schätzung kann zwischen unterschiedlichen Versicherungen variieren. Gerade dies macht den Versicherungswechsel zu einem effizienten Wettbewerbsinstrument.

266. Ordnungspolitisch hat das Eigeninteresse an richtigen übertragbaren Altersrückstellungen große Vorteile. Das Ziel, eine negative Auslese zu vermeiden, kann mit den geringsten Kosten erreicht werden, denn die privaten Versicherer werden auf jeden Fall kostengünstiger und einfallsreicher Informationen für ihre eigenen Zwecke beschaffen und auswählen als es eine staatliche Behörde jemals schaffen kann, die auf die Informationen aus den Unternehmen angewiesen ist. Die Abwägung, wie weit zusätzliche Informationen beschafft werden sollen, wird an den Kosten abgewogen. Die Versicherung muss entscheiden, ob sie versucht, sich noch mehr Informationen zu verschaffen, oder ob die Kosten zu hoch werden und sie lieber die möglichen Kosten eines Schätzfehlers hinnimmt.

Wichtig ist, dass die Versicherung nach eigenem Ermessen spezielle Untersuchungen zu den Kostenfolgen bestimmter Krankheiten, zu den Aufwendungen für neue Behandlungsmethoden, zu den Einsparungen durch Vorsorgemaßnahmen usw. anstellen und daraus die nach ihrer Auffassung erforderliche individuelle Altersrückstellung bestimmen kann. Auch darin mögen sich Unterschiede zwischen den Krankenversicherungen ergeben, die im Einzelfall den Wechsel begünstigen oder erschweren. Man denke beispielsweise an eine Spezialisierung einer Versicherung auf Vorsorgemaßnahmen oder auf die Behandlung einer chronischen Krankheit.

267. Der Übergang von lohnbezogenen auf risikoäquivalente Prämien hat gravierende Verteilungswirkungen für die Versicherten in der gesetzlichen Krankenversicherung. Ohne Abstriche an der Solidarität der Wohlhabenden mit den Armen zu machen, erscheint es dringend notwendig, die Umverteilung aus dem Versicherungssystem herauszulösen, um die oben geschilderten Verzerrungen und Fehlentwicklungen zu vermeiden und besser zu organisieren. Die bisherigen Überlegungen gehen dahin, neben dem Lohn auch die anderen Einkünfte zu berücksichtigen. Aber warum sollte das Vermögen ausgeklammert bleiben? Aus Gründen der Subsidiarität und der Gleichbehandlung müssten außerdem die Möglichkeiten der Angehörigen in gerader Linie einbezogen werden. Und schließlich kommt es grundsätzlich auf das Lebenseinkommen an.

Alle Versuche, die Umverteilung innerhalb der gesetzlichen Krankenversicherung genauer auf die Bedürftigen auszurichten, laufen darauf hinaus, ein paralleles System zur Sozialhilfe und zum Arbeitslosengeld II aufzubauen. Trotzdem würde die Solidargemeinschaft durch Versicherungspflicht- und Beitragsbemessungsgrenzen sowohl auf der Seite der Begünstigten als auch auf der Seite der Belasteten willkürlich definiert. Der Verwaltungsaufwand einer umfassenden Bedürftigkeitsprüfung innerhalb des Versicherungssystems wäre sehr hoch. Es gibt keinen Sinn, die Krankenversicherung neben der Sozialhilfe und dem Arbeitslosengeld II zu einem dritten Mindestsicherungssystem für eine spezielle Leistung auszubauen.

Für viele Menschen ist es nicht leicht, den Gang zum Sozialamt anzutreten und damit die Hilfebedürftigkeit zu offenbaren. Aber die Alternative, die individuelle Bedürftigkeit gar nicht mehr zu prüfen, gibt es nicht. Gerade umfangreiche soziale Hilfen kommen nicht ohne Kontrolle aus. Allerdings könnte man die sozialen Hilfen in einem „Bürgeramt" zusammenführen.

268. Die hier vorgeschlagene Umstellung auf risikoäquivalente Beiträge hat auch erhebliche familienpolitische Konsequenzen. In der gesetzlichen Krankenversicherung sind die Kinder und die Ehegatten ohne eigenes Einkommen unentgeltlich mitversichert. Diese Umverteilung würde entfallen. Die Eltern – soweit sie in der gesetzlichen Krankenversicherung sind – würden einen erheblich höheren Anteil der Kosten des Aufziehens von Kindern tragen müssen. Wie immer man diese speziellen familienpolitischen Hilfen beurteilt, die Umstellung würde einen erheblichen Eingriff in die Besitzstände bedeuten. Ob eine entsprechende Erhöhung des Kindergeldes oder ein Teilausgleich über das Kindergeld mit der Möglichkeit, im Falle der Bedürftigkeit Sozialhilfe zu beanspruchen, eine angemessene Lösung wäre, müsste vor allem mit Blick auf die mittelfristig anzustrebende familienpolitische Konzeption diskutiert werden.

269. Ein Kernpunkt der Reform für mehr Wettbewerb ist die Aufhebung der Trennung von gesetzlichen und privaten Krankenversicherungen. Aus mehreren Gründen kann eine Zwangsintegration der privaten Krankenversicherungen in die gesetzliche Krankenversicherung nicht in Betracht kommen. Der zwischen den gesetzlichen Krankenversicherungen praktizierte Risikostrukturausgleich lässt sich nicht auf die privaten Krankenversicherungen ausdehnen. Das wäre auch der falsche Weg, weil der Risikostrukturausgleich allenfalls in einer Übergangsphase die gröbsten Verzerrungen innerhalb des bestehenden Systems ausgleichen kann, aber nicht als Dauerlösung vorgesehen werden sollte, weil er den Wettbewerb unzureichend nutzt und ein Einfallstor für staatliche Interventionen ist.

In das hier vorgestellte Konzept mit risikoäquivalenten Beiträgen und übertragbaren individuellen Altersrückstellungen können die gesetzlichen Krankenversicherungen nur einbezogen werden, wenn sie für Versicherte, die zu ihnen wechseln, eine Altersrückstellung erhalten und umgekehrt dem Versicherten, der sie verlässt, eine Altersrückstellung mitgeben. Das Problem: Die gesetzlichen Krankenversicherungen haben keine Altersrückstellungen. Die Versicherten haben zwar einen Anspruch auf umfassende Gesundheitsleistungen auch im Alter, also auch wenn die Aufwendungen höher sind als die vom Versicherten zu leistenden Beiträge. Aber die Differenz wird nicht durch selbst gebildete Altersrückstellungen, sondern durch Ansprüche an die künftige Generation gedeckt. Man kann auch sagen: Die gesetzliche Krankenversicherung müsste aufgrund der bereits entstandenen Ansprüche ein hohes Defizit ausweisen. Dieses Defizit wird auch als implizite Verschuldung bezeichnet. Es muss – völlig unabhängig von einer Reform des Gesundheitswesens – gedeckt werden, sei es durch höhere Beiträge der künftigen Generationen, sei es durch die Steuerzahler oder auf einem anderen Weg. Mit der hier skizzierten Reform wird das Defizit offengelegt, das durch die demographische Entwicklung entstanden ist, und die Dringlichkeit, das Problem zu lösen, wird sichtbar. Ob den gesetzlichen Krankenversicherungen eine Deckungszusage oder eine unmittelbare Kapitalausstattung gegeben wird, in jedem Fall stellt sich das Riesenproblem, das bestehende Defizit zu decken und zu bestimmen, wer die Kosten tragen soll.

270. Die gegenwärtige implizite Verschuldung der gesetzlichen Krankenversicherung beträgt etwa 800 Milliarden Euro. Dieser Betrag entspricht den nicht gedeckten Gesundheitsaufwendungen für die gegenwärtig Versicherten. Er muss von den künftigen Generationen getragen werden. Bei einer Umstellung auf die kapitalgedeckte Bürgerprivatversicherung kann diese implizite Verschuldung in eine explizite Verschuldung in Form eines Sondervermögens umgewandelt werden. Aus diesem Sondervermögen können die Versicherten der Übergangsgeneration mit Altersrückstellungen ausgestattet werden. Sinnvoll ist beispielsweise ein Bieterverfahren, in dem eine Prämie vorgegeben wird, die eine Versicherung von einem Versicherten höchstens verlangen kann und die im Zeitablauf nur bei einem entsprechenden Anstieg der Kopfschäden angepasst werden darf. Anschließend können die Versicherungen in einem Ausschreibungsverfahren die Altersrückstellung angeben, die sie für erforderlich halten, um bestimmte Risikogruppen zur festgelegten Prämie zu übernehmen. Die effizienteste Versicherung sollte die niedrigste Altersrückstellung verlangen, die dann aus dem Sondervermögen finanziert wird. Der Versicherte könnte also zu der für alle gleichen festgesetzten Prämie in diese effiziente Versicherung wechseln. Möchte er sich jedoch bei einer anderen Versicherung versichern, die eine höhere Altersrückstellung verlangt, müsste er eine Einmalzahlung leisten oder eine höhere Prämie zahlen.

Die Versicherungen würden die Rückstellungen am Kapitalmarkt anlegen und daraus Zinserträge erzielen. Die Zinserträge ermöglichen den Versicherungen die Erhebung geringerer Prämien, der Prämienvorteil könnte durch eine Versicherungssteuer abgeschöpft und zur Tilgung der Schuldzinsen verwendet werden. Die Gesamtbelastung bliebe somit zunächst unverändert. Es ist also ein kostenneutraler Übergang auf ein kapitalgedecktes System möglich (vgl. hierzu auch Zimmermann 2007).

Durch die höhere Effizienz der Bürgerprivatversicherung kann die Gesamtbelastung allerdings gesenkt werden. Außerdem wird die bestehende Verschuldung transparent und die Dringlichkeit, das Problem zu lösen, wird sichtbar. Dies könnte zum Anlass genommen werden, die im Umlageverfahren ursprünglich angelegte Belastung zukünftiger Generationen über die Gewinne durch erhöhte Effizienz und verbesserte Anreize hinaus zu reduzieren, also mittelfristig einen Teil der impliziten Schuld zu tilgen.

271. Eine große Schwierigkeit im Gesundheitswesen, die unabhängig von der hier vorgeschlagenen Reform ist, besteht darin, die Gesundheitsleistungen festzulegen, die durch eine Pflichtversicherung abgedeckt werden sollen. Wenn der Staat seine Bürger verpflichtet, sich gegen eine Krankheit zu versichern, muss er den Leistungsumfang angeben, der abzudecken ist, um der Versicherungspflicht zu genügen. Die Notwendigkeit, diese Regelleistungen festzulegen, besteht bislang nur für die Pflichtversicherten in der gesetzlichen Krankenversicherung. Nach dem hier beschriebenen Konzept würde die Mindestversicherung für alle Bürger gelten. Will ein Bürger Leistungen über diese Mindestsicherung hinaus in Anspruch nehmen, kann er sie selbst bezahlen oder eine Zusatzversicherung abschließen.

Bislang hat sich der Gesetzgeber der Aufgabe entzogen, einen Regelleistungskatalog festzulegen, mit dem die Versicherungspflicht erfüllt wird. Im Gegenteil, die Politiker versuchen, bei den Versicherten die Illusion aufrecht zu erhalten, sie könnten die bestmögliche medizinische Versorgung beanspruchen. Solche Versprechen sind nicht zu halten, wenn der einzelne Versicherte praktisch keine Kostenverantwortung übernehmen muss. Da aber auch ein Anstieg des Beitragssatzes nur in Grenzen hingenommen wird, versucht die Politik, die Einnahmen und Ausgaben in der gesetzlichen Krankenversicherung dadurch in Einklang zu bringen, dass sie die Ausgaben begrenzt. Damit liegt der schwarze Peter bei den Ärzten, die sich an die Budgets zu halten haben. Diese Lösung hat aber schwerwiegende negative Folgen, so dass die Aufgabe auf dem Tisch bleibt, einen sinnvollen Leistungsumfang für die Regelversicherung zu definieren.

Unter dem Aspekt, die Effizienz im Gesundheitswesen zu steigern und die Kosten zu begrenzen, enthält das Reformkonzept noch eine Reihe von Vorschlägen. Dazu gehören insbesondere Überlegungen zur Selbstbeteiligung der Versicherten, zur monistischen Finanzierung der Krankenhäuser[3] und zur Möglichkeit der Versicherungen, Verträge mit Ärzten und Krankenhäusern abzuschließen. Offene Fragen bleiben insbesondere bezüglich der Einbindung in Europa, solange die Krankenversicherungen größtenteils national organisiert sind.

6. Entgeltfortzahlung im Krankheitsfall

272. Während die Krankenversicherung ihre Versicherten gegen das Risiko absichert, die Kosten einer Krankheit nicht tragen zu können, dient die Entgeltfortzahlung im Krankheitsfall oder eine entsprechende Versicherung dazu, Arbeitnehmer gegen das

---
[3] Bisher erfolgt eine duale Finanzierung der Krankenhäuser: Investitionskosten werden von den Ländern, die laufenden Kosten von den Krankenversicherungen getragen. Bei einer monistischen Finanzierung würden die Gesamtkosten von der Krankenversicherung getragen.

Einkommensausfallrisiko aufgrund einer Krankheit zu schützen. Auch hier stellen sich die Fragen, ob der Staat dem Arbeitnehmer eine Mindestabsicherung vorschreiben soll und wie umfassend eine solche Absicherung sein müsste. Auch im Falle einer Mindestabsicherungspflicht wäre zu klären, ob es dem Arbeitnehmer freigestellt werden soll, wie er die Lohnfortzahlung sicherstellt, also beispielsweise durch eine Versicherung oder durch einen entsprechenden Arbeitsvertrag, in dem der Arbeitgeber sich zur Lohnfortzahlung verpflichtet. Auf jeden Fall ist es nicht selbstverständlich, dass diese nicht ganz einfach zu definierende Aufgabe im Rahmen der Krankenversicherung übernommen wird, wie es heute für Betriebe mit bis zu 20 Beschäftigten gesetzlich vorgeschrieben ist.

273. Der Krankenstand der Arbeitnehmer in Deutschland lag in den Jahren von 1991 bis 2006 zwischen 3,3 und 5,0 Prozent, wobei sei 2002 die Vier-Prozent-Marke nicht mehr überschritten wurde. Arbeitnehmer, die Pflichtmitglieder der Allgemeinen Ortskrankenkassen sind, waren im Jahr 2006 durchschnittlich an 11,8 Tagen arbeitsunfähig. Voraussetzung für die Erfassung ist eine ärztliche Arbeitsunfähigkeitsbescheinigung, so dass Kurzzeiterkrankungen nicht vollständig statistisch erfasst werden. Die Arbeitgeber sind gesetzlich verpflichtet, dem Arbeitnehmer für die Zeit der Arbeitsunfähigkeit bis zur Dauer von sechs Wochen das übliche Arbeitsentgelt weiterzuzahlen (§ 3 Entgeltfortzahlungsgesetz). Arbeitgeber mit bis zu 30 Beschäftigten haben einen Erstattungsanspruch von 80 Prozent der Aufwendungen gegen die Ortskrankenkassen, Innungskrankenkassen usw. (§ 1 Gesetz über den Ausgleich der Arbeitgeberaufwendungen für Entgeltfortzahlung). Die für die Erstattung erforderlichen Mittel werden über eine prozentuale Umlage von den am Ausgleichsverfahren beteiligten Betrieben aufgebracht. Die Arbeitgeber veranschlagten die unmittelbaren Kosten der Entgeltfortzahlung im Jahre 2006 auf 31 Milliarden Euro.

274. Es ist unbestritten, dass die Regelung zur Entgeltfortzahlung missbraucht wird. Die Meinungen über den Umfang des Missbrauchs gehen auseinander, aber es besteht ein starkes Interesse, den Missbrauch möglichst zu verhindern. Im Zusammenhang mit der Entscheidung über die Pflegeversicherung hat es intensive Bemühungen gegeben, Karenztage einzuführen, eine Regelung, die in vielen anderen Ländern bereits seit längerer Zeit gilt oder angesichts der hohen Belastungen der Arbeitgeber eingeführt wurde.

Aufgrund der Rechtslage können nur die Tarifparteien Regelungen treffen, die von der gesetzlichen Entgeltfortzahlung abweichen. Im Übrigen gilt die Unabdingbarkeitsklausel, wonach nur zugunsten des Arbeitnehmers von den gesetzlichen Vorschriften abgewichen werden kann (§ 12 Entgeltfortzahlungsgesetz). Hier taucht wieder das Günstigkeitsprinzip auf. Und es muss gefragt werden, ob eine Abweichung zu Lasten des Arbeitnehmers, z. B. durch Verzicht auf eine Entgeltfortzahlung in den ersten zwei bis drei Krankheitstagen, nicht dann für ihn günstiger ist, wenn er auf diese Weise einen Arbeitsplatz bekommt oder den vorhandenen Arbeitsplatz sichern kann. Tatsächlich muss für Arbeitslose oder Beschäftigte, deren Arbeitsplatz gefährdet ist, das Gesamtpaket an Aufwendungen und Belastungen des Arbeitgebers betrachtet werden.

Und der Arbeitnehmer sollte abwägen können, welche Leistungen des Arbeitgebers er auswählt, wenn dieser bereit ist, über die Zusammensetzung seiner Leistungen eine befriedigende Lösung für den Arbeitnehmer zu suchen. Da die Fälle, in denen der Arbeitsplatz bedroht ist oder ohne Zugeständnisse nicht bereitgestellt würde, allerdings nicht eindeutig abgrenzbar sind, steht die Forderung, Verhandlungsfreiheit zuzulassen, in einem gewissen Widerspruch zu dem Anliegen, den Arbeitnehmer zu veranlassen, für das Risiko des Einkommensausfalls vorzusorgen.

Die gesetzliche Regelung benachteiligt im Übrigen die nicht tarifgebundenen Arbeitnehmer und Arbeitgeber, weil nur tarifvertragliche Abweichungen zugelassen sind und nur diese von den nicht tarifgebundenen Arbeitnehmern und Arbeitgebern übernommen werden können. Hier handelt es sich um eine gesetzliche Absicherung des Tarifkartells zu Lasten derjenigen, deren Interessen in den Tarifverträgen nicht oder nur unzureichend berücksichtigt werden. Dazu gehören mit Sicherheit die Arbeitslosen. Es ist bemerkenswert, an wie vielen Stellen der Gesetzgeber den Außenseiterwettbewerb durch Arbeitslose ausschließt bzw. unter den Vorbehalt tarifrechtlicher Regelungen stellt.

275. Ähnlich wie bei den Arbeitszeitregelungen stellt sich auch für die Entgeltfortzahlung im Krankheitsfall die Frage, warum den Arbeitnehmern nicht das Recht eingeräumt wird, sich zwischen verschiedenen Optionen zu entscheiden und sich darüber mit dem Arbeitgeber zu verständigen. Dabei könnte die gesetzliche Regelung gelten, sofern nichts anderes vereinbart wird. Es geht nicht darum, die sechswöchige Lohnfortzahlung in der Substanz aufzugeben, sondern Regelungen zuzulassen, die für beide Seiten vorteilhaft sind, weil beispielsweise der Missbrauch weniger attraktiv wird. Dabei könnte an folgende Optionen gedacht werden:
– Verzicht auf das Arbeitsentgelt am ersten oder an den ersten beiden Krankheitstagen (ein bis zwei Karenztage),
– Absenkung des Entgelts an den ersten Krankheitstagen, z. B. auf 50 Prozent an den ersten drei Tagen,
– Option zwischen gesetzlicher Entgeltfortzahlung und einer privaten Versicherung der Entgeltfortzahlung, wobei Karenztage und Abschläge an den ersten Krankheitstagen vereinbart werden könnten,
– Verrechnung von bis zu fünf oder sechs Krankheitstagen pro Jahr mit Guthaben auf dem Arbeitszeitkonto, d. h. der Lohn würde weitergezahlt, aber ein Arbeitszeitguthaben würde verringert bzw. die Fehlzeit würde nachgeholt.

In allen Fällen, in denen die gesetzliche Regelung nicht in Anspruch genommen wird, besteht die Möglichkeit einen Lohnausgleich oder eine jährliche Prämie mit dem Arbeitgeber auszuhandeln, d. h. wer einen Teil des Krankheitsrisikos trägt, sollte einen Lohnvorteil haben. Im Falle der Arbeitslosigkeit oder der Bedrohung des Arbeitsplatzes muss es aber auch zulässig sein, auf einen Ausgleich zu verzichten, damit die Beschäftigung erhalten oder aufgenommen werden kann.

276. Gegen Karenztage und Lohnabschläge ist eingewandt worden, dadurch würde der Krankenstand möglicherweise größer, weil Arbeitnehmer sich dann gleich für eine

Woche oder länger „krankschreiben" ließen, damit sich der Entgeltverzicht an den ersten Tagen lohne. Wenn diese Verhaltensweise zuträfe, wäre das gleichbedeutend mit der Aussage, dass tatsächlich der Missbrauch ein großes Gewicht hat und dass sogar die Ärzte dabei mitmachen, denn nach drei Tagen muss der Arbeitnehmer eine ärztliche Bescheinigung vorlegen. Im Übrigen lohnt es sich noch mehr, sich krankschreiben zu lassen, wenn es keine Karenztage gibt. Man könnte allerdings einwenden, dass einzelne Arbeitnehmer sich nicht krankmelden, obwohl sie krank sind, wenn sonst hohe Lohneinbußen hinzunehmen wären.

VI. Arbeitslosenversicherung

277. Die Arbeitslosenversicherung soll die Arbeitnehmer im Falle des Arbeitsplatzverlustes für eine Übergangsphase gegen den Ausfall des Einkommens absichern.[4] Im Wesentlichen soll die Zeit der Arbeitsplatzsuche überbrückt werden. Das ist die Hauptaufgabe. Daneben mögen zusätzliche Leistungen versichert werden, wie beispielsweise die Unterstützung bei der Suche eines Arbeitsplatzes, Umschulungs- und Weiterbildungsmaßnahmen.

Im Rahmen der aktuellen Arbeitslosenversicherung beträgt die Bezugsdauer für das Arbeitslosengeld zwischen sechs und 24 Monaten, je nach Alter des Arbeitslosen und Dauer der Beitragszahlung. Die Leistungen liegen zwischen 60 Prozent und 67 Prozent des Nettolohns, je nach Familienstand. Daneben wird eine breite Palette an arbeitsmarktpolitischen Maßnahmen angeboten, auf die allerdings kein Rechtsanspruch besteht. Nach dem Auslaufen des Arbeitslosengeldes kann die staatlich finanzierte Grundsicherung für Arbeitssuchende (Arbeitslosengeld II) bezogen oder – im Falle von dauerhafter oder vorübergehender Erwerbsminderung – auf die Sozialhilfe zurückgegriffen werden.

Der Beitragssatz der Arbeitslosenversicherung in den letzten Jahren mit der positiven Entwicklung auf dem Arbeitsmarkt von 6,5 Prozent auf aktuell 3,3 Prozent gesunken. Der Beitragssatz könnte durchaus noch niedriger liegen, wenn die Bundesagentur für Arbeit die arbeitsmarktpolitischen Maßnahmen, die aus den Pflichtbeiträgen der Arbeitnehmer finanziert werden, weiter zurückfahren würde. Die Beitragssätze sind nicht nach dem Risiko gestaffelt und bewirken somit eine Umverteilung zu Lasten von Berufen und Sektoren mit einem geringen Risiko der Arbeitslosigkeit. Eine Möglichkeit, zwischen verschiedenen Leistungen und entsprechend unterschiedlichen Beitragssätzen zu wählen, besteht nicht.

278. Die Arbeitslosenversicherung „entlastet" die Tarifparteien, d.h. diese müssen nicht die Kosten einer durch falsche Tarifpolitik entstandenen Arbeitslosigkeit tragen. Die Versicherten tragen aber auch selbst dazu bei, die Kosten hochzutreiben. Arbeit-

---

[4] Grundlage der Ausführungen in diesem Kapitel ist die Broschüre von EEKHOFF und MILLEKER (2000).

nehmer, die Beiträge gezahlt haben, sind der Versuchung ausgesetzt, sich einen Teil der Beiträge „zurückzuholen", z.B. durch zeitweiliges Ausscheiden aus der Erwerbstätigkeit beim Übergang auf einen anderen Arbeitsplatz, durch eine Kombination mit Schwarzarbeit usw. Je höher und dauerhafter die Absicherung, umso größer sind die Anreize, Leistungen in Anspruch zu nehmen.

279. Reformen der Arbeitslosenversicherung können einen Beitrag dazu leisten, Arbeitslosigkeit zu vermeiden oder zu verkürzen, die Äquivalenz von Beiträgen und Leistungen zu verbessern und die Effizienz des Gesamtsystems zu steigern. Selbstverständlich lässt sich das Beschäftigungsproblem nicht allein und nicht einmal vorrangig durch Änderungen der Arbeitslosenversicherung lösen. Aber angesichts der immer noch zu hohen Arbeitslosigkeit muss jeder kleine Beitrag zur Senkung der Lohnzusatzkosten und zur Stärkung der Effizienz genutzt werden.

Das Ziel, einen höheren Beschäftigungsgrad zu erreichen, darf allerdings nicht der einzige Beurteilungsmaßstab sein. Dann käme man zu dem Ergebnis, der größte Zwang, sofort eine nahezu beliebige Tätigkeit aufzunehmen, sei gegeben, wenn keine Arbeitslosenversicherung existierte. Das kann aber für die Arbeitnehmer keine befriedigende Situation sein, und auch das gesamtwirtschaftliche Ergebnis muss keineswegs günstiger sein, zumal die nächste Ebene der sozialen Sicherung wesentlich stärker in Anspruch genommen werden müsste. Die Arbeitnehmer wollen, dass sie im Falle einer unvorhergesehenen Arbeitslosigkeit eine Grundlage für ihre Existenz haben und dass der Einkommensverlust begrenzt wird. Sie brauchen die Möglichkeit, sich auf die Suche nach einem neuen Arbeitsplatz konzentrieren zu können, wo sie ihre individuellen Fähigkeiten und Ausbildungen adäquat einbringen können. Dies liegt auch im Interesse der Gesellschaft.

280. Zwischen Arbeitslosenversicherung und dem Arbeitslosengeld II besteht eine enge Wechselbeziehung. Je höher das Versorgungsniveau beim Arbeitslosengeld II angesetzt wird, umso schwieriger wird es, die Bereitschaft und den Anreiz für Beitragszahlungen in der Arbeitslosenversicherung zu erhalten. Das Äquivalenzprinzip in der Arbeitslosenversicherung wird auf indirektem Wege aufgeweicht, so dass die Ausweichreaktion in Richtung Eigenarbeit („do it yourself") und Schwarzarbeit zunehmen. Die besondere Leistung der Arbeitslosenversicherung kann darin bestehen, dass eine Möglichkeit geboten wird, die Inanspruchnahme der Gesellschaft zu vermeiden und für das Einkommensausfallrisiko selbst vorzusorgen. Dies ist ein wichtiger Aspekt in einer freiheitlichen Gesellschaft mit selbstverantwortlichen Bürgern. Darüber hinaus kann die Arbeitslosenversicherung Leistungen anbieten, die über den teilweisen Ersatz des Arbeitseinkommens hinausgehen und die individuell bestimmbar sein sollten, also insbesondere Leistungen, die den Wiedereintritt ins Berufsleben erleichtern.

Wenig sinnvoll erscheint es, die Arbeitslosenversicherung zu benutzen, um Fehler in anderen Bereichen der Wirtschaft zu kompensieren. Beispielsweise erscheint es nicht angebracht, ältere Arbeitnehmer in die Arbeitslosigkeit zu schicken, damit sie die Voraussetzungen für einen vorzeitigen Ruhestand erfüllen. Auch das Ziel, einen Ersatzarbeitsmarkt zu Tariflöhnen zu organisieren und zu finanzieren, kann – abgesehen von den geringen Erfolgsaussichten – weder Aufgabe der Arbeitslosenversicherung noch des Staates sein.

Die Arbeitslosenversicherung sollte dazu beitragen, dass unfreiwillige Arbeitslosigkeit möglichst schnell überwunden wird, dass Arbeitslosen der Weg aus den Sozialsystemen in eine normale Beschäftigung erleichtert wird. Eine hohe Absicherung im Falle der Arbeitslosigkeit führt in der Regel nicht dazu, dass Arbeitnehmer gezielt die Arbeitslosigkeit anstreben, selbst wenn das Nettoeinkommen aus der Erwerbstätigkeit nicht höher ist als die zeitlich begrenzten Leistungen der Arbeitslosenversicherung plus Arbeitslosengeld II. Ein Problem entsteht, wenn Arbeitnehmer, die arbeitslos werden, nicht sofort wieder eine neue Beschäftigung finden und sich im Sozialsystem arrangieren. Deshalb müssen die Anstrengungen darauf gerichtet werden, die Bedingungen für einen schnellen Wiedereinstieg zu verbessern, also Langzeitarbeitslosigkeit weitgehend zu verhindern.

281. Eine wichtige Frage ist, ob der durch Arbeitslosigkeit bedingte Verdienstausfall versicherbar ist, ob also auch eine private Versicherungsgesellschaft die Risiken absichern könnte. Üblicherweise können Risiken versichert werden, wenn die Schadensfälle zwar nicht für die Einzelperson, aber für eine Vielzahl von Versicherten einem stabilen Muster folgen, d.h. die Eintrittswahrscheinlichkeit eines Schadensfalls in der Gesamtgruppe der Versicherten muss einigermaßen zuverlässig geschätzt werden können, und die Risiken der einzelnen Versicherten müssen grundsätzlich unabhängig voneinander sein. Außerdem dürfen die Versicherten oder Dritte keinen Einfluss auf den Eintritt oder den Umfang des Schadens haben, d.h. es muss sich um nicht beeinflussbare Risiken handeln. Leider haben aber nicht nur die Versicherten, sondern auch die Tarifparteien und Regierungen einen erheblichen Einfluss auf den Umfang und die Dauer der Arbeitslosigkeit. Das bedeutet: Die Risiken der Arbeitslosigkeit sind für private Versicherer praktisch nicht kalkulierbar. Eine verlässliche private Arbeitslosenversicherung könnte letztlich nur auf der Grundlage einer staatlichen Bürgschaft oder Risikoübernahme für bestimmte Fälle organisiert werden.

Die einzelnen Fälle der Arbeitslosigkeit sind – mit Ausnahme der friktionellen Arbeitslosigkeit – nicht unabhängig von einander. In Konjunkturkrisen und Strukturkrisen nimmt die Arbeitslosigkeit insgesamt zu, und es kann zu kumulativen Prozessen kommen. Dieses Risiko ist schwer kalkulierbar und kaum versicherbar. Ein Ausgleich der Risiken kann noch am ehesten bei der konjunkturellen Arbeitslosigkeit erwartet werden, wenn über einen oder mehrere Konjunkturzyklen gerechnet wird. Aber auch Konjunkturzyklen verlaufen nicht nach einem stochastischen Muster, sondern werden in vielfältiger Weise von der Tarifpolitik, der Fiskalpolitik, der Wechselkurspolitik, der Geldpolitik und auch der Wirtschaftspolitik der wichtigsten Handelspartner beeinflusst. Die Härte und Dauer einer Rezession sind unter solchen Bedingungen nicht kalkulierbar.

Noch problematischer als konjunkturelle Schwankungen sind strukturelle Verschiebungen, wie sie sich in einer zunehmenden Sockelarbeitslosigkeit niederschlagen. Hier spielen alle Faktoren und Maßnahmen eine Rolle, die systematisch die Arbeitslosigkeit erhöhen oder verringern. In der Vergangenheit sind von der Fiskalpolitik (Steuerlast), der Sozialpolitik (Abgabenlast), der Lohnpolitik (Lohnniveau, Tarifierung von Zusatzleistungen), der Arbeitsschutzpolitik (Kündigungsschutz, Beschäftigungsanspruch) usw. vielfach Bedingungen gesetzt worden, die zu mehr Arbeitslosigkeit führen und die sich nicht von selbst wieder abbauen. Selbstverständlich könnten private Versicherer auf politische Risiken mit einer Erhöhung des Versicherungsbeitrags reagieren. Aber es erscheint sinnvoll, es bei der Defizithaftung des Bundes zu belassen.

282. Eine Mindestabsicherung durch eine Arbeitslosenversicherung muss obligatorisch sein, weil sonst ein Teil der Arbeitnehmer eine „Free-rider-Position" einnehmen würde. Sie brauchten in der Zeit, in der sie Geld verdienen, nichts zurückzulegen und erhielten im Falle der Arbeitslosigkeit Arbeitslosengeld II, das für manche Arbeitnehmerfamilien nicht geringer ist als das Arbeitslosengeld.

Grundsätzlich ist zu verlangen, dass jeder Bürger selbst für Einkommensrisiken vorsorgt, soweit er dazu in der Lage ist. Das heißt aber umgekehrt auch, dass die obligatorische Absicherung nicht über das Mindestniveau des Arbeitslosengeld II hinausgehen sollte. Die (freiwillige) Absicherung eines höheren Einkommens kann dem einzelnen Arbeitnehmer überlassen werden.

283. Der DGB fordert immer wieder „in weitaus größerem und stetigerem Umfang als bisher eine öffentlich geförderte Beschäftigung" (Memorandum für ein neues Arbeitsförderungsgesetz vom 23. März 1995, S. 6). Er fordert einen „ehrlichen Zweiten Arbeitsmarkt" für Langzeitarbeitslose und gesundheitlich angeschlagene Personen mit wenig Chancen auf dem Arbeitsmarkt (BUNTENBACH 2006). Um mehr Mittel für die Arbeitsmarktpolitik zu mobilisieren, wurde u. a. gefordert, alle Erwerbstätigen in die Arbeitslosenversicherung einzubeziehen bzw. eine Arbeitsmarktabgabe einzuführen. In einem Beschlussantrag von BÜNDNIS 90/DIE GRÜNEN an den Deutschen Bundestag hieß es beispielsweise: „Alle Erwerbstätigen sollen in die Finanzierung einbezogen werden. Auch geringfügige Beschäftigung soll beitragspflichtig werden. Besserverdienende, Beamte/Beamtinnen, Selbständige, Abgeordnete und Minister/Ministerinnen sind über eine Arbeitsmarktabgabe zu beteiligen." (BT-Drucksache 13/578 vom 15. 2. 1995, S. 16).

Das Heranziehen von Selbständigen, Beamten und Rentnern über das Steuersystem hat mit dem Anliegen der Arbeitslosenversicherung nichts zu tun. Es besteht auch keine Veranlassung, Beiträge von Beamten zu verlangen, die keinem Beschäftigungsrisiko unterliegen bzw. deren Beschäftigungsrisiken voll abgesichert sind. Die Beschäftigungsunsicherheit wird unter marktwirtschaftlichen Bedingungen in der Lohnhöhe und Lohndifferenzierung berücksichtigt. Das bedeutet, dass Arbeitnehmer in der Regel bereit sind, eine Beamtenstelle auch dann anzunehmen, wenn das Gehalt etwas geringer ist als für eine äquivalente Stelle in der freien Wirtschaft. Im Gleichgewicht entspricht der Gehaltsabschlag bei Beamten der Prämie für eine Arbeitslosenversicherung zuzüglich des bewerteten Vorteils der Beschäftigungssicherheit. Man könnte von einer impliziten Arbeitslosenversicherung sprechen, wobei der Vorteil für den „Versicherer" Staat darin besteht, dass er geringere Gehälter zahlt als bei Arbeitsplätzen mit einem

Beschäftigungsrisiko. Der Staat kann eine solche Beschäftigungsgarantie ohne hohe Kosten übernehmen, wenn sich Art und Umfang der Tätigkeiten nicht sehr schnell verändern.

Die Selbständigen in die Arbeitslosenversicherung einzubeziehen erscheint schon wegen der vielfältigen Gestaltungsmöglichkeiten, der Selbstbestimmung und der Arbeitgeberfunktion mit dem Versicherungsprinzip nicht vereinbar. Trotzdem könnte man einwenden, sie müssten zu einer Mindestabsicherung verpflichtet werden, weil sie im Notfall wie jeder andere Bürger auf das Arbeitslosengeld II bzw. die Sozialhilfe zurückgreifen können. Nach den bisherigen Erfahrungen scheinen gerade die Selbständigen in eigener Verantwortung in hohem Maße sowohl für Notfälle als auch für das Alter vorzusorgen. Sie nehmen das Arbeitslosengeld II kaum in Anspruch. Somit kann auf eine reglementierende staatliche Absicherungspflicht für diese Gruppe verzichtet werden.

284. Eine der wichtigsten Fragen ist, inwieweit eine Senkung des obligatorischen Beitragssatzes erreicht werden kann, indem die arbeitsmarktpolitischen Maßnahmen eingeschränkt werden. Der ostdeutsche Arbeitsmarkt muss möglichst schnell normalisiert werden und mit weniger Fördermitteln auskommen. Dazu gehört auch, dass sich die Lohnentwicklung nicht mehr am westdeutschen Niveau, sondern an den regionalen Knappheitsbedingungen orientiert, so dass mehr Beschäftigungsverhältnisse entstehen. Diese zwingend notwendige Kurskorrektur der Lohnpolitik würde aber konterkariert, wenn die Kosten der Arbeitslosigkeit in der Form umfangreicher Fortbildungs-, Umschulungs- und Beschäftigungsprogramme vom Steuerzahler getragen würden. Die Verantwortung für die Beschäftigung muss in Ostdeutschland wie in Westdeutschland von den Tarifparteien übernommen werden, wenn sie das Recht auf Tarifautonomie beanspruchen. Das bedeutet: Die Arbeitslosenversicherung sollte nicht auf eine Sondersituation mit beschäftigungspolitischen Programmen, sondern auf die Normalaufgabe in einer funktionierenden Sozialen Marktwirtschaft eingestellt werden.

285. Die Verpflichtung, eine Arbeitslosenversicherung abzuschließen, sollte auf das Niveau des Arbeitslosengeld II begrenzt werden. Wer eine höhere Absicherung anstrebt, kann freiwillig eine zusätzliche Versicherung abschließen. Der Beitragssatz würde nach diesem Konzept nicht proportional vom Lohn erhoben, sondern in der Form einer festen Prämie, die ausschließlich vom Arbeitnehmer zu zahlen wäre. Es ist davon auszugehen, dass sich der Nettolohn dadurch nicht verringert. Dann würde der Arbeitgeber seinen zurzeit zu tragenden Anteil von 1,65 Prozent mit dem Lohn an den Arbeitnehmer auszahlen. Gleichzeitig könnte man daran denken, den Lebensunterhalt der Familie abzusichern. Soweit dies erwünscht ist, kann die höhere Beitragsbelastung durch allgemeine familienpolitische Maßnahmen wie etwa eine Erhöhung des Kindergeldes ausgeglichen werden.

Auch auf der Leistungsseite sollte die Arbeitslosenversicherung von Umverteilungsaufgaben befreit werden. Eine Versicherung eignet sich weder für soziale noch für familienpolitische Maßnahmen. Die Bedürftigkeit von Familien wird nicht geprüft, und die sozialen Leistungen orientieren sich nicht einmal an der Höhe des Arbeitseinkommens, sondern werden generell zugestanden.

286. Dem Arbeitnehmer sollte die Option zwischen einem Normalvertrag mit sofortigem Leistungsbeginn und einem Vertrag mit einer Karenzzeit bis zum Einsetzen der Versicherungsleistung von beispielsweise 14 Tagen angeboten werden, d. h. der Arbeitnehmer könnte eine Arbeitslosigkeit von einigen Wochen aus Ersparnissen überbrücken und einen entsprechend geringeren Beitrag zahlen. Die Karenzzeit darf allerdings nicht beliebig gewählt werden können, weil sonst die Versicherungspflicht unterlaufen werden könnte. Zusätzlich wäre zu erwägen, einen „Schadensfreiheitsrabatt" einzuführen oder einen Teil der Beiträge zu erstatten, wenn über längere Zeit keine Leistungen in Anspruch genommen wurden.

Die Beiträge zur Arbeitslosenversicherung sollten nach dem Arbeitslosigkeitsrisiko gestaffelt werden. Das Risiko, arbeitslos zu werden, streut stark nach Wirtschaftssektoren, Unternehmen, Berufen, Qualifikationen, Gewerkschaftsstrategien usw. Die stärker risikobehafteten Tätigkeiten wie etwa in der Bauwirtschaft werden gegenwärtig von Arbeitnehmern mit sicheren Arbeitsplätzen, wie beispielsweise von Angestellten im öffentlichen Dienst, subventioniert. Das ist wirtschaftlich nicht sinnvoll, und es verstößt gegen das Äquivalenzprinzip, so dass die Funktionsfähigkeit der Arbeitslosenversicherung beeinträchtigt wird. Auch der einzelne Arbeitnehmer hat Einfluss auf das Arbeitsplatzrisiko, beispielsweise durch eine gründliche Ausbildung und durch Fortbildungsmaßnahmen.

Zweckmäßig erscheint eine Differenzierung der Beiträge nach strukturellen Arbeitsplatzrisiken. Es wäre schon viel gewonnen, wenn beispielsweise drei Risikoklassen gebildet würden, so dass Zuschläge für Branchen mit hohem Risiko und Abschläge für Branchen mit geringem Risiko festgelegt werden könnten. Letztlich ergibt sich daraus keine Lohndifferenzierung für die Arbeitnehmer. Arbeitnehmer mit gleichen Fähigkeiten stehen über Branchengrenzen hinweg im Wettbewerb und können gleiche Löhne verlangen. Ungünstigere Bedingungen wie ein größeres Arbeitslosigkeitsrisiko müssen vom Arbeitgeber ausgeglichen werden. Der Arbeitgeber wird über den Markt gezwungen, dem Mitarbeiter die Differenz zur normalen Versicherungsprämie zu erstatten. Die Lohnkosten für die Arbeitgeber sind höher als in anderen Branchen. Man kann noch einen Schritt weiter gehen: Ein höheres Arbeitsplatzrisiko muss sich in den Kosten der Produkte und Leistungen niederschlagen und von den Konsumenten getragen werden. Eine Korrektur der Beitragssätze in Richtung Risikoabhängigkeit würde einen Strukturwandel anstoßen, weil Quersubventionen zwischen Sektoren wegfielen. Die wirtschaftlichen Folgen einer Differenzierung nach Sektoren – Preisänderungen, aber kaum Änderungen der Lohneinkommen – machen deutlich, dass keine verteilungs- oder sozialpolitischen Einwände gegen risikoabhängige Beiträge erhoben werden können.

287. Die Möglichkeit, Kurzarbeitergeld aus der Arbeitslosenversicherung zu beziehen, sollte aufgehoben werden. Mit dem Kurzarbeitergeld soll eine Entlassung von Arbeitnehmern vermieden werden, indem die Bundesagentur für Arbeit einen Teil der

Kosten eines „erheblichen Arbeitsausfalls, der vorübergehend und unvermeidbar" ist, erstattet (§§ 169 ff. SGB III). Die Formulierung lässt schon erkennen, wie schwer es ist, Kurzarbeit zu definieren.

Die Förderung der Altersteilzeit aus Mitteln der Arbeitslosenversicherung sollte wie von der Bundesregierung geplant Ende 2009 eingestellt werden. Sie ist schon deshalb nicht mit einer Versicherung vereinbar, weil es sich um eine Programmförderung handelt, der Versicherte also keinen Rechtsanspruch auf die Leistung hat. Die Verknüpfung, wonach nur gefördert werden darf, wenn für die freigesetzte Arbeitszeit ein Arbeitsloser eingestellt oder ein Auszubildender dauerhaft eingestellt wird, ist in ihrer Kausalität nicht überprüfbar und missbrauchsanfällig.

288. Aus den Mitteln der Arbeitslosenversicherung sollten keine beschäftigungspolitischen Programme und auch keine sonstigen Maßnahmen der so genannten produktiven Arbeitsmarktförderung usw. finanziert werden. Es ist nicht gerechtfertigt, Leistungen, die nach zufälligen oder willkürlichen Bedingungen einigen Arbeitslosen zugute kommen, aus Pflichtbeiträgen zu bezahlen. Mit einem Versicherungssystem sind sie auf jeden Fall nicht vereinbar.

289. Ein großer Kostenblock der Bundesagentur für Arbeit sind die Umschulungs- und Fortbildungsmaßnahmen. Hier ist nicht so eindeutig wie für Arbeitsbeschaffungsmaßnahmen zu beurteilen, ob diese Aufwendungen verringert, beibehalten oder ausgeweitet werden sollten. Es besteht kaum ein Zweifel über die große Bedeutung der Berufsausbildung und -fortbildung für den einzelnen Arbeitnehmer. Aber es ist keineswegs sicher, ob die Gemeinschaft der Beitragszahler (und Steuerzahler) in dem Maße wie bisher für die Finanzierung aufkommen muss. In einer Gesellschaft mit verantwortlichen Bürgern sollte klarer gesagt werden, dass jeder Arbeitnehmer dafür zu sorgen hat, seine Qualifikation auf den neuesten Stand zu bringen und Zusatzqualifikationen zu erwerben. Gerade aufgrund des schnellen Strukturwandels muss die berufliche Fortbildung parallel zur Berufstätigkeit zu einer Selbstverständlichkeit werden. Dem Arbeitnehmer darf nicht das Gefühl gegeben werden, es sei Aufgabe der Gemeinschaft, für die Umschulung, Fortbildung und auch noch für die Zahlung eines Unterhaltsgeldes zu sorgen. Jeder darf die Vorteile aus einer guten Ausbildung wahrnehmen. Deshalb kann erwartet werden, dass auch der erforderliche Aufwand weitgehend selbst getragen wird. Eine hohe finanzielle Absicherung und eine Übernahme von Kosten der Umschulung und Fortbildung im Rahmen der Arbeitslosenversicherung stehen in einem Spannungsverhältnis zu eigenverantwortlichen und selbst finanzierten Anstrengungen.

Gegen eine intensive Förderung der Umschulung und Fortbildung von Arbeitslosen spricht auch, dass die Weiterbildung in der Regel nicht auf die besonderen Bedingungen des künftigen Betriebes abgestimmt werden kann, in dem der Arbeitslose später einen Arbeitsplatz findet. Wesentlich besser wäre es, in dem aufnehmenden Betrieb auf die dort vorhandenen und erwarteten neuen Aufgaben umzuschulen und fortzubilden. Deshalb sollten verstärkt Einarbeitungstarife zugelassen und vereinbart werden.

Am Beispiel der Umschulung und Fortbildung wird deutlich, dass diese Leistung der Bundesagentur für Arbeit auch aus der Sicht der Arbeitnehmer sehr unterschiedlich beurteilt werden kann. Selbstverantwortliche Arbeitnehmer, die während der Berufstätigkeit einen erheblichen Teil ihrer Freizeit und finanziellen Mittel für die Fortbildung einsetzen oder bereits eine hohe und vielseitige Qualifikation besitzen, mögen sich von den Maßnahmen der Bundesanstalt wenig versprechen.

Manchmal wird überlegt, ob und wie das Verursacherprinzip in der Arbeitslosenversicherung berücksichtigt werden könne. Bei der Arbeitslosenversicherung sind nicht nur die versicherten Arbeitnehmer der Versuchung ausgesetzt, Leistungen stärker in Anspruch zu nehmen, als dies erforderlich ist und als dem Interesse aller Versicherten entspricht, sondern auch die Tarifparteien können das System erheblich belasten und damit Kosten auf Dritte überwälzen. Überzogene Lohnsteigerungen, die von den Tarifparteien vereinbart werden, verringern die Wiederbeschäftigungschancen der Arbeitslosen und erhöhen die Arbeitslosigkeit.

Um die Verursacher von Arbeitslosigkeit stärker mit den ausgelösten Kosten zu belasten, ist vorgeschlagen worden, eine Zuschusspflicht der Gewerkschaften zur Arbeitslosenversicherung einzuführen. Damit soll auch ein Gegengewicht zur Tarifautonomie geschaffen werden.

Dabei ist allerdings zu fragen, warum nicht beide Tarifparteien herangezogen werden sollten. Die Argumentation, die Gewerkschaften seien an hohen und die Arbeitgeberverbände an niedrigen Löhnen interessiert, ist zumindest nicht generell gültig. In Ostdeutschland hatten auch die Arbeitgeberverbände, die von Westdeutschland dominiert wurden, zu Beginn der neunziger Jahre ein erhebliches Interesse an schnell steigenden Löhnen, um nicht einen unbequemen Wettbewerb für die westdeutschen Unternehmen zu bekommen. Die dadurch ausgelöste hohe Arbeitslosigkeit und Kapitalvernichtung in Ostdeutschland gingen hauptsächlich zu Lasten des Staates, aber auch der Arbeitslosenversicherung und der Sozialsysteme. Das mag eine Ausnahmesituation sein, aber wie das Beispiel der Entsenderichtlinie bzw. des nationalen Entsendegesetzes zeigt, sind die Arbeitgeberverbände auch bereit, sich in anderen Situationen für hohe Löhne und wettbewerbsfeindliche Einheitslöhne in allen Regionen einzusetzen. Dadurch wird der Wettbewerb über die Löhne ausgeschaltet. Die Kosten schlagen sich in höheren Arbeitslosenzahlen – insbesondere in strukturschwachen Regionen – und in höheren Baupreisen nieder, d.h. sie werden auf Dritte abgewälzt. Die Gewerkschaften können somit nicht als Alleinverursacher marktwidriger Löhne angesehen werden.

Daneben ist noch der Staat mit im Spiel. Er bietet den rechtlichen Rahmen für die Tarifautonomie. Er zahlt sogar in eigenen Sozial- und Beschäftigungsprogrammen Tariflöhne, also für einen Bereich, der außerhalb des Marktgeschehens liegt und vorrangig sozialen Zielen dient. Er hat das Zusätzlichkeitskriterium in verschiedenen Sozialmaßnahmen verankert, um den von den Tarifparteien bestimmten Arbeitsmarkt vor dem Wettbewerb von außen, also z.B. durch Arbeitslose, zu schützen, d.h. der Staat sichert das bilaterale Monopol ab. Dadurch und durch Allgemeinverbindlicherklärungen trägt der Staat dazu bei, eine Lohnpolitik zu stützen, auch wenn sie die Arbeitslosigkeit erhöht oder perpetuiert.

290. Der Weg, die Kosten der Arbeitslosigkeit über die Beiträge zur Arbeitslosenversicherung noch besser den Verursachern zuzuordnen, erscheint – über die gemachten Vorschläge hinaus – nur schwer möglich. Neben der Differenzierung nach Risiken und dem Angebot verschiedener Leistungspakete sind die engen Zusammenhänge mit dem Arbeitslosengeld II zu beachten.

VII. Sozialhilfe und Arbeitslosengeld II

291. Die Sozialhilfe und die Grundsicherung für Arbeitssuchende – besser bekannt als Arbeitslosengeld II (ALG II) – sind die beiden wichtigsten Sozialsysteme in Deutschland, in denen die Bedürftigkeit der Empfänger laufend geprüft wird. Sie gewährleisten eine Mindestabsicherung, wie sie weltweit nur in wenigen Ländern erreicht wird. Der Vollständigkeit halber ist noch die Grundsicherung im Alter und bei Erwerbsminderung zu nennen, mit der ebenfalls der Mindestlebensstandard abgesichert wird, allerdings mit einem stärker eingeschränkten Rückgriff auf Eltern und Kinder. Die Mindestabsicherung der Bürger ist von den allgemeinen gesellschaftlichen Bedingungen abhängig. Die Leistungen der Sozialhilfe und des ALG II werden in regelmäßigen Zeitabständen an die wirtschaftliche Entwicklung angepasst und die Regelsätze werden in gleichem Maße verändert wie die gesetzlichen Renten. Von der Grundidee her wird die Bedürftigkeit umfassend geprüft. Es wird nicht nur das laufende Einkommen berücksichtigt, sondern grundsätzlich das Lebenseinkommen. Einkünfte in der Vergangenheit werden mittelbar erfasst, indem das Vermögen – man könnte sagen: die Einkommensteile, die in der Vergangenheit nicht unmittelbar für den Lebensunterhalt benötigt wurden – als Eigenmittel herangezogen werden. Die künftigen Einkommen werden zumindest in begrenztem Umfang durch die Rückzahlungspflicht der Sozialhilfe einbezogen.

292. Im Jahr 2005 sollten die Arbeitslosenhilfe und die Sozialhilfe zu einem einheitlichen bedürftigkeitsgeprüften System zusammengelegt werden. Im Ergebnis wurde die Sozialhilfe auf die nicht arbeitsfähigen Menschen reduziert, während die arbeitsfähigen Menschen das ALG II beanspruchen können, soweit sie bedürftig sind. Anfang 2005 wechselten somit rund 90 Prozent der Sozialhilfeempfänger in das ALG II, so dass noch 280.000 Menschen in der Sozialhilfe verblieben. Außerdem wechselte ein Großteil der Arbeitslosenhilfebezieher mit ihren Angehörigen in das ALG II. Von den 18 bis 64-Jährigen erhielten in 2005 9,7 Prozent ALG II. Dieser Anteil lag um 2,2 Prozentpunkte höher als die Summe der entsprechenden Anteile in der Sozialhilfe und der Arbeitslosenhilfe im Jahr 2004 (Berechnungen des IW KÖLN, 2008). Insgesamt beziehen gegenwärtig 7,2 Millionen Menschen ALG II, so dass die Mindestlebensstandardsicherung nahezu vollständig von der Sozialhilfe auf das ALG II übergegangen ist. Für die kräftige Steigerung der sozialen Hilfen mit der Einführung des ALG II sind mehrere Regelungen verantwortlich, die von der Sozialhilfe abweichen:

- ALG II kann schon bezogen werden, wenn ein beträchtliches Vermögen vorhanden ist. Das so genannte Schonvermögen, das nicht verbraucht werden muss, bevor ALG II in Anspruch genommen wird, liegt um ein Vielfaches höher als bei der Sozialhilfe.
- Die Verpflichtung, sich gegenseitig zu unterstützen, geht in den Bedarfsgemeinschaften des ALG II nicht so weit wie in der Sozialhilfe, insbesondere nicht zwischen Eltern und Kindern.
- Mit der Einführung des ALG II wurden Hinzuverdienstmöglichkeiten eingeräumt, die es vorher in der Sozialhilfe nicht gab. Dadurch wurden die Unterstützungsleistungen erhöht und der Kreis der Berechtigten ausgeweitet.
- Für die Empfänger von ALG II werden Beiträge in die gesetzliche Rentenversicherung eingezahlt, ohne zu wissen, ob später eine Bedürftigkeit besteht.
- Im Zusammenhang mit der Einführung des ALG II wurden die Wohnflächenansprüche der Bedarfsgemeinschaften stärker normiert. Als Grundlage wurden die vergleichsweise hohen Richtflächen des sozialen Wohnungsbaus genommen, der für „breite Schichten der Bevölkerung" gedacht ist. Aufgrund der großzügig bemessenen Wohnflächenansprüche ergeben sich hohe Beträge bei der Erstattung der Kosten der Unterkunft.

293. Neben den Ausgaben für die ALG II-Leistungen sind auch die Sozialleistungen insgesamt in den letzten Jahren stark angestiegen. Berechnungen des IW Köln zufolge deckte im Jahr 2006 jeder Vierte der 18- bis 64-Jährigen seinen Lebensunterhalt ganz oder teilweise mit staatlicher Unterstützung, dies waren zwölf Prozent mehr als 1980. Gleichzeitig ist die Zahl der Erwerbstätigen gesunken, die diese Leistungen über Steuern und Abgaben finanzieren müssen, wodurch die Belastung für den einzelnen Arbeitnehmer gestiegen ist. Zusätzlich mussten die Arbeitnehmer in den letzten Jahren reale Einbußen beim Nettoeinkommen hinnehmen. Es ist dadurch schwerer geworden, die Forderung zu erfüllen, dass jemand, der arbeitet und damit Transferzahlungen finanziert, mehr erhält als jemand, der nicht arbeitet und Transferempfänger ist (Abstandsgebot). Für Familien mit zwei und mehr Kindern erreicht oder überschreitet das ALG II in vielen Fällen das in den untersten Lohngruppen erzielbare Nettoeinkommen.

294. Mit den Hartz-Reformen sollte ein Paradigmenwechsel verbunden werden, um die Arbeitsleistung der Transferempfänger stärker abzurufen. Der Grundsatz des „Förderns und Forderns" hat folgenden Niederschlag im § 2 des SGB II gefunden: „Erwerbsfähige Hilfebedürftige und die mit ihnen in einer Bedarfsgemeinschaft lebenden Personen müssen alle Möglichkeiten zur Beendigung oder Verringerung ihrer Hilfebedürftigkeit ausschöpfen. Der erwerbsfähige Hilfebedürftige muss aktiv an allen Maßnahmen zu seiner Eingliederung in Arbeit mitwirken, insbesondere eine Eingliederungsvereinbarung abschließen. Wenn eine Erwerbstätigkeit auf dem allgemeinen Arbeitsmarkt in absehbarer Zeit nicht möglich ist, hat der erwerbsfähige Hilfebedürftige eine ihm angebotene zumutbare Arbeitsgelegenheit zu übernehmen". Wer sich weigert, eine zumutbare Arbeit anzunehmen, verliert den Anspruch auf Hilfe zum Lebensunterhalt. Die betreffende Regelleistung kann stufenweise um jeweils 30 Prozent abgesenkt werden.

Das Lohnabstandsgebot, das weiterhin für den Bezug von Sozialhilfe gilt, wurde nicht für den Bezug von ALG II im Gesetz verankert. Hier ist es inzwischen möglich, sich durch Transferbezug besser zu stellen als durch eigene Tätigkeit am Markt, insbesondere wenn Familienangehörige zu versorgen sind. Das wird zum Problem, wenn die Arbeitsleistung der ALG II-Empfänger nicht ausreichend eingefordert wird. Weil der Lohn grundsätzlich auf die Arbeitsleistung einer Person bezogen wird, unabhängig davon, ob der Arbeitnehmer für sich alleine oder für mehrere Familienmitglieder zu sorgen hat, lässt sich das Lohnabstandsgebot nicht generell formulieren, also nicht losgelöst von der familiären und sozialen Situation.[5] Selbst wenn die familienpolitischen Vergünstigungen im Steuerrecht und die direkten Hilfen (Kindergeld, Zuschläge beim Wohngeld usw.) zum Lohneinkommen hinzugerechnet werden, mag das Gesamteinkommen für große Familien in den unteren Lohngruppen nicht ausreichen. Dann muss ergänzendes ALG II geleistet werden. Problematisch ist hierbei, dass sich die Transferempfänger mit dem ergänzenden ALG II und den zusätzlich gewährten Hinzuverdienstmöglichkeiten besser stellen können als durch eine Tätigkeit am regulären Arbeitsmarkt. Durch die Nicht-Einhaltung des Lohnabstandsgebots entstehen hierdurch negative Arbeitsanreize für Transferempfänger und auch Arbeitnehmer, die gerade soviel verdienen, dass sie von der Gesellschaft nicht unterstützt werden müssen, haben einen Anreiz, ihre Arbeitszeit zu reduzieren und sich in Kombination mit ergänzendem ALG II besser zu stellen. Die anrechnungsfreien Hinzuverdienstmöglichkeiten wurden, der Idee eines Kombilohns folgend, ursprünglich als Anreiz zur Arbeitsaufnahme eingeräumt. Es ist jedoch schon aufgrund des Gleichbehandlungsgebots nicht zu rechtfertigen, dass ein arbeitsfähiger Transferempfänger eine höhere Grundsicherung erhält als ein Transferempfänger, der nicht arbeiten kann. Daher muss darauf hingewirkt werden, dass jeder arbeitsfähige Transferempfänger entsprechend dem Subsidiaritätsprinzip seine Arbeitsleistung einbringt, ohne dass sein Einkommen einschließlich des ALG II über das Mindestsicherungsniveau hinausgeht.

295. Eine wichtige Frage darf bei der weiteren Entwicklung des ALG II nicht übergangen werden, nämlich wie „Vollzeitbeschäftigung" definiert wird und ob eine zunehmende Bedürftigkeit aufgrund von Arbeitszeitverkürzungen vom Steuerzahler über höhere Sozialhilfeleistungen ausgeglichen werden soll. Muss die Gesellschaft nicht von Arbeitnehmern wie von Selbständigen verlangen, dass sie zunächst ihre Selbsthilfemöglichkeiten ausschöpfen, also auch durch längere Arbeitszeiten? Das heißt: Auch aus sozialpolitischen Gründen muss es möglich sein, die Arbeitszeit nach unten und nach oben flexibel zu gestalten. Die immer noch anzutreffende Vorstellung, durch Arbeitszeitverkürzungen könnten zusätzliche Stellen geschaffen werden, muss

---

[5] Gemeint ist mit dem Lohnabstandsgebot, dass eine Person, die Steuern zahlt – u.a. für Transferzahlungen –, besser gestellt sein soll als eine Person, die Transferzahlungen erhält und die gleichen familiären Bedingungen hat.

Überlegungen dazu auslösen, wie die Sozialsysteme vor den Folgen einer Arbeitszeitverkürzungs-Armut bewahrt werden können. Gleichzeitig ist zu fragen, ob es wirklich gewollt sein kann, immer mehr Erwerbspersonen durch tariflich vorgegebene Arbeitszeitverkürzungen an die Armutsgrenze zu bringen und aus dem Arbeitsprozess in die Sozialsysteme hineinzudrängen.

296. Der zunehmende globale Wettbewerb zwischen Arbeitnehmern mit geringer Qualifikation dürfte die schon bestehenden Schwierigkeiten noch verschärfen, weil die Hoffnung auf schnelle oder gar überproportionale Lohnsteigerungen in den unteren Lohngruppen schwindet. Damit wird das Dilemma, dass ALG II-Empfänger mit geringer Qualifikation keinen finanziellen Anreiz haben, wieder erwerbstätig zu werden – insbesondere bei begrenzten Arbeitszeiten –, noch an Brisanz gewinnen. Trotzdem muss aus ökonomischen und sozialen Gründen nach Wegen gesucht werden, die arbeitslosen, aber arbeitsfähigen ALG II-Empfänger wieder in eine Beschäftigung zu bringen.

297. Tarifpolitik, Arbeitsmarktpolitik und Sozialpolitik müssen stärker verzahnt werden. Ein erfolgversprechender Ansatz dazu kann aus dem oben beschriebenen Vorschlag entwickelt werden, den ALG II – Empfängern die Möglichkeit zu geben, im Rahmen des bestehenden Sozialrechtsverhältnisses für die Allgemeinheit zu arbeiten (produktive gemeinnützige Beschäftigung, siehe Abschnitt F IV). Zu dem sozialpolitischen Grundsatz, dass der Staat bzw. die Gesellschaft die Menschen unterstützt, die aus eigener Kraft nicht in der Lage sind, einen Mindestlebensstandard zu erreichen, gehört der komplementäre Grundsatz: Wer seinen Lebensunterhalt von der Gesellschaft finanziert bekommt, ist verpflichtet, der Gesellschaft seine Leistungskraft zur Verfügung zu stellen.

Unter dem Aspekt, die Inanspruchnahme von ALG II zu begrenzen, erscheint es zweckmäßig, die oben dargestellte produktive gemeinnützige Beschäftigung weiterzuentwickeln. Das bedeutet eine Abkehr vom Konzept der Lohnsubvention oder der Beschäftigungstherapie. Vielmehr muss bei jedem ALG II-Empfänger versucht werden, seine Fähigkeiten und Talente voll zu nutzen. Das bedeutet weiterhin, dass das Erfordernis der Zusätzlichkeit in der geltenden Fassung aufgegeben werden muss, weil es dazu führt, ALG II-Empfänger für unbefriedigende und unproduktive Tätigkeiten einzusetzen, so dass höhere Kosten als Vorteile aus der Arbeitsleistung entstehen. Aus arbeitsmarktpolitischen und gesamtwirtschaftlichen Gründen besteht, wie oben ausführlich dargelegt, kein Anlass, am Zusätzlichkeitskriterium festzuhalten, wenn sichergestellt ist, dass die Vorteile aus den Arbeitsleistungen der Allgemeinheit zugute kommen.

298. Es ist zu erwarten, dass durch attraktivere Arbeitsplätze auch die Bereitschaft der ALG II-Empfänger zunimmt, ohne nennenswerten finanziellen Vorteil die Möglichkeiten zu nutzen, die beruflichen Chancen zu verbessern. Außerdem sollte das Prinzip zu einer Selbstverständlichkeit werden, dass die soziale Absicherung durch die Allgemeinheit durch eigene Leistungen zugunsten der Allgemeinheit so weit wie möglich mitgetragen werden muss. Fortschritte in dieser Richtung könnten das Image des

ALG II erheblich verbessern und die vermeintlichen Interessengegensätze zwischen Gebern und Nehmern verringern. Schließlich muss im Interesse der wirklich Hilfebedürftigen der Druck auf diejenigen verstärkt werden, die sich weigern, Gegenleistungen zu erbringen und die das System missbrauchen. In begründeten Fällen muss konsequent von den Möglichkeiten Gebrauch gemacht werden, das ALG II zu kürzen. Mit einem solchen Konzept lassen sich die Konflikte entschärfen, die mit einem Abstandsgebot letztlich nicht befriedigend zu lösen sind. Und die Gesamtwirtschaft wird von Kosten entlastet, weil das Arbeitskräftepotenzial der ALG II-Empfänger besser genutzt wird.

VIII. Risikovorsorge durch privates Vermögen

299. Wichtiger Bestandteil der individuellen Risikovorsorge muss die eigenverantwortliche private Vermögensbildung sein. Bevor die gesetzliche Rentenversicherung eingeführt wurde, hatte das private Vermögen für viele Familien ein besonders großes Gewicht. Die Altersversorgung durch die Kinder wurde durch eigenes Vermögen ergänzt, um das Risiko einer möglichen geringen Leistungsfähigkeit der Kinder aufgrund von geringem Einkommen, Arbeitslosigkeit und Krankheit abzusichern. Wer keine Kinder hatte, wusste von vornherein, dass eine Versorgung im Alter, aber auch bei längerer Krankheit, nur durch Vermögensbildung zu sichern war. Diese Risiken werden heute durch obligatorische Versicherungen sehr weitgehend abgedeckt. Aber angesichts der Beitragslasten und der nachteiligen Wirkungen der gesetzlichen Sicherungssysteme auf die Beschäftigung, auf einen sparsamen Umgang mit den Mitteln, auf die Spartätigkeit und auf die Lasten künftiger Generationen muss die Diskussion über die Risikovorsorge durch Eigeninitiative, also insbesondere durch private, nicht subventionierte Vermögensbildung geführt werden.

300. Ein Vergleich marktwirtschaftlicher und sozialistischer Systeme zeigt die große Bedeutung des privaten Eigentums. Ein anschauliches Beispiel ist der Unterschied zwischen der privaten und der kollektiven Vermögensbildung im Wohnungssektor seit dem zweiten Weltkrieg in Westdeutschland und in der ehemaligen DDR. In Westdeutschland befand und befindet sich praktisch der gesamte Wohnungsbestand in privatem Eigentum, sei es unmittelbar in der Hand der privaten Haushalte, sei es mittelbar in privaten Unternehmen. In der ehemaligen DDR besaßen im Jahre 1989 nur 20 Prozent der Haushalte selbst genutztes Wohneigentum. Von den Mietwohnungen waren nur noch 20 Prozent in privatem Eigentum und dies auch nur noch formal, weil die Mieten praktisch auf Null gesetzt, die Erträge also in vollem Umfang sozialisiert waren. Das System war darauf ausgerichtet, eine Vermögensbildung nur innerhalb der staatlichen Wohnungswirtschaft zuzulassen.

Das Ergebnis konnte kaum krasser ausfallen. Während in Westdeutschland nicht nur der Wohnungsbestand stark ausgeweitet und die Qualität ständig verbessert wurden, gelang es zwar in der ehemaligen DDR, einige große Siedlungen in Plattenbauweise zu erstellen, aber insgesamt verfiel die Bausubstanz schneller, als sie durch Neubau ersetzt werden konnte. Ganze Straßenzüge wurden unbewohnbar. Es war nur noch eine Frage von wenigen Jahren, bis der Wohnungssektor durch Substanzverzehr weitgehend zusammengebrochen wäre.

301. Grundsätzlich könnte man davon ausgehen, dass für eine kollektive Vermögensbildung die gleichen Anstrengungen, der gleiche Konsumverzicht nötig sind wie für eine private. In der Tat mussten auch in der DDR die einzelnen Bürger den Wohnkonsum und den Neubau finanzieren. Die Betriebe mussten für jeden Arbeitnehmer im Durchschnitt monatlich 850 DDR-Mark in einen so genannten Sozialfonds einzahlen, aus dem neben anderen staatlichen Leistungen auch der Wohnungsbau und die Instandhaltung finanziert wurden. Wie im Wohnungsbau liegt auch in anderen Formen der Vermögensbildung und der Risikovorsorge der entscheidende Unterschied in den Verhaltensweisen und Anreizen, die mit der privaten und der kollektiven Sicherung verbunden sind.

In der *Vermögensbildungsphase* sind Personen, die privates Eigentum bilden und für sich selbst sparen, stark motiviert, Einkommen zu erzielen und Leistungen zu erbringen, u.a. auch durch Eigenleistung beim Bau eines Hauses. Außerdem besteht eine hohe Bereitschaft, Konsumverzicht zu üben, um in kurzer Zeit Kapital anzusammeln. Das gilt insbesondere für selbst nutzende Eigentümer, die nicht selten mehr als 40 Prozent ihres Einkommens für eine schnelle Entschuldung ihres Hauses aufwenden. Etwas geringer sind die Anreize bereits, zur Absicherung von Risiken in eine private Versicherung einzuzahlen. Aber auch in diesem Fall sind die Bürger bestrebt, durch eigene Anstrengungen möglichst schnell eine befriedigende Risikoabsicherung zu erreichen.

Wenn kollektive Sicherungssysteme bestehen, ist die Neigung gering, in diese Systeme einzuzahlen, oder sie kehrt sich zu einer Abneigung um. Während Leistungen aus der Rentenversicherung noch einen Bezug zum eigenen Einkommen haben und die Beiträge trotz der Umverteilungskomponenten und der Unsicherheiten einigermaßen akzeptiert werden, sind die Leistungen aus der gesetzlichen Krankenversicherung und aus der Pflegeversicherung unabhängig von der Höhe der Beiträge. Wie bei den Sozialfonds, aus denen in der ehemaligen DDR die kollektive Vermögensbildung und Wohnungsversorgung finanziert wurde, besteht auch bei der gesetzlichen Krankenversicherung und der Pflegeversicherung die Tendenz, möglichst viel Einkommen von der Beitragsbelastung freizuhalten. Niemand bemüht sich, in eine kollektive Kasse einzuzahlen, wenn die Vorteile aus der höheren Einzahlung sozialisiert werden. Obwohl also ein starker Anreiz besteht, privates Eigentum zu bilden und sich gegen Risiken abzusichern, sind die gleichen Personen nur sehr begrenzt bereit, sich am Aufbau kollektiven Vermögens zu beteiligen. Es ist sogar damit zu rechnen, dass viel Energie darauf verwandt wird, eigene Beiträge zu vermeiden.

In der *Eigentumserhaltungsphase* kann man davon ausgehen, dass privates Vermögen besonders gut gepflegt wird. Privates Sachkapital wird hauptsächlich in Form von Wohnungen und anderen Immobilien gehalten. Sowohl bei selbst genutzten als auch bei vermieteten Wohnungen hat der Eigentümer ein starkes Interesse, die Gebäude instand zu halten, zu modernisieren und den Wohnwünschen anzupassen. Das gilt in gleicher Weise für Personen, die ihr Vermögen oder Vermögensteile im eigenen Betrieb anlegen oder sich maßgeblich an Unternehmen beteiligen. Wie nachlässig mit kollektivem Vermögen umgegangen wird, hat das Wirtschaftssystem der DDR vorgeführt und kann in anderen Ländern beobachtet werden.

In der *Eigentumsverwendungsphase* werden die Unterschiede am deutlichsten. Wer privates Vermögen in Anspruch nehmen muss, um besondere Belastungen aufzufangen oder im Alter den Lebensunterhalt zu bestreiten, wird dies mit besonderer Vorsicht tun. Er wird sich bemühen, das eigene Vermögen möglichst schonend und möglichst kurz zu beanspruchen. Es besteht nicht nur ein starker Anreiz, sparsam mit dem Vermögen umzugehen, sondern auch ein Ansporn, zusätzlich noch etwas zu verdienen, um aus einer Arbeitslosigkeit schnell wieder herauszukommen, eine Umschulung oder Fortbildung schnell zu durchlaufen und im Rentenalter nicht zu früh und nur stufenweise auf das Vermögen zurückzugreifen. Wer an der Grenze des Rentenalters noch gesund ist und Freude an seiner Tätigkeit oder an einer neuen Aufgabe hat, kann solche Optionen nutzen und entsprechend seinen Vorlieben das eigene Vermögen schonen, seine Kinder oder Enkelkinder unterstützen, Teile des Vermögens für gemeinnützige Zwecke einsetzen usw.

Genau umgekehrt sind die Verhaltensweisen bei der Inanspruchnahme von kollektivem Vermögen und von Versicherungsleistungen unabhängig davon, ob es sich um private oder staatliche Versicherungen handelt. In der Wohnungswirtschaft, z. B. in den stark subventionierten Wohnungen des sozialen Wohnungsbaus, bestehen keine ausreichenden Anreize, die Nutzung einzuschränken, unterzuvermieten, eine Haushaltsneugründung zu verschieben usw. Jeder versucht, möglichst viel unentgeltlichen und verbilligten Wohnraum zu beanspruchen und zu behalten. Bei Versicherungen herrscht ebenfalls die Verhaltensweise vor, Leistungen in möglichst großem Umfang und möglichst lange herauszuholen – bis an die Grenzen des Missbrauchs. Da sich die Mehrzahl der Versicherten so verhält, verleiten alle kollektiven Systeme zur Unwirtschaftlichkeit, zum übermäßigen Konsum und zur ungewollten gegenseitigen Ausbeutung.

Bei den Umlagesystemen, die verschiedene Formen der Umverteilung enthalten, kommt hinzu, dass einzelne Gruppen sich auch auf der Finanzierungsseite Verteilungsvorteile versprechen, also darauf setzen, dass die in Anspruch genommenen Leistungen hauptsächlich von anderen Personen finanziert werden. Dadurch entsteht ein großer Anreiz, die Leistungsansprüche hochzutreiben – zu Lasten der Allgemeinheit und künftiger Generationen, zu Lasten der Effizienz und zu Lasten des gesamtwirtschaftlichen Kapitalstocks. Kollektive Umverteilungssysteme haben das Problem, die Zwangsmitgliedschaft im Kollektiv aufrechtzuerhalten. Denn wegen der Umverteilung besteht die Gefahr, dass die überproportional Belasteten nicht nur versuchen, ihre Beiträge niedrig zu halten, sondern auch aus dem System herauszugehen, z. B. durch das Ausweichen in nicht abgabenpflichtige Tätigkeiten oder durch eine Wohnsitzverlagerung in andere Staaten der Europäischen Union.

302. Die Gegenüberstellung der Wirkungen einer privaten und einer kollektiven Vermögensbildung sowie der Vergleich der privaten Vermögensbildung und der privaten bzw. staatlichen Versicherung unterstreichen die Notwendigkeit, den Bürgern wieder mehr Verantwortung für die Eigenvorsorge zu überlassen. Die zu erwartende Entwicklung in den gesetzlichen Versicherungssystemen ist nur zu bewältigen, wenn jeder Versicherte frühzeitig Vermögen bildet.

Leider haben die Sozialpolitiker den Aspekt der Eigenvorsorge durch private Kapitalbildung fast vollständig aus den Augen verloren oder als unbequem zur Seite geschoben. Sie denken lieber darüber nach, wie noch mehr Menschen und noch größere Teile des privaten Einkommens in die gesetzlichen Umlagesysteme hineingezwungen werden können. Die Idee der Mindestabsicherung im Sinne einer sozialen Absicherung ist zeitweise vollständig von der Idee der Lebensstandardsicherung und Vollversorgung verdrängt worden. Eine Auseinandersetzung mit den unterschiedlichen Systemwirkungen und mit der Frage, ob die Ausweitung der kollektiven Systeme zu Lasten der privaten Eigenvorsorge die Grundlagen der Sozialen Marktwirtschaft stärkt oder schwächt, findet kaum noch statt. Der im Jahre 2002 eingeführten geförderten privaten Altersvorsorge (Riesterrente) liegt nach wie vor die Auffassung zugrunde, der Staat müsse die Bürger durch Zwangsabgaben und Subventionen zu einer angestrebten Vermögensbildung bewegen, und er müsse die Art der Vermögensanlage sowie die Verwendung kontrollieren.

Die Tatsache, dass privates Eigentum bzw. privates Vermögen ein konstituierendes Element der Sozialen Marktwirtschaft ist, wird in Festschriften, Festreden, Grußworten und in einigen Parteiprogrammen zwar immer noch betont, aber in der wirtschafts- und sozialpolitischen Praxis schnell vergessen. Dabei geht es bei jeder Leistungsausweitung, Beitragssatzerhöhung usw. um eine Grenzverschiebung zwischen privater und kollektiver Verantwortung, zwischen Freiheit und Zwang, zwischen Motivation und Demotivation. Es ist unbestritten, dass eine kollektive Absicherung von Risiken zum marktwirtschaftlichen System gehört. Nur so kann ein sozialer Mindeststandard für alle gewährleistet werden. Das erfordert eine Umverteilung innerhalb der Gesellschaft über das Steuersystem oder auch über andere Umlageverfahren. Bei der darüber hinausgehenden Risikovorsorge muss aber die private Vermögensbildung wieder ein stärkeres Gewicht erhalten. Das setzt voraus, dass sich die gesetzliche Rentenversicherung auf eine Mindestabsicherung knapp oberhalb des Sozialhilfeniveaus beschränkt und die Art sowie den Umfang einer weiteren Vorsorge dem einzelnen Bürger überlässt.

303. Um die Möglichkeiten der privaten Risikovorsorge zu verbessern, wäre es schon ein Fortschritt, die verschiedenen selektiven Formen der Vermögensbildungsförderung zu einer allgemeinen Förderung zusammenzufassen. Die einzelnen Fördertatbestände lassen sich nur schwer rechtfertigen. Eine Begründung für die Förderung der Vermögensbildung könnte die Risikovorsorge der Bürger sein. Statt einer expliziten Förderung wäre es allerdings leichter zu begründen, wenn der Bürger ohne staatliche Hilfe, aber auch ohne staatliche Behinderung durch Steuern nach eigenen Vorstellungen Risikokapital bilden könnte. Diese Möglichkeit würde durch eine konsumorientierte Einkommensteuer wesentlich verbessert. Wer eigenes Vermögen hat, kann viele Risiken auffangen und muss nicht gleich staatliche Hilfen in Anspruch nehmen. Diese Entlastung des Staates hat nicht nur den Vorteil, dass die Abgabenbelastung geringer sein kann als bei voller staatlicher Risikovorsorge, sondern sie vermeidet auch viele der geschilderten Negativreaktionen und gibt dem einzelnen Bürger mehr Verantwortung und mehr Freiheit. Wer aus eigenem Einkommen für sich und seine Familie sorgen kann, und zwar auch bei sich ändernden Bedingungen in verschiedenen Lebensphasen, dem darf der Staat nicht die Mittel entziehen und ihn dadurch in eine Abhängigkeit von staatlicher Fürsorge bringen.

304. Solange es keine konsumorientierte Besteuerung gibt, sollten die selektiven Zulagen, Prämien und Steuervergünstigungen durch eine generelle Regelung ersetzt werden, die dem einzelnen Bürger das Aufbauen eines Basisvermögens als Risikopuffer erleichtert. Die Grundidee ist einfach, nämlich jeder Bürger sollte in seinem Leben ein Vermögen von beispielsweise 350.000 Euro steuerfrei ansparen können. Das entspricht etwa dem vom Bundesverfassungsgericht in seinen Urteilen vom 22. Juni 1995 definierten Gebrauchsvermögen, das nicht mit Vermögensteuer belastet werden darf. Die Art des Vermögens kann der Bürger frei wählen, also nicht nur selbst genutztes Wohneigentum, sondern auch Mietwohnungen; nicht nur Beteiligung am Unternehmen, in dem man beschäftigt ist, sondern auch an anderen Unternehmen und an Wertpapierfonds oder auch der Erwerb einzelner Wertpapiere usw. Die Steuerbefreiung kann auch im Erbfall in Anspruch genommen werden. Ehepaare können die Beträge beim Wohnungserwerb oder im Erbfall kumulieren, bis jeder seinen Betrag ausgeschöpft hat. Da mit der Steuerbefreiung die private Risikovorsorge erleichtert werden soll, kann eine Verwendungsauflage vorgesehen werden, d. h. das steuerfrei gebildete Vermögen darf nur für bestimmte Zwecke wieder aufgelöst werden, oder es ist nachzuversteuern. Selbstverständlich müssen der Einsatz der Mittel im Pflegefall, für den Lebensunterhalt im Rentenalter oder bei langer Arbeitslosigkeit zu den zulässigen Verwendungszwecken gehören.

Grundsätzlich wäre das Vermögen für die zu benennenden Zwecke zu binden. Die Erträge aus diesem Vermögen würden keiner besonderen Verwendungsrestriktion unterliegen. Zu überlegen wäre außerdem, ob Versicherungsbeiträge mit diesem Modell kombiniert werden sollten, also ob eine weitere Wahlmöglichkeit zwischen steuerfreien Versicherungsbeiträgen und steuerfreier Vermögensbildung geschaffen werden sollte. In jedem Fall erscheint es sinnvoll, die einzelnen Formen der Vermögensbildungsförderung zusammenzufassen und dadurch die für den einzelnen Bürger günstigste Art der Vermögensbildung zu unterstützen.

305. Die wichtigste Voraussetzung für eine private Vermögensbildung ist der Schutz des Eigentums einschließlich der Erträge. Vermögen kann auf zwei Wegen entzogen werden: durch Enteignung des Vermögensgegenstands und durch Konfiskation der Vermögenserträge bis hin zu ergänzenden Verpflichtungen. Ein Beispiel für die Enteignung über den Entzug der Erträge war die Behandlung der privaten Vermieter in der

DDR. Die zulässigen Mieten waren so niedrig angesetzt, dass sie nicht einmal für die vom Wohnungseigentümer zu tragenden Bewirtschaftungskosten ausreichten.

In der Bundesrepublik Deutschland ist das Eigentum durch die Verfassung geschützt. In Artikel 14 des Grundgesetzes heißt es: „Das Eigentum und das Erbrecht werden gewährleistet. Inhalt und Schranken werden durch die Gesetze bestimmt. Eigentum verpflichtet. Sein Gebrauch soll zugleich dem Wohle der Allgemeinheit dienen." Diese Eigentumsgarantie war bis 1995 inhaltlich nicht klar bestimmt. Der Schutz vor Enteignung wurde nur als formale Garantie gesehen, d.h. dem Eigentümer durfte das unmittelbare Verfügungsrecht nicht entzogen werden.

Für die zweite Form der Enteignung, nämlich den Entzug der Erträge aus dem Eigentum, gab es in der Rechtsprechung nur eine unscharfe Grenze aufgrund der „Erdrosselungstheorie". Eingriffe in die Substanz wurden mit der Eigentumsgarantie für vereinbar gehalten, sofern ein Kernbestand des Eigentums erhalten blieb bzw. die wirtschaftliche Existenz des Steuerpflichtigen noch gerade nicht zerstört wurde. Dem Staat waren praktisch keine Grenzen gesetzt, die Erträge durch Steuern an sich zu ziehen. Die Eingriffe in das Eigentum wurden regelmäßig mit der Sozialpflicht des Eigentums begründet.

306. Mit seinen Entscheidungen vom 22. Juni 1995 zu den Einheitswerten als Grundlage der Vermögensteuer und der Erbschaft- und Schenkungsteuer hat das Bundesverfassungsgericht die Eigentumsgarantie und die Sozialpflichtigkeit des Eigentums präzisiert und dem Gesetzgeber engere Grenzen für die Besteuerung vorgegeben. Der Schutz des privaten Eigentums ist durch diese Beschlüsse erheblich gestärkt worden:

1. Eine Vermögensteuer darf nicht in die Substanz eingreifen. Grundsätzlich muss es möglich sein, die Vermögensteuer aus den Erträgen zu zahlen. Dabei können die Erträge typisiert werden (Sollerträge), d.h. es kann von üblicherweise anfallenden Erträgen ausgegangen werden.
2. Eine etwa hälftige Teilung der Erträge darf nicht überschritten werden. Genauer: Die Vermögensteuer darf zu den übrigen Belastungen der Vermögenserträge nur hinzutreten, wenn dem Eigentümer noch etwa die Hälfte der Erträge verbleibt. Dabei sind auf jeden Fall die direkten Steuern wie die Einkommensteuer (einschließlich des Solidaritätszuschlags) und die Grundsteuer zu berücksichtigen. Prinzipiell sollen auch die indirekten Steuern beachtet werden.
3. Das übliche Gebrauchsvermögen darf nicht mit Vermögensteuer belastet werden.

Die Freistellung des Gebrauchsvermögens umfasst den üblichen Hausrat und den Wert eines durchschnittlichen Einfamilienhauses. Die Grundidee, dass jeder Bundesbürger an allen Standorten in Deutschland ein durchschnittliches Einfamilienhaus bewohnen können soll, ohne Vermögensteuer zu zahlen, wurde ausdrücklich als Wertmaßstab formuliert, d.h. dass die Bürger auch andere Vermögensgegenstände im gleichen Wert steuerfrei halten können. Außerdem soll ein angemessenes Vermögen, das der Altersvorsorge dient und bereits der Einkommensteuer unterlegen hat, steuerfrei bleiben. Nähere Anhaltspunkte für den Umfang dieses Vermögens gibt das Bundesverfassungsgericht nicht. Die genannten Freibeträge gelten pro Person. Es soll keine Schlechterstellung von Ehepartnern gegenüber Einzelpersonen geben.

Die grundsätzliche Begrenzung des steuerlichen Zugriffs auf etwa die Hälfte der Erträge schränkt die Möglichkeiten, eine Vermögensteuer zu erheben, sehr stark ein. Wer bereits aufgrund anderer Einkünfte in der Einkommensteuer einen marginalen Steuersatz von mehr als 50 Prozent erreicht hat, darf nach dieser Vorgabe des Bundesverfassungsgerichts nicht mehr mit Vermögenssteuern belastet werden. Gegenwärtig liegt der Höchstsatz einschließlich Solidarzuschlag bei 47,48 Prozent des Einkommens. Damit bleibt nur ein Spielraum von 2,52 Prozent auf Vermögenserträge bzw. von 0,126 Prozent auf das Vermögen, wobei ein Sollertrag von fünf Prozent unterstellt ist. Auch durch Einführung der Abgeltungssteuer zum 1. Januar 2009 bleibt der Spielraum für eine Vermögensteuer sehr eng.[6] Im Ergebnis können somit künftig weder die kleinen noch die großen Vermögen mit Vermögensteuer belastet werden.

307. Aus diesen Gründen und wegen der geringen Ergiebigkeit sowie der hohen Verwaltungskosten hat der Gesetzgeber die Frist des Bundesverfassungsgerichts für eine verfassungskonforme Neuregelung der Vermögensteuer verstreichen lassen. Die Erhebung der Vermögensteuer lief mit dem 23. Dezember 1996 aus.

Die Länder schätzten den Steuerausfall auf 4,5 Milliarden Euro – eine vermutlich etwas zu hohe Schätzung. Die Verwaltungskosten wurden mit etwa einem Drittel der Steuereinnahmen veranschlagt. Unter diesen Bedingungen wurde der Steuerausfall mehr als kompensiert durch eine Erhöhung der Grunderwerbsteuer von zwei auf 3,5 Prozent (plus 2,65 Milliarden Euro), einer Erhebung der Grunderwerbsteuer bei wesentlicher Änderung des Gesellschaftsstandes (0,18 Milliarden Euro) und einer Erhöhung der Erbschaftsteuer (1,1 Milliarden Euro).

---

[6] Vergrößert wird der Spielraum für Steuerzahler, die nahezu ausschließlich Zinseinkünfte erzielen (Steuersatz 26,4 Prozent ESt plus Solidaritätszuschlag, wenn absolute Preisstabilität erreicht wird, denn 1 Prozent Inflation bedeutet bereits eine Verringerung des Sollertrags um etwa 20 Prozent).

H. Weitere Bedingungen für einen hohen Beschäftigungsstand

I. Den Wettbewerb stärken

1. Subventionen abbauen

308. Subventionen verzerren den Wettbewerb, diskriminieren nicht subventionierte Haushalte und Unternehmen, verringern die Effizienz der Produktion und der Verteilung von Gütern, und sie erhöhen die Abgabenlast. Letztlich müssen die nicht subventionierten Bürger die Mittel aufbringen. Die Subventionen in Deutschland haben mittlerweile eine Größenordnung erreicht, die mit einer marktwirtschaftlichen Ordnung nicht mehr vereinbar ist. Für das Jahr 2007 weist das Kieler Institut für Weltwirtschaft ein Gesamtvolumen von knapp 150 Milliarden Euro aus, worin Finanzhilfen, die von den Autoren als ökonomisch sinnvoll angesehen werden (beispielsweise Mittel zur Förderung des Schul- und Hochschulwesens) oder die gezielt hilfebedürftigen Bürgern zugute kommen (beispielsweise Zuschüsse für Behindertenheime), nicht enthalten sind. Die Subventionen belaufen sich damit auf 6,2 Prozent des Bruttosozialprodukts bzw. 27,8 Prozent des Steueraufkommens (vgl. Boss/Rosenschon, 2008). Ohne diese Subventionen könnte die Einkommensteuer auf ein Drittel reduziert werden. Der unmittelbaren Kürzung von Subventionen stehen oftmals rechtliche Hemmnisse aufgrund von langfristigen Zahlungsverpflichtungen oder aber des Vertrauensschutzes entgegen. Ohne diese Verpflichtungen schätzen die Kieler Ökonomen das Kürzungspotential im Jahr 2008 auf 119 Milliarden Euro.

Die Schätzung des Subventionsvolumens ist noch nicht einmal vollständig, da eine lückenlose Erfassung aller Subventionen in Deutschland wegen fehlender bzw. zu teurer Erfassung in der Praxis nicht möglich ist. Zu den direkten haushaltsmäßigen Belastungen durch Subventionen kommen die indirekten Folgekosten hinzu, die unter anderem in einer erheblichen Ausweitung des Verwaltungsapparates bestehen, welche durch die Vielzahl der bestehenden Subventionsprogramme notwendig wird.

309. Häufig wird argumentiert, mit Subventionen würden Arbeitsplätze gesichert. Das ist eine zwar politisch übliche, aber verkürzte und meistens falsche Sichtweise, weil nur der subventionierte Bereich betrachtet wird und selbst dort nicht einmal sicher ist, ob nicht die Effizienzverluste den Subventionsvorteil wieder aufheben. Ökonomisch sind aber zwingend die Wirkungen einzubeziehen, die durch die zusätzliche Steuerbelastung an anderer Stelle entstehen. Denn mit den aufgrund von Subventionen erforderlichen Zwangsabgaben werden Betriebe, die ohne diese Belastung gerade noch existieren können, aus dem Markt gedrängt. In anderen Betrieben sinkt die Rendite nach Steuern, so dass tendenziell die Investitionen, die Produktion und damit die Beschäftigung eingeschränkt werden. Wegen der Effizienzverluste aufgrund der staatlichen Eingriffe und aufgrund der verfälschten Preise und Kosten ist mit Einkommens- und Wohlstandsverlusten zu rechnen. Außerdem ist davon auszugehen, dass an anderer Stelle mindestens so viele Arbeitsplätze verloren gehen oder nicht entstehen wie mit einer Subvention geschützt werden. Nur in wenigen Ausnahmefällen tragen Subventionen zur Korrektur eines Marktversagens und zur Steigerung der wirtschaftlichen Effizienz bei.

310. Insbesondere die für den Einzelbetrieb aus Beschäftigungsgründen gezahlte Subvention hat für die Gesamtwirtschaft negative Wirkungen. Von Hayek betont, dass es genau umgekehrt sein sollte: „Der einzige allgemeine Grundsatz, der bezüglich der Subventionen aufgestellt werden kann, ist wahrscheinlich, dass sie nie durch das unmittelbare Interesse der Empfänger gerechtfertigt werden können, sondern nur durch die allgemeinen Vorteile, die alle Bürger genießen können – das heißt durch das Gemeinwohl im wahren Sinne." (Hayek 1971, S. 336). Das wichtigste Beispiel dafür dürften Maßnahmen mit positiven externen Effekten zugunsten der Allgemeinheit sein, beispielsweise die Abwasserregulierung, der Deichbau und die Forschung.

Bei den meisten Subventionen fällt es schwer, Vorteile für das Gemeinwohl zu identifizieren. Deshalb gibt es grundsätzlich einen breiten Konsens über die Zielsetzung, Subventionen abzubauen. Wenn allerdings konkrete Vorschläge zum Subventionsabbau gemacht werden, formieren sich die Widerstände. Die Schwierigkeiten mit dem Subventionsabbau beginnen schon bei dem Versuch, Subventionen nachvollziehbar und konsensfähig zu definieren und zu klassifizieren, so dass daraus Folgerungen für einen sofortigen Abbau, für ein degressives Auslaufen usw. gezogen werden könnten.

311. Eine gängige Definition von Subventionen heißt: Finanzhilfen und Steuervergünstigungen für Unternehmen. Obwohl Umverteilungsmaßnahmen zur Korrektur der Einkommensverteilung, wie beispielsweise die Sozialhilfe und das Arbeitslosengeld II, zu den Transferzahlungen gehören, bleiben sie in der Subventionsdiskussion in der Regel außer Betracht. Daran wird schon deutlich, dass die Zielsetzung eine wichtige Rolle spielt. Zusätzlich zu den Subventionen in der Gestalt finanzieller Transfers muss die verbilligte Abgabe von Gütern und Leistungen des Staates zugunsten von Einzelpersonen, Gruppen, Unternehmen und Organisationen berücksichtigt werden. Beispiele sind die verbilligte oder unentgeltliche Abgabe von Grundstücken oder die unentgeltliche Bereitstellung von Infrastruktur, die nur einer kleinen Gruppe oder einem Unternehmen zugute kommt.

Um von einer Steuervergünstigung sprechen zu können, muss geklärt sein, was als Normalbesteuerung anzusehen ist. So könnte man als Ausgangsbasis für Abschreibungsvergünstigungen die wirtschaftliche Wertminderung ansetzen – unterstellt, diese sei einigermaßen zuverlässig zu ermitteln. Um eine Scheingewinnbesteuerung zu vermeiden, müssten die Gewinne um Inflationskomponenten bereinigt werden oder die steuerlich zulässige Abschreibung mit der Rate der Geldentwertung zunehmen, damit die wirtschaftliche Wertminderung richtig erfasst wird. Außerdem könnte es sinnvoll sein, die steuerliche Abschreibung günstiger zu gestalten als die erwartete wirtschaftliche Wertminderung, um dem Risiko von Investitionen Rechnung zu tragen. Würde ein Betrieb beispielsweise eine Risikoversicherung abschließen, wäre die Versicherungsprämie steuerlich absetzbar. Schließlich mag eine Gesellschaft sich aus Gründen der Zukunftsvorsorge dazu entschließen, einen allgemeinen Investitionsanreiz zu geben.

Diese wenigen Hinweise zeigen, dass es nicht ganz einfach ist, Subventionen klar abzugrenzen bzw. schädliche von unschädlichen Hilfen zu unterscheiden. Die Maßnahmen müssen im Einzelfall an den wirtschafts- und gesellschaftspolitischen Zielen gemessen werden. Ein wichtiges Unterscheidungsmerkmal ist das Von Hayeksche Kriterium des Gemeinwohls. Dabei ist zu sehen, dass die von Subventionen begünstigten Gruppen sehr einfallsreich sind, diese Subventionen, die eine klare Begünstigung einer bestimmten Gruppe darstellen, mit angeblichen positiven gesellschaftlichen Wirkungen zu rechtfertigen.

312. Bei der Abgrenzung von Subventionen geht es einerseits darum, Grenzen für die Staatstätigkeit zu ziehen. Die Forderung, Subventionen abzubauen, zielt darauf ab, den Staat auf seine originären Aufgaben zurückzudrängen. Andererseits kommt es darauf an, die als notwendig und sinnvoll angesehenen Transferleistungen des Staates auf die zu erfüllenden Aufgaben zuzuschneiden und auf einen engen Zweck zu begrenzen. Aber auch wenn es einen weitgehenden Konsens über die Zielsetzungen für staatliches und vor allem wirtschaftspolitisches Handeln gäbe, wäre keineswegs gesichert, dass sich das Allgemeininteresse im konkreten Einzelfall durchsetzte. Der Grund liegt darin, dass einzelne Gruppen große Vorteile durch Subventionen erlangen können. Deshalb lohnt es sich für sie, eine straffe Organisation aufzubauen und die Eigeninteressen massiv zu vertreten. Über Subventionen wird eine mit staatlichem Zwang durchgesetzte Umverteilung angestrebt, die im Marktwettbewerb nicht erreicht werden kann. Dabei kann in der Regel darauf vertraut werden, dass die Kosten sich im Haushalts- und Steuersystem sehr diffus verteilen.

Der Widerstand ist meist gering, weil die Nachteile der Subventionen nicht unmittelbar spürbar werden, weil ein Großteil der Bürger kaum Kenntnisse über das tatsächliche Ausmaß und die negativen Folgen der Subventionen besitzt und weil in der Politik die Versuchung besteht, durch gezielte Wohltaten Einfluss auf die politischen Mehrheitsverhältnisse zu nehmen. Politiker und politische Parteien sehen sich ständig unter dem Druck, tatsächliche oder vermeintliche Probleme durch unmittelbare Eingriffe zu lösen und vorhandene Hilfen aufzustocken, auch wenn in grober Weise gegen den Grundsatz der Gleichbehandlung von Bürgern und Unternehmen verstoßen wird. Besonders gefährlich sind hochrangige Krisenrunden, bei denen Politiker, Unternehmer, Gewerkschaftler, Regionalvertreter und soziale Gruppen Arm in Arm für Subventionen und Privilegien kämpfen. Bei allem Verständnis für Probleme in einzelnen Betrieben, Sektoren oder Regionen: In der Regel sind das Veranstaltungen zur Plünderung der Staatskasse, zum Nachteil der Verbraucher, der Steuerzahler, der künftigen Generationen, der Arbeitslosen und der Beschäftigten in kleinen und mittleren Betrieben, denen es nicht gelingt, spektakuläre Krisensitzungen in Gang zu setzen.

Alle Bemühungen, das Subventionsunwesen einzuschränken, haben gemessen am Gesamtvolumen der Subventionen und indirekt gemessen an der Staatsquote keinen durchschlagenden Erfolg gehabt. Der Subventionsbericht der Bundesregierung ist zu einer Routine erstarrt, und er leidet darunter, dass viele Aufwendungen mit Subventionscharakter gar nicht erfasst werden. Als Instrument zur Beurteilung der riesigen West-Ost-Transferleistungen ist der Subventionsbericht praktisch nicht genutzt worden. Es gibt einen bewundernswerten Einfallsreichtum bei den Begriffen, mit denen Subventionen und Diskriminierungen camoufliert werden: Anschubfinanzierung, Anpassungshilfe, Arbeitsplatzsicherung, Nachteilsausgleich, Übergangshilfe, Wettbewerbshilfe, Marktzugangserleichterung, Beschäftigungsförderung usw. Der Zugang zu den Subventionen führt über tatsächliche und vermeintliche Notsituationen, die anschließend sorgfältig konserviert und gegen Widerstand tabuisiert werden. Damit stellt sich die ordnungspolitische Frage, wie eine laufende Kontrolle der Subventionen und eine solide Einzelfallbeurteilung insbesondere bei neuen Subventionen durchgeführt werden können. Bisher fehlt es an einem Verfahren im politischen Entscheidungsprozess, mit dem eine objektive Wirkungsanalyse eingebaut wird. Wohlgemerkt: Nicht erst die politische Wertung, sondern die sachliche Analyse und Darstellung der gesamtwirtschaftlichen Wirkungen im Rahmen einer Nutzen-Kosten-Analyse durch Experten ist schon ein Engpass beim Subventionsabbau.

313. Im Jahre 1991 wurde ein interessanter Weg zum Abbau von Subventionen gewählt. In der Koalitionsvereinbarung vom 16. Januar 1991 wurde eine hochrangige Arbeitsgruppe mit dem Auftrag eingesetzt, die steuerlichen Vergünstigungen und die Finanzhilfen um 3,3 Milliarden Euro pro Jahr abzubauen. Am 25. Februar 1991 beschloss die Regierungskoalition, das Gesamtvolumen des Subventionsabbaus auf 5,1 Milliarden Euro jährlich zu erhöhen. Insbesondere der damalige Wirtschaftsminister Möllemann nahm sich dieser Aufgabe mit großem Engagement an und drohte im Falle eines Scheiterns mit seinem Rücktritt. Tatsächlich beschloss das Bundeskabinett am 10. Juli 1991, Finanzhilfen und Steuervergünstigungen in Höhe von gut 16,1 Milliarden Euro über die Jahre 1992 bis 1994 abzubauen. Im parlamentarischen Verfahren ließen sich zwar nicht alle Kürzungsabsichten durchsetzen, aber das Einsparziel von 15,3 Milliarden Euro wurde nahezu erreicht.

Wahrscheinlich wurde dieser Kraftakt im Jahre 1991 durch den extremen Mittelbedarf für Ostdeutschland begünstigt. Denn im Gesamtergebnis – unter Einbeziehung der West-Ost-Transferleistungen – sind die Subventionen in dieser Phase nicht gesunken, sondern kräftig gestiegen.

Einen weiteren prominenten Versuch zum Subventionsabbau unternahmen im Jahre 2003 der damalige nordrhein-westfälische Ministerpräsident, Peer Steinbrück (SPD), und sein hessischer Kollege, Roland Koch (CDU). Nach ihren Vorstellungen sollten die Subventionen im Zeitraum 2004 bis 2006 pauschal um jährlich vier Prozent reduziert werden ("Rasenmähermethode"). Außerdem legten sie eine Liste mit Einzelvorschlägen für Kürzungen vor (vgl. KOCH/STEINBRÜCK, 2003). Obwohl die Koch-Steinbrück-Liste die Haushalts- und Steuerdiskussion beeinflusst hat, gelang es nicht, den Subventionsabbau zu systematisieren. Die Subventionszahlungen sind in jüngerer Zeit leicht rückläufig. Dies ist einer deutlichen Reduktion der direkten Finanzhilfen zuzuschreiben, wohingegen die Steuervergünstigungen sogar noch zugenommen haben. An die Stelle der entfallenen Finanzhilfen, die offiziell als Subventionen gekennzeichnet werden, sind Finanzhilfen zugunsten der gesetzlichen Rentenversicherung, der Krankenversicherung und des Arbeitslosengelds II getreten.

314. Subventionen, Steuerprivilegien und protektionistische Maßnahmen zugunsten bestimmter Gruppen lassen sich vermutlich leichter wieder aufheben, wenn sie von Anfang an mit harten Auflagen und Bedingungen verknüpft werden. Ziel muss es sein, ein Eigeninteresse der begünstigten Gruppe an der Beendigung der Regelung zu schaffen oder die Vergünstigung nach kurzer Frist wieder zur Disposition zu stellen.

Beispielsweise hätte das Entsendegesetz, das am 1. März 1996 in Kraft getreten ist, nicht nur auf dreieinhalb Jahre befristet, sondern auch mit der Bedingung verknüpft werden können, dass keine Lohnerhöhung vereinbart werden darf, solange das Gesetz in Kraft ist. Dann wäre es nicht – trotz aller heiligen Schwüre, die Regelung wieder aufzuheben – zu dem nahtlosen Übergang in eine Dauerregelung gekommen, die in jüngster Zeit sogar dazu verwendet wird, die ökonomisch unsinnige Mindestlohnregelung auch auf andere Bereiche als das Bauhaupt- und Baunebengewerbe auszudehnen.

Diese Regel, unmittelbar harte Auflagen an die Subvention zu knüpfen, lässt sich auch auf andere Bereiche anwenden. Beispielsweise könnten Subventionen zur Erhaltung von Arbeitsplätzen an eine allgemeine gesetzliche Regel geknüpft werden, dass die Lohnentwicklung in den subventionierten Betrieben um einen bestimmten Prozentsatz – z. B. zwei Prozentpunkte pro Jahr – hinter der allgemeinen Lohnentwicklung zurückbleibt.

315. In der Kohlepolitik ist der grundsätzlich begrüßenswerte Weg gewählt worden, die Subventionen mittelfristig abzubauen. Trotzdem sollen bis zum Jahr 2018 noch weitere 30 Milliarden Euro Steuergelder des Bundes und des Landes Nordrhein-Westfalen in die Kohleförderung fließen – sofern der Ausstiegsbeschluss einer vorgesehenen Überprüfung durch den Bundestag im Jahr 2012 standhält. Der wirtschaftliche Schaden wird deutlich an der riesigen Preisspanne: Mit durchschnittlich 160 bis 170 Euro kostet eine Tonne heimischer Steinkohle zu Beginn des Jahres 2008 noch immer deutlich mehr als Importkohle, für die auf dem Weltmarkt 110 Euro pro Tonne zu zahlen ist. Erst in den vergangenen Jahren ist es aufgrund der positiven weltwirtschaftlichen Entwicklung zu einem Anstieg des Weltkohlepreises gekommen. Zuvor war in Deutschland geförderte Kohle über Jahrzehnte bis zu dreimal so teuer wie Importkohle. Ein wirtschaftlicher Abbau von Steinkohle wird in Deutschland auch in Zukunft kaum möglich sein. Es dürfte schwer fallen, die Subventionen mit der Versorgungssicherheit in Deutschland zu begründen.

Das Arbeitsplatzargument ist gesamtwirtschaftlich nicht zu halten. Bezieht man die öffentlichen Hilfen auf die Beschäftigten, so werden ab 2009 bei unveränderter Beschäftigung pro Arbeitnehmer und Jahr rund 65.500 Euro an Subventionen gezahlt. Ein erheblicher Teil der Subventionen lässt sich nicht kurzfristig abbauen. Diese Mittel sind weiterhin aufzubringen. Die durch die Finanzierung der Subventionen ausgelösten Arbeitsplatzverluste in der übrigen Wirtschaft werden bei weitem den Arbeitsplatzsicherungseffekt im Steinkohlebergbau übersteigen.

Ein weiteres Beispiel für die massive Subventionierung einflussreicher Gruppen ist der Agrarbereich. Durch ein breit angelegtes System so genannter Marktordnungen mit Preis- und Absatzgarantien, einem hohen Schutz vor Importkonkurrenz sowie umfassenden Exportsubventionen und direkten Einkommensbeihilfen an die Landwirte wurden in der Europäischen Union beträchtliche Kosten, überhöhte Preise und eine erhebliche Fehlallokation von Ressourcen verursacht. Zwar ist der Anteil der Agrarausgaben am gesamten EU-Haushalt rückläufig und soll bis zum Jahr 2013 „nur" noch 32 Prozent betragen (zum Vergleich: 1985 betrug er noch zwei Drittel des Brüsseler Haushaltes). Aber mit diesen Einsparungen sollen zukünftig die Agrarsubventionen für die neuen Mitgliedsstaaten finanziert werden. Nach wie vor ist die Förderung der europäischen Landwirtschaft in diesem Ausmaß ökonomisch nicht zu rechtfertigen: So sind bis 2013 Agrarausgaben für die EU-27 in Höhe von 293 Milliarden Euro (in Preisen von 2004) vorgesehen. Interessant ist es zu beobachten, wie sich auch die Begründung für die Subventionen ändert, nämlich von der Sicherung der Ernährung in Europa über eine angemessenes Auskommen der Landwirte bis zur „Entwicklung des ländlichen Raumes" als so genannte zweite Säule der Gemeinsamen Agrarpolitik.

316. Das Argument des Subventionswettlaufs als Begründung für Subventionen wird von fast allen Branchen, also auch von der Stahlindustrie, der Textilwirtschaft, der Flugzeugindustrie usw. vorgebracht. Nach diesem Argumentationsmuster wird behauptet, in irgendeinem Land werde die betreffende Branche subventioniert. Daraus wird die Forderung abgeleitet, der Staat müsse Maßnahmen zum Schutz der heimischen Industrie ergreifen. Dazu muss auf einen einfachen Zusammenhang hingewiesen werden: In Abbildung 24 ist der Fall dargestellt, in dem ein Land Subventionen an alle Sektoren zahlt und dadurch die Kosten der Unternehmen senkt, so dass diese vergleichsweise hohe Löhne zahlen können. Dafür belastet der Staat die privaten Haushalte bzw. Arbeitnehmer in gleichem Maße mit Steuern wie er die Unternehmen subventioniert. Alternativ könnte der Staat auf die Subventionen verzichten. Die Unternehmen hätten entsprechend weniger Geld zur Verfügung und würden die Löhne um den gleichen Betrag senken. Die Arbeitnehmer hätten zwar geringere Lohneinkommen – in dem Beispiel 100 statt 120; sie brauchten aber keine (zusätzlichen) Steuern zu zahlen und könnten in gleichen Umfang Güter kaufen wie vorher.

Wäre es aber nicht doch sinnvoll, die Unternehmen zu subventionieren, damit sie im internationalen Wettbewerb mithalten können, wenn in anderen Staaten auch subventioniert wird? Unterstellt man in Abbildung 24, die Subventionen würden dafür verwandt, die Exporte zu verbilligen, dann könnten die Löhne nicht 120, sondern nur

100 betragen. Die Subventionen dienen dem Verlustausgleich der Unternehmen. Da der Staat sich die Mittel für die Subventionen beschaffen muss, werden die Arbeitnehmer mit den entsprechenden Steuern belastet. In dem Beispiel würde das für Güterkäufe verfügbare Einkommen auf 80 absinken, d.h. die Arbeitnehmer tragen die Exportsubventionen über ihre Steuern. Alternativ könnten die Unternehmen auf die staatlichen Exportsubventionen verzichten und die Löhne auf 80 absenken, um sich auf den Exportmärkten behaupten zu können. Der Staat brauchte keine Steuereinnahmen für Subventionen und die Arbeitnehmer könnten das Lohneinkommen von 80 für Güterkäufe verwenden. In diesem Fall würden sie nicht die Kosten der Exportsubventionen tragen, sondern von vorneherein die am Markt erzielbaren (niedrigeren) Löhne beziehen.

Abbildung 24: Zahlungsströme bei Subventionen

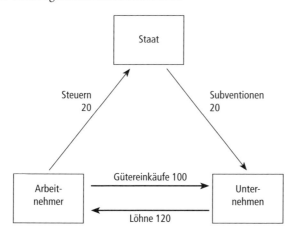

Der Wettbewerb über niedrige Löhne ist mit Sicherheit wesentlich effizienter als der Subventionswettbewerb. Soweit alle Güter und Dienstleistungen subventioniert werden, sind Subventionen lediglich ein Instrument, die Kostenbelastung aus zu hohen Löhnen für die Unternehmen zu korrigieren, so dass ein hoher Beschäftigungsstand möglich wird oder bleibt. Es ist aber nicht zu erwarten, dass alle Güter gleichmäßig oder überhaupt subventioniert werden. Dann greifen die Subventionen in die Preisstruktur ein und verzerren die Knappheitsrelationen. Aber selbst wenn, wie im Ausgangsbeispiel, alle wirtschaftlichen Leistungen subventioniert werden, entstehen zusätzliche Kosten durch die Erhebung und Verteilung der entsprechenden Steuern. Die Mittel müssen den Bürgern zwangsweise entzogen werden, so dass der Abgabenwiderstand zunimmt.

317. In diesem Zusammenhang lassen sich einige Schlussfolgerungen für die Beihilfepolitik der Europäischen Union ziehen: Solange die Kosten breit angelegter Subventionen (Beihilfen) von den Bürgern getragen werden, denen auch die vermeintlichen Vorteile zugute kommen, besteht für die anderen Mitgliedstaaten grundsätzlich wenig Veranlassung, darauf Einfluss zu nehmen, weil sich per Saldo in dem subventionierenden Land keine Wettbewerbsvorteile gegenüber Unternehmen in einem anderen Land ergeben. Trotzdem dürften erhebliche Wettbewerbsverzerrungen eintreten, weil die Subventionen auf einige Sektoren oder gar Unternehmen konzentriert werden. Dann verändern sich die relativen Preise und die Märkte werden gestört.

Anlass zu besonderer Besorgnis, dass der Wettbewerb zwischen Unternehmen verschiedener Nationen entscheidend verzerrt wird, besteht bei den Beihilfen, die von Brüssel finanziert werden. Hier werden die Kosten von Unternehmen und Bürgern aus anderen Mitgliedstaaten getragen und deren Nutzen wird in den begünstigten Ländern nur noch an der Ko-Finanzierung, aber nicht an den Gesamtkosten gemessen. Deshalb muss ein Schwergewicht der Beihilfekontrolle in der Europäischen Union bei den europäischen Fonds liegen. Es kann beispielsweise nicht sinnvoll sein, Investitionen in den Konvergenzregionen (dazu zählt neben den neuen Beitrittsländern in Mittel- und Osteuropa auch Ostdeutschland sowie Portugal, Teile Spaniens, Italiens und Griechenlands) mit bis zu 85 Prozent der Kosten zu subventionieren. Das zerstört jede betriebswirtschaftlich vernünftige Kalkulation. Die Verteilung der Mittel ist von hoher Intransparenz gekennzeichnet. Das zeigt sich schon an der Tatsache, dass 30 Prozent der Bevölkerung in geförderten Gebieten lebt. Bislang gibt es lediglich eine Missbrauchskontrolle, aber keine institutionalisierte Beihilfekontrolle durch die Kartellämter und Wettbewerbsbehörden bei Subventionszahlungen aus den europäischen Strukturfonds. Aber gerade die europäische Ebene darf nicht ausgenommen werden, weil die Mittel aus den nationalen Haushalten finanziert werden müssen, und weil die Ziele der Förderung – Sozialpolitik oder Beschäftigungspolitik – nicht eindeutig geklärt sind.

318. Die Versuchung, mit Steuern und Subventionen zu arbeiten, ist besonders groß, wenn die Tarifparteien keine marktgerechten, sondern zu hohe Löhne vereinbaren. Dadurch kommen Unternehmen in Schwierigkeiten und wenden sich mit Unterstützungswünschen an den Staat. Dieser kann einen Teil der Löhne über Steuererhöhungen abschöpfen und die Mittel zur Kostenentlastung in den Unternehmen einsetzen (vgl. Abbildung 24). Dies ist aber ein ineffizienter und bei der Vergabe der Mittel häufig willkürlicher Weg.

In Ostdeutschland dient ein Großteil der Fördermittel nicht der beabsichtigten Ausweitung von Produktion, Investitionen und Beschäftigung, sondern der Kompensation zu hoher Lohnkosten in den Unternehmen. Beschäftigungs- und strukturpolitisch besonders bedauerlich ist, dass hohe Beträge in einige Großbetriebe fließen, die weit von einer wirtschaftlichen Produktion entfernt sind. Kleine und mittlere Betriebe müssen dagegen mit den hohen Personalkosten zurechtkommen, ohne sich aus den Subventionstöpfen bedienen zu können.

Auch bei Anerkennung des großen Handlungsbedarfs darf nicht übersehen werden, dass die Fördermaßnahmen in den neuen Bundesländern einen nachhaltigen Einfluss auf die weitere Entwicklung der Sozialen Marktwirtschaft haben und die Verantwortung zwischen Staat und Bürgern dauerhaft verschieben können. Der Staat hat mit riesigen Subventionen ein Verhalten der Tarifparteien sanktioniert, das mit der Sozialen Marktwirtschaft nicht vereinbar ist.

2. *Deregulieren und privatisieren*

319. Mit dem Abbau ungerechtfertigter Regulierungen hat sich eine Deregulierungskommission, die so genannte DONGES-Kommission von 1988 bis 1991 sehr intensiv befasst und dazu einen umfassenden Bericht vorgelegt (DEREGULIERUNGSKOMMISSION, 1991). Dieser Bericht verschwand nicht in den Schubfächern, sondern die Regierungskoalition setzte eine Arbeitsgruppe ein, die sich mit allen Vorschlägen befasste und eine ganze Reihe von Vorschlägen ins parlamentarische Verfahren brachte. Im Jahre 1993 wurde eine unabhängige Kommission zur Vereinfachung von Planungs- und Genehmigungsverfahren, die sogenannte SCHLICHTER-Kommission eingesetzt. Und im Jahre 1994 wurde aufgrund einer deutschen Initiative eine Deregulierungskommission auf der europäischen Ebene, die MOLITOR-Gruppe gebildet. Seit Januar 2008 leitet Edmund STOIBER in Brüssel die neu gebildete EU-Expertengruppe zum Bürokratieabbau.

Trotz dieser Aktivitäten bleibt der Abbau von Regulierungen ein zäher Prozess, der angesichts der allgemeinen Regulierungswut nur ein kleines Korrektiv sein kann. Ebenso wichtig wie der Abbau bereits bestehender Regulierungen sind Entscheidungs- und Verwaltungsverfahren, mit denen das Entstehen problematischer Regelungen verhindert werden kann. Ein Ansatzpunkt ist das strenge Beachten des Subsidiaritätsprinzips, also zu verhindern, dass zu viele Aufgaben auf die europäische Ebene bzw. Bundesebene gezogen werden, die genau so gut oder besser auf der Ebene der Mitgliedstaaten bzw. der Länder und Regionen erfüllt werden können. Beispiele auf europäischer Ebene sind die Gemeinschaftsinitiativen, mit denen sich die Europäische Kommission in die Aufgaben einzelner Kommunen und Unternehmen einmischt. Besonders wichtig ist aber der Abbau der gesamten Marktregulierungen im Agrarbereich, in dem Deutschland selbst eine Marktordnung für Bananen nicht verhindern konnte.

Beispiele für überzogene nationale Regulierungen sind das Erneuerbare-Energien-Gesetz und die Energieeinsparverordnung, in denen sich die Techniker ausgetobt und alle ökonomischen Anreize ignoriert haben. Der Energieverbrauch soll über akribische Vorschriften für Fenster, Türen, Decken, Mauern, technische Geräte usw. gesenkt werden. Für die einzelnen Anforderungen kann ein Bonus geltend gemacht werden, z.B. für „interne Wärmequellen" wie Haushaltsmitglieder und Besucher. Es fehlt nur noch die Förderung von Pullovern und hochisolierender Kleidung für die Bewohner.

320. Bei der Privatisierung wurden erhebliche Fortschritte erzielt, wobei die Privatisierung der ostdeutschen Betriebe durch die Treuhandanstalt eindeutig im Vordergrund stand. In Westdeutschland hat die Bundesregierung eine Reihe von Unternehmen privatisiert: Lufthansa, Telekom, Postbank, Postdienst usw. In jüngerer Zeit wurde eine Privatisierung der noch zu 100 Prozent in staatlichem Besitz liegenden Deutschen

Bahn AG diskutiert. Im Sommer 2008 erzielte die große Koalition einen Kompromiss, wonach 24,9 Prozent der Anteile des Personen- und Güterverkehrs privaten Anlegern auf dem Kapitalmarkt angeboten werden sollen. Das Schienennetz sowie die übrigen 75,1 Prozent der Transportsparte verbleiben in staatlicher Hand. Zwar gibt es gute Gründe, warum das Schienennetz unter staatlicher Kontrolle verbleiben sollte (u. a. Sicherstellung einer guten Infra-Struktur auch in entlegenen Regionen Deutschlands). Aber der Güter- und Personenverkehr kann durch ein, oder aber mehrere Unternehmen betrieben werden. Unterhalb der Sperrminorität dürften sich wenige Investoren finden lassen, die bereit sind, ihr Geld zu diesen Bedingungen zu investieren. Aus der Sicht des Steuerzahlers ist es nicht einzusehen, warum damit leichtfertig auf höhere Privatisierungserlöse verzichtet wird.

Zögerlich verhalten sich auch die Kommunen und die Länder. Dort liegt das größte Privatisierungspotential. Die Veräußerung kommunaler und landeseigener Wohnungsbestände und -unternehmen ist beispielsweise noch immer umstritten. Konnte sich die Stadt Dresden im Jahr 2006 durch den Verkauf auf einen Schlag ihrer gesamten Schuldenlast entledigen, wurde die Veräußerung des kommunalen Wohnungsunternehmens in der Stadt Freiburg im Breisgau per Bürgerentscheid gestoppt. Ordnungspolitisch ist es nicht die Aufgabe der Kommunen, Wohnungsunternehmen zu betreiben. Die sozialpolitische Begründung, die Kommunen müssten preiswerte Wohnungen für Haushalte mit geringem Einkommen bereitstellen, kann nicht herangezogen werden. Im Gegenteil: Die unmittelbare Verbilligung eines Teils der Wohnungen führt zu einer nicht vertretbaren Ungleichbehandlung der Bürger, weil immer nur ein Teil der Haushalte mit gleichen sozialen und wirtschaftlichen Bedingungen eine verbilligte Wohnung erhalten kann. Die übrigen Haushalte werden eindeutig benachteiligt. Tatsächlich werden die Wohnkosten im Rahmen der Sozialhilfe und des Arbeitslosengelds II in großem Umfang für private Wohnungen erstattet. Es mag allerdings sinnvoll sein, einen sehr geringen kommunalen Wohnungsbestand für nicht mietvertragsfähige Haushalte zu bewirtschaften.

Eine Aufteilung des Wohnungsbestands in private und verbilligte kommunale führt außerdem zu einer ineffizienten Nutzung, weil nicht alle Haushalte die für sie am besten geeignete Wohnung aus dem Gesamtbestand aussuchen können. Was hilft es einem Sozialmieter, wenn ihm nur eine verbilligte Wohnung in einem Stadtteil angeboten wird, er aber aus familiären oder beruflichen Gründen in einem anderen Stadtteil wohnen möchte? Soll er höhere Fahrtkosten oder sonstige Kosten in Kauf nehmen? Wäre es nicht sinnvoller, ihm eine finanzielle Hilfe zu gewähren und damit die Wahl im gesamten Wohnungsbestand zu ermöglichen?

Die Einnahmen aus Privatisierungen können zum Schuldenabbau genutzt und somit zu einer Senkung der Steuer- und Abgabenlast genutzt werden. Allerdings muss bei einer Privatisierung vermieden werden, dass aus staatlichen Monopolen private Monopole werden. Beispielsweise eignen sich die Bundesautobahnen kaum für eine groß angelegte Privatisierung. Ein privater Betreiber würde kaum ein Interesse an der optimalen gesamtwirtschaftlichen Nutzung haben, nämlich bis zur Kapazitätsgrenze, so dass es gerade noch nicht zu nennenswerten Staus kommt. Ein privater Eigentümer wird seinen Gewinn maximieren. Dieser Punkt könnte bei vergleichsweise hohen Nutzergebühren erreicht werden, längst bevor die Autobahn einigermaßen ausgelastet ist. Gesamtwirtschaftlich ist es dagegen sinnvoll, so lange weitere Fahrzeuge auf die Autobahn zu lassen, wie die Grenzkosten einschließlich der Staukosten geringer sind als die Zahlungsbereitschaft, d. h. die Nutzergebühren sollten nicht höher sein als die Grenzkosten für den Autobahnbetreiber und die Grenzkosten für die Autofahrer durch Staus und Behinderungen.

3. Den freien Handel ausbauen und den Strukturwandel erleichtern

321. Es gibt kaum einen Bereich der Wirtschaft, in dem es so viele Vorurteile und falsche Vorstellungen gibt wie bei den Außenbeziehungen. Obwohl die Mitgliedstaaten der Europäischen Union und insbesondere die Bundesrepublik Deutschland zu den großen Export- und Außenhandelsnationen gehören, tun sich die Regierungen schwer, sich für eine weitere Liberalisierung des Handels einzusetzen. Und obwohl mit dem Abschluss der Uruguay Runde im Jahre 1994 nicht nur formal die Welthandelsorganisation errichtet wurde, sondern vor allem weitere Liberalisierungsschritte im Rahmen der bisherigen GATT-Verträge sowie weltweit verbindliche Abkommen über den Dienstleistungsverkehr (GATS) und den Schutz des geistigen Eigentums (TRIPS) beschlossen wurden, kommen immer wieder protektionistische Bestrebungen durch. Mit Agrarmarktordnungen, Quoten, Selbstbeschränkungsabkommen, Sicherheits- oder Gesundheitsvorschriften, „local content"-Vorgaben, Dumping-Verfahren usw. wird das Instrumentarium der nichttarifären Handelshemmnisse immer mehr verfeinert. Schlagworte wie „Festung Europa", „Krieg der Handelsblöcke", „Strategischer Handel" usw. zeigen, dass hier in hohem Maße Emotionen im Spiel sind.

Mit der Öffnung der so genannten Zweiten Welt, also des früheren Ostblocks, und der Globalisierung der Märkte wird die Befürchtung genährt, die Niedriglohnländer mit ihrem nahezu unbegrenzten Angebot an billigen Arbeitskräften würden bei freiem Handel nach und nach alle Märkte in den hochentwickelten Industrieländern erobern und dort die Arbeitslosigkeit hochtreiben. Bei Löhnen in den Industrieländern, die beim Zehnfachen und mehr der Löhne in den Schwellenländern liegen, – so diese Argumentation – hätten die Industrieländer bei freiem Handel keine Chance, wettbewerbsfähige Produkte anzubieten. Deshalb sei es unumgänglich, den Handel zum Schutz der Arbeitsplätze in Deutschland und in der Europäischen Union einzuschränken.

Diese Argumentation ist zwar falsch, aber man muss einräumen, dass sie sich für die Agitation der Protektionisten und Interessengruppen, die ja vorgeben, das Gesamtwohl im Auge zu haben, gut eignet und dass es nicht leicht ist, sie mit wenigen plausiblen Argumenten zu widerlegen.

322. Betrachtet man zwei autarke Bauernhöfe und unterstellt man, ein Mitarbeiter auf dem Sonnenhof könne pro Zeiteinheit 20 Kilogramm Marmelade oder zehn Kilogramm Butter produzieren und auf dem Polderhof könne ein Mitarbeiter pro Zeiteinheit nur fünf Kilogramm Marmelade oder fünf Kilogramm Butter herstellen, so sind die Arbeitsproduktivität und die Einkommen sehr unterschiedlich. Nimmt man die in einer bestimmten Zeit jeweils produzierten Güter als reales Einkommen der beiden Mitarbeiter, so ist das Einkommen auf dem Sonnenhof viermal so hoch wie auf dem Polderhof, wenn nur Marmelade produziert wird und zweimal so hoch, wenn nur Butter hergestellt wird. Bei einer gemischten Produktion liegt die Relation dazwischen. Trotzdem wird es nicht dazu kommen, dass der Mitarbeiter des Polderhofes mit dem geringeren Einkommen die gesamte Produktion übernehmen wird, denn seine Produktionsbedingungen sind offensichtlich erheblich schlechter. Er könnte aber beispielsweise dem Sonnenhof ein Kilogramm Butter zum Preis von (also im Tausch gegen) 1,5 Kilogramm Marmelade anbieten. Das wäre für beide Seiten vorteilhaft, denn der Mitarbeiter auf dem Polderhof könnte auf dem eigenen Hof nur ein Kilogramm Marmelade herstellen, wenn er ein Kilogramm Butter weniger produzierte. Für den Sonnenhof wäre der Tausch lohnend, weil für die eigene Herstellung von ein Kilogramm Butter zwei Kilogramm Marmelade aufgegeben werden müssten. Also ist es sinnvoller, zwei Kilogramm Marmelade herzustellen und 1,5 Kilogramm zum Kauf von Butter vom Polderhof zu verwenden.

Dies ist nur eine Variante des immer wieder beschriebenen komparativen Kostenvorteils, bei dem es nicht auf absolute Kostenvorteile ankommt. In dem Beispiel könnte es dazu kommen, dass auf dem Polderhof nur noch Butter hergestellt würde, ohne dass die Butterproduktion auf dem Sonnenhof völlig eingestellt würde, nämlich dann, wenn der Gesamtkonsum an Butter auf beiden Höfen größer wäre als fünf Kilogramm mal der Zeiteinheiten, die auf dem Polderhof gearbeitet werden. Besonders wichtig ist aber, dass es stets zu einem Austausch von Gütern und nicht zu einer einseitigen Belieferung kommt. Letztlich werden im internationalen Handel nur dann Güter angeboten, wenn eine Gegenleistung in Form anderer Güter und Dienstleistungen erbracht wird.

323. Die Vorstellung, die Industrienationen würden von allen Gütermärkten verdrängt und auch für den eigenen Konsum nur noch importieren, hat keine ökonomische Basis. Niemand kann über längere Zeit ohne Gegenleistung konsumieren. Das wird auch am Wechselkursmechanismus deutlich. Würden beispielsweise die Schwellenländer den Export in die Europäische Union steigern, würden sich die Devisenerlöse dieser Länder erhöhen und sie müssten Abnehmer für europäische Devisen finden. Das höhere Angebot an Devisen aus Ländern der Europäischen Union würde tendenziell zu einer Abwertung dieser Währungen führen, bis hinreichend Importeure in den Schwellenländern oder anderen Ländern außerhalb der Europäischen Union bereit wären, die Devisen zu kaufen und Waren und Dienstleistungen aus der Europäischen Union zu beziehen. Es bleibt grundsätzlich beim Austausch von Gütern zwischen Nationen.

Die weit verbreitete These, dass hohe Exportüberschüsse, also eine positive Leistungsbilanz, ein Indikator für die Wettbewerbsfähigkeit eines Landes sind, erweist sich bei langfristiger Betrachtung als Trugschluss. Ein positiver Saldo in der Leistungsbilanz eines Landes bedeutet einen Konsumverzicht im Inland und eine Finanzierung von Investitionen oder Konsum im Ausland. Die inländischen Bürger verzichten darauf, einen Teil ihrer produzierten Güter oder ausländische Güter zu konsumieren, die sie im Austausch für die Exporte erhalten. Sie gewähren dem Ausland einen „Kredit" im Wert des Nettoexports. Langfristig werden die Inländer nicht bereit sein, dem Ausland durch immer weitere Exportüberschüsse verbesserte Konsummöglichkeiten zu gewähren. Sie werden eine Rückzahlung des gewährten „Kredites" in Form von höheren Importen, also einer erhöhten Konsummöglichkeit im Inland fordern. Dieser Vorgang der „Kreditrückzahlung" drückt sich in einem negativen Leistungsbilanzsaldo aus.

Schon 2000 v. Chr. wurde infolge einer Interpretation von Pharaos Traum durch Joseph während der sieben fetten Jahre Korn für die sieben mageren Jahre aufbewahrt (Josephs Geschichte, Buch Genesis). Da damals die Rückzahlung von internationalen Krediten nicht gesichert war bzw. nur durch Krieg erzwungen werden konnte, entschieden sich die Ägypter für eine inländische Aufbewahrung. Heute würde ein solcher Konsumverzicht zum großen Teil in den Export gehen. Dabei kann eine Investition im Ausland zu einem realen Nettokapitalexport führen. Ein solcher Nettokapitalexport, ist entweder Ausdruck einer relativ zum Ausland gestiegenen Spartätigkeit oder einer Verminderung der Attraktivität des Inlandes als Investitionsstandort und impliziert, dass Kapital im Ausland eine höhere Rendite erzielt (DLUHOSCH/FREYTAG/KRÜGER 1992, Kap. E). Anders ausgedrückt: Exportüberschüsse sind vorteilhaft, wenn die Rendite der ausländischen Kapitalanlage höher ist als die einer inländischen Investition, wenn also später hohe Importüberschüsse als Gegenleistung erwartet werden können.

Der langfristige Ausgleich der Leistungsbilanz schließt nicht aus, dass andere Länder einen größeren Produktivitätsfortschritt, ein stärkeres Wachstum haben und dass die Wohlstandsunterschiede sich verringern, z. B. durch eine hohe Spar- und Investitionstätigkeit in einem Land. Für den Produktivitätsfortschritt und den Wohlstand sind die einzelnen Nationen weitgehend allein verantwortlich. Der Außenhandel verbessert die Chancen, ist also keine Bedrohung, sondern eine zusätzliche Quelle des Wohlstands.

324. Ein Konflikt kann sich ergeben, wenn der durch den Außenhandel ausgelöste Strukturwandel blockiert wird, wenn die Beschäftigung in einzelnen Betrieben oder Sektoren mit staatlichen Maßnahmen gehalten werden soll. Die Vorteile der Spezialisierung werden durch den Außenhandel verstärkt. Eine stärkere Spezialisierung setzt aber die Bereitschaft zum Strukturwandel voraus. Das gilt insbesondere nach Liberalisierungsschritten im Außenhandel oder nach Grenzöffnungen, wie sie die EU-Erweiterungen immer wieder nach sich zogen. Je flexibler eine Nation sich auf neue außenwirtschaftliche Konstellationen einstellt, je weniger sie versucht, einzelne Sektoren gegen den Wettbewerb von außen zu schützen, um so besser gelingt es, die Beschäftigung in den produktiven Sektoren auszuweiten und die Wohlstandseffekte des Handels auszuschöpfen.

Die Befürchtung, durch freien Handel könnten die Löhne in Deutschland und in einigen anderen Ländern der Europäischen Union auf das Niveau der Löhne in den mittel- und osteuropäischen Beitrittsländern oder in außereuropäischen Niedriglohnländern gedrückt werden, ist nicht begründet. Allerdings kann sich die Lohnstruktur ändern, und es ist auch nicht ausgeschlossen, dass es in einzelnen Berufen und in den unteren Lohngruppen Verlierer gibt. Trotz der Spezialisierungsvorteile werden die Einkommenschancen für Arbeitnehmer mit geringer Qualifikation sich kaum verbessern, möglicherweise sogar verschlechtern.

Das Lohnniveau eines Landes wird maßgeblich von den Standortfaktoren bestimmt, also vom Ausbildungsstand der Arbeitnehmer, von der Erwerbsbereitschaft und -flexibilität, von der Infrastruktur, der Kapitalausstattung, der Rechtsordnung, der politischen Stabilität usw. Es wird im Durchschnitt nicht durch internationalen Handel gefährdet, sondern durch interne Probleme, wie Strukturinflexibilitäten, Verteilungskämpfe, ständige Ausweitung des Staatssektors usw. Der Widerstand gegen den Außenhandel – genauer: gegen Importe – kommt von den Sektoren, die unter verstärkten Wettbewerbsdruck geraten und Marktanteile verlieren. Der Hinweis auf gefährdete Arbeitsplätze in einzelnen Branchen oder Betrieben wird im politischen Raum ernster genommen als die Aussicht auf einen Zuwachs an Arbeitsplätzen in den Exportbranchen. Bestehende Arbeitsplätze, insbesondere in Großbetrieben, haben eine Lobby, neu entstehende Arbeitsplätze haben keine. Eine sich verschiebende Struktur der Nachfrage nach Arbeit zu Lasten gering qualifizierter Arbeitnehmer sollte nicht mit einer Behinderung des wirtschaftlichen Austauschs beantwortet werden, sondern mit Qualifizierung, Kapitalbildung, Mindestsicherung und gegebenenfalls Einwanderungspolitik.

325. Wie schwer es selbst für eine Welthandelsnation wie Deutschland ist, internationalen Wettbewerb zuzulassen, zeigt die Diskussion um die Entsenderichtlinie in der Europäischen Union und das Entsendegesetz in Deutschland. Nach den Vorstellungen der Sozialpolitiker sollte es das Ziel einer solchen Entsenderichtlinie sein, Unternehmer zu verpflichten, den von ihnen in ein anderes Land entsandten Arbeitnehmern die am Arbeitsort üblichen Löhne und Sozialleistungen zu gewähren. Ausdrücklich zugelassen sein sollten höhere als die ortsüblichen Löhne, d. h. deutsche Unternehmer sollten ihren nach Portugal oder Griechenland entsandten Arbeitnehmern weiterhin deutsche Löhne plus Zulagen zahlen können.

In Deutschland haben sich der Bundeswirtschaftsminister und die Bundesvereinigung der Deutschen Arbeitgeberverbände den Bestrebungen des Bundesarbeits- und -sozialministers und der Bauwirtschaft zwar nur zögernd angeschlossen, aber letztlich weder die Richtlinie noch das nationale Gesetz verhindert.

326. Im „Gesetz über zwingende Arbeitsbedingungen bei grenzüberschreitenden Dienstleistungen" (Arbeitnehmer-Entsendegesetz-AEntG) vom 26. Februar 1996 wurde festgeschrieben, dass Arbeitgeber mit Sitz im Ausland ihren Arbeitnehmern, die in Deutschland beschäftigt werden, die hier geltenden tarifvertraglichen Bedingungen (Mindestentgelt, Erholungsurlaub, Urlaubsentgelt usw.) gewähren müssen, wenn der Tarifvertrag für allgemeinverbindlich erklärt wurde. Das Gesetz hat aber nicht nur Auswirkungen auf entsandte Arbeitnehmer aus anderen Ländern, sondern auch auf den

Wettbewerb innerhalb Deutschlands, wie aus einem kleinen Zusatz in § 1 Abs. 1 Satz 2 hervorgeht: „Dies gilt auch für einen unter dem Geltungsbereich eines Tarifvertrages nach Satz 1 fallenden Arbeitgeber mit Sitz im Inland". Die tarifvertraglich vereinbarten Mindestlöhne liegen ab September 2007 bei 10,40 Euro auf westdeutschen Baustellen und 9,00 Euro in Ostdeutschland. Die Mindestlöhne werden vom Bundesarbeitsminister für allgemein verbindlich erklärt. Darüber hinaus wurde ab September 2003 ein zweiter Mindestlohn speziell für Facharbeiter eingeführt, der in Westdeutschland derzeit bei 12,50 Euro und in Ostdeutschland bei 9,80 Euro liegt und ebenfalls für allgemein verbindlich erklärt wurde. Damit soll verhindert werden, dass ausländische Unternehmen ihre Facharbeiter in Deutschland lediglich zum Mindestlohn beschäftigen.

327. Mit dem Entsendegesetz wurde ein ordnungspolitischer Systembruch vollzogen, dessen Dimensionen inzwischen weit über den Bausektor hinausreichen und dessen Schäden für ein Exportland wie Deutschland alle vermeintlichen Kurzfristvorteile bei weitem übertreffen werden. Die Mindestlohnvorschriften sind ein massiver Eingriff in den Wettbewerb. Aus guten Gründen wurden Mindestlohnvorschriften bisher in Deutschland vermieden, und die Allgemeinverbindlicherklärung von Tarifverträgen wurde immer wieder heftig kritisiert. Staatlich abgesicherte Mindestlöhne haben in allen Ländern die Beschäftigungsprobleme verschärft. Die beabsichtigte Substitution von ausländischen durch deutsche Arbeitnehmer ist nicht eingetreten.

Generationen von Wissenschaftlern haben die Vorteile einer Arbeitsteilung zwischen Menschen, Betrieben und Staaten beschrieben. Der Wohlstand der Industrienationen beruht maßgeblich auf einer im Wettbewerb herausgefundenen Spezialisierung und dem freien Austausch von Gütern und Dienstleistungen. Seit Jahrzehnten wird darum gerungen, Zölle, Importquoten und andere Handelshemmnisse abzubauen.

Nachdem sich der Wettbewerb allerdings nicht mehr auf die Gütermärkte beschränkt, sondern sich auch auf Dienstleistungen und Werkverträge erstreckt und unmittelbar auf dem deutschen Arbeitsmarkt sichtbar wird, erscheint der Wettbewerb vielfach nicht mehr als Motor des Fortschritts, sondern als ein zu bekämpfendes Übel. Einzelne Gruppen, die davon betroffen sind, reden nicht von Eigeninteressen, sondern von Lohndumping und Sozialdumping, von Ausbeutung und modernem Menschenhandel, von der Gefährdung des sozialen Friedens usw. Gesamtwirtschaftliche Überlegungen werden dabei nicht angestellt.

328. Zu den Grundideen der Europäischen Union gehören die Aufhebung aller Binnengrenzen, die volle Freizügigkeit von Personen, Waren, Dienstleistungen und Kapital sowie der unverfälschte Wettbewerb. Der gemeinsame Binnenmarkt soll die gleichen Vorteile und Freiheiten wie ein nationaler Binnenmarkt bieten. Dieses Konzept der Grenz- und Marktöffnung war ein großer Erfolg. Die Beitrittsgesuche sind ein Indiz für die Attraktivität des gemeinsamen Marktes. Der Protektionismus schien zumindest innerhalb des gemeinsamen Binnenmarktes überwunden zu sein.

Die Vorstellung, ein Land könne sich Vorteile verschaffen, indem es den Import von Gütern behindert, Exporte subventioniert und Präferenzen für eigene Produkte und Leistungen gewährt, wird von den jeweiligen Interessengruppen sorgfältig gepflegt.

Einzelne Wirtschaftszweige und Unternehmen sind schnell bereit, gegen Wettbewerber aus anderen Ländern den Vorwurf des Sozial-, Lohn- oder Umweltdumpings zu erheben, wenn sie in Schwierigkeiten geraten. Fast immer geht es aber darum, sich mit Hilfe des Staates den lästigen Wettbewerb vom Hals zu halten und sich dem für die Gesamtwirtschaft förderlichen Strukturwandel entgegenzustemmen.

329. Um keine Missverständnisse aufkommen zu lassen: Illegale Praktiken und der Missbrauch sozialer, steuerlicher und anderer Regelungen sind zu bekämpfen. Die Frage ist vielmehr, ob der Staat den Wettbewerb im Bausektor, für die Schifffahrtsassistenz, Gebäudereiniger und andere Branchen durch ein Entsendegesetz gegenüber ausländischen Unternehmen und Arbeitnehmern und auch zwischen den Regionen innerhalb Deutschlands radikal beschneiden sollte.

330. Die Klage der Bauunternehmen und der Industriegewerkschaft Bauen-Argar-Umwelt, dass Unternehmer aus anderen Mitgliedstaaten der Europäischen Union mit niedrigeren Löhnen kalkulieren können als die deutschen Unternehmer, ist keine Besonderheit der Bauwirtschaft. In der Auseinandersetzung um die Einführung des Arbeitnehmerentsendegesetzes 1996 wurde darauf verwiesen, dass auf deutschen Baustellen zum damaligen Zeitpunkt etwa 100.000 bis 130.000 entsandte Arbeitnehmer aus Portugal, Großbritannien, Irland usw. arbeiteten. Das hängt damit zusammen, dass Bauwerke in der Regel am Standort der Nutzung erstellt werden müssen. Im Übrigen verlief die Zunahme der entsandten Arbeitnehmer weitgehend parallel zum Abbau der Kontingente für Werkvertragsarbeitnehmer aus mittel- und osteuropäischen Ländern von 130.000 auf etwa 30.000, d. h. es hat hauptsächlich ein Austausch stattgefunden.

Die Aussage, die Anzahl der nach Deutschland entsandten ausländischen Bauarbeiter entspreche etwa der Anzahl der Arbeitslosen im Baugewerbe, sollte offenbar suggerieren, dass die Arbeitslosigkeit in der Bauwirtschaft durch entsandte Arbeitnehmer verursacht sei. Der Pressesprecher des Bundesarbeitsministers in Bonn sah darin eine massive Bedrohung des sozialen Friedens: „Eines Tages müsste die Polizei im Blitzlichtgewitter der Kameras an den Baustellen die ausländischen Arbeitnehmer vor den arbeitslosen deutschen Bauarbeitern schützen" (FAZ vom 21. Januar 1995).

331. Skandalös war die Einbeziehung der Seeschifffahrtsassistenz. Als die westdeutschen Unternehmen unmittelbar nach der Wende mit moderner Ausrüstung in die ostdeutschen Häfen gingen und die dort tätigen Seelotsen verdrängten, lief die Aktion mit den Schlagworten „Marktwettbewerb" und „Strukturanpassung". Als die arbeitslosen Rostocker Seelotsen in Zusammenarbeit mit einem holländischen Reeder, der Schlepper auf neuestem technischen Stand bereitstellte, im Hamburger Hafen ihre Dienste anboten und in den Wettbewerb traten, beklagten die hiesigen Seelotsen, Politiker und Medien das „Lohndumping", den „ruinösen Wettbewerb", die „Arbeitsplatzvernichtung" und sprachen von einem Schlepperkrieg im Hamburger Hafen. Im Bundesrat gelang es den Hamburgern, ihre Seelotsen in das Entsendegesetz einzubeziehen und damit gegen den Wettbewerb durch die unliebsamen Kollegen aus Rostock zu schützen.

332. Von den Interessenvertretern der Bauwirtschaft wurde vorgebracht, ein Entsendegesetz sei notwendig, um eine Zukunftsperspektive für die deutsche Bauwirtschaft zu haben und um überhaupt noch Auszubildende für die Bauwirtschaft interessieren zu können.

Auch dies ist ein durchsichtiges politisches Argument in einer Phase, in der unsicher ist, ob alle jungen Menschen einen Ausbildungsplatz finden. Aber welches Selbstbewusstsein einer Branche, welche Vorstellungen über die eigenen Fähigkeiten, im Wettbewerb zu bestehen, steckt hinter diesen Äußerungen? Niemand wird bestreiten, dass es ständigen Strukturwandel gibt und dass auch in der Bauwirtschaft der technische Fortschritt weitergeht und die Tätigkeitsschwerpunkte sich verlagern können. Sich darauf einzustellen, ist eine unternehmerische Aufgabe. Eine gesetzliche Absicherung bestehender Strukturen ist keine vernünftige Alternative zum marktwirtschaftlichen Wettbewerb – auch nicht für die Bauwirtschaft.

333. Die Forderung „gleicher Lohn für gleiche Arbeit am gleichen Arbeitsort" zeigt, wie geschickt Protektionisten ihre Argumentationen vorbringen und wie schwer es vielen Ökonomen fällt, die Widerhaken zu erkennen. Zunächst stellt man nur fest, dass diese Forderung ökonomischen Grundsätzen entspricht und mit dem erwarteten Ergebnis von Marktprozessen übereinstimmt. Der feine Unterschied liegt in dem Nichtgesagten, nämlich dass sich die Löhne gerade nicht im Wettbewerb herausbilden sollen, sondern von den Tarifparteien festgesetzt werden. Dadurch wird unterbunden, dass beispielsweise portugiesische Arbeitnehmer im Wettbewerb Einfluss auf das deutsche Lohnniveau nehmen können. Marktwidrig überhöhte Löhne werden gegen den Wettbewerb geschützt, aber auch eine Erhöhung des Lohnniveaus in den armen Ländern durch den Wettbewerb wird verhindert, weil den dortigen Arbeitnehmern die Alternativen auf anderen Baustellen beschnitten werden.

Es gehört schon eine große Portion Zynismus dazu, eine Entsenderichtlinie oder ein Entsendegesetz damit zu rechtfertigen, die ausländischen Arbeitnehmer müssten vor Ausbeutung geschützt werden und sie sollten den gleichen Lohn erhalten wie von deutschen Unternehmen beschäftigte Arbeitnehmer am gleichen Ort. Gespaltene Löhne seien sozialpolitisch nicht akzeptabel. Akzeptabel ist es dagegen, wenn deutsche Bauarbeiter in Portugal wesentlich höhere Löhne erhalten als die portugiesischen Kollegen.

Der Vorwurf der gespaltenen Löhne trifft nicht die Verfechter des Wettbewerbs, sondern die Befürworter von Kartellen und von staatlichen Regelungen. Der Wettbewerb führt zu einer Angleichung der Löhne für gleiche Leistungen. Er reduziert die Lohnunterschiede für gleiche Tätigkeiten am gleichen Ort auf Produktivitäts- und Kostenunterschiede, d.h. portugiesische Bauarbeiter werden insoweit geringere Löhne erhalten, als sie weniger produktiv sind und den Unternehmen höhere Kosten für Fahrten, Unterbringung usw. entstehen.

334. Werden deutsche Löhne zwingend vorgegeben, bedeutet dies, dass portugiesische und irische Arbeitnehmer zwar den gleichen Lohnanspruch hätten, aber faktisch vom deutschen Arbeitsmarkt ausgeschlossen werden. Die Unternehmer können die hohen Löhne nicht zahlen, weil daneben zusätzliche Kosten für Reisen, Unterbringung, Übersetzungen, Rechts- und Steuerberatung usw. entstehen. In der Entsenderichtlinie der Europäischen Union und im deutschen Entsendegesetz sind umfangreiche Vorschriften enthalten, mit denen verhindert werden soll, dass die Unternehmen Kostenbestandteile auf die Arbeitnehmer überwälzen und auf diese Weise den Lohn wieder verringern.

Dass die Ausschlusswirkung beabsichtigt ist, wird auch daran deutlich, dass entsandten Arbeitnehmern vom ersten Tag an und selbst für kurze Fristen mindestens die „am Arbeitsort geltende tarifliche Arbeitsbedingung" (§ 1 Abs. 1Satz 2 AEntG) zu gewähren ist, also beispielsweise dass Beiträge zu den Sozialkassen zu entrichten sind. Allein der bürokratische Aufwand von Nachweisen, An- und Abmeldungen verursacht erheblichen Mehraufwand bezogen auf eine kurze Arbeitsperiode.

335. Die tatsächlichen Lohnunterschiede werden häufig übertrieben dargestellt. Die Unterschiede der Nominallöhne der Bauarbeiter oder der Beschäftigten in anderen Branchen gehen in der Regel auf Unterschiede in der Produktivität zurück. Außerdem sind an Standorten mit höheren Löhnen höhere Kosten für das Wohnen und für andere ortsgebundenen Leistungen zu tragen, so dass sich die Reallöhne deutlich weniger unterscheiden als die Nominallöhne.

In diesem Zusammenhang ist bemerkenswert, dass die Löhne in der Bauwirtschaft von 1990 bis 1995, also gerade in der Zeit, in der die Entsenderichtlinie vehement gefordert wurde, stärker als in allen anderen Branchen gestiegen sind – trotz des beklagten Wettbewerbs durch entsandte Arbeitnehmer. Aber selbst wenn es eine geringe Lohnsenkung gäbe, würde dies ja bedeuten, dass die Baupreise entsprechend langsamer steigen und der Vorteil für die Gesamtwirtschaft größer wäre als der Nachteil für die deutschen Bauarbeitnehmer, weil ein Teil der preiswerten Bauleistungen von ausländischen Arbeitnehmern erbracht wird. Außerdem könnten die ausländischen Arbeitnehmer ihren Einkommens- und Sozialstandard aus eigener Kraft verbessern. Sie erwirtschafteten Devisen in Deutschland, die für den Import deutscher Güter verwandt werden könnten und damit den innerdeutschen Strukturwandel erleichterten.

Es ist selbstverständlich, dass sich die Arbeitsteilung verändert, wenn Grenzen abgebaut werden. Die Verwirklichung des Binnenmarktes dient dazu, den ungehinderten Austausch von Gütern und Dienstleistungen zu ermöglichen und die spezifischen Vorteile einzelner Länder zu nutzen. Neu ist an der jüngsten weltweiten Entwicklung, dass der Wettbewerb zunehmend den Dienstleistungssektor erfasst und dass Unternehmer ihre Arbeitnehmer über nationale Grenzen hinweg einsetzen.

336. Häufig wird behauptet, mit der Entsenderichtlinie bzw. mit den Entsendegesetzen können die sozialen Bedingungen in Europa angenähert werden. Für die entsandten Arbeitnehmer wird aber die umgekehrte Wirkung eintreten. Ihnen wird die Chance auf einen etwas höheren Lohn als im eigenen Land, auf Überstunden und Auslösungszahlungen genommen.

Wenn es wirklich das Ziel ist, die Arbeits- und Sozialbedingungen in Europa anzunähern, dann kann dies am besten über den Wettbewerb geschehen. Nur so können die

Arbeitnehmer aus Ländern mit niedrigen Löhnen aus eigener Kraft höhere Einkommen erzielen. Der Wettbewerb wirkt in diese Länder hinein, weil dort Arbeitskräfte knapper werden und besser bezahlt werden müssen. In den Hochlohnländern sorgen die entsandten Arbeitnehmer dagegen für langsamer steigende Preise und Löhne, für einen Strukturwandel innerhalb des Bausektors und für hochwertige Leistungen über den Sektor hinaus.

Die Alternative besteht in Transferzahlungen zugunsten der ärmeren Länder mit entsprechenden zusätzlichen Steuerbelastungen in den Hochlohnländern. Dann muss der Staat für den sozialen Ausgleich sorgen, der sonst über den Markt zustande käme, allerdings mit zusätzlichen Kosten. Dieser Weg wird noch teurer, wenn gleichzeitig die sozialen Mindeststandards angehoben werden, so dass die Beschäftigungsprobleme zunehmen.

337. In Deutschland versprechen sich die Bauarbeitnehmer höhere Löhne und mehr Arbeitsplätze durch die Abschottung des Baumarktes mit dem Entsendegesetz. Die Löhne in der Bauwirtschaft und die Baupreise werden möglicherweise etwas höher sein als im Fall ohne Entsendegesetz, so dass die Bauwirtschaft zumindest kleine Vorteile von der Maßnahme erwarten kann. Dies ist aber eine Begünstigung der Bauwirtschaft zu Lasten der Konsumenten und der anderen Arbeitnehmer. Gesamtwirtschaftlich dürften die Kosten erheblich höher sein als die Vorteile für die Bauwirtschaft. Übrigens: Je mehr Berufe und Branchen „geschützt" werden, um so eher kippt der vermeintliche Vorteil auch für die geschützten Berufsgruppen in einen Nachteil um.

Die Negativwirkungen des Entsendegesetzes laufen vor allem über höhere Baupreise. Allein durch Baupreissteigerungen kann die Nachfrage nach Bauleistungen so stark zurückgehen, dass viele Bauarbeiter ihren Arbeitsplatz verlieren. Dann haben zwar die noch Beschäftigten einen hohen Lohn, die Entlassenen werden aber um so härter von den Marktreaktionen getroffen, weil ihnen der Weg über den Lohnwettbewerb versperrt ist. Von den höheren Preisen für Bauleistungen werden alle Arbeitnehmer und auch die übrigen Haushalte getroffen, weil mit einer allgemeinen Steigerung der Wohnkosten zu rechnen ist. Das läuft den Bemühungen der Bundesregierung, die Baukosten und Wohnkosten zu senken, diametral zuwider. Das zehrt schon einen Teil des Lohnvorteils der Bauarbeitnehmer auf. Auch die Kommunen müssen für ihre Baumaßnahmen höhere Preise zahlen. Sie wälzen die Preissteigerung über höhere Steuern und Gebühren wiederum auf die privaten Haushalte und Unternehmen ab.

Schließlich sind auch die Bauinvestitionen des Unternehmenssektors Gegenstand von Preissteigerungen. Dadurch werden Investitionen am Standort Deutschland weniger attraktiv. Noch mehr Unternehmen werden sich nach alternativen Standorten umsehen und deutsche Standorte meiden. Die Behauptung in der Begründung des Entsendegesetzes, aufgrund des Gesetzes werde es in Deutschland zu vermehrter Beschäftigung, zum Abbau von Arbeitslosigkeit und deshalb sowohl zu Steuermehreinnahmen und zu Einsparungen bei Leistungen an Arbeitslose kommen, ist reines Wunschdenken. An Warnungen vor Effizienzverlusten und Kostensteigerungen hat es nicht gefehlt, aber die Politik hat dem Druck der Lobby nachgegeben.

Wenn besonders viele ausländische Unternehmen mit ihren Bauarbeitern nach Berlin kommen, ist das vor allem eine Folge der starken Nachfrage nach Bauleistungen. Angesichts des hohen Bedarfs an Infrastruktur, an Wohnungen, an gewerblichen Bauten bestand in den neunziger Jahren die Befürchtung, dass es zu gravierenden Engpässen in der Bauwirtschaft und zu erheblichen Baupreissteigerungen komme. In einer solchen Situation ist es wenig verständlich, dass gerade die preisgünstigen ausländischen Unternehmen und Bauarbeiter aus diesem Markt herausgedrängt werden sollen. Sie stärken den Wettbewerb und erschweren Kartellabsprachen. Offenbar haben die meisten Anbieter und Arbeitnehmer trotz des Entsendegesetzes Wege gefunden, ihre Tätigkeiten auf deutschen Baustellen fortzusetzen.

338. Mit dem Entsendegesetz wird auch der innerstaatliche Wettbewerb beeinträchtigt. Vorher konnten nicht tarifgebundene Unternehmen und Arbeitnehmer aus Niedriglohnregionen in Westdeutschland und vor allem aus den neuen Bundesländern ihren Wettbewerbsvorteil nutzen und damit höhere Kosten aufgrund einer weiteren Anfahrt usw. ausgleichen. Das ist seit dem Inkrafttreten des Entsendegesetzes erheblich erschwert. Die Beschäftigungsprobleme in strukturschwachen Gebieten werden verschärft. Der Druck auf staatliche Ausgleichsmaßnahmen wird größer.

339. Die ärmeren Staaten Europas könnten auch die Frage stellen, warum belgische, deutsche und schwedische Produkte ungehindert die eigenen Erzeugnisse verdrängen dürfen, und warum es einen Unterschied macht, ein Fertighaus zu liefern oder unmittelbar vor Ort ein traditionelles Haus zu errichten. Man könnte auch auf die Idee kommen, dass es unfair sei, die Arbeitskräfte in den Hochlohnländern mit so viel Kapital auszustatten und damit so produktiv zu machen, dass Produzenten in den ärmeren Ländern nicht mithalten können. Bauunternehmen aus Hochlohnländern können weiter ungehindert als Wettbewerber in den Niedriglohnländern auftreten. Sie können ihre Produktivitätsvorteile voll nutzen. Der Wettbewerb wird also einseitig zugunsten der produktiven Unternehmen verzerrt. Müsste deshalb nicht gegen „Kapitaldumping" oder auch gegen „Ausbildungsdumping" vorgegangen werden, weil einige Staaten viel Geld in die Ausbildung ihrer Arbeitnehmer stecken?

Handelspartner Deutschlands könnten dazu übergehen, als Antwort auf das deutsche Entsendegesetz Ausschreibungen auf eigene Unternehmen zu beschränken und den Import deutscher Produkte zu behindern, um die eigene Produktion und die eigenen Arbeitsplätze zu sichern. Das in Deutschland angeführte Arbeitsplatzargument kann – auch wenn es falsch ist – von anderen Staaten mindestens mit gleicher Berechtigung vorgebracht werden.

340. Das Kontrollproblem wird größtenteils an die untergeordneten Körperschaften verwiesen: „Für die Prüfung der Arbeitsbedingungen nach § 1 sind die Behörden der Zollverwaltung zuständig." (§ 2 Abs. 1 AEntG). Zum 1. Januar 1998 ist der Bußgeldrahmen auf das Fünffache erhöht worden. Die Frage, ob die Arbeitnehmer auf den Baustellen bald einen weiteren Ausweis brauchen ist inzwischen auch beantwortet. Ab dem 1. Januar 2008 müssen die entsandten Arbeitnehmer ständig eine Karte mit den wichtigsten Daten zur Beschäftigung vorweisen können.

Die Abgrenzung der Berufsgruppen und Tätigkeitsfelder ist willkürlich. Noch schwieriger ist es, festzustellen, ob ausländische Arbeitnehmer ganz oder stundenweise in den gesetzlich geschützten Tätigkeitsfeldern eingesetzt werden. Die Definition der Entgelte (Löhne) und die Frage, welche Auslagen die Unternehmen sich von den Arbeitnehmern erstatten lassen dürfen, was sie beispielsweise für Unterkünfte und Verpflegung verlangen dürfen usw., ohne dadurch Teile des Lohnes zurückzufordern, ist nur schwer zu regeln. In Wettbewerbssystemen sind solche Regelungen überflüssig. Wird dagegen ein Mindestlohn vorgegeben, müssen die Umgehungsmöglichkeiten mitbedacht und mit zusätzlichen Regelungen und Kontrollen eingefangen werden. Solche Kosten bleiben in der Gesetzesbegründung unberücksichtigt. Hier ist eine Lawine an Regelungen und Kontrollen losgetreten worden. Dabei hat die Bauwirtschaft sich immer wieder vehement gegen die Regelungswut des Staates gewandt.

341. Das Entsendegesetz war 1996 zunächst auf dreieinhalb Jahre befristet worden. Eine plausible Begründung für die Befristung und für angestrebte Änderungen innerhalb der Frist wurde nicht gegeben. An diesem Beispiel hat sich erneut gezeigt, dass eine Befristung nichts anderes ist als eine Entlastung des schlechten Gewissens der Politiker, die vorgeben, für marktwirtschaftliche Grundsätze und vor allem für den Wettbewerb einzutreten. Eine Befristung hat sich bei der Einführung neuer Subventionen immer wieder als Irreführung erwiesen. Auch beim Entsendegesetz verhielt es sich nicht anders. Noch vor Ablauf der Befristung, nämlich am 31. 8. 1999 wurde das Entsendegesetz bereits Ende 1998 als Dauerregelung übernommen.

342. Die Neigung zum Protektionismus, die im Zusammenhang mit dem Entsendegesetz und auf europäischer Ebene mit der Entsenderichtlinie offen zutage tritt, kann schwerwiegende Folgen für die weitere Entwicklung der Europäischen Union haben. Angesichts der Osterweiterung scheint ein gemeinsamer Binnenmarkt, der diesen Namen verdient, ein unrealistisches Ziel zu werden. Nach dem Beitritt osteuropäischer Staaten wurde zunächst nur die Freizügigkeit der Arbeitnehmer um bis zu sieben Jahre nach dem Beitritt hinausgezögert. Über das Entsendegesetz werden jetzt die Mindestlöhne systematisch auf weitere Branchen ausgedehnt und damit dauerhaft verankert. Soweit die Voraussetzung nicht vorliegt, dass mindestens 50 Prozent der Arbeitnehmer tarifgebunden sein müssen, lässt sie sich durch Neuabgrenzungen schaffen, wie das Beispiel der Deutschen Post gezeigt hat. Um auch noch die letzten „weiße Flecken" zu erreichen, wird darüber diskutiert, das Mindestarbeitsbedingungsgesetz von 1952 für die Einführung von Mindestlöhnen wieder zu beleben.

343. Der anfängliche Widerstand gegen die Erklärung der Allgemeinverbindlichkeit der Mindestlöhne ist mit der Androhung des Instruments gesetzlicher Mindestlöhne gebrochen worden. Die Denkrichtung der Erfinder des Entsendegesetzes wird an der Formulierung der Überschrift erkennbar: „Gesetz über zwingende Arbeitsbedingungen zur Angleichung der Wettbewerbsvoraussetzungen".

Das Dilemma liegt in der Politik, in den Verbänden und Organisationen, die nicht mehr die Grundsätze des Wettbewerbs akzeptieren. Sie reden nicht vom Wettbewerb, sondern vom „fairen" Wettbewerb. Als unfair lässt sich dabei alles brandmarken, was den Wettbewerb ausmacht – im Fall des Entsendegesetzes sind das unterschiedliche Löhne, Sozialleistungen und andere Arbeitskosten. Liegen nach diesen Vorstellungen dann erst „gleiche Wettbewerbsvoraussetzungen" vor, wenn alle Kosten gleich sind, wenn neben gleichen Mindestlöhnen auch gleiche Mindestzinsen, Mindestgewinne und Mindestpreise für Material vorgeschrieben werden? Hier wird die Wettbewerbsidee durch Interessengruppen auf den Kopf gestellt. Damit würde sich auch das Wettbewerbsverfahren durch öffentliche Ausschreibungen erübrigen. Die Vergabestellen erhielten identische Angebote. Der Wettbewerb würde vollends durch Korruption ersetzt.

344. Im Gegensatz zu dem geschilderten Konzept der „Angleichung der Wettbewerbsbedingungen" durch staatliche Eingriffe beruht das Wettbewerbskonzept darauf, dass die Kosten, Anstrengungen und Ansprüche der Anbieter unterschiedlich sind, z. B. weil ein Unternehmen geringere Wegekosten hat, weil eine Auftrags- und Beschäftigungslücke besteht, weil auf günstige Bezugsquellen zurückgegriffen werden kann oder weil die Arbeitnehmer keine attraktiven Verdienstmöglichkeiten haben.

Die Idee des Wettbewerbs besteht darin, dass die Anbieter ihre jeweiligen Vorteile nutzen, um eine Leistung möglichst preisgünstig zu erstellen, und dass der Anbieter zum Zuge kommt, der die geringsten Opportunitätskosten hat. Das ist sowohl im Sinne des sparsamen Umgangs mit Ressourcen als auch der effizienten Erstellung von Leistungen ein sehr erfolgreiches Verfahren. Deshalb ist es nicht sinnvoll und mit erheblichen Wohlstandsverlusten verbunden, wenn einzelne Komponenten wie Löhne oder Sozialleistungen einheitlich festgelegt und damit aus dem Wettbewerb herausgenommen werden. Die europäischen Länder sind nicht so reich, dass sie auf die Steuerungsfunktion von Preisen und Löhnen verzichten könnten.

345. Wer die Vorteile des Wettbewerbs und der Sozialen Marktwirtschaft nutzen will, kann in dem Entsendegesetz nur einen massiven Verstoß gegen die Grundregeln des Systems sehen. Der falsche Ansatz wird nicht dadurch richtig und in den Wirkungen für die gesamte Gesellschaft positiv, dass er zunächst auf die Bauwirtschaft und die Seelotsen beschränkt wurde und jetzt stufenweise ausgedehnt wird. Selbst die begünstigten Branchen müssen wissen, dass die vermeintlichen Vorteile nicht von Dauer sein werden, weil sich das Gesamtsystem schrittweise in die falsche Richtung entwickelt und Wohlstandschancen vergeben werden.

346. In einem unverfälschten Wettbewerb werden die sozialen Bedingungen in den Mitgliedstaaten der Europäischen Union allmählich angeglichen, ohne dass die einzelnen Staaten ständig die Abgaben und Transferleistungen erhöhen müssen. Der menschenwürdige Weg in der Sozialpolitik besteht darin, den Arbeitnehmern die Chance zu geben, ihre soziale Situation durch eigene Leistungen zu verbessern, statt sie zu Almosenempfängern zu machen. Es bleiben genug soziale Aufgaben in Bereichen, in denen Menschen sich nicht selbst helfen können.

347. Auch ohne Entsendegesetz bliebe die Bekämpfung von Missbrauch und Kriminalität eine wichtige Aufgabe. Dazu kann auch eine verstärkte Unterstützung von entsandten Arbeitnehmern gegen dubiose Firmen gehören, die gegen Arbeits- und Ge-

sundheitsvorschriften verstoßen, Löhne nicht auszahlen, Versicherungsprämien nicht abführen usw. Die kleinen und mittelständischen Bauunternehmen in Deutschland brauchen Unterstützung bei der Auswahl verlässlicher Partnerunternehmen. Ein erfolgversprechender Weg führt über gemeinsame Kammern. So hat beispielsweise die Deutsch-Portugiesische Industrie- und Handelskammer in den letzten Jahren etwa 1.000 deutsche Unternehmen bei der Zusammenarbeit mit portugiesischen Bauunternehmen beraten.

Im Übrigen gedeihen unseriöse Firmen und illegale Praktiken am besten, wenn Märkte gegeneinander abgeschottet werden und große Lohn- und Preisdifferenzierungen bestehen. Der Wettbewerb kanalisiert dagegen die Angleichungsprozesse und die Nutzung eines Lohn- oder Preisgefälles in ordentlichen Bahnen.

348. Die Angst vor dem Verlust von Arbeitsplätzen in Deutschland ist verständlich. Das Problem lässt sich aber nicht mit dem Entsendegesetz lösen. Im Gegenteil, die Aufhebung des Wettbewerbs verschärft das Beschäftigungsproblem für die Gesamtwirtschaft, was sehr schnell klar würde, wenn man die Aufhebung des Wettbewerbs auf alle Tätigkeiten und Produkte ausdehnte. Die Vorstellung, dass offene Märkte den Wohlstand erhöhen, bleibt richtig.

349. Im Zusammenhang mit der europäischen Entsenderichtlinie wird deutlich, dass die Europäische Union eine gemeinsame Einwanderungspolitik gegenüber Drittstaaten braucht. Denn solange die Sozialhilfe in Staaten der Europäischen Union sehr viel höher ist als die Arbeitslöhne in den Herkunftsländern von Zuwanderern, gibt es keine andere Möglichkeit, als den Zustrom von Menschen in Grenzen zu halten.

350. Wettbewerb und Strukturwandel gehören zusammen. Dort wo der Wettbewerb durch staatliche Regelungen ausgeschaltet wird, unterbleibt nicht nur der Strukturwandel, sondern der Staat wird gleichzeitig in die Pflicht genommen, die Arbeitsplätze und einen angemessenen Lebensstandard zu sichern. Ordnungspolitisch ist zu fragen, wieso die Tarifparteien in hochsubventionierten Sektoren und Unternehmen völlig frei sind, das Lohnniveau zu bestimmen, wenn der Steuerzahler für die Verluste aufkommen muss. Das gilt nicht nur für die Werften und den Steinkohlebergbau, sondern auch für die mit Milliardenbeträgen subventionierten Betriebe Ostdeutschlands. Wenn die Sicherung des Arbeitsplatzes einen so hohen Wert hat und der Staat dafür Mittel des Steuerzahlers einsetzt, sollten die begünstigten Arbeitnehmer einen Lohnabschlag hinnehmen. Tatsächlich ist das Gegenteil zu beobachten, nämlich dass die Tariflöhne in den subventionierten Bereichen an der Spitze liegen. So wurde beispielsweise kurz nach der Wiedervereinigung der hohe westdeutsche Kohletarif auf die ostdeutsche Kohlewirtschaft übertragen, obwohl der Beschäftigtenstand drastisch reduziert werden musste.

351. Lange Zeit wurde die Kapitalverkehrsfreiheit in Deutschland nahezu vorbildlich gepflegt und bewahrt. Deutschland gehört neben den Vereinigten Staaten, dem Vereinigten Königreich und Frankreich zu den größten Importländern hinsichtlich ausländischer Investitionen. Im Jahre 2005 betrug deren Anteil mit 389,5 Milliarden Euro sechs Prozent des hiesigen Nettoanlagevermögens. Ohne diese Investitionen wäre

die Kapitalausstattung und somit die Beschäftigungs- und Verdienstmöglichkeiten für Arbeitnehmer in Deutschland geringer.

In jüngerer Zeit wächst aber die Skepsis der deutschen (Wirtschafts-)Politik gegenüber ausländischen Investoren, insbesondere gegenüber Hedgefonds und Private-Equity-Gesellschaften („Heuschrecken"-Debatte), aber inzwischen auch gegenüber ausländischen Staatsfonds. Da man sich hinsichtlich der Motive dieser Fonds nicht sicher sein könne, seien schwere Nachteile für Deutschland aus deren unkontrollierter Tätigkeit nicht auszuschließen, beispielsweise eine Gefährdung der Versorgungssicherheit, die Vernachlässigung sozialer Aspekte in Wohnungsbaugesellschaften oder aber ein Verspielen des technologischen Vorsprungs.

In der Tat ist es schwer zu erkennen, welche politischen und ökonomischen Ziele die Investoren verfolgen – zumal sich die Absichten im Zeitablauf ändern können. Es ist jedoch mehr als fraglich, ob eine geplante Ergänzung zum bestehenden Außenwirtschaftsgesetz notwendig ist, um Deutschland vor möglichen Nachteilen zu schützen. Bislang sieht dieses Gesetz lediglich in der Rüstungsindustrie Investitionskontrollen vor. Laut einem Referentenentwurf des Bundesministeriums für Wirtschaft und Technologie sollen künftig Kapitalbeteiligungen eines gebietsfremden Erwerbers ab 25 Prozent von der Bundesregierung auch in anderen Branchen unterbunden werden können.

Eine Umsetzung dieses Entwurfes würde negative Konsequenzen für den Standort Deutschland nach sich ziehen. Nicht nur Staatsfonds könnten ihre Gelder anderweitig investieren, sondern auch private ausländische Investoren. Der Pauschalverdacht, politische statt ökonomische Motive seien für erstere handlungsleitend, ist unberechtigt. Im Gegenteil: Bisher war es ihnen zu verdanken, dass die durch die Subprime-Krise arg gebeutelte Finanzindustrie mit neuem Eigenkapital ausgestattet wurde und somit ihre für die Weltwirtschaft essentiellen Tätigkeiten fortsetzen konnte.

Hinzu kommt, dass es für Staatsfonds sehr kostspielig wäre, ihre Beteiligungen gezielt für eine politische Strategie einzusetzen. Sie sind der eigenen Bevölkerung gegenüber zu effizientem Wirtschaften verpflichtet. Eine Einmischung in die politischen Verhältnisse eines Landes würde nachhaltige Gegenreaktionen der betroffenen Länder auslösen und die eigenen Beteiligungen stark entwerten.

Die hiesigen Konsumenten sind durch etablierte Institutionen der Wettbewerbskontrolle vor einer möglichen Willkür der ausländischen Staatsfonds geschützt. Die Bundesnetzagentur ist beauftragt, bei natürlichen Monopolen in Netzindustrien die Erhebung ungerechtfertigt hoher Preise zu untersagen. Das Bundeskartellamt verhindert die Entstehung einer marktbeherrschenden Stellung eines Unternehmens. Es ist für die deutsche Wettbewerbskontrolle irrelevant, welcher Nation die Eigner dieser Unternehmen angehören.

Deutschland profitiert auch von einer einseitigen Öffnung gegenüber ausländischem Kapital. Zwar wäre eine allgemeine Kapitalverkehrsfreiheit die erstbeste Lösung; doch verbessern sich die hiesigen Beschäftigungs- und Verdienstmöglichkeiten auch dann, wenn einzelne Länder sich gegenüber ausländischem Kapital abschotteten. Ausländische Investitionen erhöhen die heimische Sachkapitalausstattung, so dass bestehende Arbeitsplätze erhalten bleiben und hochwertige neue Arbeitsplätze entstehen.

II. Stabilität, solide Finanzen und schlanker Staat

1. Geldwertstabilität

352. Das Ziel der Geldwertstabilität hat in Deutschland und in Europa einen hohen Rang. Trotzdem gab es immer wieder Situationen, in denen nach einer lockereren Zins- und Geldpolitik gerufen wurde, so beispielsweise nach den starken Lohnerhöhungen in den Jahren 1991 bis 1993, als es zu einem Konflikt zwischen Lohnpolitik und Stabilitätspolitik kam. Seit der Einführung des Euro wird in jeder konjunkturellen Schwächephase diskutiert, ob nicht das Verschuldungskriterium für die öffentlichen Haushalte gelockert werden könne. Wiederholt haben einzelne Länder die Verschuldungsgrenze deutlich überschritten und dann großzügige Fristen eingeräumt bekommen, die Staatsfinanzen in Ordnung zu bringen. Eine expansive Fiskalpolitik bedroht jedoch die Geldwertstabilität.

Geldpolitik ist zuerst Stabilitätspolitik. Und die Deutsche Bundesbank hatte wie nun die Europäische Zentralbank den gesetzlichen Auftrag, die Stabilität des Geldwerts zu sichern. Es ist die mit Abstand wichtigste Aufgabe einer Zentralbank, Vertrauen in die Stabilität der Währung zu schaffen und zu erhalten. Es ist auch nicht erkennbar, warum eine etwas höhere oder sich stark ändernde Inflationsrate vorteilhaft für die wirtschaftliche Entwicklung sein sollte. Durch Inflation kann es immer nur Vorteile zu Lasten von Gruppen geben, die die Inflation nicht antizipieren konnten und die nicht sofort reagieren können, weil beispielsweise längerfristige Verträge bestehen. VON HAYEK drückt das wie folgt aus: „Die Inflation kann nie mehr als ein vorübergehender Ansporn sein und selbst diese wohltätige Wirkung kann nur solange dauern, als jemand weiterhin betrogen und die Erwartungen einiger Menschen unnötigerweise enttäuscht werden." (1971, S. 418).

Vertrauenskapital ist nur schwer aufzubauen, aber schnell verbraucht. Es sollte nicht versucht werden, sich durch einen kurzlebigen Beschäftigungseffekt reich zu rechnen und die entgegengesetzten mittelfristigen Wirkungen zu verdrängen. Das geflügelte Wort des Altbundeskanzlers Helmut Schmidt, ihm seien fünf Prozent Inflation lieber als fünf Prozent Arbeitslosigkeit, suggerierte noch die Vorstellung, man könne mit etwas mehr Inflation einen höheren Beschäftigungsgrad erreichen. Noch während seiner Amtszeit gingen im Jahr 1981 dann aber sowohl die Inflationsrate als auch die Arbeitslosenquote deutlich über fünf Prozent hinaus. Wirtschaftspolitisch sind grundsätzlich die Tarifparteien für die Beschäftigung und die Zentralbank für die Geldwertstabilität zuständig.

353. Große Verwirrung zeigen einige Äußerungen im Zusammenhang zwischen Lohnentwicklung, Geldwertstabilität und Wechselkursstabilität. Implizit wird der Eindruck erweckt, als sei eine Politik der Geldwertstabilität mit der möglichen Folge steigender Wechselkurse nicht sinnvoll. Die Deutsche Angestellten-Gewerkschaft (heute ver.di) drückte das wie folgt aus: „Die DAG zieht daraus den Schluss, dass Forderungen nach tarifpolitischer Zurückhaltung unter dem Vorwand der Verbesserung der Wettbewerbsfähigkeit ins Leere gehen. Potentielle Wettbewerbsvorteile würden durch Wechselkursveränderungen aufgehoben. Die von den Arbeitnehmerinnen und Arbeitnehmern abverlangten Opfer wären umsonst erbracht." (DEUTSCHE ANGESTELLTEN-GEWERKSCHAFT, 1994, S. 14).

Ähnliche Thesen wurden im Zusammenhang mit der Frage der internationalen Wettbewerbsfähigkeit behandelt. Der Tenor in diesen Aussagen, auf eine vorsichtige Lohnpolitik komme es gar nicht an, weil alle Anstrengungen („Opfer") auf diesem Gebiet durch Aufwertungen der eigenen Währung zunichte gemacht würden, setzt einen falschen Akzent. Die Lohnpolitik hat die Aufgabe, weitgehend losgelöst von der Entwicklung des Außenwerts der Währung für Vollbeschäftigung zu sorgen. Bei den hohen Arbeitslosenquoten sind die Anstrengungen, zu angemessen niedrigen Lohnabschlüssen zu kommen, nicht „umsonst erbracht" worden. Sie sind zu gering ausgefallen. Auf keinen Fall kann aus den Aussagen der Deutschen Angestellten-Gewerkschaft gefolgert werden, die Deutsche Bundesbank oder die Europäische Zentralbank hätten eine explizite Wechselkurspolitik betreiben sollen, bei der die Deutsche Mark bzw. der Euro nicht aufgewertet worden wären. Dazu hätten sie auf eine Geldentwertungspolitik übergehen müssen. Das kann aber nicht gemeint sein.

Der Hauptgrund für langfristige Wechselkursänderungen ist der Ausgleich unterschiedlicher Preissteigerungsraten zwischen verschiedenen Währungsgebieten. Daraus ergibt sich keine Veränderung der Wettbewerbsposition, d.h. dadurch gehen inländische Kostenvorteile auch nicht verloren. Denn die Aufwertung verhindert lediglich Preissteigerungen über die außenwirtschaftliche Flanke, also sowohl im Export- als auch im Importbereich. Insoweit wird die internationale Wettbewerbsfähigkeit durch Lohnzurückhaltung nicht verbessert. Aber das darf die Lohnpolitik nicht daran hindern, eine kostenniveauneutrale Lohnpolitik zu betreiben, die im Einklang mit dem Ziel der Geldwertstabilität steht. Im Falle von Arbeitslosigkeit würden sich auf freien Märkten sogar Löhne herausbilden, die den Produktivitätsfortschritt nicht vollständig verbrauchen.

2. Steuern senken, Staatsquote zurückführen

354. Die steuerlichen Bedingungen haben einen hohen Rang für die Qualität des Wirtschaftsstandorts Deutschland und für die Chancen, wieder Vollbeschäftigung zu erreichen. Die hohen Löhne lassen sich nur halten, wenn Investitionen in Deutschland steuerlich nicht schlechter behandelt werden als in vergleichbaren Ländern. Dabei kommt es vor allem auf die Besteuerung der Kapitalerträge an. Steuersystematisch ist umstritten, ob Kapitalerträge überhaupt besteuert werden sollten. Hier gibt es zwei Positionen. Auf der einen Seite wird die Auffassung vertreten, alle geldwerten Zuflüsse seien der Einkommensteuer zu unterwerfen, also auch die Kapitalerträge (so z. B. Paul KIRCHHOF). Die Ökonomen setzten sich dagegen weit überwiegend dafür ein, die Kapitalerträge im Umfang des Kapitalmarktzinses steuerfrei zu belassen und nur die so genannten Übergewinne zu versteuern, aber auch die Abweichungen nach unten als steuerliche Verluste anzuerkennen. Der Normalzins wird nach dieser Vorstellung als Preis für die zeitliche Vor- oder Rückverlagerung des Konsums angesehen (so der Kronberger Kreis: DONGES ET AL., 2000).

An anderer Stelle wurde bereits gezeigt, dass es beim Zuflussprinzip zu einer Doppelbesteuerung kommt (Ziffer 209), so dass dem Steuerzahler bei einem Steuersatz von beispielsweise 40 Prozent nicht 60 Prozent der Konsummöglichkeiten, sondern im Falle der dauerhaften Kapitalanlage nur 36 Prozent verbleiben. Es gibt im Wesentlichen nur drei Bereiche, in denen der Staat sich mit einer Einmalbesteuerung zufrieden gibt. Das ist die erwähnte Riesterrente, die nur nachgelagert, also zum Zeitpunkt der Auszahlung besteuert wird. Auf das gleiche Modell wird die gesetzliche Rentenversicherung schrittweise umgestellt. Der dritte Bereich ist das selbst genutzte Wohnen. Dort wird das Einkommen vorgelagert besteuert. Die Erträge aus dieser Kapitalanlage – der Nutzungswert bzw. Mietwert – werden nicht besteuert.

355. Es gibt praktisch kein Land, das auf eine Doppelbesteuerung der Kapitalerträge verzichtet. Aber einige Länder besteuern die Kapitalerträge erheblich weniger als die sonstigen Einkünfte, indem sie beispielsweise eine vergleichsweise niedrige Abgeltungssteuer erheben. Mit einer echten Abgeltungssteuer ist gemeint, dass die Kapitalerträge nur einmal an der Quelle mit einem pauschalen Satz von beispielsweise 20 oder 25 Prozent besteuert werden, und zwar gleichgültig, ob es sich um Gewinne der Unternehmen oder Zinserträge handelt. Damit sind alle steuerlichen Ansprüche des Staates wie eine ergänzende Einkommensteuer oder Veräußerungsgewinnsteuer abgegolten.

Der Kronberger Kreis hat sich wie andere Wissenschaftler prinzipiell für eine Steuerfreistellung der Kapitalerträge – genauer: der Normalverzinsung – ausgesprochen, um eine Doppelbesteuerung zu vermeiden. Dabei ist es gleichgültig, ob die Einkommen vorgelagert oder nachgelagert besteuert werden. Im letzten Fall spricht man von einer Konsumsteuer. Da eine solche radikale Änderung des Steuersystems kaum zu verkraften ist, hat sich der Kronberger Kreis für einen Kompromiss in der Form einer moderaten Abgeltungsteuer eingesetzt. Eine Abgeltungsteuer lässt sich stufenweise abschmelzen, so dass man der Steuerfreistellung von Kapitalerträgen näher kommt.

356. Wo stehen wir in Deutschland? Aktuell werden die Kapitalerträge, von den oben genannten Ausnahmen abgesehen, voll versteuert. Aber es gibt Ansätze, die Steuerbelastung der Kapitalerträge insbesondere auf der Unternehmensebene zu verringern. Am 25. Mai 2007 haben der Bundestag und am 6. Juli 2007 der Bundesrat das Unternehmensteuergesetz 2008 verabschiedet. Der Körperschaftsteuersatz wurde von 25 Prozent auf 15 Prozent gesenkt. Einschließlich der Gewerbesteuer sinkt damit die Belastung der Gewinne auf der Ebene der Kapitalgesellschaften von rund 40 Prozent auf knapp 30 Prozent (die genauen Werte differieren von Kommune zu Kommune je nach dem von ihr festgelegten Hebesatz der Gewerbesteuer). Diese Maßnahmen stellen eine überfällige Reaktion auf den internationalen Steuerwettbewerb dar. Der Produktionsfaktor Kapital ist hochmobil und Investitionen werden dort getätigt, wo das Gesamtpaket aus Steuerbelastung, Infrastrukturbedingungen, Rechtssicherheit und Lohnniveau für den Investor besonders geeignet erscheint. Vor diesem Hintergrund verbessert die Senkung der Körperschaftsteuer die Wettbewerbsfähigkeit des Investitionsstandorts Deutschlands. Für die Politik gilt es auch weiterhin, ein von ihr gewähltes Infrastrukturniveau so effizient wie möglich bereitzustellen, so dass die Unternehmen bereit sind, die dafür erforderlichen Steuern zu zahlen.

Neben der zu begrüßenden Steuersenkung sind mit dem Unternehmensteuergesetz 2008 auch negative Regelungen verabschiedet worden. Personenunternehmen können künftig auf Antrag eine „Thesaurierungsrücklage" bilden. Nicht entnommene Gewinne werden demnach – ähnlich wie Gewinne von Kapitalgesellschaften – mit rund 30 Prozent statt mit dem persönlichen Steuersatz, der in der Spitze bis zu 45 Prozent betragen kann, besteuert. Auf den ersten Blick ist somit eine Belastungsneutralität zwischen Personenunternehmen und Kapitalgesellschaften gewahrt. Will der Unternehmer seine Steuerschuld jedoch nicht aus seinem Privatvermögen begleichen, muss er sie aus dem laufenden Gewinn finanzieren. Bei dessen Ausschüttung wird jedoch der persönliche Einkommensteuersatz verwendet, der deutlich über 30 Prozent liegen kann. Der Sachverständigenrat zur Begutachtung der gesamtwirtschaftlichen Entwicklung hat ausgerechnet, dass dann eine Mehrbelastung für Personenunternehmen gegenüber Kapitalgesellschaften von bis zu 6,33 Prozentpunkten möglich ist.

Die große Koalition hatte sich im Koalitionsvertrag ferner zum Ziel gesetzt, die Eigenkapitalbasis deutscher Unternehmen zu stärken. Mit der nun verabschiedeten Unternehmensteuer erreicht sie das Gegenteil. Grund hierfür ist die Abgeltungssteuer, die eigentlich keine ist: Ab 1. Januar 2009 werden alle den natürlichen Personen zufließenden Kapitalerträge (Dividenden, Zinsen und Veräußerungsgewinne) pauschal mit 25 Prozent (plus Solidaritätszuschlag und ggf. Kirchensteuer) besteuert. Das bisher geltende Halbeinkünfteverfahren entfällt, so dass die bereits auf Unternehmensebene gezahlte Körperschaftsteuer bei der Ausschüttung nicht mehr steuermindernd berücksichtigt wird. Ab 2009 unterliegen die auf der Unternehmensebene bereits versteuerten Ausschüttungen zusätzlich der Abgeltungssteuer. Die Gewinne werden somit nicht wie bei einer echten Abgeltungsteuer nur einmal besteuert, beispielsweise auf der Unternehmensebene, sondern zweimal.

Die zweifache Besteuerung der Gewinne kann auch nicht über eine Thesaurierung der Gewinne umgangen werden. Im Gegenteil, da der Veräußerungsgewinn nach neuem Recht auch versteuert wird, kommt es sogar zu einer Dreifachbesteuerung. Das soll anhand eines Beispiels erläutert werden. In Teil a) der Tabelle 5 ist die Besteuerung im Falle der Ausschüttung der Gewinne und im Falle der Veräußerung des Kapitalanteils vor der Ausschüttung dargestellt, wobei keine Veräußerungsgewinnsteuer erhoben wird. Der Ausschüttungsfall zeigt die erwähnte zweifache Besteuerung, nämlich auf der Unternehmensebene und anschließend beim Empfänger der Dividende.

II. Stabilität, solide Finanzen und schlanker Staat

Im Veräußerungsfall wäre ein potentieller Erwerber des Dividendenpapiers bereit, den Ausgangswert von 100 Euro plus der potentiellen Ausschüttung von 6,80 Euro abzüglich der darauf zu entrichtenden Abgeltungssteuer von 1,70 Euro und des Solidarzuschlags von 0,09 Euro also insgesamt 105,01 Euro als Kaufpreis zu zahlen. Diesen Betrag erhielte also der Verkäufer im Fall ohne Veräußerungsgewinnsteuer. Er steht nicht besser und nicht schlechter da als in dem Fall, in dem er den Kapitalanteil behält: Trotz des Verkaufs ohne Besteuerung des Veräußerungsgewinns wird er zweimal besteuert. Der Grund liegt darin, dass der Käufer sich das noch im Unternehmen gebundene Kapital in Höhe von 6,80 Euro nicht auszahlen oder zurückzahlen lassen kann, ohne darauf Abgeltungssteuer plus Solidarzuschlag zu zahlen. Er ist also lediglich bereit, den Nettowert des Gewinns zu zahlen, also 6,80 Euro abzüglich der zu erwartenden Steuern. Bei den nicht ausgeschütteten Gewinnen handelt es sich um ein mit Steuerforderungen belastetes Eigenkapital (EK2); im Gegensatz dazu kann das voll versteuerte Eigenkapital (EK1) den Anteileignern in voller Höhe zurückgegeben werden.

Tabelle 5: Besteuerung von Dividenden und realisiertem Kursgewinn

Ausgangswert im Unternehmen	100,00
Gewinn	8,00
15% Körperschaftsteuer	− 1,20
EK1 + EK2	106,80

a) ohne Veräußerungsgewinnsteuer

	Ausschüttung	Veräußerung	
		Verkäufer	Käufer
Verkauf/Kauf	0	105,01	− 105,01
Ausschüttung (EK2)	6,80	0	6,80
25% Abgeltungsteuer auf Ausschüttung	− 1,70	0	− 1,70
5,5% Solidarzuschlag auf 1,70	− 0,09	0	− 0,09
Netto-Ausschüttung	5,01	0	5,01
Kapital im Untern.(EK1)	100,00	0	100,00
Gesamtergebnis	105,01	105,01	105,01

b) mit Veräußerungsgewinnsteuer

	Ausschüttung	Veräußerung	
		Verkäufer	Käufer
Verkauf/Kauf	0	105,01	− 105,01
Ausschüttung (EK2)	6,80	0	6,80
25% Abgeltungsteuer auf Ausschüttung	− 1,70	0	− 1,70
25% Veräuß.Gewinnsteuer auf 5,01	0	− 1,25	0
5,5% Solidarzuschlag auf 1,70 bzw. 1,25	− 0,09	− 0,07	− 0,09
Netto-Ausschüttung	5,01	0	5,01
Kapital im Untern.(EK1)	100,00	0	100,00
Gesamtergebnis	105,01	103,69	105,01

Im Teil b) von Tabelle 5 kommt eine Veräußerungsgewinnsteuer hinzu. Behält der Anteilseigner den Kapitalanteil, bleibt das Ergebnis bei voller Ausschüttung des Gewinns gleich. Im Falle des Verkaufs erzielt auch der Erwerber das gleiche Ergebnis, wenn er sich den Gewinn nach dem Kauf ausschütten lässt. Der Verkäufer des Dividendenpapiers, erzielt zwar einen Veräußerungsgewinn von 5,01 Euro; er muss diesen Gewinn aber versteuern. Der ursprüngliche Gewinn von acht Euro wird nun dreimal besteuert: erst auf der Unternehmensebene, dann aufgrund des Abzugs der noch zu zahlenden Abgeltungssteuer einschließlich Solidarzuschlag durch den Käufer vom möglichen Verkaufspreis und schließlich durch die Veräußerungsgewinnsteuer auf den verbliebenen Gewinn von 5,01 Euro. Im Ergebnis muss der Verkäufer sich mit 3,69 Euro aus dem Gesamtgewinn von acht Euro zufrieden geben.

An diesem Beispiel wird auch der so genannte Lock-in-Effekt einer Veräußerungsgewinnsteuer offenbar. Der Inhaber eines Unternehmensanteils kann die Besteuerung vermeiden, indem er nicht verkauft. Auf ökonomisch sinnvolle Vermögensumschichtungen werden gegebenenfalls unterlassen, d. h. rentablere Investitionen unterbleiben, unnötige Kosten der Vermögensverwaltung werden hingenommen und die Risikostruktur wird nicht den individuellen Bedürfnissen angepasst.

357. Die Mehrfachbelastung von Gewinnen im Vergleich zu den Zinsen, die nur einmal besteuert werden, und der entsprechende Renditeunterschied nach Steuern führen dazu, dass die Kapitalanleger den Unternehmen lieber Fremdkapital als Eigenkapital zur Verfügung stellen: Würden dem Unternehmen in obigem Beispielfall die 100 Euro als Darlehen gewährt und würden acht Euro Kreditzinsen gezahlt, erhielte der Darlehensgeber eine Ausschüttung von 5,89 [1]Euro auf das von ihm zur Verfügung gestellte Fremdkapital. Als Eigenkapitalgeber erhielte er die niedrigere Netto-Dividende von 5,01 Euro. Die Rendite (vor Steuern) einer mit Eigenkapital finanzierten Investition müsste gegenüber der Rendite einer fremdfinanzierten Investition höher liegen, damit die Investoren indifferent zwischen beiden Finanzierungsformen wären. Wenn die Bereitstellung von Fremdkapital und Eigenkapital für das Unternehmen die gleiche Funktion hätte, würde ausschließlich mit Fremdkapital finanziert. Tatsächlich kommt aber kein Unternehmen ohne haftendes Eigenkapital aus, da die Fremdkapitalgeber andernfalls sehr hohe Risikoprämien verlangen würden. Deshalb dient der Eigenkapitalanteil auch dazu, neben der Absicherung der Forderungen der Arbeitnehmer, Lieferanten etc. auch die Zinsforderungen der Darlehensgeber abzusichern. Die Gewinne enthalten also nicht nur eine Verzinsung des Kapitals, sondern auch eine Risikoprämie, die prinzipiell als Kostenkomponente anzusehen ist.

Je größer der Fremdkapitalanteil an der Gesamtfinanzierung ist, umso größer ist die zu erwirtschaftende Risikoprämie. Dieser Zusammenhang löst einen fatalen Kreislauf aus: Aufgrund des hohen Risikos werden die Unternehmen gezwungen, sehr hohe Ge-

---

[1] Auf die acht Euro Zinsen muss der Kreditgeber insgesamt 25 Prozent Abgeltungssteuer zzgl. Solidaritätszuschlag, also 5,5 Prozent auf 25 Prozent, zahlen. Somit erhält er: $8*(1-(0,25+(0,25*0,055))) = 8*(1-0,26375) = 5,89$.

winne vor Steuern zu erwirtschaften. In den Kapitalgesellschaften wird regelmäßig ein Vorsteuergewinn von mindestens 15 Prozent angestrebt. Der Kontensparer, die Arbeitnehmer, der normale Zeitungsleser und die Parlamentarier schauen neidvoll auf solche Bruttorenditen, die sie mit dem Zinssatz für Sparkonten vergleichen. Dabei wird übersehen, dass die Gewinne hohe Risikoprämien enthalten und dass die Risikoprämien als Teil des „Gewinns" auch noch zu versteuern sind. Insoweit kommt es zu einer Scheingewinnbesteuerung.

358. Man könnte dem entgegenhalten, dass es bei der Fremdkapitalfinanzierung auch zu einer Scheingewinnbesteuerung kommt, weil ein Teil der Zinseinnahmen erforderlich ist, um den Kapitalverlust des Darlehensgebers durch Inflation auszugleichen. Dieser Teil der Zinszahlungen dürfte nicht besteuert werden, d.h. nicht der nominale Zinsertrag, sondern nur der reale dürfte der Steuer unterliegen. Dem Scheingewinn aufgrund der Inflation steht jedoch ein Scheinverlust beim Darlehensnehmer gegenüber. Der Darlehensnehmer zahlt im Zins die übliche (reale) Kapitalverzinsung und einen Ausgleich für die Inflation – ökonomisch gesprochen: Er wird durch die Inflation real entschuldet und zahlt den entsprechenden Betrag als Quasi-Tilgung an den Darlehensgeber. Diese im Zins enthaltene Realtilgung dürfte aber grundsätzlich nicht steuerlich absetzbar sein. Tatsächlich können Zinskosten in voller Höhe steuerlich geltend gemacht werden, so dass sie einen Scheinverlust enthalten. Das Problem der Scheingewinne und der Scheinverluste bei der Fremdkapitalfinanzierung ist durch eine strikte Politik der Geldwertstabilität lösbar. Das Problem der Risikoprämie als Teil des zu versteuernden Gewinns lässt sich nicht so einfach lösen.

359. Die Reform des Steuersystems muss aber weitergetrieben und systemimmanente Wettbewerbsverzerrungen müssen beseitigt werden, um die Leistungsfähigkeit der Sozialen Marktwirtschaft zu stärken und den Staat zurückzudrängen. Mitte der neunziger Jahre hatte die Staatsquote bereits die 50 Prozentmarke gekratzt. Und obwohl die Quote in den letzten Jahren gesunken ist – auf 45,6 Prozent in 2006 –, ist noch immer ein zu großer Anteil der wirtschaftlichen Aktivität dem direkten Einfluss der Politik ausgesetzt.[2] Es ist zu fragen, ob noch von einer Sozialen Marktwirtschaft gesprochen werden kann, oder ob die Dominanz des Staates durch den Begriff Staatswirtschaft offen benannt werden sollte. Die große Bereitschaft des Staates, den Ansprüchen gesellschaftlicher Gruppen nachzukommen, ihnen zu helfen oder ihnen besondere Vorteile zu Lasten der übrigen Gesellschaft zu verschaffen, hat die Abgabenlast schrittweise erhöht. Erst allmählich haben die Bürger erfahren, dass sie immer mehr vom Staat abhängig geworden und ihre Spielräume, eigenverantwortlich tätig zu werden, drastisch eingeschränkt worden sind. Außerdem ahnen sie, dass die Staatstätigkeit und insbesondere die nicht mehr zu überschauenden Umverteilungsmaßnahmen nicht nur einen großen Verwaltungsapparat benötigen, sondern auch die Leistungsfä-

---

[2] Im Übrigen werden nicht alle Aufwendungen des Staates in der Staatsquote erfasst. So werden das Kindergeld und die Investitionszulagen vorab aus den Einkünften aus Unternehmertätigkeit und Vermögen finanziert und gehen damit nicht in den öffentlichen Haushalt ein.

higkeit der Gesamtwirtschaft und die Beschäftigungs- und Einkommenschancen jedes Einzelnen verringern.

360. Niemand zahlt gerne Steuern. Deshalb ist bei jeder Steuer zu überlegen, ob sie vermieden oder verringert werden kann. Jede Steuer auf das Einkommen behindert die Arbeitsteilung in der Gesellschaft und die Aufnahme einer steuerpflichtigen Tätigkeit. Inzwischen ist die Summe aus Steuern und steuerähnlichen Abgaben auf Erwerbseinkommen so hoch geworden, dass der Produktivitätsvorteil durch Arbeitsteilung für manche Tätigkeiten kompensiert wird und zunehmend Güter und Dienstleistungen durch Eigenarbeit erstellt werden. Gleichzeitig wird es immer attraktiver, die Vorzüge aus der Arbeitsteilung noch zu nutzen, aber die Steuern und Abgaben zu umgehen, beispielsweise durch gegenseitige Hilfe in der Familie und in der Nachbarschaft und durch Schwarzarbeit. Dabei können durchaus Effizienznachteile gegenüber der offiziellen Wirtschaftstätigkeit und erhöhte Risiken in Kauf genommen werden. Gleichzeitig erschwert der Abgabenkeil das Entstehen von Arbeitsplätzen, auf denen die Gesamtkosten der Arbeit erwirtschaftet werden können.

361. Allgemein anerkannt ist eine Besteuerung der Einkommen nach dem Leistungsfähigkeitsprinzip. Daraus ergibt sich noch nicht, dass der Steuertarif progressiv sein müsste. Auch eine proportionale Steuer führt dazu, dass derjenige, der ein höheres Einkommen erzielt, mehr Steuern zahlt als Personen mit geringerem Einkommen. Wirtschaftlich lässt sich eine progressive Steuer mit steigenden marginalen Steuersätzen nicht begründen. Im Gegenteil, aufgrund der Steuerprogression erhält der Bürger für die gleiche Leistung pro Stunde, also für die gleiche Dienstleistung, ein umso geringeres Nettoentgelt, je mehr er arbeitet. Der wirtschaftliche Anreiz, zusätzliche Leistungen zu erbringen, nimmt mit steigendem Einkommen ab, weil das Nettoentgelt pro Leistungseinheit geringer wird. Hier verzerrt der Staat das Preissystem. Ein Selbständiger, der zusätzliche Dienstleistungsstunden anbieten kann, bekommt beispielsweise für jede weitere Stunde abnehmende Nettoentgelte, weil die Steuer progressiv steigt. Es kann sich auch unter Wettbewerbsbedingungen kein einheitlicher Preis für die gleiche Leistung herausbilden (vgl. HAYEK 1971, S. 400).

Eine progressive Einkommensteuer lässt sich selbst sozialpolitisch nur schwer rechtfertigen. Es wäre durchaus vorstellbar, dass die sozialpolitischen Aufgaben auch mit einer proportionalen Steuer finanziert werden. Mit dem Übergang zur Steuerprogression, die meist verteilungspolitisch begründet wird, kommt man schnell in den Bereich der Willkür. Die vielfältigen punktuellen verteilungspolitischen Eingriffe sind in ihrer Gesamtwirkung gar nicht mehr durchschaubar, d.h. für viele Gruppen auch mit geringen oder mittleren Einkommen lässt sich kaum noch feststellen, ob sie zu den Begünstigten oder Benachteiligten der staatlichen Umverteilung gehören. Umso bedauerlicher ist es, dass es noch nicht zu einer Verständigung auf einige Grundsätze der Sozialpolitik und zu klaren Begrenzungen der Steuerlast und der Progression gekommen ist. Vielmehr wird die eingebaute Dynamik der progressiven Einkommensteuer vom Staat gerne für sukzessive kleine Steuererhöhungen genutzt. Es ist ja nicht einmal zwingend, dass die Steuereinnahmen steigen müssen, wenn sich das allgemeine reale Einkommensniveau erhöht. Eigentlich sollte man davon ausgehen, dass die Bürger mit zunehmendem Wohlstand mehr Verantwortung übernehmen können. Tatsächlich führen reale Einkommenssteigerungen aber zu progressiv steigenden Steuereinnahmen, d. h. der Staat erhöht seinen Anteil. Hinzu kommt noch, dass auch die Geldentwertung die Steuerpflicht nicht proportional, sondern überproportional erhöht (kalte Progression), d. h. der Staat erhält auch dann einen höheren Anteil vom Einkommen der Bürger, wenn die Einkommen nur inflationsbedingt steigen, real aber unverändert bleiben. Diese heimlichen Steuererhöhungen werden in Steuersenkungsaktionen in der Regel nur zum Teil wieder rückgängig gemacht.

Die ordnungspolitische Folgerung daraus heißt: Das System der Einkommensteuer sollte so verändert werden, dass die realen Steuereinnahmen des Staates oder zumindest der Anteil des Staates an den Einkommen nicht automatisch steigen. Eine Phase hoher Geldwertstabilität ist besonders gut geeignet, Regeln für eine inflationsneutrale Besteuerung einzuführen. Inflationsgewinne müssen aus dem ständigen Verteilungsstreit herausgenommen werden. Es darf erst gar nicht der Eindruck entstehen, als habe der Staat in diesem Zusammenhang „etwas an die Bürger zu verteilen" und müsse nur einen gerechten Verteilungsmodus finden. Der einmal beschlossene Steuertarif darf nicht anlässlich einer inflationsbedingten stärkeren Besteuerung unterlaufen werden, indem der Staat die zusätzlichen Einnahmen behält (Inflationsinteresse des Staates) oder indem er die Mittel nach verteilungspolitischen Gesichtspunkten – also nicht entsprechend der Mehrbelastung – zurückgibt. Beim Staat sollten gar keine inflationsbedingten realen Steuermehreinnahmen anfallen, denn wenn erst einmal neue Programme und Wohltaten beschlossen sind, ist es sehr schwer, die Mittel wieder zu streichen oder zu kürzen. Beispielsweise könnte das Statistische Bundesamt gebeten werden, alle zwei Jahre die Freibeträge, die pauschalen Absetzungsbeträge und den Steuertarif an die eingetretene Geldentwertung bzw. -aufwertung anzupassen, also auch die Schwelle, an der die obere Proportionalzone beginnt. Nach einem solchen Schritt bliebe immer noch die Erhöhung des staatlichen Anteils bei realen Einkommenssteigerungen.

362. Der geltende Einkommensteuertarif (vgl. Abbildung 25) wurde – unter Berücksichtigung der Entscheidung des Bundesverfassungsgerichts vom 25. September 1992, dass das Existenzminimum ab 1996 steuerfrei bleiben müsse – festgelegt. Der über viele Jahre durch Inflation entwertete Grundfreibetrag wurde mit der Steuerreform 2000 stufenweise auf 7.664 Euro erhöht. Er ist allerdings bereits wieder vier Jahre lang nicht an die Geldwertentwicklung angepasst worden. Der Eingangssteuersatz wurde auf 15 Prozent gesenkt. Der linear-progressive Tarif hat die Knickstellen beibehalten. Im Jahr 2007 wurde die so genannte Reichensteuer bzw. Neidsteuer eingeführt. Danach steigt der Spitzensteuersatz von 42 Prozent auf 45 Prozent für Ledige ab einem zu versteuernden Einkommen von 250.000 Euro und für Verheiratete von 500.000 Euro, also etwa ab dem fünffachen Betrag bei dem die Progressionszone ausläuft, d. h. der Steuersatz zwischen einem Einkommen von 52.152 Euro bis 250.000 Euro bleibt unverändert 42 Prozent und springt dann auf 45 Prozent.

Tabelle 6: Eckpunkte der Einkommensteuer 1999–2008

	1999	2002/3	2004	2005/6
Grundfreibetrag in €	6.681	7.235	7.664	7.664
Eingangssteuersatz in %	23,9	19,9	16,0	15,0
Spitzensteuersatz in %	53,0	48,5	45,0	42,0
zu zahlen ab (Ledige)	61.377	55.088	52.152	52.152
zu zahlen ab (Verheiratete)	122.753	110.015	104.303	104.303

Quelle: KARL-BRÄUER-INSTITUT des Bundes der Steuerzahler (2008)

Abbildung 25: Grenzsteuersatz

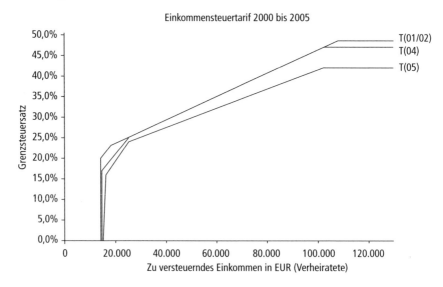

363. Zu einer Anhebung des Grundfreibetrags gehört im Prinzip eine prozentual gleich starke Verschiebung des oberen Auslaufpunktes der Tarifkurve, also der Beträge, bei denen der höchste marginale Steuersatz erreicht wird. In der Vergangenheit ist die Tarifkurve immer steiler geworden, d.h. die Progression ist ständig verschärft worden. Immer mehr Haushalte mit mittleren Einkommen werden stark progressiv besteuert. Die im Jahr 2007 eingeführte Reichensteuer wurde nicht genutzt, den progressiven Tarif zu verändern und erst bei dem Einkommen auslaufen zu lassen, an dem die Reichensteuer einsetzt. Der relevante Spitzensteuersatz von 42 Prozent wird bei immer geringeren Realeinkommen erreicht. Bei dem erreichten Niveau der Gesamtabgaben werden Ausweichreaktionen provoziert und es ist fraglich, ob die Steuereinnahmen und Sozialbeiträge durch höhere Steuersätze bzw. Beitragssätze überhaupt noch gesteigert werden können.

364. Positiv gewendet: In der gegenwärtigen Situation muss der Staat die Abgabensätze konsequent weiter senken. Das würde die wirtschaftliche Entwicklung stärken und die Beschäftigungschancen verbessern. Der Staat würde vermutlich nicht weniger, sondern sogar mehr einnehmen, nämlich dann, wenn die Wirtschaftstätigkeit prozentual stärker zunimmt als die Abgabensätze verringert werden. Die Einkommensteuerreform 2000 mit den vollzogenen Stufen bis zum Jahr 2005 hat kleine Fortschritte gebracht. Aber das Reformpaket ist von vornherein an verschiedenen Stellen durch Sonderregelungen aufgeweicht worden, so z. B. durch die Steuerfreiheit der Zuschläge für die Sonn-, Feiertags- und Nachtarbeit. Diese steuerliche Begünstigung ließ auch die große Koalition unangetastet, als sie zum 1. Januar 2007 zumindest eine Sozialabgabenpflicht für Verdienste über 25 Euro pro Stunde einführte. Mit dem Steueränderungsgesetz 2007 hat die Koalition zwar die ungerechtfertigte Sonderregelung einer Entfernungspauschale für Pendler abgeschafft (mit einer zeitlich (noch) nicht befristeten Härtefallregelung für Entfernungen ab dem 21. Kilometer). Aber schon ein Jahr später ist angesichts steigender Kraftstoffpreise eine heftige Diskussion entbrannt, ob nicht die Pendlerpauschale ab dem ersten Kilometer wieder eingeführt werden sollte.

365. Die Vorgabe des Bundesverfassungsgerichts, das Existenzminimum steuerfrei zu lassen, erscheint auf den ersten Blick plausibel; denn warum sollte der Staat einen Teil des existenzsichernden Einkommens als Steuer einziehen und anschließend als Sozialhilfe oder Arbeitslosengeld II zurückgeben? Trotzdem ist es notwendig – wie bei der negativen Einkommensteuer – darauf hinzuweisen, dass es sich um unterschiedliche Systeme handelt. Das Steuersystem erlaubt es dem Staat, Einnahmen zu erzielen. Hier sind die Regeln festgelegt, nach denen der Bürger abgabepflichtig wird. Das Sozialsystem soll einen Mindestlebensstandard der Bürger sichern. In ihm sind Regeln festgelegt, nach denen der einzelne Bürger Ansprüche an die Gesellschaft stellen kann. Da es ein solches Auffangnetz in der Form der Sozialhilfe und des Arbeitslosengelds II gibt, kann das Steuersystem stärker typisierend, gröber und einfacher sein.

Die Sozialhilfe und das Arbeitslosengeld II berücksichtigen nicht nur den Liquiditätszufluss, also das typische Einkommen, sondern auch das Vermögen und den Vermögenszuwachs sowie die wirtschaftlichen Verhältnisse der nahen Angehörigen. Grundsätzlich wird nur dann Sozialhilfe oder Arbeitslosengeld II gezahlt, wenn das Existenzminimum weder mit eigenen Mitteln noch mit Hilfe der Angehörigen gesichert werden kann. Ein geringes steuerpflichtiges Einkommen ist dagegen nicht gleichbedeutend mit einem Unterschreiten des Existenzminimums, weil der Steuerpflichtige in großem Umfang steuerliche Abschreibungen nutzen kann, weil er hohe Wertzuwächse erzielt, weil er Anfangsverluste bei Investitionen steuerlich geltend machen kann usw. Das periodenbezogene Einkommen ist in diesen Fällen kein Indiz für ein Abrutschen unter das Existenzminimum. Deshalb ist die sozialpolitische Begründung, einen Grundfreibetrag in Höhe des Existenzminimums festzusetzen, weniger zwingend, als sie auf den ersten Blick erscheint. Insoweit ist der Grundfreibetrag zwar eine wichtige Größe für das steuerlich zu verschonende Einkommen. Das Unterschreiten zeigt aber nicht zwingend eine Bedürftigkeit an.

366. Am anderen Ende des progressiven Steuertarifs lädt der Spitzensteuersatz immer wieder zu Missinterpretationen und einer verteilungspolitisch motivierten Verdrehung ein. Wenn zwei Personen beispielsweise jeweils 500 Euro pro Jahr zusätzlich an Einkommen erzielen, zahlt Person A mit einem bisherigen Einkommen von 7.664 Euro p. a. zusätzlich 77 Euro, Person B mit einem bisherigen Einkommen von 52.152 Euro p. a. zahlt dagegen zusätzlich 210 Euro Einkommensteuer. Diese annähernd dreimal so hohe Grenzsteuerlast des Beziehers eines hohen Einkommens wird als gewollt und „gerecht" angesehen. Wird umgekehrt das steuerpflichtige Einkommen um jeweils 500 Euro verringert, z. B. weil weniger verdient wurde oder weil der Steuerfreibetrag an die Geldentwertung angepasst wurde, wird die gut verdienende Person B um 210 Euro, die wenig verdienende Person A dagegen nur um 77 Euro entlastet. Obwohl hier nichts anderes gemacht wird, als den gewollten progressiven Tarif auf die tatsächlichen Einkommen anzulegen, setzen hier häufig „sozialpolitische Bedenken" ein, d. h. es wird überlegt, wie diese „ungleiche Begünstigung" vermieden werden kann, ob der gut Verdienende die Entlastung überhaupt brauche oder ob der wenig Verdienende durch pauschale Hilfen des Staates stärker entlastet werden könnte.

367. Erhebliche Schwierigkeiten im geltenden Steuerrecht bereiten die vielen Ausnahmen, Sonderregelungen und Vergünstigungen, mit denen eine schwer nachvollziehbare Umverteilung betrieben oder einzelne wirtschaftliche Aktivitäten gefördert werden sollen. Generell wird dadurch die Steuerbasis verringert.

Ein Beispiel ist die bereits erwähnte Steuerbefreiung der Sonn-, Feiertags- und Nachtzuschläge. Hier maßt der Gesetzgeber sich an, Einkünfte, die zu unterschiedlichen Zeiten erzielt werden, unterschiedlich zu bewerten, und zwar ausschließlich bei Einkünften aus unselbständiger Tätigkeit. Ob nicht auch ein Teil der Einkünfte von Selbständigen durch Nachtarbeit entstanden sind und ob nicht auch andere Einkünfte unter schwierigen Bedingungen verdient worden sind, wird nicht gefragt. Aus einer solchen Bewertung sollte der Staat sich auch heraushalten. Das wird über den Markt besser geschehen.

Außerdem löst eine steuerliche Ungleichbehandlung Anpassungsreaktionen aus, die in das Gegenteil des Beabsichtigten umschlagen können. Wenn die Bezahlung zu bestimmten Zeiten oder in der Form von Zuschlägen steuerlich begünstigt wird, lohnt es sich, zu diesen Zeiten mehr und zu anderen Zeiten weniger zu arbeiten. Ein weiterer Anreiz besteht darin, die Basislöhne niedrig zu halten und hohe Zuschläge zu zahlen.

368. Eine spannende Frage bleibt, ob die bestehende Regelung der Berücksichtigung von Fahrtkosten zwischen Wohnung und Arbeitsstätte Bestand haben wird. Das seit dem 1. Januar 2007 geltende „Werkstor-Prinzip" mit der Härtefallregelung, wonach ab dem 21. Kilometer weiterhin 30 Cent je Entfernungskilometer „wie Werbungskosten" geltend gemacht werden können, wird zurzeit vom Bundesverfassungsgericht überprüft. Aus ökonomischer Sicht ist die Streichung der Entfernungspauschale gut begründet. Die gewählte Härtefallregelung ist gut gelungen, weil sich Wohnstandortentscheidungen nicht kurzfristig revidieren lassen, wenn der Staat eine steuerliche Regelung ändert, in diesem Fall die Entfernungspauschale streicht. Mit der

Härtefallregelung wird die dadurch entstandene Zusatzbelastung der Fernpendler begrenzt.

Die Fahrtkosten bestimmen in hohem Maße die Siedlungsstruktur. Eine steuerliche Begünstigung und andere Subvention von Fahrtkosten führen dazu, dass in stärkerem Maße große und preisgünstige Grundstücke in großer Entfernung vom Arbeitsplatz genutzt werden. Steuerbegünstigte Fahrtkosten zeigen nicht die tatsächlichen Kosten, den tatsächlichen Werteverzehr aufgrund des Pendelns an. In einer Phase, in der die Kraftstoffkosten kräftig steigen, werden Arbeitnehmer, die ohnehin umziehen wollen oder in der Region zuziehen, Wohnungen in der Nähe des Arbeitsplatzes suchen und lange Pendlerwege möglichst meiden. Die Nachfrage nach entfernt gelegenen Wohnungen sinkt und die Preise und Mieten dieser Wohnungen fallen. Somit bewirken die Marktkräfte eine automatische Entlastung der Fernpendler – allerdings mit zeitlicher Verzögerung, weil die Mobilität der Haushalte vergleichsweise gering ist. Keinen Vorteil von diesem Entlastungseffekt haben die selbst nutzenden Eigentümer, weil ihnen keine Mietsenkung zugute kommt. Sie sind als Eigentümer von der Wertminderung des Hauses bzw. der Eigentumswohnung betroffen. Insoweit gehören sie wie die Vermieter zu den Verlierern aufgrund steigender Preise für Kraftstoffe.

Eine steuerliche Absetzbarkeit von Fahrtkosten kommt nur in Betracht, wenn die Fahrtkosten ausschließlich durch die Berufsausübung verursacht sind, wenn der Wohnstandort gegeben ist und eine Arbeitsstelle an einem weiter entfernten Standort angeboten wird. In diesem Fall ist der Arbeitsplatzwechsel zwingend mit einem längeren Weg zur Arbeit verbunden. In vielen Fällen wird simultan mit dem Arbeitsplatzwechsel eine andere Wohnung gesucht. In anderen Fällen, z.B. wenn sich die Familie vergrößert oder verkleinert oder wenn ein deutlich höheres Einkommen erzielt wird oder wenn Wohneigentum erworben wird, ist die Wahl des Wohnstandorts eine rein private Entscheidung. In der Realität ist es unmöglich zu unterscheiden, ob der Wohnort aus beruflichen Gründen gewählt wurde, oder aber ob eine private Veranlassung im Vordergrund stand. Deshalb sollten die Fahrtkosten nicht steuerlich abzugsfähig sein. Sie sind Teil der Kosten, die nicht klar dem privaten Bereich zuzuordnen sind wie die Kosten der Kleidung, der Mahlzeiten, des Wohnens usw., die alle in gewisser Weise auch erforderlich sind, um eine berufliche Tätigkeit ausüben zu können. Dafür sind der allgemeine Steuerfreibetrag und der Arbeitnehmerfreibetrag gedacht.

369. Große Spielräume in der Steuergestaltung sind immer wieder mit Abschreibungsvergünstigungen eingeräumt worden. Die Lenkung der Wirtschaft durch Steuern ist besonders beliebt, weil kräftige Förderwirkungen ausgelöst werden können, ohne dafür Haushaltsmittel bereitstellen zu müssen. Abschreibungsvergünstigungen führen aber zu Einnahmeausfällen in den öffentlichen Haushalten und zu privaten Fehlinvestitionen, die sich für den Kapitalanleger nur lohnen, weil fehlende Renditeteile durch Steuerersparnisse ersetzt werden. Häufig verleiten die Steuersparmodelle – das Steuersparen um jeden Preis – sogar zu Investitionen, die auch für den Kapitalanleger mit einem Verlust ausgehen.

Obwohl die Politiker gerne steuerliche Anreize setzen, möchten sie die Folgen nicht tragen: Sie wollen zwar, dass investiert wird, aber sie möchten die Steuerausfälle vermeiden. Deshalb werden Bürger, die den Anreizen folgen und die Steuervergünstigungen wahrnehmen, diffamiert und mit einer nachträglichen Mindestbesteuerung bedroht. Die steuerlichen Anreize werden vorrangig im Wohnungsbau eingesetzt, wo aufgrund der hohen Fremdkapitalfinanzierung und der erwarteten Wertsteigerungen in den ersten Jahren nach der Investition geringe Überschüsse entstehen. Die Anreize werden zum groben Unfug, wenn anschließend die Verrechnung von Verlusten aus Vermietung und Verpachtung mit anderen Einkünften nicht mehr oder nur noch eingeschränkt zugelassen wird.

370. Gemäß § 10 Nr. 8 Einkommensteuergesetz konnten vom 1. Januar 1997 bis zum 31. Dezember 2001 die Kosten für eine Haushaltshilfe bis zu 18.000 DM (9.203 Euro) im Jahr als Sonderausgaben steuerlich geltend gemacht werden. Dieses so genannte Dienstmädchenprivileg ist einerseits ein weiteres Beispiel für eine punktuelle Steuervergünstigung. Andererseits kommt darin die Erwartung zum Ausdruck, mit einer Steuersenkung könnten Arbeitsplätze geschaffen werden. Die damalige Koalition aus SPD und DIE GRÜNEN/Bündnis 90 hat dieses Steuerprivileg zu Beginn des Jahres 2002 aus Gründen der Steuergerechtigkeit abgeschafft. Doch Ende des Jahres 2007 wurde diese Regelung von Seiten der Union erneut aufgegriffen. Auch wenn eine mögliche Übernahme in Gesetzesform noch aussteht, zeigt dies die große Bereitschaft der Politik, Privatausgaben wie „Betriebsaufwendungen" zu behandeln. Dies ist ökonomisch jedoch nicht gerechtfertigt.

Es gibt eine ganze Reihe von Haushalten, in denen hohe Einkommen erzielt werden und in denen der Wunsch besteht, sich bei der Kindererziehung, der Haus- und Gartenarbeit zu entlasten. In diesem Bereich wird ein erhebliches Potenzial an Dienstleistungsarbeitsplätzen gesehen. Der Hinderungsgrund für die Beschäftigung von Haushaltshilfen liegt darin, dass eine Haushaltshilfe aus dem Nettoeinkommen bezahlt werden muss und dass die Tätigkeit der Haushaltshilfe wiederum mit hohen Sozialabgaben und Steuern belastet wird.

Es ist zutreffend, dass es sich für die meisten Erwerbspersonen nicht lohnt, mehr zu arbeiten oder überhaupt zu arbeiten und dafür eine Haushaltshilfe einzustellen. Mit dieser Begründung wird immer wieder der Vorschlag eingebracht, den Aufwand für eine Haushaltshilfe mit normalem Arbeitsvertrag bis zu einer Höchstgrenze steuerlich absetzbar zu gestalten.

Die Regelung ist aber nicht sinnvoll, weil es sich beim Aufwand für eine Haushaltshilfe um Kosten der privaten Lebensführung handelt. Wenn eine Haushaltshilfe Essen kocht, Fenster putzt oder Wäsche wäscht, ist das vergleichbar mit der Inanspruchnahme der Leistungen eines Restaurants, eines Fensterputzers und einer Wäscherei. Es macht ökonomisch keinen Unterschied, ob ein Koch im Haushalt oder im Restaurant angestellt ist. Da die Aufwendungen für eine Haushaltshilfe steuerlich absetzbar sind, müssten auch alle anderen Aufwendungen für vergleichbare Dienstleistungen steuerlich absetzbar sein.

Der Ansatz, Aufwendungen für Haushaltshilfen steuerlich abzugsfähig zu machen, um die Belastung der Haushalte zu verringern und Arbeitsplätze zu schaffen, ist letztlich nichts anderes als eine selektive Steuerbegünstigung, die zu Recht als „Dienstmädchenprivileg" bezeichnet wurde. Die hohen Steuern und die steuerähnlichen Sozialabgaben behindern oder verhindern die Arbeitsteilung generell, weil sie einen riesigen Keil zwischen das eigene Nettoeinkommen und die Aufwendungen für eine Handwerkerstunde, Haushaltshilfenstunde oder sonstige Dienstleistungsstunde treiben. Wer vier bis fünf Stunden arbeiten muss, um eine reguläre Handwerkerstunde bezahlen zu können, hat einen extrem hohen Anreiz, die Arbeit selbst zu erledigen.

371. Der Ansatzpunkt, Aufwendungen für eine Haushaltshilfe vom steuerpflichtigen Einkommen absetzbar zu machen, ändert das Beschäftigungsproblem nicht und schafft neue Verzerrungen. Wer dem Grundgedanken folgt, muss für eine generelle Senkung der Steuern und Abgaben und somit für eine geringere Staatsquote eintreten. Dann wird es überall einfacher, Arbeitsplätze anzubieten und eine wirtschaftlich sinnvolle Arbeitsteilung durchzuführen. Das Schlagwort „Dienstmädchenprivileg" trifft einen Kern; denn mit dieser Regelung wird die Abgabenlast für solche Haushalte verringert, die sich eine Haushaltshilfe leisten können. Wer die gleichen Leistungen nur in geringem Umfang in Anspruch nimmt, kommt nicht in den Genuss der Steuererleichterung. Aber selbst wenn ein Anbieter die Leistungen in kleinen Portionen für mehrere Haushalte anbietet, bleibt eine ungerechtfertigte Verzerrung: Die Beschäftigung in einem Haushalt wird privilegiert gegenüber einer Beschäftigung in einem Restaurant, einer Gebäudereinigungsfirma usw. Vorzuziehen ist eine allgemeine Senkung der Steuern und Abgabensätze, bei der keine Verzerrung zugunsten einzelner Formen der Beschäftigung eintritt.

372. Nach den erwähnten Beschlüssen des Bundesverfassungsgerichts vom 22. Juni 1995, in denen als Grenze der Besteuerung eine etwa hälftige Teilung der Erträge bzw. Einkommen unter Berücksichtigung aller Steuern vorgegeben wurde, besteht schon aus diesem Grund Handlungsbedarf bei der Einkommen- und Körperschaftsteuer. Zum Spitzensteuersatz von 45 Prozent kommt auf jeden Fall der Solidarzuschlag hinzu, so dass die Gesamtbelastung mit Einkommensteuer zur Zeit (2008) 47,5 Prozent beträgt. Wer als Selbständiger mehrwertsteuerpflichtig ist, muss dem Staat 57,5 Prozent seines Einkommens überlassen,[3] einschließlich Kirchensteuer sind es 61,0 Prozent. Das Bundesverfassungsgericht hat ausdrücklich darauf hingewiesen, dass die indirekten Steuern grundsätzlich in die Belastungsrechnung einzubeziehen sind. Die Kirchensteuer könnte dagegen ausgeklammert werden, weil es sich um eine private Entscheidung handelt, einer Kirche anzugehören.

Wenn das Bundesverfassungsgericht eine Grenze der Gesamtbelastung mit direkten und indirekten Steuern bei etwa 50 Prozent sieht, dann heißt das noch nicht, dass es

---

[3] Berechnungsweise: Von 100 Euro gehen 19 Euro MWSt ab. Es verbleiben 81 Euro. Davon gehen 47,5 Prozent ESt ab, so dass dem Steuerpflichtigen 42,5 Euro verbleiben. Die Steuerlast beträgt 19 plus 38,5, also 57,5 v. H.

die hälftige Teilung auch für fair oder gerecht hält. Aufgabe des Bundesverfassungsgerichts ist es lediglich, die Schwelle zu kennzeichnen, an der die Eigentumsgarantie des Grundgesetzes als nicht mehr gegeben anzusehen ist. Die für Vermögenserträge abgeleitete Aussage, dass der Staat dem Bürger etwa die Hälfte seiner Erträge belassen müsse, ist auf sonstige Einkommen unmittelbar übertragbar.

Die hälftige Teilung entspricht dem Fairnessprinzip, das viele Menschen anwenden, wenn es etwas zu teilen gibt, man könnte auch sagen: wenn es keine klaren Anhaltspunkte dafür gibt, dass einem der Beteiligten weniger oder mehr zusteht als dem anderen. Für einen Menschen, der das Einkommen erarbeitet hat, sollte aber die Regel gelten, dass ihm der größere Teil zusteht, eine hälftige Teilung also schon als unfair zu bezeichnen wäre.

373. Die nächsten Schritte in der Weiterentwicklung des Steuersystems sollten nicht als neue Umverteilungsrunden verstanden werden, indem die Steuersätze im unteren Einkommensbereich gesenkt und im oberen Bereich angehoben werden oder die Vermögensteuer als Sollertragssteuer wieder erhoben wird. Das Problem in Deutschland ist nicht eine zu geringe Umverteilung von Einkommen, sondern es sind die Chancen, einen Arbeitsplatz zu bekommen, um überhaupt ein Einkommen erzielen zu können.

Ideal wäre ein Steuersystem, in dem Entscheidungen über Investitionen und Arbeitsteilung so fallen wie in einem System ohne Steuern bzw. ein System mit allokationsverbessernden Steuern wie man sie sich in der Umweltpolitik vorstellen kann. Aber bei dem hohen Mittelbedarf des Staates wird es nicht möglich sein, ausreichende Einnahmen durch Steuern zu erzielen, die sich nicht negativ auf die Wirtschaftstätigkeiten und damit auf die Beschäftigung auswirken. Unter diesen Bedingungen kommt es auf eine gleichmäßige Besteuerung ohne Verzerrungen und Diskriminierungen und auf möglichst niedrige marginale Steuersätze an.

374. Mit der nachgelagerten Besteuerung eines Teils der Alterseinkünfte und mit der Abgeltungssteuer für Kapitalerträge gibt es einige Ansätze, mit denen man sich einer konsumorientierten Einkommensteuer nähert. Dieser Weg sollte konsequent weiter gegangen werden. Der Hauptunterschied zur geltenden Besteuerung besteht darin, dass letztlich ausschließlich der Konsum besteuert wird – auch im Rahmen der Einkommensteuer (s. Kasten: sparbereinigte Einkommensteuer und investitionsbereinigte Körperschaftsteuer). Für die Besteuerung käme es nicht mehr auf den Zufluss von Einkommen, sondern auf den Teil des Einkommens oder Vermögens an, der konsumiert wird, d.h. aufgelöste Ersparnisse werden nach diesem Konzept ebenfalls besteuert. Das kommt der Idee nahe, die private Entnahme, den „eigennützigen" Konsum zu besteuern. Umgekehrt bleiben Ersparnisse und Investitionen steuerfrei. Nicht die Bereitstellung von Kapital, sondern der Verbrauch von Kapital wird besteuert. Es käme nicht mehr zu einer Doppelbesteuerung und zu einer Verzerrung von Konsum- und Investitionsentscheidungen. Die progressive Besteuerung kann beibehalten werden.

Herkömmliches System	
Unbereinigte Einkommensteuer	*Unbereinigte Körperschaftsteuer*
Summe aller Markteinkommen eines Bürgers	Summe aller durch gütermäßige oder finanzielle Transaktionen bewirkten Vermögenszuwächse einer Kapitalgesellschaft
Konsumorientierte Besteuerung	
Sparbereinigte Einkommensteuer	*Investitionsbereinigte Gewinnsteuer*
Summe aller Markteinkommen eines Bürgers	Summe aller Einzahlungen aus Güterverkäufen
− gesparte Einkommensteile + Auflösung von Sparkapital für Konsumzwecke	− Summe aller Auszahlungen für Güterverkäufe einschließlich Kauf von Investitionsgütern (Sofortabschreibung)
Zinsbereinigte Einkommensteuer	*Zinsbereinigte Gewinnsteuer*
Summe aller Markteinkommen eines Bürgers	Summe aller durch gütermäßige oder finanzielle Transaktionen bewirkten Vermögenszuwächse eines Unternehmens
− marktübliche Verzinsung des angelegten Sparkapitals	− marktübliche Verzinsung des im Unternehmen gebundenen Eigenkapitals (Schutzzins)

Quelle: nach M. Rose (1994): Ein einfaches Steuersystem in Deutschland, in: Wirtschaftsdienst, Nr. 8.

Die unmittelbar am Konsumnutzen orientierte Steuer lässt sich technisch bewältigen. Auch die Umstellung ist ohne große Probleme möglich. Die Hauptwiderstände dürften davon ausgehen, dass alle Beteiligten sich mit einem neuen System befassen müssten und dass der Verzicht auf eine Besteuerung von Zinsen und Kapitalerträgen zur politischen Agitation geradezu einlädt, auch wenn es wirtschaftlich und sozialpolitisch der bessere Weg ist, nämlich der Weg zu mehr Investitionen und Beschäftigung.

375. Die Erbschaft- und Schenkungsteuer ist gegenwärtig wieder Gegenstand politischer Auseinandersetzungen. Erbschaften und Schenkungen steigern die individuelle Leistungsfähigkeit des Erben. Insofern erscheint eine Besteuerung angezeigt. Andererseits ist zu berücksichtigen, dass sich zum Glück noch viele Bürger als Mitglieder einer Familie sehen und Vermögen bilden oder erhalten, weil sie Risiken der Familienmitglieder und speziell der Kinder auffangen oder Betriebskapital für Familienbetriebe sichern wollen. Die Politik kümmert sich um Sonderregelungen für das Vererben von Betriebsvermögen, um damit Arbeitsplätze zu erhalten. Die Unterscheidung zwischen Betriebsvermögen oder produktives Vermögen und unproduktives Vermögen ist aber ökonomisch nicht zu halten. Auch „nutzlose" Kontoguthaben schaffen Arbeitsplätze, indem sie etwa einen Erben erst in die Lage versetzen, ein Unternehmen zu gründen, oder aber indem sie Dritten über den Kapitalmarkt notwendige finanzielle Ressourcen für deren Unternehmungen zur Verfügung stellen. Die speziellen Regelungen, die für

Familienbetriebe diskutiert werden, leiden daran, dass sie bürokratisch und vor allem betriebswirtschaftlich höchst umstritten sind, weil wirtschaftlich notwendige und sinnvolle Entscheidungen gegebenenfalls mit der Nachzahlung der vollen Erbschaftsteuer verbunden sind.

Angesichts dieser Probleme stellt sich die Frage, ob die Erbschafts- und Schenkungssteuer nicht anders zu organisieren ist. Im Jahre 2006 wurden in Deutschland schätzungsweise 150 Milliarden Euro vererbt oder verschenkt, der Bund nahm 3,8 Milliarden Euro Steuern ein. Dies entspricht einer Abgabenquote von ungefähr gerade einmal 2,5 Prozent. Eine Expertengruppe von Spitzenpolitikern hat das Ziel von vier Milliarden Euro Einnahmen durch diese Steuer explizit vorgegeben. Warum also belegt der Fiskus nicht pauschal alle Erbschaften und Schenkungen mit einem ähnlich niedrigen Steuersatz, um dieses Ziel zu erreichen, und schafft alle Ausnahmetatbestände ab? Ein solcher Steuersatz wäre auch von Familienbetrieben zu verkraften, würde zur Steuergerechtigkeit beitragen und gleichzeitig die Verzerrungen stark verringern, die sich derzeit aus Steuersätzen von bis zu 50 Prozent ergeben.

III. Bildung und Ausbildung

376. Ein Aktivposten der deutschen Arbeitnehmer und Selbständigen ist der hohe Bildungs- und Ausbildungsstand. Dieses Humankapital gilt es zu pflegen und auszubauen. Eine gute Ausbildung ist die Grundlage für eine hohe Arbeitsproduktivität und für hohe Löhne. In einer Situation, in der die Löhne stärker gestiegen sind als die Produktivität und in der die Arbeitslosigkeit hoch ist, kann eine konsequente Verbesserung der Ausbildung dazu beitragen, die Lohn-Produktivitäts-Lücke zu schließen – allerdings nur dann, wenn nicht jede Produktivitätssteigerung zum Anlass genommen wird, die Löhne in gleichem Maße zu erhöhen.

Die Verantwortung für die Ausbildung liegt grundsätzlich bei jedem einzelnen Menschen. Damit liegt auch ein Großteil der Beschäftigungschancen bei den einzelnen Erwerbspersonen. Sie entscheiden darüber, welche Ausbildung sie anstreben. Sie haben es in der Hand, sich am Arbeitsplatz und außerhalb der Arbeitszeit weiterzubilden. Je stärker sie sich dabei engagieren, um so besser sind die Aussichten auf einen sicheren Arbeitsplatz und – falls gewünscht oder erforderlich – auf einen neuen Arbeitsplatz. Diesen Suchprozess nach der optimalen Qualifikation, nach der sinnvollen Ergänzung der Anfangsqualifikation, nach Tätigkeiten, die der eigenen Fähigkeit und Neigung entsprechen, kann der Staat allenfalls begleiten. Letztlich erfolgreich kann der Prozess nur sein, wenn jeder einzelne Bürger sich dabei voll engagiert und wenn er sowohl die Früchte eigener Anstrengungen überwiegend selbst genießen kann als auch die Folgen eigener Bequemlichkeit tragen muss.

377. In Deutschland ist die durchschnittliche Ausbildungsdauer, bis ein jüngerer Mensch ins Berufsleben eintritt, zu lang. Das Ausbildungsmuster über den Lebenszyklus hat sich stark gewandelt. Ging man früher davon aus, man brauche eine solide

Grundausbildung in einem Beruf, den man bis zum Rentenalter ausüben werde, muss heute immer häufiger damit gerechnet werden, dass ein Mensch sehr unterschiedliche Tätigkeiten oder gar Berufe ausüben wird und mindestens einmal oder zweimal umlernen muss. Wenn die Gesamtdauer der Ausbildung nicht wesentlich ausgeweitet werden soll, muss also in kleinere Pakete aufgeteilt und stärker über den beruflichen Lebenszyklus verteilt werden.

Bei der Frage, wo in der Anfangsausbildung Zeiten eingespart werden können, gibt es mehrere Ansatzpunkte. Es sollte möglich sein, mit 12 Schuljahren zum Abitur zu kommen, wie es in Ostdeutschland der Fall war, und wie es auch andere Länder praktizieren. Das Berufsgrundbildungsjahr wurde insbesondere unter dem Aspekt eingeführt, die Arbeitslosigkeit zu verringern, indem Jugendliche länger im Ausbildungssystem blieben. Das kann keine Dauerlösung sein. Im dualen System der Lehrlingsausbildung gibt es eine starke Tendenz, die Lehrinhalte auszuweiten und die Ausbildungsdauer zu verlängern. Genau umgekehrt muss versucht werden, die Inhalte zu konzentrieren und die Regeldauer der Berufsausbildung eher auf 2,5 Jahre zu verkürzen.

An den Universitäten sind Reformen zur Verkürzung der Studiendauer überfällig. Dazu mögen Reformen der Studien- und Prüfungsordnungen beitragen. Aber es ist auch daran zu denken, die Kosten stärker anzulasten und vermehrt mit Stipendien sowie Leistungen nach dem Bundesausbildungsförderungsgesetz zu arbeiten. In einem ersten Schritt bei einer stufenweisen Einführung von Studiengebühren sollten gestaffelte Gebühren für die Studienzeit vorgesehen werden, die über die Regelstudienzeit hinausgeht. Studiengebühren sind kein Mittel, das Steuer- und Gebührenaufkommen des Staates noch weiter zu erhöhen, sondern die Effizienz der Hochschulausbildung zu verbessern, u.a. auch das Interesse an einer qualitativ hochwertigen Lehre zu erhöhen. Die Einnahmen müssen dem Steuerzahler durch Steuersenkungen zugute kommen.

378. Im gesamten Ausbildungssystem läuft ein zu großer Anteil der Finanzierung über den Staat. Dieses Verfahren trägt zur hohen Steuer- und Abgabenlast bei und erschwert dadurch die gesamtwirtschaftliche Entwicklung. Hinzu kommt, dass die hohen Kosten der Humankapitalbildung nicht hinreichend sichtbar und spürbar werden. Dadurch achten die Ausgebildeten nicht hinreichend auf die Nutzung dieses Kapitals. Sie wählen Teilzeitarbeit oder kurze Wochenarbeitszeiten, und sie lassen sich auf eine Frühpensionierung ein, weil sie die Verschwendung der Humankapitalkosten nicht unmittelbar tragen müssen.

Das Äquivalent zur staatlichen Finanzierung der Humankapitalbildung ist in den zu geringen Lohnaufschlägen für besonders qualifizierte Mitarbeiter zu sehen. Müsste jeder Mitarbeiter seine Ausbildung grundsätzlich selbst finanzieren, würde er das nur tun, wenn den höheren Kosten auch höhere Lohn- und Einkommenserwartungen gegenüberständen. Dann wären aber die Kosten- und Lohnanreize richtig gesetzt, d.h. es gäbe einen stärkeren Anreiz, die Ausbildungsphase kurz zu halten und das erworbene Humankapital effektiv zu nutzen. Im Ergebnis zeigt sich, dass es bei der staatlichen Finanzierung nicht nur eine zusätzliche Belastung über das Steuersystem gibt, sondern dass in diesem wichtigen Bereich auch noch falsche Signale für die individuellen Entscheidungen in der Ausbildungs- und in der Berufsphase gesetzt werden. Bei den Hilfen nach dem Bundesausbildungsförderungsgesetz ist es deshalb sinnvoll, mit einem hohen Darlehensanteil zu arbeiten. Mit dem Gesetz zur Förderung der beruflichen Aufstiegsfortbildung (FBG) vom 23. April 1996 ist der Gesetzgeber noch weiter in die falsche Richtung gegangen. Das sogenannte Meister-BAFöG ist eine Antwort auf Gleichbehandlungsforderungen. Es ist zwar verständlich, dass die berufliche Ausbildung nicht schlechter behandelt werden soll als die akademische, aber man sollte den umgekehrten Weg gehen, nämlich die Förderung der akademischen Ausbildung einschränken.

379. So wie es Aufgabe der Unternehmen ist, immer auf der Suche nach neuen und besseren Produkten zu sein und für eine laufende Umstrukturierung innerhalb des Unternehmens zu sorgen, müssen Arbeitnehmer und Arbeitgeber sich gemeinsam über Weiterbildungsmaßnahmen verständigen. Für die Unternehmen wird es immer wichtiger, gut ausgebildete, flexible, eigenverantwortliche und motivierte Mitarbeiter zu haben, die an einem Unternehmenskonzept mitarbeiten und es gegenüber Kunden, Zulieferern und Partnern vertreten. Die erforderlichen Kenntnisse und Qualifikationen lassen sich in der Regel am besten im Unternehmen erwerben. Dabei ist der Übergang von technischen, handwerklichen und kaufmännischen Kursen über Gruppengespräche bis zur systematischen Einbindung in die Entwicklung neuer Produkte und neuer Unternehmensstrategien fließend.

Die Frage ist, wie das Interesse der Unternehmen an intensiveren und aufwendigeren Ausbildungspaketen, die möglicherweise auch zu einem Zertifikat führen und die sich zeitlich über mehrere Monate oder sogar ein Jahr erstrecken, verstärkt werden kann. Grundsätzlich eignet sich dafür das Bundesliga-Modell. Danach würde ein Unternehmen, das die Qualifikation eines Mitarbeiters stark verbessert, im Falle einer vorzeitigen Beendigung des Arbeitsverhältnisses eine Ablösesumme verlangen können. Diese Summe kann sich grob an den Ausbildungskosten orientieren, die der Betrieb aufgewendet hat. Die Bedingungen können zu Beginn einer intensiven Ausbildungsphase vertraglich vereinbart werden. Die Gewerkschaften und Betriebsräte können daran mitwirken, Weiterbildungsmodelle zu entwickeln, die sowohl aus der Sicht des Arbeitnehmers als auch des Betriebes vorteilhaft sind.

Zwischen der Weiterbildung in den Betrieben und den Umschulungs- und Fortbildungsmaßnahmen der Bundesanstalt für Arbeit besteht ein Zusammenhang. Je mehr Umschulungs- und Fortbildungsmaßnahmen die Bundesanstalt unentgeltlich anbietet und je näher diese den betrieblichen Anforderungen kommen, umso größer ist der Anreiz, sich die entsprechenden Arbeitskräfte vom Markt zu holen und die betrieblichen Kosten zu vermeiden. Das gleiche gilt für den einzelnen Arbeitnehmer, der sich aus eigener Verantwortung und auf eigene Kosten fortbildet: Wenn diese Fortbildung für andere Arbeitnehmer unentgeltlich angeboten wird, hat er wenig Chancen, die privat aufgewandten Kosten am Arbeitsplatz wieder zu verdienen.

380. In der Lehrlingsausbildung im dualen System gibt es immer wieder Zeiten, in denen weniger Ausbildungsplätze angeboten als nachgefragt werden. Seit mehreren

Jahren ist dies in Ostdeutschland der Fall, in jüngster Zeit auch in Westdeutschland. Dabei sind Appelle an die potentiellen Ausbildungsbetriebe eine sinnvolle Unterstützung, ein Ausbildungsplatzdefizit zu überwinden. Daneben muss aber die ökonomische Regel beachtet werden, dass es für die Unternehmen vorteilhaft sein sollte, Lehrlinge auszubilden. Wichtige Faktoren sind die Höhe der Ausbildungsvergütung und die Anwesenheitszeit im Betrieb. Beklagt werden zunehmend unzureichende schulische Kenntnisse.

In der Lehrzeit muss das Ausbildungsziel im Vordergrund stehen und nicht die Ausbildungsvergütung. Über viele Jahre sind die Ausbildungsvergütungen im Rahmen von Tarifverträgen erhöht, die Arbeitszeiten verringert und der Anteil der außerbetrieblichen schulischen Ausbildung ausgeweitet worden. Dadurch hat sich das Interesse der Unternehmen an der Ausbildung und am Angebot von Ausbildungsplätzen verringert. Letztlich gelten auch für den Lehrstellenmarkt die grundlegenden ökonomischen Zusammenhänge.

Das Wort „Lehrgeld" ist völlig aus der Mode gekommen. In unserer Gesellschaft wird einfach vorausgesetzt, dass der ausbildende Betrieb kein Entgelt für die Ausbildungsleistung erhält, sondern dem Lehrling eine Vergütung zu zahlen hat. Liegen die Ausbildungsanforderungen fest, so kann man sich vorstellen, dass der Wert der Arbeitsleistung der Lehrlinge in einigen Betrieben höher ist als die Kosten der Ausbildung. In diesen Fällen können die Betriebe eine Ausbildungsvergütung zahlen (vgl. die Angebotskurve in Abbildung 26 im unteren Teil). Das muss aber nicht für alle Betriebe zutreffen. Es ist auch möglich, dass die Ausbildung per Saldo Kosten verursacht und die Betriebe eine Vergütung (Lehrgeld) für die Ausbildung verlangen (vgl. oberen Teil der Angebotskurve in Abbildung 26). Wird die Mindestvergütung für Auszubildende – nicht für die Ausbildung – vorgegeben und zu hoch festgesetzt, entsteht ein Defizit an Lehrstellen. Angebot und Nachfrage können stark nach Lehrberufen variieren. Während die Ausbildung in einzelnen Berufen hohe Kosten verursacht und im Marktgleichgewicht wie in Abbildung 26 Lehrgeld gezahlt werden müsste, wird es andere Berufe geben, in denen die Auszubildenden eine Vergütung erhalten können.

Je höher die Anforderungen sind, die an die Ausbildung gestellt werden, umso geringer ist die Bereitschaft, zusätzlich eine Ausbildungsvergütung zu zahlen. Technisch ausgedrückt: Wenn die Ausbildungsanforderungen erhöht werden, verschiebt sich die Angebotskurve in Abbildung 26 nach oben. Je mehr Wert auf eine gute und intensive Ausbildung gelegt wird, umso geringer muss unter sonst gleichen Bedingungen die Ausbildungsvergütung sein und um so eher muss an Lehrgeldzahlungen gedacht werden. Davon unberührt bleiben Zielsetzungen, wie das Kennenlernen junger Menschen und eine frühzeitige Bindung an ein Unternehmen.

381. Das anhaltende Lehrstellendefizit in Deutschland hat seine Hauptursache darin, dass die Ausbildungsanforderungen und Bedingungen nicht zur Ausbildungsvergütung passen. Wenn die Auszubildenden eine so hohe Präferenz für diese Vergütungen haben oder wenn sie daraus ihren Lebensunterhalt finanzieren müssen, gibt es den Weg, einen langfristigen Vertrag mit dem Arbeitgeber zu schließen, nach dem die Nettoausbildungskosten nach der Ausbildungsphase durch Lohnabzüge ausgeglichen werden. Im Falle des Arbeitsplatzwechsels müssten die noch ausstehenden Kosten vom Arbeitnehmer erstattet oder vom neuen Arbeitgeber übernommen werden. Um eine solche Verschuldung zu vermeiden, würden sich vermutlich viele Auszubildende mit einer geringen Ausbildungsvergütung zufrieden geben.

Abbildung 26: Ungleichgewicht auf dem Lehrstellenmarkt

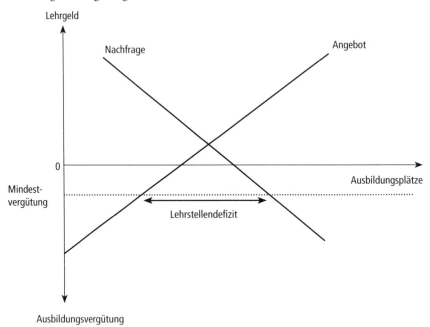

382. Kein sinnvoller Weg ist eine Zwangsumlage, wie sie im Jahre 1997 in einem Gesetzentwurf der SPD vorgeschlagen wurde. Das Vorhaben stieß allerdings auch in den eigenen Reihen auf heftige Kritik, wie der Artikel „Wer umgelegt worden ist, kann nicht ausbilden" des damaligen schleswigholsteinischen Wirtschaftsministers Peer Steinbrück zeigt (FAZ vom 9. September 1997).

Bei dem SPD-Vorschlag handelte es sich um eine Quoten-Regelung mit einer Zwangsabgabe für Unternehmen, die weniger ausbilden und einen Bonus für Unternehmen, die mehr ausbilden. Die Quote sollte 6 Prozent betragen (vgl. Quotenregelung Ziffer 82ff), d.h. auf je 17 Beschäftigte sollte ein Lehrling entfallen. Die Umlage sollte sich an der Leistungsfähigkeit der Unternehmen orientieren und 1,5 Prozent der Bruttolohn- und -gehaltssumme plus Einkommen aus Unternehmertätigkeit abzüglich der eigenen Aufwendungen für die Ausbildung betragen. Wer über die Quote hinaus ausbildete, sollte einen Bonus von 6.000 DM (3.068 Euro) bis 8.000 DM (4.090 Euro) erhalten. Von den Zwangsabgaben befreien lassen konnten sich Unternehmen mit weniger als fünf Beschäftigten, Unternehmen in Zahlungsschwierigkeiten und Unternehmen nach der Existenzgründung.

Solche Zwangsabgaben sind eher geeignet, die Berufsausbildung zu verschlechtern oder zu zerstören, als die Probleme zu lösen. Denn wie will man Investoren daran hindern, sich diesen Belastungen zu entziehen? Warum soll die Anzahl der Auszubildenden nach bestehenden Beschäftigtenstrukturen festgelegt werden? Man könnte auch einfach fragen: Warum überlässt man diese Entscheidungen – einschließlich der Vergütungsfrage – nicht den unmittelbar Betroffenen? Es gibt keine Gründe, zuerst einen funktionierenden Markt außer Kraft zu setzen und anschließend zu beklagen, der Markt versage in der Ausbildung junger Menschen.

IV. Umwelt und Beschäftigung

383. Der Umweltschutz gehört wie die soziale Sicherung zu den Zielen, die nicht über reine Marktprozesse erreicht werden können. Über die Bedeutung der Umweltbedingungen gibt es eine breite Übereinstimmung, da sie zu den wichtigen Lebensbedingungen der Menschen gehören. Die Prognosen darüber, wie sich die Umweltbedingungen mittel- und langfristig verändern, und die Auffassungen über notwendige Umweltschutzmaßnahmen gehen dagegen schon deutlich auseinander. Das Problem besteht darin, dass es sich beim Umweltschutz um ein typisches öffentliches Gut handelt, bei dem niemand von den Vorteilen einer hohen Umweltqualität ausgeschlossen werden kann. Umgekehrt entstehen durch schädliche Emissionen Nachteile und Kosten, ohne dass der Schädiger unmittelbar dafür aufkommen muss. Bei öffentlichen Gütern ist es unmöglich, ein Niveau der Versorgung – hier der Umweltstandards – festzulegen, das den Präferenzen jedes einzelnen Bürgers entspricht, weil die Gesellschaft sich auf einen gemeinsamen Standard einigen muss. Insbesondere in Fragen des Klimaschutzes reicht es nicht einmal aus, dass die Bürger eines Staates sich auf einen Umweltstandard verständigen. Vielmehr ist eine weltweite Abstimmung über diese Standards und über die Verteilung der Kosten des Umweltschutzes erforderlich. Wie groß die Konflikte in den Fragen der weltweiten Standards und der Verteilung der Kosten auf die einzelnen Nationen sind, zeigt sich in den Schwierigkeiten, bei internationalen Konferenzen und Verhandlungen grobe allgemeine Ziele zu formulieren und Beiträge zum Klimaschutz von den einzelnen Staaten einzufordern.

384. Parallel zu diesen Fragen sind die nationalen Auswirkungen von Klimaschutzmaßnahmen auf die Beschäftigung, das Wirtschaftswachstum und die Belastung der Bürger zu diskutieren. In der politischen Auseinandersetzung wird gerne mit der Verheißung der doppelten Dividende argumentiert. In der einfachen Form heißt das, dass mit Steuern und Abgaben auf Emissionen, Umweltauflagen oder mit der Förderung entsprechender Maßnahmen gleichzeitig zwei Ziele erreicht werden: eine Verbesserung der Umweltbedingungen und eine Verbesserung der Beschäftigungssituation durch zusätzliche Arbeitsplätze. Als Beleg für diese These wird auf die Zunahme der

Beschäftigten im Bereich der erneuerbaren Energien hingewiesen. Unterstützend wird das industriepolitische Argument herangezogen, mit der Förderung der erneuerbaren Energien werde die Entwicklung der Technologie beschleunigt, so dass sich ein zukunftsträchtiger Exportmarkt entwickle.

Aus der ökonomischen Sicht handelt es sich beim Einsatz von Arbeitskräften um Kosten, weil die Ressource Arbeitskraft, soweit sie für Umweltmaßnahmen eingesetzt wird, nicht mehr für die Produktion anderer Güter zur Verfügung steht. Von einer Dividende könnte man allenfalls sprechen, wenn die Wertschöpfung der Arbeitnehmer im Umweltbereich aus der Sicht der Bürger höher wäre als in anderen Sektoren. Bezüglich der Technologiepolitik besteht die Skepsis, dass eine öffentliche Förderung zu Mitnahmeeffekten und zu einer Verzerrung der Investitionen führt, so dass gerade nicht die wirtschaftlich aussichtsreichsten, sondern die am stärksten geförderten Technologien vorangetrieben werden. Es wäre zu begründen, warum die Unternehmen die Möglichkeiten, Kosten zu senken und Ertragschancen wahrzunehmen, nicht auch ohne staatliche Förderung und Umweltauflagen nutzen.

385. Die Verbesserung der Umweltqualität ist ein Ziel wie die Steigerung der Qualität und der Menge vieler anderer Güter, die unseren Wohlstand ausmachen. Das Umweltziel hat ein besonderes Gewicht, weil es nicht nur um die unmittelbare Verbesserung der Lebensqualität der gegenwärtigen Generation geht, sondern auch um die Erhaltung der Lebensgrundlagen für künftige Generationen. Daran wird auch deutlich, dass es keinen Widerspruch zwischen Umweltschutz und Ökonomie gibt. Der allgemeine Konflikt besteht, wie bei allen anderen Gütern auch, in der Knappheit der Ressourcen. Das heißt: Die Verbesserung der Umweltqualität verursacht in aller Regel Kosten, so wie die Mehrproduktion eines anderen Gutes Kosten verursacht. Dabei werden die gesamtwirtschaftlichen Kosten als Opportunitätskosten gesehen, nämlich als Verzicht auf andere Güter. Dieser Zusammenhang wird durch die Produktionsmöglichkeitskurve in Abbildung 27 dargestellt.

In der Ausgangssituation A, in der es keine staatlichen Umweltschutzmaßnahmen gibt, ist zusätzliche Umweltqualität im Vergleich zu den anderen Gütern für jeden einzelnen Bürger und jedes einzelne Unternehmen sehr teuer, d.h. der private Nutzen bzw. Gewinn ist minimal im Vergleich zu den privaten Kosten. Zwar profitieren alle Bürger und Unternehmen von einer höheren Umweltqualität, aber ohne staatlichen Zwang ist es nicht möglich, andere an den Kosten von mehr Umweltschutz zu beteiligen. Aus diesem Grund werden aus gesamtgesellschaftlicher Sicht zu wenig Umweltschutzmaßnahmen durchgeführt. Bei dieser Preisrelation von Umweltqualität zu sonstigen Gütern, die durch die Tangente an der gesamtwirtschaftlichen Indifferenzkurve I_1 in Punkt A von Abbildung 27 ausgedrückt wird, wird wenig Umweltqualität (U_1) im Vergleich zu den sonstigen Gütern (X_1) „produziert". Die Gesellschaft könnte sich insgesamt besser stellen. Innerhalb der „Linse" zwischen der Indifferenzkurve I_1 und der Produktionsmöglichkeitskurve könnte sie ein höheres Nutzenniveau erreichen. Die günstigste Kombination von Umweltqualität und sonstigen Gütern besteht im Punkt B. Damit das Nutzenniveau I_2 erreicht wird, muss die Preisrelation durch eine staatliche Intervention verändert werden, so dass der relative Preis der sonstigen Güter steigt (vgl. die Tangente an I_2).

Abbildung 27: Anlastung externer Umweltkosten durch eine Steuer

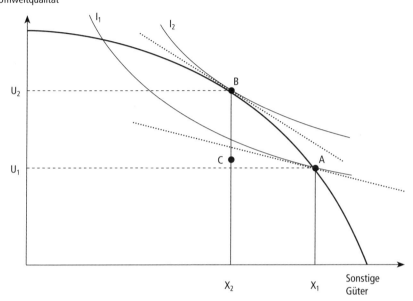

Wird nun eine Steuer auf Emissionen erhoben, d.h. wird die Produktion der Güter verteuert, deren Produktion oder Konsum mit Umweltbelastungen verbunden ist, verteuern sich die sonstigen Güter im Vergleich zur Umweltqualität. Im Idealfall werden die positiven externen Effekte der Verbesserung der Umweltqualität vollständig internalisiert, so dass die Relation der privaten Nutzen und der gesamtwirtschaftlichen Kosten übereinstimmt (Punkt B in Abbildung 27). Dann wird die Umweltqualität verbessert (auf das Niveau von U_2). Aber es wird auch klar, dass auf einen Teil der sonstigen Güter verzichtet werden muss. Der Rückgang der Produktion und des Konsums der sonstigen Güter von X_1 auf X_2 kennzeichnet die gesamtwirtschaftlichen Kosten einer verbesserten Umweltqualität. Hierbei wird übrigens immer unterstellt, dass alle Ressourcen eingesetzt werden, es also keine Arbeitslosigkeit gibt. Andernfalls könnte die Produktionsmöglichkeitskurve nicht erreicht werden. Außerdem wird davon ausgegangen, dass die Steuern nicht insgesamt erhöht werden, sondern lediglich die Steuerstruktur zugunsten von Umweltsteuern verändert wird.

386. In der bisherigen Diskussion wurde unterstellt, dass in der gleichen Gesellschaft oder Gesamtwirtschaft sowohl die gesamten Kosten als auch der gesamte Nutzen der Verbesserung der Umweltqualität anfallen. Das trifft in der Regel für den Lärmschutz, für die Beseitigung einer Bodenkontamination und in manchen Fällen auch für den Gewässerschutz zu. Beim Klimaschutz verteilt sich die Verbesserung der Luftqualität über die Erdatmosphäre auf alle Länder. So wird beispielsweise davon ausgegangen, dass von einer Verringerung der CO_2-Emissionen in Deutschland nur drei bis vier Prozent in Deutschland wirksam werden und die übrigen Nationen mit bis zu 97 Prozent davon profitieren. Diese Situation wird in Abbildung 27 durch den Punkt C charakterisiert. Das bedeutet: Die Kosten der klimatischen Verbesserung werden in vollem Umfang in Deutschland getragen. Die Produktion der sonstigen Güter geht von X_1 auf X_2 zurück. Die Umweltsituation verbessert sich aber nicht spürbar. Das ist das Dilemma der so genannten Vorreiterfunktion, vor allem wenn die anderen Staaten lange Zeit oder gar nicht „nachreiten". In diesen Fällen ist die erste Dividende der Umweltschutzmaßnahmen aus der Sicht eines Landes mit Sicherheit negativ, denn es ist kaum vorstellbar, dass die Bürger eine so starke Präferenz für den Klimaschutz haben, dass sie bereit sind, freiwillig bzw. im gesellschaftlichen Konsens eine Relation zwischen Kosten und Nutzen hinzunehmen, bei der die Nutzen kaum oder gar nicht wahrnehmbar und empfindliche Kosten, z. B. in der Form höherer Energiepreise, zu tragen sind.

Hier wird noch einmal die große Bedeutung der internationalen Kooperation im Klimaschutz deutlich. Umgekehrt wird auch verständlich, warum einige Staaten versuchen, die „Free-rider-Position" einzunehmen, insbesondere wenn die eigene Bevölkerung mit sehr viel niedrigeren Standards zufrieden ist als die Menschen in anderen Ländern.

387. Neben der Verbesserung der Umweltqualität wird den Umweltschutzmaßnahmen wie bereits erwähnt vielfach als so genannte zweite Dividende eine positive Beschäftigungswirkung zugeschrieben. Dabei ist allerdings zu bedenken, dass eine Intensivierung des Umweltschutzes in aller Regel die Verteilungskonflikte verschärft, weil weniger sonstige Güter produziert werden. Selbst wenn keine absoluten Produktionseinschränkungen erforderlich sind, wird ein Teil des Produktivitätsfortschritts für Zwecke des Umweltschutzes beansprucht und kann nicht mehr verteilt werden. Das Ignorieren umweltschutzbedingter Preissteigerungen und Steuererhöhungen in Lohnverhandlungen führt zu Kostensteigerungen und verringerter Wettbewerbsfähigkeit der Unternehmen. Die Folge ist eine geringere Nachfrage nach Arbeit. Die Gefahr, dass ein verstärkter Umweltschutz Verteilungskonflikte auslöst und letztlich Beschäftigungschancen verringert, ist nicht gering, zumal die Preissteigerungen und Steuererhöhungen nicht genau zugerechnet werden können.

388. Der Ansatz, die Kosten der Umweltbelastung über Steuern den Verursachern anzulasten und dafür andere Steuern und Abgaben zu senken, ist zumindest theoretisch attraktiv, weil die preis- und kostenverzerrende Wirkung der Steuern verringert wird. Diese Idee vernünftig umzusetzen, ist allerdings schwierig. Das beginnt schon damit, die Steuer eindeutig an Emissionen zu binden. So hat beispielsweise eine Energiesteuer den Nachteil, dass die einzelnen Energieträger sehr unterschiedliche Umweltbelastungen auslösen. Mit der eingeführten Ökosteuer wird versucht, diesem Sachverhalt Rechnung zu tragen, indem Benzin und Heizöl mit einem höheren Steuersatz belastet werden als Erdgas und Strom. Beim Strom wird allerdings nicht nach dessen Erzeugung unterschieden; obgleich die umweltschädlichen CO_2-Emissionen beim Einsatz von fossilen Energieträgern wesentlich höher sind als beim Einsatz von Kernenergie.

389. Seit dem 1. April 1999 wird in Deutschland die so genannte Ökosteuer erhoben. Im Rahmen der ökologischen Steuerreform wurden die Mineralölsteuer in fünf jährlichen Schritten bis 2003 um insgesamt 15 Cent pro Liter erhöht, die Steuer auf Heizöl um zwei Cent pro Liter angehoben, die Steuer auf Erdgas um 0,37 Cent pro kWh auf 0,55 Cent pro kWh mehr als verdoppelt und die Steuer auf den Stromverbrauch um 2,05 Cent pro kWh erhöht. Die Ökosteuern belasten den Energieverbrauch, d. h. sie setzen nicht an der Emission, der Verschmutzung der Umwelt an, sondern am Energieträger, dessen Verbrauch mit der Emission von umweltbelastendem CO_2 einhergeht.

Die zweite Dividende, die dem Steuerzahler mit diesen Steuererhöhungen versprochen wurde, sollte in einem positiven Beschäftigungseffekt aufgrund der Senkung der Rentenversicherungsbeiträge mit einem Großteil der zusätzlichen Ökosteuereinnahmen bestehen. Tatsächlich verringerte sich der Beitrag zur gesetzlichen Rentenversicherung in den Jahren von 1999 bis 2003 um 1,2 Prozentpunkte. Angekündigt war eine Senkung um 2,4 Prozentpunkte, um die Lohnzusatzkosten der Unternehmen spürbar zu verringern.

390. Welche Beschäftigungswirkungen sind von der Kombination aus der Ökosteuer und der Senkung des Beitragssatzes der Rentenversicherung zu erwarten? Dabei sei unterstellt, dass die Beitragsausfälle aufgrund des verringerten Beitragssatzes durch einen erhöhten Bundeszuschuss zur Rentenversicherung kompensiert und entsprechende Steuereinnahmen aus der Ökosteuer refinanziert werden.

Die Personalzusatzkosten bzw. die gesamten Lohnkosten gehen aufgrund der verringerten Beitragssätze zurück. Davon geht ein positiver Effekt auf die Beschäftigung aus. Gegenzurechnen ist aber die zusätzliche Belastung der Unternehmen durch die Ökosteuer. Diese Steuer trifft die Unternehmen unterschiedlich. Insgesamt muss aber eine Belastung im Umfang der zusätzlichen Steuern abzüglich der Beitragssenkung getragen werden. Um keine Nachteile zu haben, müssen die Unternehmen die Arbeitnehmer mindestens in dem Maße mit der Ökosteuer belasten, wie diese von Beiträgen zur Rentenversicherung entlastet werden. Das kann durch Lohnkürzungen oder verringerte Lohnsteigerungen geschehen. Die Alternative sind Preissteigerungen, also eine Abwälzung der Ökosteuer auf die Verbraucher. Diese Preissteigerungen müssen allerdings von der Zentralbank toleriert und von den Arbeitnehmern als Reallohnsenkung hingenommen werden, wenn sich die Situation der Unternehmen nicht verschlechtern soll. Dadurch wird der Vorteil der Arbeitnehmer aus der Beitragsverringerung gerade kompensiert.

Selbstverständlich treten Strukturverschiebungen und Verteilungseffekte auf. Aber es ist klar, dass es insgesamt nicht zu einer Entlastung der Arbeitgeber und damit auch nicht zu günstigeren Beschäftigungsbedingungen, sondern im Wesentlichen nur zu einer Umverteilung und Verschiebung der Finanzierungslast der Rentenversicherung gekommen ist. Die Reibungsverluste durch strukturelle Änderungen sprechen eher für schlechtere Beschäftigungsbedingungen, da sie mit Kosten verbunden sind.

391. Die isoliert erhobene Ökosteuer hätte mit Sicherheit erhebliche negative Beschäftigungswirkungen gehabt, weil die besonders hart von dieser Steuer betroffenen Unternehmen die Produktion in Deutschland eingeschränkt und ganz oder teilweise ins Ausland verlagert hätten. Tatsächlich wurde in erheblichem Umfang Ausnahmeregelungen getroffen, mit denen diese Wirkung vermieden werden sollte. Theoretisch hätte konsequent zwischen der Produktion international handelbarer Güter und der Produktion lokaler Güter differenziert werden müssen. In der politischen Praxis wurde diese Unterscheidung nicht konsequent eingehalten, aber eine volle Belastung des produzierenden Gewerbes und extreme Belastungssprünge wurden vermieden. Die einzelnen Regelungen sind im nachstehenden Kasten zusammengestellt. Darin sind auch einige politische Zugeständnisse enthalten, so beispielsweise für den Eisenbahn- und Busverkehr. Diese Bereiche würden ohnehin von der Ökosteuer weniger belastet als der Individualverkehr, aber selbstverständlich brauchen auch sie Kraftstoffe, die mit Emissionen verbunden sind. In diesem Maße sollten sie auch belastet bleiben.

Ermäßigter Steuersatz in Höhe von 20% des Regelsatzes für Strom, Heizöl und Gas	Produzierendes Gewerbe (Bergbau, Verarbeitendes Gewerbe, Energie- und Wasserversorgung, Baugewerbe) Land- und Forstwirschaft Teichwirtschaft und Fischzucht Behindertenwerkstätten
Nettobelastungsausgleich (oder Spitzenausgleich) nur für das Produzierende Gewerbe	Ausgleich für Unternehmen, deren Belastung durch die Ökosteuern mehr als das 1,2-fache der Entlastung bei den Sozialversicherungsbeiträgen beträgt. Der Sockelbetrag in Höhe von jeweils 500 € bei Strom sowie bei Gas und Heizöl gilt für alle Unternehmen. (Maximale Belastung durch Sockelbetrag: 1000 €)
Ermässigter Stromsteuersatz in Höhe von 50% des Regelsatzes	Schienenbahnverkehr und Oberleitungsomnibusse
Ermässigte Mineralölsteuererhöhung in Höhe von 3 Pfennig pro Jahr	Kraftomnibusse Bahnen Sammeltaxen im genehmigten Linienverkehr Die ermassigten Steuersätze für erd- oder flüssiggasbetriebene Fahzeuge werden bis zum Jahre 2009 fortgeschrieben.
Energieerzeugung	Stromsteuerbefreiung für Eigenerzeugung und Contracting bis 2 MW (begünstigt insbesondere kleine BHKW) Sonstiges, Nachtspeicherheizungen, die vor dem 31.3.99 installiert wurden, zahlen nur 50% der Stromsteuer Mineralölsteuerbefreiung für KWK-Anlagen mit einem Monatsnutzungsgrad von mindestens 70% Mineralölsteuerbefreiung für GuD-Anlagen mit einem elektrischen Wirkungsgrad von mindestens 57,5% (10 Jahre für Anlagen, die im Zeitraum 01.01.2000 bis 31.3.2003 gebaut wurden).

Schon bei der Einführung der Ökosteuer bestand der Konflikt zwischen dem umweltpolitischen Ziel, durch die Erhöhung der Mineralölsteuer die CO_2-Belastung zu verringern, und dem Ziel, die Haushalte von den stark gestiegenen Mineralölpreisen in den Jahren 1999 und 2000 zu entlasten. Damals wurde ein Teil der Belastungen der privaten Haushalte über die Entfernungspauschale zurückgenommen. Derzeit wird die gleiche Diskussion am Beispiel des Streits über die Wiedereinführung der Entfernungspauschale für die ersten zwanzig Kilometer geführt.

392. Trotz aller Unzulänglichkeiten in der konkreten Umsetzung ist die Ökosteuer ein sinnvoller Ansatz in der Umweltpolitik. Die Aussage, dass von dieser Steuer keine positiven Beschäftigungswirkungen zu erwarten sind, sondern eher damit zu rechnen ist, dass bestehende Beschäftigungsprobleme verschärft werden, ändert nichts daran, dass es darum gehen muss, die negativen externen Effekte zu internalisieren, d.h. die Verursacher von Umweltbelastungen mit den Kosten zu belasten und nicht umgekehrt mit Subventionen zu arbeiten, wenn die Umweltbelastungen einer Tätigkeit geringer sind als bei anderen Tätigkeiten. Wie schnell Subventionen zu einem teuren Interventionismus ausarten zeigt das Beispiel Solarenergiebranche. Das Rheinisch-Westfälische Institut für Wirtschaftsforschung hat ausgerechnet, dass im Jahre 2006 jeder Arbeitsplatz in der Photovoltaikindustrie über das Erneuerbare-Energien-Gesetz (EEG) mit rund 153.000 € pro Jahr subventioniert wurde (FRONDEL/RITTER/SCHMIDT 2007). Konkret: Auch die Erzeugung erneuerbarer Energie gehört an den Stellen besteuert, an denen Emissionen auftreten, also beispielsweise bei der Herstellung von Windkraftanlagen und Solarzellen. Überhaupt muss der umweltpolitische Hebel dort angesetzt werden, wo schädliche Emissionen auftreten statt bestimmte Energieerzeugungsarten zu subventionieren. Die Umweltpolitik eignet sich weder als Instrument zur Lösung von Beschäftigungsproblemen noch für die Wettbewerbs- und Industriepolitik. Grundlage einer konsequenten und effizienten Umweltpolitik muss das Konzept einer effizienten Internalisierung negativer externer Effekte sein.

393. Ein gutes Beispiel hierfür liefert der im Jahr 2005 von der EU eingeführte Handel mit Zertifikaten für CO_2-Emissionen. Die Idee ist einfach: Die negativen externen Effekte durch umweltschädliche CO_2-Emissionen bei der Produktion von Energie und anderen Gütern werden dadurch zu internalisieren versucht, dass man von einem Eigentumsrecht an sauberer Luft ausgeht und man die Emissionsrechte zukaufen kann. In einer ersten Phase hat die Europäische Union den Unternehmen kostenlos Emissionsrechte zugeteilt. Diese Rechte werden jedoch zunehmend in Auktionen an die CO_2-Emittenten verkauft. Die Wirkung der Ausgabe von Emissionsrechten hängt nicht davon ab, wem diese Rechte zunächst zugeteilt werden, sondern davon, dass die Gesamtmenge an Zertifikaten begrenzt wird. Es entsteht somit ein knappes Gut, „Recht zur Verschmutzung sauberer Umwelt", und es bildet sich ein entsprechender Preis für dieses Recht. Die Emissionsrechte sind handelbar. Beispielsweise lohnt sich der Verkauf für ein Unternehmen, wenn der erzielbare Verkaufspreis höher liegt als die Grenzkosten aus der Vermeidung eigener CO_2-Emissionen. Dieser Mechanismus führt dazu, dass CO_2-Emissionen dort verringert werden, wo dies mit den geringsten Kosten möglich ist, denn es kommt darauf an, das Ziel – Begrenzung der Emission von CO_2 – zu erreichen, ohne unnötige Kosten zu verursachen.

Kosten entstehen in jedem Fall. Sie kommen in den Preisen der Zertifikate zum Ausdruck, nämlich als Kosten der Emissionsvermeidung, sei es durch veränderte Technologie, den Einsatz anderer Ressourcen oder den (Teil-)Verzicht auf die Produktion (Opportunitätskosten). Theoretisch sollten diese Kosten den tatsächlichen Kosten entsprechen, die von den Emissionen verursacht werden. Tatsächlich werden die Kosten implizit geschätzt, indem eine maximale Menge an Zertifikaten bestimmt wird. Die Produzenten werden versuchen, die Kosten an den Endverbraucher weiterzugeben. Höhere Preise für Energie und andere Güter, deren Produktion mit Emissionen verbunden ist, sind wegen ihrer Lenkungswirkung erwünscht: Die Produzenten sollen nach alternativen Produktionsverfahren suchen, die mit weniger Emissionen und per Saldo mit geringeren Kosten verbunden sind. Die Verbraucher sollen die Kosten der Umweltzerstörung bei ihren Entscheidungen berücksichtigen und gegebenenfalls den Verbrauch reduzieren.

394. Problematisch ist die Vorreiterrolle, die die Europäische Union mit diesem Handelssystem einnimmt. Europäische Unternehmen, die im internationalen Wettbewerb stehen, sehen sich einem Wettbewerbsnachteil ausgesetzt. Ihre Konkurrenten außerhalb der Europäischen Union haben diese Kosten nicht zu tragen. Dadurch können bei international handelbaren Gütern Produktions- und Beschäftigungsverlagerungen in solche Länder ausgelöst werden, die nicht von dem Zertifikatehandel betroffen sind. Das kann zu dem paradoxen Ergebnis führen, dass wegen der Einführung des Handelssystems in Europa die weltweit emittierte Gesamtmenge an CO_2 sogar steigt. Dies ist der Fall, wenn die Produktion außerhalb der Europäischen Union aufgrund der technischen Bedingungen mit einem höheren CO_2-Ausstoß verbunden ist. Abschwächen könnte die Europäische Union diesen Wettbewerbsnachteil, wenn es europäischen Unternehmen erlaubt wäre, den CO_2-Ausstoß in Schwellen- und Entwicklungsländern zu reduzieren und sich dies in Form von Zertifikaten für Europa anrechnen zu lassen. Die CO_2-Reduktion ist dort meist deutlich kostengünstiger zu erreichen. Die Folge wäre ein Sinken des Zertifikatepreises in Europa, bei gleicher CO_2-Reduktion weltweit – nun zu deutlich geringeren Kosten. Der niedrigere Preis für die Zertifikate zeigt nichts anderes an als die Verringerung der Kosten des Umweltschutzes. Der Klimawandel ist ein globales Problem. Deshalb kommt es auf die globale Reduktion von CO_2 an. Die ökonomisch beste Lösung läge vor, wenn sich alle Nationen auf ein gemeinsames Zertifikatesystem verständigten. Wettbewerbsnachteile aufgrund des Umweltschutzes würden dann nicht mehr bestehen, da alle Unternehmen gleichermaßen betroffen wären. Die weltweite Reduktion der CO_2-Emissionen könnte durch ein sukzessives Verknappen der Gesamtmenge an Zertifikaten gesteuert werden. Der Hauptstreit wird sich daran entzünden, die Gesamtmenge der Zertifikate festzusetzen, d.h. den Umweltstandard zu bestimmen, und die Eigentumsrechte an den Zertifikaten auf die einzelnen Länder zu verteilen.

395. Mit der – leider noch regional begrenzten – Internalisierung externer Effekte des CO_2-Ausstosses durch ein Zertifikatesystem ist ein ökonomisch effizienter Weg beschritten worden, um das gegebene Umweltziel – CO_2-Reduktion – zu erreichen. Jetzt gilt es, die offenen Flanken dieses Systems zu schließen, die Erfassung der Emissionen zu verbessern und gegebenenfalls vergleichbare Abgaben für nicht erfasste Bereiche zu erheben. Die Förderung erneuerbarer Energie konterkariert die Idee der Internalisierung negativer externer Effekte. Im Grenzfall wird erneuerbare Energie von einer Belastung nicht betroffen, wenn tatsächlich keine oder extrem geringe CO_2-Emissionen entstehen. Das ist aber kein Grund für eine Subvention.

Die Subventionierung erneuerbarer Energien ist auch deshalb problematisch, weil die verursachten Kosten nicht mehr berücksichtigt werden. Im Gegenteil: Die Förderung wird häufig dort besonders hoch angesetzt, wo die Kosten sehr hoch sind, so beispielsweise für Windkraftanlagen in großer Entfernung von der Küste und in tiefen Gewässern. Die garantierte Einspeisevergütung für erneuerbare Energien ist eine staatliche Lizenz zur Ausplünderung der privaten Haushalte und Betriebe. Der Einsatz der erneuerbaren Energie kommt automatisch zum Zuge, wenn die externen Kosten der Umweltbelastung internalisiert werden und die Energiepreise deswegen oder auch wegen der zunehmenden Knappheit steigen.

396. Zusammenfassend bleibt festzuhalten, dass es wenig erfolgversprechend ist, aus beschäftigungspolitischen Gründen die Umweltanforderungen zu verschärfen. Im Gegenteil muss damit gerechnet werden, dass sich die Beschäftigungsprobleme noch schwerer lösen lassen, wenn eine forcierte Umweltpolitik betrieben wird. Anders ausgedrückt: Wenn aus guten Gründen eine bessere Umweltqualität angestrebt wird, gibt es größere Umstrukturierungsprobleme und Verteilungskonflikte. Eine der Hauptursachen für die hohe Arbeitslosigkeit, nämlich zu hohe Ansprüche des Staates und der Bürger an das verteilbare Sozialprodukt, wird verschärft. Daraus ergibt sich die These: Nur wenn eine Gesellschaft in der Lage ist, einen hohen Beschäftigungsstand zu erreichen, sind gute interne Voraussetzungen für Umweltverbesserungen gegeben. Eine bessere Funktionsfähigkeit des Arbeitsmarktes würde in dem Sinne den Umweltschutz erleichtern, dass nicht auch noch mit zunehmender Arbeitslosigkeit gerechnet werden müsste. Für die meisten Umweltschutzmaßnahmen kommt es außerdem darauf an, die internationale Zusammenarbeit zu verbessern.

Soweit Deutschland weiterhin eine Vorreiter- und Beispielfunktion im weltweiten Umweltschutz übernehmen will, ist eine zusätzliche Belastung des Energieverbrauchs in den privaten Haushalten und im Verkehrssektor kaum vermeidbar. Ob sie von den Bürgern hingenommen wird, ist eine ganz andere Frage.

I. Schlussbemerkungen

397. Welche Folgerungen lassen sich aus der Diskussion der einzelnen Facetten der Beschäftigung und der sozialen Sicherung ziehen? Der erste Punkt heißt: Sowohl auf dem Arbeitsmarkt als auch in der Sozialversicherung gibt es viel Spielraum, die bereits eingetretenen und die noch zu erwartenden Schwierigkeiten zu verringern. Die Ziele dürfen hoch angesetzt werden. Vollbeschäftigung ist ein realistisches Ziel, auch wenn es nur über erhebliche Veränderungen und nur in einem Zeitraum von mehreren Jahren erreichbar ist. Eine ausreichende und verlässliche soziale Sicherung sollte eine klare Vorgabe sein; wobei in noch größeren Zeiträumen zu denken ist als bei der Beschäftigung. Das Erreichen der beiden Ziele Vollbeschäftigung und verlässliche soziale Absicherung wird durch die Globalisierung und die Einbindung in den Welthandel nicht verhindert oder erschwert, sondern letztlich erleichtert. Es gilt, sich auf die Chancen zu konzentrieren und den Strukturwandel zu erleichtern.

398. Die zweite Botschaft heißt: Die wirtschaftlichen und gesellschaftlichen Ziele werden nur durch systematische Reformen erreicht. Die Selbstheilungskräfte des Marktes reichen für die Lösung der anstehenden Probleme nicht aus, weil sie sich im gewachsenen Regulierungsgeflecht verfangen. Es sind zu viele Ansprüche und Gewohnheiten durch Regelungen und Institutionen verfestigt worden, so dass es zur Verschwendung durch Fehlleitung von Arbeit und Kapital kommt. Das fein gesponnene Netz von überflüssigen Eingriffen, ungerechtfertigten Begünstigungen, staatlicher Bevormundung, unklaren Anspruchsvoraussetzungen und vielfältigen Abgabepflichten muss in mühevoller Kleinarbeit auf die notwendigen Elemente zurückgeführt werden. Um den Widerstand zu überwinden, der im Namen der „sozialen Gerechtigkeit" von interessierten Gruppen geleistet wird, muss im Einzelfall gezeigt werden, dass eine Regelung gar nicht die erwarteten Vorteile bringt oder gegen allgemeine Grundsätze wie z. B. gegen die Gleichbehandlung der Bürger verstößt.

399. Das größte Defizit bei allen wirtschaftspolitischen Aktivitäten ist eine klare Regelbindung. Die einzelnen Menschen und Unternehmen richten ihre Anstrengungen nur dann auf Aktivitäten, die sowohl für sie als auch für die Gesellschaft vorteilhaft sind, wenn die Rahmenbedingungen sinnvoll und verlässlich sind. Ein marktwirtschaftliches System wie auch ein Sozialsystem können ihre Aufgaben nur erfüllen, wenn die Grundregeln der Systeme anerkannt und beachtet werden. Trotz des inflationären Gebrauchs der Begriffe „sozial" und „gerecht" wird nur an wenigen Stellen in der Sozialpolitik streng darauf geachtet, dass eine soziale Maßnahme tatsächlich den sozial Schwachen zugute kommt und dass den zu unterstützenden Personen gleiche

Ansprüche zuerkannt werden. Der große Mantel staatlicher Hilfen, der im Namen der „sozialen Gerechtigkeit" ausgebreitet wurde, wärmt inzwischen mehr als die Hälfte der Bürger. Das kann nicht sinnvoll sein. Je stärker der Staat interveniert, umso mehr richtet sich die Verteilung nach undurchschaubaren parteipolitischen und interessenpolitischen und nicht nach sozialen Maßstäben. Je mehr Personen staatliche Mittel erhalten, umso sicherer können sie sein, dass sie die Wohltaten teuer bezahlen müssen.

400. Wer die Effizienz des marktwirtschaftlichen Systems nutzen will, sollte zuerst dafür streiten, dass die konstituierenden Elemente des Systems nicht ausgehebelt werden. Das zentrale Informations- und Steuerungssystem sind die Marktpreise. Wer durch Höchst-, Mindest- und Garantiepreise die Informationen über Kosten und Knappheiten verfälscht, zerstört den Steuerungsmechanismus und löst unerwünschte, extrem teure Ausweichreaktionen der Marktteilnehmer aus. Die große Leistungsfähigkeit des marktwirtschaftlichen Systems beruht vor allem darauf, dass die komplexe und fast unlösbar erscheinende Aufgabe der Koordinierung aller wirtschaftlichen Aktivitäten fast unmerklich über das Preissystem bewältigt wird. Es gibt nur wenige Gründe, die Preisstruktur durch staatliche Eingriffe zu korrigieren, wie etwa im Umweltbereich, in dem externe Effekte auftreten. Die schwierige Aufgabe der Wirtschaftspolitik ist es, bestehende Preisverzerrungen zu beseitigen und den vielfältigen Ansinnen zu widerstehen, Mindestpreise, Mindestlöhne oder Höchstpreise zugunsten von Interessengruppen staatlich festzusetzen.

Unmittelbar damit verbunden ist die Kontrolle privater Macht durch den Wettbewerb. Der Wettbewerb wird von Marktteilnehmern als unbequem empfunden, so dass versucht wird, ihn durch Absprachen, Monopolbildung usw. zu vermeiden. Aufgabe der Politik ist es, offene Märkte zu garantieren und den Wettbewerb zu ermöglichen.

Ein weiteres konstituierendes Element der Marktwirtschaft ist die Entscheidungs- und Vertragsfreiheit. Sie wird durch so genannte Schutzregelungen, Pflichtmitgliedschaften, Kartelle usw. stärker eingeengt als durch negative Nebenwirkungen privater Verträge auf Dritte zu rechtfertigen ist. Zur Entscheidungsfreiheit gehört die Haftung für die Folgen. Das gilt für den einzelnen Bürger, für die Unternehmen und auch für die Tarifparteien.

Verantwortung und Haftung kann nur übernehmen, wer Eigentumsrechte hat. Dazu zählt auch das Recht, über eigene Leistungen und Einkommen verfügen zu können. Hier hat das Bundesverfassungsgericht sich veranlasst gesehen, dem Staat Grenzen für die Belastung der Bürger mit Steuern zu setzen.

401. Das Bekenntnis zur Sozialen Marktwirtschaft geht den meisten Politikern leicht von den Lippen. Das Einhalten der ordnungspolitischen Regeln des Systems wird dagegen vielfach als unangemessene Einengung der politischen Aktivitäten gesehen. Ohne Zweifel kann es in einem Fußballspiel Meinungsunterschiede über die Auslegung einer Regel geben. Aber es gäbe bald kein reizvolles Fußballspiel mehr, wenn die Regeln in einem laufenden Meisterschaftswettbewerb oder sogar während eines Spiels ständig geändert würden. In der Wirtschafts- und Sozialpolitik steht aber mehr auf dem Spiel.

Literaturverzeichnis

ADOMEIT, Klaus; Die staatliche Verantwortung für Arbeitsmarkt und Beschäftigung aus Sicht eines Juristen. In: Arbeitsmarkt und Beschäftigung. Hrsg.: Ludwig-Erhard-Stiftung. Krefeld 1994, S. 25–30.

ARENTZ, Oliver; EEKHOFF, Johann, ROTH, Steffen J., und STREIBEL, Vera; Pflegevorsorge – Vorschlag für eine finanzierbare und nachhaltige Reform der Pflegeversicherung. Institut für Wirtschaftspolitik an der Universität zu Köln. Hrsg.: vbw Vereinigung der Bayerischen Wirtschaft e. V., München 2004.

BACH, Hans-Uwe und SPITZNAGEL, Eugen; Unter der Oberfläche – Die wahren Kosten der Arbeitslosigkeit; IAB Forum 1/2006; Institut für Arbeitsmarkt- und Berufsforschung der Bundesagentur für Arbeit.

BAREIS, Peter; Die Steuerreform 2000 – Ein Jahrtausendwerk? In: WiSt, Heft 11, S. 603.

BHAGWATI, Jagdish; The World of Economy: Strengthening Trends and Emerging Issues. Vortrag gehalten am 20. Oktober 1994 in Tokyo.

BIEDENKOPF, Kurt H.; Einheit und Erneuerung: Deutschland nach dem Umbruch in Europa. Stuttgart 1994.

BIRG, Herwig; Perspektiven der Bevölkerungsentwicklung Deutschlands im 21. Jahrhundert. In: ZdW Bay 11–12/1997, S. 591–598.

BOSS, Alfred und ROSENSCHON, Astrid; Der Kieler Subventionsbericht: eine Aktualisierung, Kieler Diskussionsbeiträge 452/453. Institut für Weltwirtschaft. Kiel 2008.

BÜNNAGEL, Vera; EEKHOFF, Johann, und ROTH Steffen J.; Mit Schaffensdrang in Arbeit. Institut für Wirtschaftspolitik an der Universität zu Köln. Hrsg.: vbw Vereinigung der Bayerischen Wirtschaft e. V., München, 2006.

BUNDESMINISTERIUM FÜR GESUNDHEIT; Referentenentwurf eines Gesetzes zur Reform des Sozialhilferechts vom 22. Mai 1995.

BUNDESMINISTERIUM FÜR WIRTSCHAFT (Hrsg.); Bericht der Bundesregierung zur Zukunftssicherung des Standortes Deutschland vom 2. September 1993 (Standortbericht). Bonn 1993. Sowie: Bundestagsdrucksache 12/5620 vom 3. September 1993.

BUNTENBACH, Annelie: Positionspapier Öffentlich geförderte Beschäftigung, 2006. Internetquelle: http://www.sozialpolitik-aktuell.de/docs/dgb_ehrlicherzweiterarbeitsmarkt.pdf. Abgerufen am 08.08.2008.

DAHRENDORF, Ralf; In: Erstarrende Gesellschaft in bewegten Zeiten. Hrsg.: Alfred-Herrhausen-Gesellschaft. Stuttgart 1993, S. 5–30.

DEREGULIERUNGSKOMMISSION; Marktöffnung und Wettbewerb. Bericht der Deregulierungskommission. Stuttgart 1991.

DEUTSCHE ANGESTELLTEN-GEWERKSCHAFT (Hrsg.); Dauerbeschäftigungskrise am Standort Deutschland? Hamburg 1994.

DEUTSCHE BUNDESBANK; Zur Finanzentwicklung der gesetzlichen Rentenversicherung seit Beginn der neunziger Jahre. In: Monatsbericht der Deutschen Bundesbank. 47. Jg., Nr. 3, März 1995, S. 17–31.

DEUTSCHE RENTENVERSICHERUNG; Rentenversicherung in Zahlen. Berlin, 2007
DEUTSCHE RENTENVERSICHERUNG; Entwicklung der Bundeszuschüsse in Prozent der Rentenausgaben. Internetseite der Deutschen Rentenversicherung 2008.
DLUHOSCH, Barbara; FREYTAG, Andreas und KRÜGER, Malte; Leistungsbilanzsalden und internationale Wettbewerbsfähigkeit. Untersuchungen zur Wirtschaftspolitik. Band 89. Köln 1992.
DONGES, Juergen B.; EEKHOFF, Johann; FRANZ, Wolfgang; MÖSCHEL, Wernhard, und NEUMANN, Manfred J. M.: Flexibler Kündigungsschutz am Arbeitsmarkt. Schriftenreihe der Stiftung Marktwirtschaft – Frankfurter Institut, Band 41. Berlin 2004.
DONGES, Juergen B.; EEKHOFF, Johann; FRANZ, Wolfgang; MÖSCHEL, Wernhard, und NEUMANN, Manfred J. M.: Tragfähige Pflegeversicherung. Schriftenreihe der Stiftung Marktwirtschaft – Frankfurter Institut, Band 42. Berlin 2005.
DONGES, Juergen B.; EEKHOFF, Johann; FRANZ, Wolfgang; MÖSCHEL, Wernhard, NEUMANN, Manfred J. M., und SIEVERT, Olaf: Mehr Eigenverantwortung um Wettbewerb im Gesundheitswesen. Schriftenreihe der Stiftung Marktwirtschaft – Frankfurter Institut, Band 39. Berlin 2002.
DONGES, Juergen B.; EEKHOFF, Johann; FRANZ, Wolfgang; HELLWIG, Martin, MÖSCHEL, Wernhard, NEUMANN, Manfred J. M., und SIEVERT, Olaf: Abgeltungssteuer bei Kapitaleinkommen. Schriftenreihe der Stiftung Marktwirtschaft – Frankfurter Institut, Band 37. Berlin 2000.
DONGES, Juergen B.; HAMM, Walter; MÖSCHEL, Wernhard; NEUMANN, Manfred J. M.; und SIEVERT, Olaf; Die Tarifautonomie in der Bewährungsprobe. Argumente zur Wirtschaftspolitik Nr. 52/Juni 1995. Frankfurter Institut. Bad Homburg 1995.
ECKERLE, Konrad: Auswirkungen veränderter ökonomischer und rechtlicher Rahmenbedingungen auf die gesetzliche Rentenversicherung in Deutschland. Hrsg.: Verband Deutscher Rentenversicherungsträger. Band 9. Basel 1998.
EEKHOFF, Johann; BÜNNAGEL, Vera; KOCHSKÄMPER, Susanna; und MENZEL, Kai: Bürgerprivatversicherung. Tübingen 2008.
EEKHOFF, Johann, und MILLEKER, David F.: Die Aufgaben der Arbeitslosenversicherung neu bestimmen. Kleine Handbibliothek des Frankfurter Instituts, Band 31. Bad Homburg 2000.
EEKHOFF, Johann; JANKOWSKI, Markus und VOIGTLÄNDER, Michael; Altersvorsorge und Immobilien. Hrsg.: Deutscher Verband für Wohnungswesen, Städtebau und Raumordnung e.V. Berlin 2002.
EEKHOFF, Johann, und ROTH, Steffen J.: Brachliegende Fähigkeiten nutzen, Chancen für Arbeitslose verbessern. Schriftenreihe der Stiftung Marktwirtschaft. Band 33. Berlin 2002
EUCKEN, Walter; Grundsätze der Wirtschaftspolitik. München 1959.
FELDERER, Bernhard; Die langfristige Entwicklung einer gesetzlichen Pflegeversicherung. Bochum, Wien 1992.
FRONDEL, Manuel, RITTER, Nolan und SCHMIDT, Christoph; Photovoltaik: Wo viel Licht ist, ist auch viel Schatten; RWI: Positionen; Nr. 18.2. Essen 2007.
FRANZ, WOLFGANG; DIE LOHNFORTZAHLUNG ALS VERSICHERUNGSFALL. FAZ VOM 7. JANUAR 1995.
Gesamtwirtschaftliche und unternehmerische Anpassungsfortschritte in Ostdeutschland. DIW Wochenbericht 33/98.
HAYEK, Friedrich A. von; Die Verfassung der Freiheit. Tübingen 1971.
HEUBECK, Klaus; Anmerkungen zu den umlagefinanzierten Sozialversicherungen in Deutschland. In: Dieter FARNY und die Versicherungswissenschaft. Hrsg.: Robert SCHWEBLER. Karlsruhe 1994, S. 203–227.
HÖFER, Heinrich; Christentum ist kein Sozialprogramm! Oder doch? In: Ordnung in Freiheit. Hrsg.: Rolf H. Hasse, Josef MOLSBERGER und Christian WATRIN. Stuttgart 1994, S. 77–88.

HOMBURG, Stefan; Compulsory savings in the welfare state. In: Journal of public economics. 77.2000; S. 233–239

INSTITUT DER DEUTSCHEN WIRTSCHAFT Köln; Deutschland in Zahlen 2002; Köln.

INSTITUT DER DEUTSCHEN WIRTSCHAFT Köln; IW Trends 1/2008: Die Entwicklung der Balance zwischen Erwerbstätigkeit und Sozialleistungsbezug in Deutschland; Köln

KARL-BRÄUER-INSTITUT des Bundes der Steuerzahler; Reform des Lohn- und Einkommensteuertarifs; Heft 103, Berlin 2008.

KIRCHENAMT DER EVANGELISCHEN KIRCHE IN DEUTSCHLAND UND SEKRETARIAT DER BISCHOFSKONFERENZ (Hrsg.); Zur wirtschaftlichen und sozialen Lage in Deutschland. Gemeinsame Texte 3. Bonn 1994.

KNAPPE, Eckhard und FUNKE, Lothar; Arbeitslosigkeit: Ursachen, Folgen, Gegenmaßnahmen. In: Orientierungen zur Wirtschafts- und Gesellschaftspolitik 55/1993, S. 30–35.

KOALITIONSVERTRAG VON CDU/CSU UND SPD: Gemeinsam für Deutschland. Mit Mut und Menschlichkeit, 2005.

KOCH, Roland, und STEINBRÜCK, Peer: Subventionsabbau im Konsens. Düsseldorf und Wiesbaden, 2003.

KOMMISSION DER EUROPÄISCHEN GEMEINSCHAFTEN; Wachstum, Wettbewerbsfähigkeit, Beschäftigung – Herausforderungen der Gegenwart und Wege ins 21. Jahrhundert. Weißbuch der Kommission der Europäischen Gemeinschaften. Beilage 6/93 zum Bulletin der Europäischen Gemeinschaften. Brüssel 1993.

KÖRBER, Karl-Otto; Gerechtigkeit für MACKENROTH! In: Versicherungswirtschaft 18/1995, S. 1267–1275.

LAYARD, Richard; Vermeidung von Langzeitarbeitslosigkeit. In: Arbeit der Zukunft – Zukunft der Arbeit. Hrsg.: Alfred Herrhausen Gesellschaft. Stuttgart 1994, S. 135–149.

LENHOF, Jürgen; LISSMANN Joachim; REICHERT, Horst und SIEVERT, Olaf: Probleme des saarländischen Arbeitsmarktes. Forschungsbericht des Instituts für empirische Wirtschaftsforschung der Universität des Saarlandes. Saarbrücken 1982.

MACKENROTH, Gerhard; Die Reformen der Sozialpolitik durch einen deutschen Sozialplan. In: Sozialpolitik und Sozialreform. Hrsg.: Böttcher. Tübingen 1957, S. 43 ff.

MONOPOLKOMMISSION; Mehr Wettbewerb auf allen Märkten. Zehntes Hauptgutachten der Monopolkommission. Köln 1994.

OECD, Employment Outlook, Paris, 1994.

RAFFELHÜSCHEN, Bernd; BORGMANN, Christoph und KRIMMER, Pascal; Rentenreformen 1998–2001: eine vorläufige Bestandsaufnahme. In: Perspektiven der Wirtschaftspolitik. 2. Jg. 3/2001, S. 319–334.

RAT DER EVANGELISCHEN KIRCHE IN DEUTSCHLAND; Unternehmerisches Handeln in evangelischer Perspektive. Denkschrift des Rates der Evangelischen Kirche in Deutschland. Gütersloh 2008.

RAT DER EVANGELISCHEN KIRCHE IN DEUTSCHLAND UND DEUTSCHE BISCHOFSKONFERENZ; Für eine Zukunft in Solidarität und Gerechtigkeit. Wort des Rates der Evangelischen Kirche in Deutschland und der Deutschen Bischofskonferenz zur wirtschaftlichen und sozialen Lage in Deutschland. Hannover 1997.

RIESTER, Walter; Möglichkeiten und Grenzen der Tarifautonomie. In: Arbeitsmarkt und Beschäftigung. Hrsg.: Ludwig-Erhard-Stiftung. Krefeld 1995, S. 46–53.

ROSE, Manfred; Eine konsumorientierte Neuordnung des Steuersystems für mehr Entscheidungsneutralität, Fairness und Transparenz. In: Steuervereinfachung. Festschrift für Dietrich Meyding. Hrsg.: W. Bühler u.a., Heidelberg, 1994, S. 233–251.

SACHVERSTÄNDIGENRAT zur Begutachtung der gesamtwirtschaftlichen Entwicklung; Jahresgutachten 1977/78; Mehr Wachstum – Mehr Beschäftigung; Stuttgart 1977.

SACHVERSTÄNDIGENRAT zur Begutachtung der gesamtwirtschaftlichen Entwicklung; Jahresgutachten 1994/95. Den Aufschwung sichern – Arbeitsplätze schaffen; Stuttgart 1994.

SACHVERSTÄNDIGENRAT zur Begutachtung der gesamtwirtschaftlichen Entwicklung; Zur Kompensation in der Pflegeversicherung. Sondergutachten des Sachverständigenrats zur Begutachtung der gesamtwirtschaftlichen Entwicklung vom 2. Juli 1995, o. O.

SACHVERSTÄNDIGENRAT zur Begutachtung der gesamtwirtschaftlichen Entwicklung; Jahresgutachten 1997/98. Wachstum, Beschäftigung, Währungsunion – Orientierungen für die Zukunft; Stuttgart 1997.

SACHVERSTÄNDIGENRAT zur Begutachtung der gesamtwirtschaftlichen Entwicklung; Jahresgutachten 2001/02. Für Stetigkeit – Gegen Aktionismus; Stuttgart 2001.

SACHVERSTÄNDIGENRAT zur Begutachtung der gesamtwirtschaftlichen Entwicklung; Jahresgutachten 2007/08. Das Erreichte nicht verspielen; Stuttgart 2007.

SCHNABEL, Reinhold; Die Rentenreform 2001. Gutachten zur Rentabilität, Generationengerechtigkeit und den wirtschaftlichen Annahmen der Regierung. Hrsg.: Deutsches Institut für Altersvorsorge. Köln 2001

SIEVERT, Olaf; Für Investivlöhne. Plädoyer für ein vernachlässigtes Konzept. Frankfurt 1992.

STATISTISCHES BUNDESAMT; Fachserie 16 Heft 1; Arbeitskosten im Produzierenden Gewerbe 1996.

STATISTISCHES BUNDESAMT; Die Bevölkerung Deutschlands bis 2050. 11. Koordinierte Bevölkerungsvorausberechnung. Presseexemplar 2006.

SOZIALBEIRAT; Stellungnahme vom 02. Mai 2001 zu den Urteilen des Bundesverfassungsgerichts zur Pflegeversicherung vom 3. April 2001 hinsichtlich ihrer Bedeutung für die gesetzliche Rentenversicherung.

SOZIALBERICHT 2001 der Bundesregierung; Bundesministerium für Arbeit und Sozialordnung.

TNS INFRATEST; Situation und Entwicklung der betrieblichen Altersversorgung in Privatwirtschaft und öffentlichem Dienst 2001–2006 Endbericht mit Tabellen, 2007.

VOSSLER, Christian und WOLFGRAMM, Christine; Flexibilisierung des Renteneintritts. Otto-Wolff-Institut für Wirtschaftsordnung. Discussion Paper 04/2008.

ZIMMERMANN, Anne; Umverteilung in der Gesetzlichen Krankenversicherung; Köln 2007.

Schlagwortverzeichnis

Abgabenlast 11, 50, 57, 63, 111, 125, 131, 199, 215, 245, 253, 257
Ablösesumme 258
Abschreibungsvergünstigungen 216, 251
Abstandsgebot 72, 122, 206, 208
Allgemeinverbindlichkeitserklärungen 204
Altenquotient 131
Altenteil 151
Altersrückstellungen
– individuelle Altersrückstellungen 182, 186, 188, 189, 190–192
Alterssicherungssysteme 130, 150, 174
Altersstruktur 136
Altersteilzeit 2, 67, 68, 202
Altersvorsorge 54, 64, 76, 130, 133, 136, 139, 141, 143, 145, 146, 152–162, 211, 213
Altlasten 169
Anlageregulierung 153
Anpassungsklausel 160
Äquivalenzprinzip 71, 121, 126, 136, 197, 201
Arbeitgeberanteil 121, 173
Arbeitgeberverbände 49, 76, 83, 169, 203, 228
Arbeitsbedingungen 6, 28, 79, 228, 234, 235
Arbeitsbeschaffungsmaßnahmen 109, 200, 202
Arbeitskampf 28, 83
Arbeitslosengeld 72, 88, 98, 106, 111, 196, 199
Arbeitslosenhilfe 88, 98
Arbeitslosenversicherung
– private Arbeitslosenversicherung 11, 67, 78, 105, 116, 118, 121, 196–204
Arbeitslosenzahl 9
Arbeitslosigkeit 1–3, 6–13, 17–19, 24, 26, 36, 38, 39, 41, 44, 47, 48, 50, 51, 55, 63, 65, 66, 67, 69, 72, 75–78, 82, 83, 87, 88, 97–99, 105, 109, 111, 113, 121, 122, 127, 138, 140, 144, 165, 173, 195–204, 208, 210, 212, 225, 230, 233, 239, 269
– Risiko der 196
– Ursachen der 69
Arbeitslosigkeitsrisiko 201
Arbeitsmarkt 1, 3, 10–16, 22, 29, 31, 32, 35, 37, 38, 42, 46, 50, 53, 55, 59, 65, 67, 72, 78, 83–88, 92, 96, 98, 105, 108, 114, 169, 177, 200, 203, 229, 231, 270
Arbeitsmarktabgabe 199
Arbeitsmarktpolitik 87, 117, 199, 207
arbeitsmarktpolitische Maßnahmen 8, 10
Arbeitsmarktregelungen 84
Arbeitsplatzangebot 75, 125
Arbeitsplatzangst 86
Arbeitsplätze
– Anzahl der 36
– Struktur der 36
– subventionierte 6, 117
Arbeitsplätze subventionierte 88
Arbeitsplatzrisiko 56, 201
Arbeitsplatzwechsel 55, 75, 83
Arbeitsteilung 35, 122, 174, 229, 232, 246, 253, 254
Arbeitsvermittlung 105
Arbeitszeit 6, 23, 24, 26, 28, 63, 64, 65, 66, 67, 69–72, 121, 174, 180, 202, 206, 256
Arbeitszeiten
– flexible 69
Arbeitszeiten
– flexible 85
Arbeitszeitgesetz 69
Arbeitszeitkonto 195
Arbeitszeitmodelle 64
Arbeitszeitverkürzung 6, 63–65, 69, 122
Armutsfalle 36
Aufschwung 276
Aufwandsentschädigung 105
Ausbildung 19, 26, 33, 64, 65, 144, 171, 201, 202, 234, 256–261
Ausbildungsdauer 256
Ausbildungskosten 258
Ausbildungsvergütung 259
Ausbildungsvergütungen 259
Außenseiterwettbewerb 195
Austausch von Gütern 226, 229, 232
Ausweichreaktionen 174, 248, 271
Auszubildende 231, 259, 260

Baupreise 232, 233
Bedürftigkeit 37, 38, 96, 123, 124, 156, 166, 168, 176, 191, 200, 204, 206
Bedürftigkeitskriterium 116
Bedürftigkeitsprinzip 123, 167, 175, 176
Behinderte 59–62
Beihilfekontrolle 222
Beitragsaufkommen 137, 151, 164
Beitragsbelastung 121, 200, 209
Beitragsbemessungsgrenze 71, 170, 181
Beitragssätze 2, 3, 11, 50, 63, 65, 66, 118–121, 130–132, 136–139, 144, 180, 196, 201, 248
Beitragssatzstabilität 171
Beitragssatzsteigerungen 117, 118, 121, 138
Berufsgrundbildungsjahr 257
Beschäftigung
– produktive 107, 111
Beschäftigungsgarantie 200
Beschäftigungsgesellschaften 3
Beschäftigungsprogramme 11, 113
Beschäftigungsrisiko 199
Beschäftigungstherapie 107, 110, 207
Beschäftigungsvolumen 23
Beteiligungssparen 57
betriebliche Altersversorgung 157–159, 162
Budgetierung 183
Bundeszuschuss 119, 136, 265
Bürgergeld 91

CO_2-Emissionen 265

DDR 163–165, 208–210, 213
Defizithaftung 67, 199
Demographiefaktor 132
Dienstmädchenprivileg 252, 253
Dilemmasituation 50
Direktversicherung 159
Direktzusage von Rentenzahlungen 158
Diskriminierung 145, 254
Doppelbesteuerung 153, 254
doppelte Dividende 265
Drehtüreffekt 109
Dreigenerationenvertrag 139, 140
duale Wirtschaft 24

Eckrente 162, 163
Effektivlöhne 29
Eigenständigkeit 18, 129
Eigentum
– privates 209, 211
Eigentumserhaltungsphase 209
Eigentumsgarantie 213, 254
Eigentumsverwendungsphase 210
Eigenverantwortung 3, 129, 139, 152, 153, 185

Eigenvorsorge 130, 137, 143, 156, 158, 167, 169, 175, 176, 211
Einarbeitungsphase 56
Einarbeitungstarife 202
Eingangssteuersatz 247
Einigungsvertrag 163
Einkommensteuer 4, 88, 91, 92, 153, 212–215, 246–250, 253
– konsumorientierte 254
Einkommensteuertarif 247
Einstiegsbedingungen 55, 56
Einwanderungspolitik 228, 237
Entfernungspauschale 249, 250, 267
Entgeltfortzahlung 193–195
Entsenderichtlinie 42, 203, 228, 231, 232, 235, 237
Erbschaftsteuer 214
Ersatzarbeitsmarkt 197
Erwerbsbeteiligung 9, 17, 165
Erwerbsquote 2
Erwerbstätige 6, 36, 152, 167, 176
Erziehungszeiten
– *siehe* Kindererziehungszeiten 146
Europäische Zentralbank 29, 239
Existenzminimum 91, 247, 249
Existenzsicherungshilfen 78
Exportüberschüsse 226, 227

Familienbetrieb 21, 65, 151
familienpolitische Maßnahmen 145, 200
fortbildung 202
Fortbildungsmaßnahmen 201, 202
Free-rider-Position 199

Gebrauchsvermögen 212, 213
Geldleistungen 125, 171
Geldpolitik 29, 44, 198, 239
Geldwertstabilität 29, 239, 240, 247
Gemeinnützige Beschäftigung 104, 107–111, 207
Gemeinschaftsarbeit 105, 106
Generationenvertrag 137
gesetzliche Krankenversicherung 71, 118, 181, 191, 192
Gesundheitsleistungen 2, 178–180, 192, 193
Gesundheitsmarkt 179
Gewerkschaften 12, 14–18, 22, 28, 35, 45, 49, 50, 57, 63, 69, 78, 79, 82–85, 203, 258
Gleichbehandlung 42, 57, 79, 96, 190, 217, 270
Gleichbehandlungsprinzip 124, 125
Gleichgewichtslöhne 53, 79
Globalisierung 14, 30, 35, 50, 225, 270
Grundfreibetrag 247, 249
Grundsicherung 132, 133

Schlagwortverzeichnis

Günstigkeitsprinzip 76, 77, 194

Halbeinkünfteverfahren 242
Handelshemmnisse 225, 229
Haushaltshilfen 252, 253
Hochlohnländer 35, 233, 234
Humankapital 151, 256, 257

Importkonkurrenz 16, 220
Importsubstitution 32
Indexierung 158, 161
individuellen Anspar- und Entsparprozesse 151
Infrastrukturinvestitionen 114
Insider-Outsider-Konflikt 79
Insolvenzsicherung 57, 161
Interessengruppen 4, 17, 116, 225, 229, 236, 271
Invaliditäts- bzw. Erwerbsunfähigkeitsrente 132
Investitionsbedingungen 33
Investitionsprogramme 113
Investitionsstandorte 14
Investivlohn 56, 57

Jahresarbeitszeit 65, 71

kalte Progression 247
Kapitalbildung 14, 150–152, 162, 211
Kapitalbildung, gesamtwirtschaftliche 152
Kapitaldeckungsverfahren 138, 139, 141, 143, 145, 150–152, 169, 176
Kapitaldumping 234
Kapitalgüter 150
Kapitalmarktverzerrung 155
Kapitalstock 14, 143, 144, 151, 152
Kapitalvernichtung 203
Kapitalverzehr 150
Karenztage 173, 194, 195
Karenzzeit 201
Kaufkraft 20–23, 79
Kindererziehung 71, 141–146, 156, 165, 175, 252
Kindererziehungsleistungen 145
Kindererziehungszeiten 137, 145, 156
Kindergärten 126, 165
Kinderlose 140, 144–146, 156, 157
Knappheitslöhne 43
Knappheitspreise 42
Knappheitsprinzip 39, 43
Kohlepolitik 219
kollektive Sicherungssysteme 209
kollektive Zwangsversicherung 166
Konjunkturzyklus 7, 10, 54
Konstruktionsfehler 137, 139, 143
Konsumgüter 150
Körperschaftsteuer 253

Krankenstand 194, 195
Kündigungsschutz 11, 12, 72, 75, 199
Kurzarbeitergeld 201
L
Langzeitarbeitslose 66, 125
Lebensarbeitszeit 63, 67, 122, 138
Lebenserwartung 131, 132, 137, 138
Lebensgrundlagen 5, 19, 262
Lehrlingsausbildung 257, 258
Leistungsbilanz 39, 226, 227
Leistungsfähigkeit des Wirtschaftssystems 125
Leistungsfähigkeitsprinzip 146, 246
Lohnbegriff 28
Lohndifferenzierung 35, 53, 199, 201
Lohndrift 29, 31, 47, 54, 84, 85
Lohndumping 16, 229, 230
Lohnentwicklung 44–47, 50, 51, 200, 219, 239
Lohnerhöhung 12, 20, 21, 29, 30, 43, 45, 48, 50, 239
Lohnfindung 37, 38, 44, 53, 79, 83
Lohnflexibilität 53
Lohnfortzahlung im Krankheitsfall
– siehe Entgeltfortzahlung im Krankheistfall 76, 173
Lohngruppen 35, 36, 39, 72, 174, 205–207, 228
Lohnkosten 21, 26, 55, 61, 62, 78, 111, 186, 201, 265
Lohnkostenvergleich 32
Lohnniveau 23, 26, 31, 34, 35, 37, 52, 53, 79, 158, 199, 228, 231, 237
Lohnpolitik
– kostenniveauneutrale 51, 240
– produktivitätsorientierte 43
Lohnspannen 55
Lohnsteigerung 10, 20–22, 26, 30, 33, 35, 43–50, 75, 82, 83, 121, 203, 207, 265
Lohnstruktur 31, 33, 35, 37, 46, 47, 53, 228
Lohnstruktur, räumliche 43
Lohnsubvention 62, 89, 97, 207
Lohnunterschiede 231, 232
Lohnzurückhaltung 31, 32, 49, 51, 52, 82, 240
Lohnzusatzkosten 187, 197

MACKENROTH-These 150
Marktausgleich 13, 14, 32
Marktlöhne 29, 38, 43, 45, 53
Marktversagen 216
Mindestabsicherung 27, 91, 123, 127, 194, 199, 200, 204, 211
Mindestbedingungen 76, 79, 85, 99
Mindesteinkommen 91, 123
Mindestlöhne 38, 42, 54, 56, 125, 229, 235, 271
Mindestlohnvorschriften 229
Mitarbeitermotivation 86

Mitnahmeeffekte 67, 109
Mitversicherung 170, 181
Monopole 224
Musterverträge 6, 85

negative Auslese 189, 190
Niedriglohnländer 228, 234
Nullwachstum 19
Nutzergebühren 225

Öffnungsklauseln 53, 55, 77, 85
Ökosteuer 120, 136, 264–266
Orientierungsregel 51–53
Ostrenten 162–165

Pensionsfonds 159, 160, 162
Pensionskassen 160, 162
Personalabbau 10, 20, 26, 29
Personalkosten 10, 28, 110, 222
Personalzusatzkosten 28, 121, 265
Pflegekosten 168
Pflegeleistungen 167, 169–171, 177
Pflegeversicherung 67, 71, 72, 116, 118, 121, 146, 166, 167, 169–177, 194, 209
Privatisierung 3, 78, 223
Produktionsstruktur 11, 20
Produktivität 12, 19, 20, 24, 26, 30, 31, 34, 43–48, 54, 60, 64, 66, 74, 78, 93, 98, 99, 114, 121, 123, 165, 166, 256
– statistisch gemessene 12
Produktivitätsentwicklung 14, 44–48, 51, 52
Produktivitätsfortschritt 24, 25, 45, 48, 53, 227
Produktivitätspeitsche 26
Programmförderung 124, 202
Protektionismus 229, 235

Qualifikationen 12, 35, 46, 47, 53, 85, 201, 258
Quersubventionen 201
Quote 7, 59–62, 260

Rationalisierung 10, 26, 30
Rechnungszinsfuß
– gesetzlicher 159
Rechte der Arbeitnehmer 51, 74
Rechte der Arbeitslosen 77, 84
Regelaltersgrenze 137, 138, 157
Regelleistungen 186, 193
Rente 9, 66, 71, 99, 130, 137–144, 146, 156, 157, 159, 162–165, 170
Rentenanpassung 132, 165
Rentenansprüche 128, 136, 137, 139, 142, 144–146, 152, 156, 157, 163–166
Rentenformel 132, 133, 163
Rentenniveau 156

Rentenreform 119, 132, 133, 138, 153, 159, 160
Rentenzugangsalter 132
Rezession 10–12, 85, 198
Riester-rente 155
Risikoäquivalente Prämien 187, 188
Risikostrukturausgleich 183, 191
Risikovorsorge 208–212

Sachkosten 111
Sachleistungen 126, 171
Sachleistungsprinzip 186
Schattenwirtschaft 9, 122, 174
Scheingewinnbesteuerung 216
Schutzrechte 15
Schutzregelungen 15, 56, 59, 271
Schwarzarbeit 88, 98, 121, 162, 174, 197, 246
Schwellenwerte 70, 71
Seelotsen 230, 236
Selbstbehalt 186
Selbsthilfe 3, 100
Sockelarbeitslosigkeit 7, 13, 15–17, 24, 32, 36, 48, 79, 84, 118, 198
Sockelung 35
Solidargemeinschaft 40, 166, 191
Solidarität 39, 40, 137, 175, 190
Solidarsystem 137
Sozialabgaben 12, 45, 50, 62, 99, 116, 118, 121, 181, 252, 253
Sozialbudget 117
Sozialdumping 16, 229
soziale Absicherung 3, 36, 37, 118, 130, 166, 207, 270
Soziale Marktwirtschaft 3
sozialer Mindeststandard 88, 211
soziale Sicherung 1, 5, 88, 123, 166, 174, 270
Sozialfonds 209
Sozialhilfe 35, 37, 62, 63, 72, 88, 98, 117, 123, 127, 133, 139, 164–170, 174, 176, 177, 191, 197–200, 204, 206, 208, 216, 237, 249
Sozialhilfeempfänger 96, 207
Sozialismus 40, 41
Sozialkassen 67, 232
Sozialkomponenten 121
Sozialpolitik 4, 16, 18, 38, 42, 115–117, 122–130, 181, 187, 199, 207, 236, 246, 270, 271
Sozialrechtsverhältnis 105, 112
Sozialsysteme 2, 5, 10, 11, 18, 37, 45, 50, 116, 117, 121, 122, 124, 127, 131, 166, 203, 207
Sozialversicherungsbeiträge 3, 93, 119
Sparquote 14
Spitzensteuersatz 248, 250, 253
Staatsquote 11, 15, 177, 218, 240, 245, 253
Staatsschuld 152
Staatswirtschaft 245

Schlagwortverzeichnis 281

Stabilitätspolitik 21, 239
Standortfaktoren 228
Standortwettbewerb 39
Steuerbefreiung 124, 212, 250
Steuererhöhungen 45, 120, 222, 246, 264
Steuerfreibetrag 250
Steuerprogression 246
Steuertarif 246, 247
Steuerungsfunktion 41, 236
Steuervergünstigungen 63, 212, 216, 218, 252
Strukturwandel 9, 12, 16, 17, 25, 26, 46, 55, 86, 201, 225, 227, 230–233, 237, 270
Studiengebühren 257
Subsidiaritätsprinzip 100, 123
Subventionen 4, 11, 16, 78, 93, 96, 97, 160, 211, 215–223, 235
Subventionsabbau 216, 218
Subventionswettlauf 220
sunk costs 25

Tarifauseinandersetzungen 82
Tarifautonomie 49, 84, 200, 203
Tarifkartell 195
Tariflöhne 59
Tariföffnungsklausel 54
Tarifparteien 23, 28, 29, 38, 49, 58, 69, 78, 83, 159, 162, 194, 196, 198, 200, 203, 222, 223, 231, 237, 239, 271
Tarifpolitik 16, 20, 31, 32, 196, 198, 207
Tarifverhandlungen 28, 86
Taschengeld 40, 170
Technischer Fortschritt 24, 25
Teilzeitarbeit 6, 63, 71, 122, 144, 181, 257
Teilzeitbeschäftigung 63, 71
transeuropäische Netze 113
Transferbedarf 163
Transfereinkommen 91
Transferleistungen 217, 218, 236
Treuhandanstalt 78, 223

Überschussproduktion 42
Überstunden 63, 232
Umlagesystem 2, 72, 168, 171, 210
Umlageverfahren 117, 121, 130, 136, 138–141, 143, 146, 150, 152, 157, 167, 169, 170, 175, 176, 188, 211
Umschulungsmaßnahmen 56
Umschulung und Fortbildung 202, 203
Umverteilung 3, 4, 20, 30, 42, 63, 65, 67–69, 72, 79, 88, 113, 118, 126, 142, 146, 165, 176, 180, 187, 190, 191, 196, 210, 211, 217, 246, 250, 254, 265
Umweltbelastungen 19, 264
Umweltqualität 262, 264, 269

Umweltschutz 262, 264, 269
Umweltziel 5, 262
Unabdingbarkeitsklausel 194
Unverfallbarkeit 161
Uruguay Runde 225

Verdrängungsthese 110
Verdrängungswettbewerb 25
Verelendungstheorie 84
Vergütungsprinzip 186
Vermögen
– kollektive 209
– privates 177, 208–211
Vermögensbildung 58, 127, 139, 145, 155, 175, 208, 209, 211, 212
Vermögensbildungsphase 209
Vermögenserträge 212, 213, 254
Vermögensteuer 212–214
Versicherung
– kapitalfundierte 170
– private 177, 209
Versicherungen
– private 126
Versicherungsidee 140
Versicherungspflicht 127, 181, 182, 191, 193, 201
Versicherungsträger 170
Versicherungszeiten 164, 165
Versorgungslücke 133, 158
Versorgungszusagen 160, 161
Verteilungskämpfe 28, 176, 228
Verursacherprinzip 203
Verwendungsauflage 212
Vollbeschäftigung 2, 6, 7, 13, 20, 30–32, 38, 47, 49, 51, 52, 83, 240, 270
Vollversicherung 132
Vollzeitbeschäftigung 206
Vorruhestandsregelung 66
Vorsorge 2, 57, 127, 129, 131, 136, 141, 142, 153, 157, 162, 166, 175–177, 211

Wachstumspotenzial 155
Wechselkursanpassung 32
Wechselkurspolitik 198, 240
Wechselkursstabilität 239
Westrenten 163, 164
Wettbewerb 16, 18, 25, 29–37, 42, 44, 47, 51, 54, 55, 78, 79, 83, 84, 109, 114, 126–129, 159, 160, 180, 182, 185, 187, 191, 201, 203, 207, 215, 221, 222, 227–237, 271
Wettbewerbsbedingungen 236, 246
Wettbewerbsbeschränkungen 83

Wettbewerbsfähigkeit 17, 32, 34, 39, 113, 226, 240, 264
Wettbewerbsposition 32, 86, 129, 240
Wettbewerbssituation 32
Wiedereingliederung 98, 113
Wirtschaftswachstums 24
Wohlstand 2, 5, 19, 26, 66, 115, 178, 181, 227, 229, 237, 247, 262
Wohlstandseffekt 227
Wohngeld 88, 117, 204, 206
Wohnungsmarkt 15, 16, 32, 72, 84
working poor 35

zertifizierte Anlageform 153
Zertifizierungsverfahren 155
Zulage 153, 154, 155
Zusätzlichkeitserfordernis 109, 110
Zusätzlichkeitskriterium 111, 203, 207
Zuschusspflicht 203
Zuwanderungen 9, 18
Zwangsabgaben 57, 128, 211, 216, 260, 261
Zwangsumlage 260